Trauma und Sozialisation

Abdulillah Polat

Trauma und Sozialisation

Zu den Auswirkungen von Flüchtlingserfahrungen auf die nachfolgende Generation

Springer VS

Abdulillah Polat
Essen, Deutschland

ISBN 978-3-658-08321-2 ISBN 978-3-658-08322-9 (eBook)
DOI 10.1007/978-3-658-08322-9

Die Deutsche Nationalbibliothek verzeichnet diese Publikation in der Deutschen Nationalbibliografie; detaillierte bibliografische Daten sind im Internet über http://dnb.d-nb.de abrufbar.

Springer VS

Gedruckt auf säurefreiem und chlorfrei gebleichtem Papier

Springer Fachmedien Wiesbaden ist Teil der Fachverlagsgruppe Springer Science+Business Media
(www.springer.com)

Inhalt

Verzeichnis der Abbildungen und Tabellen

Abbildungen

Tabellen

Einleitung

Viele Flüchtlinge machten in der Vergangenheit besondere Erfahrungen, die sich nicht günstig auf ihre eigene Sozialisation im Aufnahmeland auswirkten: Mehr als die Hälfte der Flüchtlinge in Deutschland sind wegen Folter, Gewalt, Asylverfahren, Migration und anderen Bedingungen traumatisiert oder psychisch belastet. Diese Lebensbedingungen und Erfahrungen von Flüchtlingen können den Sozialisationsprozess der eigenen Kinder in unterschiedlicher Weise entscheidend beeinflussen (vgl. Rosenthal 1999).

Biographische Interviews mit traumatisierten kurdischen Flüchtlingen zeigen prägnante Muster von Einflüssen der Diskriminierungs- und Fluchterfahrungen auf die Integrationsbedingungen und auf die familiären Generationenbeziehungen. Offensichtlich sind die Biografien mehrerer Generationen im Kontext aller Ebenen der Vergemeinschaftungs- und Vergesellschaftungsbedingungen in den Blick zu nehmen, um die Lebensbedingungen unter Flucht und Trauma erschließen zu können. Das Untersuchungsdesign und die fallrekonstruktive Methode der Untersuchung von Rosenthal und ihrer Forschungsgruppe über jüdische Opfer des Holocaust dürfen als wegweisend für Untersuchungen über kurdische Flüchtlinge gelten. Die nachfolgende Generation der Holocaustopfer einbeziehend, erschließt sie die Sozialisationsbedingungen, unter anderem den psychosozialen Zustand nach dem Holocaust, sehr detailliert. Rosenthal et al. stellten bei Nachkommen traumatisierter Holocaustopfer fest, dass sie innerlich stark an die Familienvergangenheit und Herkunftsfamilie gebunden sind und dass dies die Autonomieentwicklung behindert. Bei kurdischen Interviewpartner/innen fanden sich deutliche Analogien.

In beiden Fällen rücken zudem die Identitätssuche der Betroffenen und deren Nachkommen in den Vordergrund. Auf diesen Ebenen bietet die Untersuchung von Holocaustopfern entscheidende Anregungen für das Verständnis von Kurden, die aus kurdischen Gebieten der Türkei, Irans, Syriens und des Irak geflohen sind. Die selbstredend enorm großen Unterschiede auch hinsichtlich der Immigrationsbedingungen sollten zur Verdeutlichung der zentralen Gesichtspunkte genutzt werden.

Im Zentrum stehen Traumaerfahrungen, Einflüsse von Traumata auf die Integration und Generationenbeziehungen in Familien. Auf die Herausarbeitung des Zusammenhangs von Traumatisierung und Sozialisationsbedingungen folgt also die Suche nach Lösungsperspektiven. Die Sozialisation wird nach Lebensphasen, Interaktionen, Individualisierung sowie nach sozialen und materiellen Umweltfaktoren unterschieden.

An dieser Stelle tritt auch die Überlegung auf, in welcher Lebensphase die Sozialisationsbedingungen besonders wichtig sind. Aufgrund der starken Identitätsbildung in der Adoleszenz wird zumeist die Lebensphase Jugend betrachtet. Die Lebensphase Jugend muss mehrere Krisen bezüglich Sozialisation und Identitätsbildung bewältigen, da sie mehrere Entwicklungsprozesse umfasst. Autonomie und eigenständige Zukunftsplanung können aufgrund geschlossener Lebensweisen bzw. -stile, traditioneller Lebensgewohnheiten, nicht vorhandener Vorbilder und Perspektiven sowie des politischen Systems erschwert sein. Um die Hintergründe, die Gebundenheit und die Entstehung sozialer, politischer und psychischer Phänomene zu verstehen und darzustellen, muss ihre Entstehung und Entwicklung in der Biografie verstanden und rekonstruiert werden (vgl. Rosenthal 2011).

Für die vorliegende Fragestellung ist es wichtig, welche Einflüsse die Sozialisationsprozesse von Jugendlichen belasten. Die Ursachen der Probleme im Jugendalter können sehr unterschiedlich sein. Kausalzusammenhänge sind daher nicht einfach zu erkennen oder zu definieren. Die Unterschiedlichkeit der Lebenserfahrungen und Bedingungen eines Menschen, z.B. die Vielfältigkeit der familiären Migrationsgeschichten, sind zu beachten.

Ebenso müssen andere Belastungen für die Sozialisationsprozesse von Jugendlichen mit berücksichtigt werden. Es sollte z.B. betrachtet werden, wie der familiale Dialog ist, in welchen Lebensbedingungen die Jugendlichen leben und wie ihre gesellschaftlichen Beziehungen sind, um die Zusammenhänge zwischen Trauma, Entwicklungsprozess und Einflüssen anderer Faktoren darzustellen. Die Entdeckung der Auswirkungen von Traumata der Vorgeneration auf die Sozialisationsbedingungen der folgenden Generationen erschließt einen dringlichen Forschungsbedarf.

Die bisherige Forschungsdiskussion zeigt, dass Traumata auf die Sozialisation der traumatisierten Person Einfluss haben. Bisher geht es mehr darum, wie die Art und der Verlauf der Krankheit, hier das Trauma, beschrieben werden können bzw. welche Aspekte diverse Einflüsse auf diesen Krankheitsprozess haben. Mit anderen Worten werden in den genannten Studien die Behandlungskriterien und die Ursachen der Bewältigungsschwierigkeiten von Trauma und Krankheit betrachtet. Dazu ist zu bemerken, dass die Migrant/innen mit Flucht- und weiteren Asylerlebnissen aus verschiedenen Ländern in überwiegender Zahl mit Problemen wie Traumatisierung, Gewalt, Armut, Klassifizierung in der Gesellschaft und gesundheitlichen Problemen (wie hohem Blutdruck, Diabetes, Übergewicht und Migräne etc.) belastet sind (Penteker 2009, Ammann 2004, PFMF 2003/2004). Mehrere Studien zeigen, dass die Ursache von Traumatisierungen lebensbedrohliche, negative und depressive Erfahrungen darstellen (vgl. WHO 2006, Kizilhan 2009).

Hier ist hauptsächlich herauszustellen, welche Traumafolgen Probleme hervorrufen, die die Sozialisationsprozesse von Jugendlichen belasten. Falls diese Probleme auch andere Gründe haben, müssen diese mit berücksichtigt werden. Insbesondere – so die Hauptthese – müssen die direkten und indirekten Einflüsse von Traumatisierungen unterschieden werden, um die Zusammenhänge zwischen Trauma, Entwicklungsprozess und Einflüssen anderer Faktoren darzustellen.

Es sollte berücksichtigt werden, wie der familiale Dialog und Einfluss ist, in welchen Lebensbedingungen, Milieus die Jugendlichen leben und wie ihre gesellschaftlichen Beziehungen sind. Daher sollte eine Analyse erfolgen, die zu einem konkreten Ergebnis führt, welche Sozialisationsschwierigkeiten oder -bedingungen Folgen von Traumata der Familienangehörigen verursachen können.

Mit der vorliegenden Arbeit sollen die Erkenntnisse über erschwerte Lebensbedingungen benannt und Anforderungen zur Verbesserung der Lebensbedingungen und familiärer Verhältnisse von Familien mit Migrationshintergrund thematisiert werden.

In Bezug auf die Sozialisation stellt sich damit die Frage, ob die Traumatisierung der Eltern bzw. der Familienangehörigen auch eine Rolle in der Sozialisation der Jugendlichen spielen könnte. Die zweite Frage bezieht sich dann auf die Maßnahmen, die für die Entwicklung des Selbstbewusstseins von Jugendlichen, der Verhinderung und Reduzierung der Gewalt in der Familie erforderlich sind. Weiterhin obliegt es dem heutigen Forschungsdiskurs, zu neuen Erkenntnissen über Sozialisationsbedingungen und über den Traumatisierungsprozess zu kommen. Die Ergebnisse bisheriger empirischer Studien über die Traumatisierung der Migrant/innen durch Krieg, Flucht und andere Erlebnisse zeigen, dass es meistens um die kulturspezifische, ethnische und individuelle Behandlung der Problematik geht (Kizilhan 2009, BAfF 2006, Lindert 2004, Razum, Twardela 2004). Es gibt einige Forschungsergebnisse und Berichte in Deutschland über Migrant/innen, die aus Ruanda, Sri Lanka, Uruguay nach Deutschland flohen und unter einem Trauma leiden. Es kann davon ausgegangen werden, dass diese Ergebnisse auch auf andere Migrant/innen übertragbar sind. Daher ist es nötig, die Ergebnisse aufzuarbeiten und zu erweitern, so dass präventive Maßnahmen ergriffen werden können, die schießlich auf Migrant/innen in ähnlichen Situationen übertragbar sind. Diese Studien sind auch deshalb zu erweitern, weil sie wenige Analysen über soziale und gesellschaftliche Bedingungen von traumatisierten Personen bzw. von Personen im Umfeld der traumatisierten Personen aufzeigen. Bei solchen lebensbedrohlichen

Erfahrungen, die zu einem Trauma führen können, spielt die ethnische Zugehörigkeit eine weitere Rolle. Gewalt und Unterdrückung, die über mehrere Generationen erfolgt, kann „häufig einen entscheidenden Einfluss auf die Art und den Verlauf einer Krankheit haben" (Kizilhan 2009, S. 200). Daher ist die Untersuchung der Einflüsse von Traumatisierungen auf das jetzige Leben der Familie unerlässlich, wenn die Situation traumatisierter Personen und der weitere Krankheitsverlauf betrachtet werden. Nach den Untersuchungen der psychologischen Forschungs- und Modellambulanz für Flüchtlinge in Konstanz gibt es bei Flüchtlingen generell einen hohen Anteil an Traumatisierungen (vgl. Gäbel u.a. 2006). In der Forschung zur Sozialisation spielen der Aspekt der Traumatisierung und die Bedeutung der intergenerationalen Weitergabe allerdings kaum eine Rolle. Es fehlen weitgehend Sozialisationsforschungen, die auch die Einflüsse von Traumata sowie traumabedingte Folgestörungen auf die nächsten Generationen untersuchen.

In diesem Zusammenhang ist darauf hinzuweisen, dass die Bedeutung der Rosenthal-Studie „Der Holocaust im Leben von drei Generationen: Familien von Überlebenden der Shoah von Nazi-Tätern", in der Lebensgeschichten von Nazi-Opfern und auch ehemaliger Täter rekonstruiert wurden, bisher zu wenig auf die Entwicklungsprozesse von Kindern und Jugendlichen angewendet wird, obwohl der Sozialisationsprozess im Jugendalter seine wichtigste Entwicklungsphase findet. In dieser Phase ist es also besonders wichtig, all diejenigen Aspekte herauszuarbeiten, die sich nagetiv auf die Sozialisationsbedingungen auswirken. Viele Behandlungs- und psychosoziale Beratungszentren unterstützen Flüchtlinge bei individuellen Problemen wie z.B. der Erstellung von Gutachten zu personenbezogenen Traumatisierungen. Diese Einzelgutachten fließen aber nicht als Grundlage für Arbeiten der Sozialisationsforschung in eine zusammenfassende und weiterführende Untersuchung ein. Sie sind darüber hinaus nicht verknüpft mit Kampagnen gegen die Ursachen der Traumatisierung, etwa gegen Folter, Gewalt, Diskriminierung, Fremdbilder usw., die die familiären Verhältnisse schädigen und das gesellschaftliche Zusammenleben erschweren können. Die Begrenzung der Untersuchungsarbeit auf die individuelle Ebene muss im Interesse der Migrant/innen wie der gesellschaftlichen Gesamtentwicklung überwunden werden.

Es ist zu untersuchen, weshalb und wie Diskriminierung, Gewalt, Perspektivlosigkeit, Isolation, Selbstbewusstseinsstörung und andere relevante Probleme, wie Störungen der Persönlichkeitsentwicklung von Jugendlichen, entstanden sind. Die Ursachen solcher Probleme können sehr unterschiedlich sein, und je nach Persönlichkeit und Identität[1] können andere Aspekte und Umwelteinflüsse

1 Der Begriff ‚Identität' drückt also insofern eine wechselseitige Beziehung aus, als er sowohl ein dauerndes inneres Sich-Selbst-Gleichsein wie ein dauerndes Teilhaben an

hinzukommen. Besonders die Lebensbedingungen von Flüchtlingen können in diesem Zusammenhang auf den Sozialisationsprozess großen Einfluss haben. Hier ist anzumerken, dass die meisten Flüchtlinge aufgrund ihrer „Lebensbedingungen" negative Erfahrungen haben, die sich nicht günstig auf ihre Sozialisation im Aufnahmeland auswirken können. Diese komplexe Sozialisation kann dann auch Einfluss auf die soziale Integration der nachfolgenden Generation haben. Insbesondere das Jugendalter ist aufgrund seiner Identitätsbildungsphase in der Adoleszenz noch stärker zu berücksichtigen.

Ziel dieser Untersuchung ist es, den Forschungsbedarf aufzugreifen und zu einer Darstellung, die hier selbstverständlich nur explorativen Charakter haben wird, der Sozialisationsbedingungen der Migrant/innen (hier: am Beispiel kurdischer Migrant/innen) in Deutschland beizutragen. Traumaerfahrungen und Einflüsse, die zur Traumatisierung und Verschlechterung von Sozialisationsbedingungen führen, können entschlüsselt, Auswirkungen dargestellt und die daraus erfolgenden Aufgaben für die Verbesserung der Sozialisationsprozesses aller Beteiligten (Staat, Gesellschaft, Institutionen, Familien etc.) herausgearbeitet und nach Lösungsperspektiven gesucht werden. Hier ist auch wichtig herauszustellen, welche Traumafolgen für die Entstehung von Problemen sorgen, die besonders die Sozialisation von Jugendlichen erschweren.

Im Folgenden wird zuerst der Forschungsstand über die Situation von Flüchtlingen in Deutschland sowie zu Traumatisierung und Sozialisation im Kontext von Fluchtmigration umrissen. Dann folgt ein Kapitel über Biografieorientierung in der Forschung über Sozialisationsbedingungen von Migrant/innen. Insbesondere wird kurz auf die Methode der Rosenthal-Studie über Holocaustopfer eingegangen. Schließlich wird zu der Bedeutung von Identitätsbildung und Sozialisation im Jugendalter übergangen, wobei auch die Theorien der Sozialisation diskutiert werden. Im Kontext dazu erschließen sich Sozialisation als Interaktion und die Sozialisation von Migrant/innen. Darüber hinaus erfolgen die historische Einordnung des Traumas und seine Bedeutung im gesellschaftlichen, gesundheitlichen und sozialpolitischen Rahmen. Denn anschließend geht es um die Bedeutung der intergenerationalen Traumata. Hierbei wird insbesondere die Rosenthal-studie über Holocaustopfer in drei Generationen in Betracht bezogen. Danach wird das Resilienzkonzept ebenfalls kurz thematisiert. Der theoretische Teil der vorliegenden

---

bestimmten gruppenspezifischen Charakterzügen umfasst.... Es wird sich dadurch einmal um ein bewusstes Gefühl der individuellen Identität handeln, ein andermal um das unbewusste Streben nach einer Kontinuität des persönlichen Charakters; einmal wird die Identität als ein Kriterium der stillschweigenden Akte der Ich-Synthese, dann wieder als das Festhalten an einer inneren Solidarität mit den Idealen und der Identität einer Gruppe erscheinen. (Erikson 1976)

Arbeit wird dann mit der kurdischen Problematik im Kontext zu Sozialisation und Traumata abgeschlossen.

Alle Zugänge werden schließlich zugespitzt auf die Erforschung der speziellen Situation kurdischer Migrant/innen in Deutschland. Teil zwei beginnt daher mit der empirischen Studie über Einflüsse traumatische Ereignisse auf die Sozialisation der nachfolgenden Generation. Hier werden zuerst das Studien-Design und die Auswahl der Interviewteilnehmer/innen usw. beschrieben. Zudem folgt ein Beispiel für die Durchführung der Interviewauswertung nach der biografischen Fallrekonstruktion, erfunden von Rosenthal. Schließlich folgen die Fallrekonstruktionen und Beobachtungen zu den verschiedenen Interviews mit kurdischen Familien. Nach der Zusammenfassung der Ergebnisse an Hand Fallrekonstruktionen schließt sich die Gesamtauswertung der Ergebnisse bei den Interviews und Beobachtungen an. Die letzten Abschnitte dieses Teils beziehen sich auf die Diskussion der Ergebnisse und Reflexion über die eigene Forschung.

Der Teil drei befasst sich als letzter Bestandteil mit dem Thema Prävention bei traumatisierten Familien. Nach dem dritten Teil wird die Arbeit mit einem umfangreichen Fazit abgeschlossen.

Teil I
Theoretisch-konzeptioneller Rahmen

Entwicklung und Hintergrund des Forschungsvorhabens

1

Gegenstand der Studie

Um die Besonderheit von kurdischen Flüchtlingen zu analysieren und subjektive Eigenschaften und Erfahrungen darzustellen, sind die Erforschung der Biografie und die Rekonstruktion sozialer Erfahrungen notwendig. Außer der politischen Besonderheit kommen noch die soziologischen und psychologischen Aspekte und Bedingungen hinzu, die aufgrund ihres ignorierten Status bzw. ihrer Identität und der gesellschaftlichen, persönlichen und sozialen Situationen berücksichtigt werden müssen. Deshalb ist eine Analyse, die einen ausführlicheren Blick auf das gesamte Leben kurdischer Flüchtlinge ermöglicht und dadurch hilft, die komplexe, soziale Realität darzustellen, erforderlich. Insgesamt ergeben sich für die empirische Untersuchung folgende Fragen: Welche Belastungen erfahren Jugendliche in hoch belasteten Familien, die von Trauma betroffen sind? Welchen Einfluss haben diese Belastungen auf die Sozialisationsbedingungen der Jugendlichen?

Um die Situation dieser Familien besser zu verstehen, wird in dieser Arbeit eine Replikation der biografischen Analyse von Gabriele Rosenthal auf kurdische Familien in Verbindung zur Sozialisation durchgeführt. Einerseits geht es bei der Replikation darum zu testen, ob die biografische Fallrekonstruktion von Rosenthal auf die Situation der kurdischen Familien umsetzbar ist. Andererseits soll die Replikation helfen, Gemeinsamkeiten oder Unterschiede der Untersuchungsgruppen und -ergebnisse herauszufinden bzw. zu interpretieren. Diese Replikation ist allerdings für Untersuchungen im Bereich kurdischer Studien nicht breit angelegt, daher wird es nur möglich sein, erste Eindrücke über die Anwendung zu bekommen und Vielfältigkeit in der Methodenanwendung zu gewinnen.

Schließlich ergeben sich für die empirische Untersuchung, bei der die Sozialisationsbedingungen von kurdischen Jugendlichen erforscht werden sollen, folgende Fragen:

- Welche Migrationserfahrungen, die von einer politischen marginalisierten und/ oder verfolgten Migrationsgruppe als traumatisierend erfahren werden, tauchen in der Nachfolgegeneration wieder auf?
- Welche Rolle spielen die Migrationserfahrungen für die Traumatisierung und wie beeinflusst die Traumatisierung die nachfolgenden Generationen?
- In welchem Verhältnis stehen die Sozialisationsbedingungen zu Traumatisierungserlebnissen von kurdischen Flüchtlingen und welche Auswirkungen hat dieses Verhältnis auf die nachfolgende Generation?
- Wie beeinflussen traumatische Migrationserfahrungen kurdischer Flüchtlinge die familiären Verhältnisse und die Erziehung der Eltern?
- Wie wirken die traumatischen Verhaltensweisen der Eltern auf den Lebenslauf und auf die Zukunftsperspektiven ihrer Kinder?

An erster Stelle kommt hier die Analyse, welche Schwierigkeiten im Alltag der Jugendlichen durch das Trauma ihrer Eltern entstehen.

Stand der Forschung zum Zusammenhang von Trauma und Sozialisation

Die Frage der Auswirkungen traumatischer Migrationserlebnisse von Flüchtlingen für die Prozesse der Sozialisation und Integration der nachfolgenden Generation in Deutschland ist ein Forschungsdesiderat. Der Einfluss negativer Erlebnisse in der Vergangenheit auf die Gegenwart ist ein besonders aktuelles Thema in der heutigen Forschung. Es gibt einige Wissenschaftler/innen die zu diesem Thema Untersuchungen durchgeführt haben. Besonders Gabriele Rosenthal und Viola Stephan machten Untersuchungen mit Personen, die Kriegs-, Flucht-, Vergewaltigungserlebnisse etc. hatten. Sie stellten dabei mehrmals fest, dass familiengeschichtliche Verläufe einen starken Einfluss auf das gegenwärtige Leben der Familie haben (vgl. Rosenthal, Stephan 2010).

Einen wichtigen Beitrag in Bezug auf die Auswirkungen von Trauma auf die nächsten Generationen leisteten demnach Forschungen von G. Rosenthal und ein Forschungsprojekt mit dem Schwerpunkt „Wie Traumata in die nächste Generation wirken" von Baer und Frick-Baer. G. Rosenthal und ihr Team konzentrierten sich insbesondere auf die Erscheinung der intergenerationalen Leidensprozesse. Sie untersuchten besonders, wie die kollektive und familiäre Vergangenheit der Verfolgten auf die nächste Generation wirken. In dem Untersuchungsziel von Rosenthal und ihrem Team geht es um das Finden von Strategien, die die psychische und soziale Integration der Personen erleichtern sollen (vgl. Rosenthal 1999). Beim Forschungsprojekt von Baer/Frick-Baer geht es mehr darum, die Symptome von traumatisierten Menschen auch bei den nächsten Generationen zu entdecken. Es stellte sich heraus, dass einige Symptome, z.B. die Ängstlichkeit der Generation, die traumatisiert ist, auf die nächste Generation übertragen wird (Baer/Frick-Baer 2011). Mit dem Schwerpunkt posttraumatische Belastungsstörungen, Trauma und Therapiemöglichkeit sind hier auch die von verschiedenen Autoren entstandenen Beiträge in dem Sammelband „Trauma und Therapie"[2] zu benennen. Sie schreiben allgemein über die Entwicklung des Traumaprozesses, die Folge eines Traumas auf die traumatisierte Person und die Personen im Umfeld. Jedoch geht es meistens um die traumatisierten Flüchtlinge, die psychischen Folgen von Trauma, posttraumatische Belastungsstörungen (PTBS) auf Flüchtlinge und Flüchtlingskinder und schließlich den Bewältigungskriterien, -strategien und Therapiemölichkeiten. Auf soziale Ebenen wird auch in diesem Sammelband nur teilweise zurückgegriffen und nur Ergebnisse über grundlegende Sozialisationsbedingungen von traumatisierten Flüchtlingen werden angegeben. Auch bei diesen Beiträgen ist zu bemerken, dass sie die Ursachen und Folgen des Traumas analysieren, aber wenig über den Einfluss der Folgen zu den Sozialisationsbedingungen und der Sozialisation der Betroffenen und ihrem sozialen Umfeld sagen. Es fehlen Aussagen über soziale Beziehungen, die berufliche und schulische Ausbildung, Einordnung in der Gesellschaft usw. Wichtig ist hier der Prozess der Sozialisation und welche Schwierigkeiten oder Einflüsse wegen Traumatisierung entstehen können. Bisherige Traumaforschungen halten es für bewiesen, dass die Folgen psychosozialer Traumatisierung auch Nachfolgegenerationen betreffen können (Rosenthal 1999; Danieli 1998, Kordon & Edelman 2002). Rauchfuss sieht das psychosoziale Trauma als Produkt eines über mehrere Jahre andauernden politischen, sozialen und individuellen Prozesses. Er weist darauf hin, dass nach dem traumatischen Erlebnis vorkommende politische und soziale Entwicklungen auf der gesellschaftlichen Ebene den Traumatisierungsprozess beeinflussen können. (Rauchfuss 2003a, 2003b, Schmolze/Rauchfuss 2007). Bei den gerade genannten Beiträgen wurden mehr die psychosozialen Aspekte von traumatisierten Personen betrachtet, jedoch wurden die Aspekte, die das soziale Leben beeinflussen, lückenhaft und nicht unter Beachtung des Sozialisationsprozesses betrachtet.

Aufgrund von Traumatisierungserfahrungen kann es im sozialen Umfeld der Betroffenen zu Unzufriedenheit mit sich selbst, zu Problemen auf der transaktionalen Ebene, zu Angst und Misstrauen gegenüber fremden Personen etc. kommen. Daher spielen die Einflüsse der traumatischen Erlebnisse im Kontext zur gesellschaftlichen Ebene eine ziemlich wichtige Rolle. Natürlich ist damit

---

2 „Trauma und Therapie" (Hrsg. : Internationale Menschenrechte der Kurden e.V. und Medizinische Flüchtlingshilfe Bochum e.V. von 2003)

nicht gemeint, dass alle geflüchteten Migrant/innen aufgrund ihrer negativen Migrationserfahrungen traumatisiert sind. Es gibt viele Migrant/innen, die ihre negativen Erlebnisse gut verarbeitet haben und einen Neuanfang im Leben gemacht haben. Die Weltgesundheitsorganisation (WHO) stellte fest, dass diejenigen, die aus negativen Gründen ihren Heimatort verlassen müssen, zu mehr als 50 % unter psychischen Folgen der fluchtbedingten Traumata leiden (vgl. Erklärung der WHO von 2001). Ein Problem von Migrant/innen ist, dass sie Schwierigkeiten haben, ihr Leben an den gesellschaftlichen Rahmen in Deutschland anzupassen und ein Teil dieser Gesellschaft zu werden. Hier wird wieder deutlich, dass ein Untersuchungsbedarf für die Gründe bzw. Ursachen gerade genannter Schwierigkeiten vorliegt. Eine Ursache dieses Problems kann z.B. sein, dass die nachfolgende Generation nachteilige Sozialisationsbedingungen hat, die sich aufgrund der Erziehung und Lebensbedingungen der traumatisierten Eltern entwickelt haben. Um herauszufinden, welche Auswirkungen das Trauma hat, müssen Biografien im Zentrum der Forschung stehen, weil allein die biographische Flugbahn Auskunft darüber geben kann, welche Bedeutung traumatische Erfahrungen bzw. die bewusste wie unbewusste Weitergabe dieser Erfahrungen in der Familie haben kann.

Erwartete wissenschaftliche und gesellschaftliche Ergebnisse in Bezug auf Theorie und Anwendung:

Damit der Zusammenhang zwischen den drei wichtigen Schwerpunkten Sozialisation, Trauma und Migration besser kalkuliert werden kann, wird im weiteren Sinne Biografieforschung angewendet. Die Biografieforschung soll es möglich machen, Aussagen über Ursachen der Retraumatisierung im Fluchtland, Ursachen der Traumatisierung durch die Migration und die Lebensbedingungen in der Fremde zu gewinnen und weitere gegenstandsbezogene Theorien zu erhalten. Wichtig ist es, sich hierbei mit den Aussagen über die Auswirkungen der Traumatisierung auf die Eltern - Kind - Beziehung auseinanderzusetzen. Die gewonnenen Ergebnisse würden als nächstes die Nennung von Voraussetzungen für eine bessere Integration der Migrantenfamilien ermöglichen. Darüber hinaus könnten sie dazu beitragen, dass eine Reduzierung von Fremdbildern und Diskriminierung in der Gesellschaft stattfindet. Schließlich sollen erforderliche Aufgaben für alle Beteiligten (Staat, Institutionen, Familien etc.) aufgestellt werden, um bessere Sozialisationsprozesse möglich zu machen. Zunächst geht es hier darum, empirische Ergebnisse über die Sozialisationsbedingungen von kurdischen Jugendlichen, deren Eltern Flüchtlinge sind, zu erhalten. Die ermittelten Ergebnisse sind für die Beschreibung von Problemen (hier an den Beispielen kurdischer Jugendlicher) erforderlich. Außerdem werden abgesicherte Aussagen zu den spezifischen Sozialisationsauswirkungen von Flüchtlingen kurdischer Herkunft erwartet. Aus wissenschaftlicher und auch gesellschaftlicher Sicht ist an dieser Stelle die Bedeutung der Folgen der Traumatisierung bezüglich der Sozialisationsbedingungen in kurdischen Familien sehr untersuchungsbedürftig. Die empirischen Ergebnisse über Kurden sollen als Beispiel betrachtet werden, um die Übertragung der Ergebnisse und Maßnahmen auf andere Migrant/innen mit ähnlichen Situationen zu ermöglichen.

1.1 Belastungen in der Biografie – Auswirkungen auf die Sozialisation und Trauma

Theoretische Grundannahmen der Biografieforschung

Die Biografieforschung hat eine Geschichte, deren Ursprung auf die 1920er Jahre zurückgeht. Sie verlief parallel in der Soziologie und Psychologie. Bekannt wurde die Analyse der Biografie in der Soziologie durch die Migrationsstudie „The Polish Peasant in Europe and America" von William Isaac Thomas und Florian Znaniecki (1918-1920). Die Personen, die diese Studie durchgeführt haben, waren überzeugt davon, dass biografische Quellen Zugang zu den subjektiven Erfahrungen und Meinungen ermöglichen und die soziale Wirklichkeit darstellen. Ab den 1970er Jahren erreichte die interpretative Biografieforschung einen bedeutsamen Aufstieg in der internationalen Soziologie. Martin Kohli und Gunter Robert publizierten 1984 einen Band mit dem Titel „Biografie und Soziale Wirklichkeit". Die Institutionalisierung der Biografieforschung in der deutschen Soziologie wurde durch die empirischen Publikationen von M. Kohli vorangetrieben (vgl. Rosenthal 2011). Hier stellt sich die Frage, in welchem Zusammenhang die Biografie gesehen werden soll. Den meisten Biografieforschern in der Soziologie zufolge wird sie als eine Konstruktionsleistung des Individuums und als ein lebenslanges Projekt betrachtet (vgl. Allheit 1993, Kohli/Fischer 1987). An dieser Stelle sind die Forschungen von Gabriele Rosenthal zu nennen, die meistens mit einer biografischen Fallrekonstruktion durchgeführt wurden und deren Ergebnisse einen Beitrag für das Vorgehen der vorliegenden Arbeit leisten.

Eine friedliche und transaktionale Gesellschaft kann nur dadurch gewährleistet werden, wenn sich alle Beteiligten in einem gut funktionierenden sozialen System befinden. Daher ist die Rekonstruktion wichtiger sozialer Phänomene und Handlungen notwendig, um die Situation von Jugendlichen, die von verschiedenen Umwelt- und Sozialeinflüssen betroffen sind, zu analysieren und die Genese dieser Situationen zu endecken. Bei der Biografieforschung geht es um mehr, als die gegenwärtige Situation zu verstehen:

> „Und so geben biografische Erzählungen sowohl Auskunft über die Gegenwart der/des Erzählenden als auch über deren/dessen Vergangenheit und deren/dessen Zukunftsperspektive." (Rosenthal 2011, S.181)

Die Notwendigkeit dieser Vorgehensweise zeigt sich auch durch ihren Einblick in die Handlungs-, Vergangenheits- sowie Gegenwarts- und Zukunftsperspektiven. Beispielsweise um verstehen zu können, warum ein Mensch sich nicht weiterbilden konnte, müssen seine Handlungsperspektiven analysiert und sein gesamtes Leben mit allen seinen institutionellen, sozialen, beruflichen, persönlichen, gesellschaftlichen Aspekten und Bedingungen betrachtet und interpretiert werden. Es sollte auch berücksichtigt werden, dass die Sprach- und Zugangsbarriere zusätzlich zur Verringerung der Chancengleichheit im Bildungsbereich beiträgt und die Möglichkeiten der Inanspruchnahme gesundheitsbezogener Leistungen verkleinert (Luhmann 1998, Mayntz 1988). Ein wesentlicher Grund, der die Biografieforschung notwendig macht, ist das Trauma der Eltern. Es kann davon ausgegangen werden, dass die Traumata von Eltern das Leben ihrer Kinder komplexer und schwieriger machen können (vgl. Rosenthal 1999). Um Einflüsse des Traumas auf die Sozialisation von Jugendlichen deutlicher zu machen, ist es daher erforderlich, nach den Grundannahmen der Biografieforschung vorzugehen.

Die Persönlichkeit von Flüchtlingen ist aufgrund vielfältiger subjektiver Erfahrungen komplex und, wie jede andere Persönlichkeit, nicht einfach zu analysieren. Neben der politischen Dimension kommen noch die soziologischen und psychologischen Aspekte und Bedingungen hinzu, die aufgrund ihres ignorierten Status bzw. ihrer Identität, sowie gesellschaftlicher, persönlicher und sozialer Situationen berücksichtigt werden müssen. Daher ist eine Analyse, die einen ausführlicheren Blick auf das Leben traumatisierter Flüchtlinge ermöglicht und dadurch hilft, die komplexe, soziale und persönliche Realität darzustellen, erforderlich. Wie schon erwähnt, ist die Biografie von traumatisierten Personen und ihren Familien vielfältig und besteht aus mehreren Entwicklungsprozessen und Krisen. Insbesondere in der Lebensphase Jugend sind mehrere Krisen bezüglich Sozialisation und Identitätsbildung zu bewältigen. Die Autonomie und eigenständige Zukunftsplanung können aufgrund geschlossener Lebensweisen bzw. -stile und traditioneller Lebensgewohnheiten auch durch nicht vorhandene Vorbilder, Perspektiven und das politische System erschwert sein. Um die Hintergründe, Gebundenheit und Entstehung sozialer, politischer und psychischer Phänomene nachzuvollziehen und darzustellen, müssen ihre Entstehung und Entwicklung in der Biografie verstanden und rekonstruiert werden (vgl. Rosenthal 2011). Es ist selbstverständlich, dass der gesellschaftliche Entwicklungsprozess sich im Laufe der Zeit immer weiterentwickelt und sich dadurch verschiedene soziale Phänomene in der Sozialisation des Menschen herausbilden.

Daher ist es zu untersuchen, ob diese Jugendlichen benachteiligte Biografien haben und diese ihre Sozialisationsbedingungen erschweren. Außer des Traumas kommen bei Migrant/innen zusätzlich Umwelteinflüsse wie Migrationsbedingungen und Intergenerationsschwierigkeiten hinzu, die von Traumataeinflüssen zu unterscheiden und deren Einfluss auf die Biografie ebenfalls gesondert darzustellen sind. Eine wichtige Rolle bei der Entstehung von Sozialisationsbedingungen spielen nach Klaus Hurrelmann die Entwicklungsaufgaben für die Identitätsbildung im Jugendalter.

1.2 Entwicklungsaufgaben und Identitätsbildung im Jugendalter

Während der Identitätsbildung erlebt das Individuum verschiedene Rollen, welche es aber vielleicht nicht immer annimmt bzw. die entsprechende Rolle zurückweist. Diese Zurückweisung ist ein Schritt, die eigene Identität zu differenzieren und „wenigstens versuchsweise Loyalitäten zu beschwören, die dann durch die geeigneten Ritualisierungen oder Rituale bestätigt und dauerhaft integriert werden" (Erikson 1988, S. 97). Im Ganzen kann gesagt werden, dass der Prozess der Persönlichkeitsentwicklung eine sich entfaltende Kombination ist, die individuelle Besonderheiten, Werte, Kompetenzen, passende Rollen, Widerstände, Identifikationen einschließt. Das Problem der Identitätsbildung kann bei assimilierten bzw. nicht anerkannten Völkern öfters vorkommen und sich dauerhaft in den Vordergrund stellen.

Ein Beispiel für eine Bevölkerung, die schon seit Jahrzehnten unter diesem Problem leidet, sind die Kurden. Die kurdische Bevölkerung trägt seit Jahrzehnten dieses mit sich. Entscheidend ist hier, wie diese negativen Problemstellungen und gestörte Identitätsanerkennung in ihrem Leben geprägt sind. Zu analysieren ist an dieser Stelle, welche Einflüsse dieses Anerkennungsproblem zusätzlich auf das Trauma und die Sozialisationsbedingungen hat. Besonders zu unterscheiden ist, ob das Anerkennungsproblem das Trauma verstärkt und die Sozialisationsbedingungen stärker negativ bewirkt oder ob diese Aspekte miteinander keine Beziehung haben.

Durch ein Gedicht, das „Rezept" der Identität von Claribel Alegría[3], sollen eine künstlerische Sichtweise und Bedeutung im Hinblick auf den Identitätsbegriff näher betrachtet werden.

Das „Rezept" der Identität
Wie man sich eine Identität zusammenbraut:
Zwei Pfund Mestizenteig,
ein halbes Pfund Filet vom Spanier,
gekocht und klein gehackt,
eine kleine Dose frommer Rosinen,
zwei Löffel Milch von Malinche,
drei Jesuitenzwiebeln,
zwei Drachenzehen,
eine Präsidentenkarotte,
zwei Löffel Klatschbase,
etwas Fett vom Panchimalco-Indianer,
zwei Ministertomaten,
eine halbe Tasse Zielfernrohrzucker,
zwei Tropfen Lava vom Vulkan,
sieben Blätter Pimmel
(denk nichts Übles, das ist ein Schlafmittel),
alles auf kleiner Flamme fünf Jahre köcheln –
und du wirst sehen, was dabei herauskommt.
(Claribel Alegría)

Da sich aus den Theorien von Erikson herausstellen ließ, dass die Identitätsbildung erst in der Jugendphase auftritt, ist diese Phase besonders zu berücksichtigen. Verschiedene Quellen stellen fest, dass über Identität erst dann geredet werden kann, wenn ein Mensch trotz verschiedener Handlungssituationen im Verlauf seines Lebens in Schule, Arbeit, Familie, gesellschaftlichen Diskursen etc., Lebensbedingungen und Entwicklungskrisen seine eigene Persönlichkeit wahrnimmt, behält und sich selbst reflektiert. Nach Eriksons Theorie ist die Bewältigung psychosozialer Krisen ein Grundstein für die Identitätsbildung. Andererseits findet Krappmann für die Identitätsbildung wichtig, dass eine Person die Kompetenzen für sich selbst wahr-

3 Das Gedicht von Alegria stellt die vielfältigen Stufen der Identitätsbildung lateinamerikanischer Menschen dar. Die Autorin wurde 1924 in Nicaragua geboren und war eine wichtige Person im Kampf für die Befreiung von El Salvador und Zentralamerika. Durch ihr Gedicht macht sie auf die verschiedenen Einflussaspekte bei der Identitätsbildung aufmerksam, wie Kultur, Religionen, Riten, Politik usw. Das „Rezept" der Identität präsentiert sie mit viel Ironie und sie möchte damit darauf hinweisen, dass nach lange andauernder Entwicklung eine individuelle, vorher nicht annehmbare Identität entsteht (Karius, Jasmin 2008).

nehmen, bewerten und selbstreflektierend erwerben muss (vgl. Krappmann 1979). Wobei es nicht klar definiert ist, von welchen Kompetenzen gesprochen wird. Die Frage ist hier auch, ob es überhaupt möglich ist, die Identität zu definieren? Es kann nicht direkt davon ausgegangen werden, dass die Identitätssuche ihr Ende gefunden hat, wenn derjenige diese oben genannten Kompetenzen besitzt.

Hurrelmann kommt zu dem Schluss, dass Identität nur dann zustande kommen kann, wenn die Entwicklungsphasen des Jugendalters bewältigt werden. Dies lässt z.B. folgern, dass Jugendliche in der Zukunft keine Identität bilden können, wenn sie während ihrer Entwicklungsphase keine intellektuellen und sozialen Kompetenzen erwerben. Daraus kann die Frage abgeleitet werden, ob die Identitätsbildung vom Erwerb dieser Kompetenzen im Jugendalter abhängt. Die Entwicklungsaufgaben in der Lebensphase Jugend, bei der es um Umsetzung von körperlichen, psychischen, sozialen Voraussetzungen für individuelle selbstbestimmte Handlungen geht, stehen daher typischerweise für Hurrelmann im Vordergrund für die Integration des Individuums in die Gesellschaft. Hierbei ist Hurrelmann von den Aussagen von Oerter überzeugt und berichtet, dass für die Entwicklungsaufgaben der Jugendlichen die Entwicklung der Normen, Werte, Bildung, intellektuellen Fähigkeiten Merkmale sind und den ersten Zugang zum sozialen Zusammenleben bzw. zu Verbindungen mit Gleichaltrigen ermöglichen, wobei für die Entwicklungsaufgaben im frühen Kindesalter die Entwicklung von kognitiver, affektiver und psychomotorischer Intelligenz und Fertigkeiten usw. typisch ist (vgl. Hurrelmann 2007). Bei den Entwicklungsaufgaben geht Hurrelmann von vier zentralen Aufgaben des Jugendalters aus. An erster Stelle wird von einer Selbstständigkeit gesprochen, die er als die intellektuelle und soziale Kompetenz bezeichnet und als erste Entwicklungsaufgabe definiert. Als Zweites wird die Entwicklung des inneren Bildes der Geschlechtszugehörigkeit genannt. Die Anerkennung körperlicher Veränderungen und Entwicklungen von sozialen Bindungen und Beziehungen sind Bestandteil dieser Aufgabe. Weiterhin werden bei der dritten Aufgabe auch bestimmte Merkmale genannt. Das Ziel dabei ist, dass der Jugendliche eine eigene Lebensweise entwickelt und kontrollierten Umgang mit Angeboten wie Freizeit, Geld etc. hat. Seine Aufgabe besteht hier also in der Entwicklung von Autonomie. Die letzte Entwicklungsaufgabe bezieht sich auf das Werte- und Normensystem. Darüber hinaus basiert sie auf der Entwicklung eines ethischen und politischen Selbstbewusstseins, so dass eine „verantwortliche Übernahme von gesellschaftlichen Partizipationsrollen als Bürger im kulturellen und politischen Raum möglich wird" (Hurrelmann 2007, S. 28). Die Wichtigkeit dieser Entwicklungsphasen auf eine andere Seite gestellt, stellt sich hier darüber hinaus die Frage, was passieren könnte, wenn die Krisen in den Entwicklungsphasen nicht bewältigt werden können und vielfältige Lebensereignisse, andere umwelt- und sozialbedingte Faktoren die Bildung der Identität und Persönlichkeit erschweren. Weiterhin ist es auch nicht klar, in welchem Verhältnis diese Entwicklungsphasen zueinander stehen. So ist es unklar, wie der Entwicklungsprozess weiter verläuft, wenn irgendwelche Entwicklungsaufgaben nicht bewältigt werden. Die Globalisierung und politische Situationen können dafür sorgen, dass einige Völker aufgrund ihrer rechtlichen Lage und u.a. der ihnen zustehenden Lebensnormen unterdrückt, assimiliert und von Identitätsproblemen betroffen sind. Zu klären ist hier welche Normen und Umgangsweise nötig sind, um die durch Nichtbewältigung der oben genannten Krisen entstandene Identitätsstörung zu verarbeiten. Welche Konzepte und Bewältigungsstrategien wurden bzw. sind erfunden, um solche Identitätsstörungen rückgängig zu machen oder zu heilen? Die vorliegende Untersuchung soll sich auch mit diesen Fragen auseinandersetzen, aber darüber hinaus Aussagen über Traumaeinflüsse der Eltern auf die Sozialisationsbedingungen ihrer Kinder treffen. Außerdem tauchen verschiedene Ausgangspunkte auf, welche für die Traumatisierung der Elten entscheidend sind. Der Sozialisationsprozess und negative Lebensbedingungen sind auf einer Seite, traumabedingte Belastungen auf der anderen zu beachten. Dazu kommen noch mögliche Persönlichkeitsstörungen, die sich ebenfalls durch hohe Belastungen im Leben entwickeln können. Alle diese Aspekte können direkte und indirekte Einflüsse auf die Sozialisationsbedingungen haben. Daher sind bei der Untersuchung von Sozialisationsbedingungen all diese Aspekte zu berücksichtigen und in der Biografie des Individuums zu beachten.

1.3 Zusammenhang zwischen Sozialisationsprozessen und Persönlichkeitsentwicklung

Der Sozialisationsbegriff wird als Prozess des Zustandekommens und der Bildung der Persönlichkeit in wechselseitiger Verbindung mit der gesellschaftlich vermittelten kulturellen, materiellen und sozialen Umwelt verstanden (vgl. Hurrelmann in Tillmann 2010). Allein die Grundannahme der Sozialisationstheorie beruht darauf, dass die Persönlichkeitsentwicklung einer Person in jeder Lebensphase durch vielfältige Aspekte wie soziale, familiäre, psychische, persönliche und äußere Umweltbedingungen beeinflusst wird. Insbesondere das Jugendalter spielt für die Identitätsbildung und persönliche und soziale Entwicklung eine entscheidende Rolle. Am Ende dieser Lebensphase kommt es zur ersten vorläufigen Vervollständigung der Prozesse der Identitätsbildung „und bilden damit die Basisstruktur für spätere Umformungen und Weiterentwicklung" (Hurrelmann 2007: S. 31 nach Seiffge-Krenke 1995).

Wichtig ist dabei die Frage, wie sich eine Person zu einem sozialisationsfähigen Subjekt bildet. Diese Definition kann bis heute als gültig angesehen werden (vgl. Tillmann 2010). Die Subjektentwicklung wird von verschiedenen Umwelt- und materiellen Faktoren beeinflusst. Die Umweltkomponenten wie Institutionen, soziale Netze, Vereine, Erziehungsweise der Eltern, kulturelle Verbindlichkeiten u.a. sind in gesellschaftliche Bedingungen eingebunden. Anzumerken ist hier auch, dass das gemeinsame Handeln von Individuen in soziale Kontexte die Entstehung der Persönlichkeit durch individuelle Auseinandersetzung mit Erfahrungen bestimmt. Hierdurch wird dann die Person fähig, sich aktiv an der Entwicklung der eigenen Persönlichkeit zu beteiligen und sich in ihre Umwelt zu integrieren (vgl. Grundmann 1999).

Die Interaktion einer Person in der Gesellschaft hat Einfluss auf die Entwicklung der Persönlichkeit: „Seine Persönlichkeit bildet sich viel mehr in konkreten Interaktionen und Tätigkeiten mit anderen, im Umgang mit konkreten Bezugspersonen." (Baumgart 2008, S. 17-18) Die Persönlichkeit durchläuft mehrere komplexe Lebensphasen, die, wie auch Erikson beschreibt, viele Krisen beinhalten (vgl. Erikson 1988). Hurrelmann geht davon aus, dass die Persönlichkeitsentwicklung für die Sozialisation und Sozialisationsbedingungen ein bedeutsamer Bestandteil ist. Er schreibt, dass unterschiedliche Umweltfaktoren in jeder Lebensphase einen Einfluss auf die Persönlichkeitsentwicklung eines Menschen haben. Zentrale Annahme der Sozialisationstheorie ist für ihn:

> „Die Persönlichkeitsentwicklung eines Menschen wird in jedem Lebensabschnitt durch eine ‚produktive' Auseinandersetzung miden äußeren, sozialen und physischen Umweltbedingungen und zu gleich den inneren, psychischen und körperlichen Vorgaben beeinflusst." (Hurrelmann 2007, S. 7)

Wobei Erlebnisse, Erfahrungen und sich daraus bildende Handlungen und Bedingungen weniger von Hurrelmann Beachtung findet. Die Gefahr liegt hier in der Unterbewertung der persönlichen Eigenschaften wie Intellektualität, Werte, Geduld, Normen und Umgangsweise mit Situationen. Die Funktion des gesellschaftlichen Lebens ist nach Durkheim nur dann erfolgreich, wenn die für das Überleben notwendigen Regeln der Gesellschaft durch Erziehung und Sozialisation als die nächste wichtige Umweltbedingung gesehen werden. Als Erstes ist für ihn wichtig, dass keiner die Würde des Individuums für gesellschaftliche Zwecke nutzt, und der zweite Aspekt besagt: „Nur durch die Sozialisation als Anpassung der ‚rohen' Natur an die Gesellschaft wird der Mensch zum Menschen, ..." (Baumgart 2008, S. 33)

Sozialisationstheoretisch geht es also darum, wie gesellschaftliche Bedingungen, Strukturen, soziale Anpassung die individuelle Autonomie begrenzen können. Durkheim hält es für besonders wichtig, neben moralischen gesellschaftlichen

Werten die individuelle Persönlichkeitsentwicklung zu erweitern und dabei das Ich zu stärken. Demgegenüber sieht Georg Simmel die Möglichkeit der neuen Individualisierung durch gesellschaftliche Werte und Moral als Vorteil. Er geht davon aus, dass für die Person ihre subjektiven Erfahrungen als *Personales Ich* entscheidend sind, aber die Interaktion mit anderen Subjekten bzw. Gruppen für die Bildung eines sozialen „Ich" sorgt (vgl. Veith 2008). Bemerkenswert ist hier auch, dass nun mehr Wert auf das *Ich* gegeben wird. Das *Ich* wird in zwei Ebenen „personal" und „sozial" aufgeteilt und die Natur des Individuums soll im Vordergrund stehen.

Für die Entwicklung der menschlichen Persönlichkeit interessiert sich besonders Sigmund Freud. Nach Freud waren viele Krankheitsbilder ein Zeichen für frühkindliche, unbewältigte Konflikte. Er ging davon aus, dass in den einzelnen Entwicklungsschritten bestimmte Triebe mit Interesse an verschiedenen Körperteilen – oral, anal, phallisch und genital – besonders wichtig sind und für die Charakterentwicklung das Eingehen und die Reaktion auf diese durch die wichtigsten Beziehungspersonen von großer Bedeutung sind. Hier wird der Sozialisationsprozess in den Vordergrund gestellt, der durch sich wechselnde, individuelle Abhängigkeit von verschiedenen Seiten und Lebensphasen zustande kommt. Die Entwicklungspsychologie ermöglicht eine andere Betrachtungsweise dieser Lebensphasen bzw. der Unterteilung des Lebenslaufs (vgl. Tillmann 2010). Die Unterteilung des Lebenslaufs in mehrere Phasen ist auch deshalb von Vorteil, weil sich vielfältige Persönlichkeitsmerkmale und Eigenschaften in jeder Phase verändern und entwickeln können. Daher ist es von Interesse herauszufinden, welche Erfahrungen in den vergangenen Phasen die nächsten Phasen beeinflussen. Der Hintergrund solcher Einprägungen in verschiedenen Lebensphasen kann für die Entschlüsselung der Probleme im Sozialisationsprozess bedeutsam sein. Interessant sind hierbei auch die Faktoren des Sozialisationsprozesses, die von Geulen und Hurrelmann (1980) durch einen Modellversuch dargestellt wurden. Insbesondere sollte dabei beschrieben werden, in welchen „systematischen" Beziehungen die unterschiedlichen Komponenten oder Faktoren unmittelbar und mittelbar Auswirkungen auf die Persönlichkeitsentwicklung haben. Dabei unterscheiden sie vier Ebenen in Bezug auf den Sozialisationsprozess. In der ersten Ebene geht es um die Entwicklung des Individuums, um Persönlichkeitseigenschaften und damit vorausgehende Erfahrungen, Werte, Normen, Bildung, psychische Haltung und Gefühle, die dafür sorgen, dass das Subjekt sich an Interaktionen beteiligt. Die Interaktion ist mit verschiedenen gesellschaftlichen Ebenen konfrontiert: die Interaktionen in der Schule, in der Familie, im privaten Leben und im beruflichen Alltag. Daher bezieht sich die nächste Ebene des Sozialisationsprozesses auf die „Interaktionen und Tätigkeiten" der Personen, die etwa durch Beziehungen in der Schule, im Kindergarten etc. entstehen, und wird als direkte sozialisatorische Umwelt betrachtet. Die dritte Ebene befasst sich mehr mit bestimmten Institutionen, die das Ziel des Sozialisationsprozesses als Hauptaufgabe ansehen. Die Zusammenfassung aller Ebenen ist dann die vierte Ebene, die als das gesamtgesellschaftliche System bezeichnet wird.

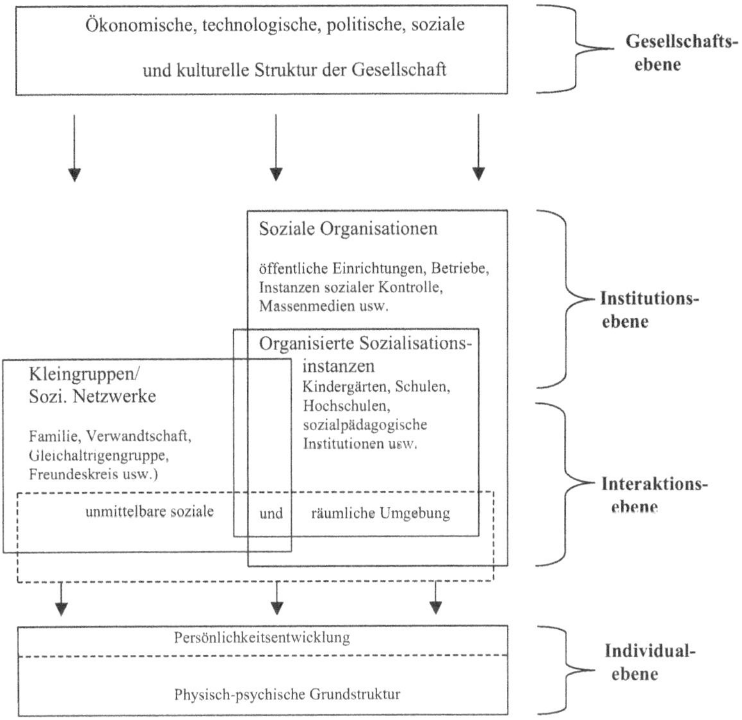

Abb. 1 Das „Mehrebenen-Modell" der Sozialisation nach Geulen/Hurrelmann
Quelle: Geulen/Hurrelmann 1980, S. 65

Die Darstellung zeigt, wie Sozialisationsbedingungen auf andere Sozialisationsbedingungen und das Subjekt Einfluss nehmen und die Ebenen in einer Hierarchie zueinander stehen. Die zentrale Aussage ist hier, dass die subjektive Entwicklung mehrere Ebenen der Persönlichkeitsentwicklung bewirkt und der Sozialisationsprozess nie endgültig abgeschlossen ist. Es soll auch deutlich werden, dass der Sozialisationsprozess die „Makroebene (gesamtgesellschaftliche Strukturen, Institutionen) mit Prozessen der Mikroebene (Interaktion, Subjektentwicklung) verknüpft" (Tillmann 2010, S. 24). Hier ist auch von Bedeutung, wie diese Makro- und Mikroebenen ausgestattet sind, d.h. welche Bedingungen in Institutionen existieren, wie die gesamtgesellschaftlichen Strukturen sind, wie die Interaktionen und Tätigkeiten entstehen. Die Abbildung dieser Hierarchie zeigt aber erstens nicht ganz klare Beziehungen zwischen den verschiedenen Ebenen und zweitens wird es so dargestellt, als ob das Individuum kein gegenseitiges Verhältnis zu den Ebenen und keinen persönlichen Einfluss auf seine Sozialisationsbedingungen und diese mitbestimmende Gruppen hätte. Kritisch zu sehen ist hier, dass Hurrelmann in Bezug zu diesen Sozialisationsebenen sich mit seiner Aussage über die Produktivität der Person widerspricht. Dieses Mehrebenenmodell zeigt diese Produktivität nicht, sondern zeigt nur verallgemeinerte Hierarchien. Die Inhalte und Aspekte in diesem Mehrebenenmodell basieren eher auf die Sozialisationsbedingungen der modernen Gesellschaft und wenig auf die postmoderne Gesellschaft.

2 Sozialisation als Interaktion

Die subjektiven Erfahrungen, kognitiven Fähigkeiten usw. spielen eine wichtige Rolle beim Sozialisationsprozess einer Person. Ein Sozialisationsprozess, der durch verschiedene Grundmuster geprägt ist, kann nach Jürgen Habermas nicht nur von äußeren Einflüssen bestimmt werden (vgl. Baumgart 2008). Er geht davon aus, dass die soziale Integration mehr mit den gemeinsamen Werteüberzeugungen und Handlungsorientierungen zu tun hat und sich nach diesen Normen entwickelt. Nach ihm kann von einem Ergebnis des Sozialisationsprozesses gesprochen werden, wenn eine Person sich an den Normen der mit anderen geteilten „Lebenswelt" orientiert. Seine Kommunikation und Interaktionen ergeben sich zunächst mit seinen Eltern und dann mit immer mehr anderen Bezugspersonen (vgl. Baumgart 2008).

Dieser Kommunikations- bzw. Interaktionsprozess hängt je nach der Situation des Individuums von unterschiedlichen Lebensmustern und Ereignissen ab. In dieser Hinsicht geht Hurrelmann davon aus, dass die Handlungskompetenzen für den Sozialisationsprozess eine bedeutsame Rolle haben. Nach seiner Annahme erfolgt die Bewältigung der Sozialisationsschritte und -probleme durch Einsetzung der persönlichen Handlungskompetenzen. An dieser Stelle findet Bauer es kritisch, dass individuelle Kompetenzen, Arten der Bewältigung von sozialen, persönlichen Krisen, Lebensregulierung etc. als bestimmte Einstellungen der sich entwickelnden Person erklärt werden (vgl. Bauer 2011). Seine Stellungnahme besteht darin, dass unzureichende Handlungs- und Sozialkompetenzen von Individuen für die Feststellung der Ursachen eines Persönlichkeits- oder Sozialisationsproblems nicht ausreichend sein können.

> „Ob aber unzureichende Kompetenz- und Handlungsmuster nur als das Ergebnis produktiver Realitätsverarbeitung zu bezeichnen sind und ob damit die Effekte ungleich privilegierender bzw. benachteiligender Ausgangsbedingungen noch gefasst werden können, bleibt offen." (Bauer 2011, S. 67)

Er streitet nicht ab, dass Kompetenz und Handlungsmuster mit der Bewältigung von Entwicklungsphasen zu tun haben, aber er sieht es kritisch, wie benachteiligte Lebenssituationen in diesen Zusammenhang eingeordnet werden können. Hier ist auch noch anzumerken, dass es nicht nur auf die Kompetenzen eines Individuums, sondern bei der Bewältigung noch auf unterschiedliche Bedingungen wie die berufliche, soziale und materielle Lage usw. ankommt. Weiterhin geht es um die Hintergründe der persönlichen Entwicklung, wobei die Hintergründe bei einer Störung in der Entwicklungsphase besonders wichtig für die Sozialisation eines Menschen sind. Schwierige oder benachteiligte Lebenszustände könnten ebenfalls als Ursache dieser auftretenden Entwicklungsstörungen angesehen werden.

Der symbolische Interaktionismus wird in der Sozialisationsforschung als Orientierung benutzt. Dabei unterschieden Alexandra König und Heinz Abels (2010) zwischen zwei besonderen Ansätzen. Einmal betrachten sie die Persönlichkeitsentwicklung in Bezug auf das Individuum und die Individualität und einmal auf den Sozialisationsprozess. Bei der ersten Entwicklung geht es um die Erfahrungen und Selbstorientierungen bzw. Selbstbestimmung des Individuums auf die Gesellschaft. Die zweite Perspektive entscheidet die soziale Integration, also die Positionierung in der Gesellschaft und die Anpassung an die gesellschaftlichen Rahmen und Strukturen (vgl. König/Abels 2010). Gesprochen wird hier von einem Strukturmodell für den Sozialisationsprozess. Bauer interpretiert diese Ansätze als nicht frei wählbare vorgegebene Strukturen, die akzeptiert, abgelehnt oder verändert werden für die jeweilige Sozialisation. Es erfolgt also eine Erweiterung auf strukturorientierte Interaktionstheorie (vgl. Bauer 2012). In Bezug auf diese Theorie kommt er zu dem Ergebnis, dass Sozialisationsverläufe z.B. nicht durch die Erziehung der Eltern oder Interaktionen in Institutionen vorher feststehen, aber schon für eine gewisse Strukturierung sorgen. Die Stärke des Charakters und Erfahrungen stellen sich daher für die Änderung dieser Strukturen im Sozialisationsprozess in den Vordergrund. Nach Boerdieus Annahmen existiert Handlungswissen, das aus vorausgegangenen Handlungen Interaktionen abgeleitet und für richtig gesehen wird, d.h. es findet durch Interaktionen eine konstruktive Anpassung an die bestehenden Kategorien in der Gesellschaft statt. Dieses Handlungswissen, das habitualisiert wird, ist der Hauptbestandteil von Boerdieus Habitustheorie (Boerdieu 1990). Eine weitere Position von Boerdieu im Zusammenhang für Handlungen des Individuums ist, dass nicht die Handlungen einer Person entscheidend für seine Sozialisation sind sondern die Handlungsträgheit, d.h. das Interesse an der Auseinandersetzung mit Handlungen bzw. Interaktionen einer Person wird weniger in den Vordergrund gestellt als die Entstehung oder Nichtentstehung einer Interaktion und der Produktivität der Interaktion. Eine Blickrichtung bzw. Diskussionsbedarf liegt für die vorliegende Studie im Handlungswissen einer traumatisierten Person und ihrer Nachkommen. Fraglich ist hier, welcher Habitus in welchen Prozessen auf die Sozialisation dieser Personen Wirkung haben könnte. Offen bleibt hier, inwiefern die biografischen Verläufe den Habitus des Menschen mitbestimmen. In Bezug auf das Forschungsvorhaben ist daher fraglich, in welchem Verhältnis der Habitus mit den Sozialisationsbedingungen der Jugendlichen mit traumatisierten Eltern steht. Durch die Analyse der Umweltfaktoren und Interaktionen und der biografischen Analyse könnte diesen Fragestellungen etwas näher gekommen und dann gesehen werden, in welchem Zusammenhang die drei Bausteine auf den Habitus eine Antwort geben können. Dieser Bedarf existiert auch nach Bauer. Er ist davon überzeugt, dass der Zusammenhang der Theorie von Hurrelmann über Umweltfaktoren und Persönlichkeit und Boerdieus Habitustheorie zu analysieren sind. Seine Stellungnahme besteht darin, dass in dem Bereich ein Forschungsdefizit vorliegt. Umweltfaktoren, Persönlichkeitsentwicklungen und soziale Eingliederungsprozesse sind bisher Hauptthemen der Sozialisationsforschung. Diese Ansätze werden von Bauer als nicht auszureichend gesehen. Er findet, dass noch die Erforschung der Interaktionsprozesse notwendig ist:

> „Im Zentrum befinden sich Interaktionsprozesse, die die Vermittlung zwischen Integrationsmechanismen und einer persönlichen Aneignungs- bzw. Verarbeitungskapazität steuern und die zu unterschiedlichen Modi des Umgangs mit Interaktionsanforderungen führen." (Bauer 2012 in Ders/Bittlingmayer/Scherr)

Schließlich findet er, dass ein Habitus veränderbar ist. In der Abbildung 3 werden Entwicklungsverläufe von Lebenslagen und Dispositionen in Anlehnung an die Habitustheorie Bourdieus exemplarisch aufgezeichnet. Hier unterscheidet Bauer zwischen offen, dynamisch und veränderungsträge. Die vorliegende Abbildung zeigt durch Pfad B, dass z.B. aufgrund sozialer Ungleichheiten und durch Veränderungsträgheit Persönlichkeitsdispositionen gestärkt werden, die vom Herkunftsmilieu abstammen. Er beachtet, dass Interaktionsprozesse auch die Entstehung untypischer Persönlichkeitsmerkmale fördern könnte. Damit möchte er darauf hinaus, dass Interaktionen zur Veränderung von Einordnungen in der Gesellschaft führen können. Damit werden vorherige Prozesse gestört und es findet keine Anpassung an vorgegebene Sozialisationsstrukturen statt. So kann nach ihm ein Individuum auch schneller Autonomie erlangen (Pfad A) (hierzu vgl. Bauer 2012). Er macht die Theorie, dass je homogener die Interaktionen und Sozialisationsbedingungen sind, desto mehr die Wahrscheinlichkeit für eine Veränderungsträgheit im Sozialisationsprozess besteht.

> „Eine wesentliche Vorannahme betrifft, dass Ähnlichkeiten zwischen Dispositionen und Herkunftseinflüssen umso wahrscheinlicher sind, je früher der Eintritt in herkunftsspezifische Interaktionsarrangements erfolgt und je homogener die Interaktionseinflüsse sind." (Bauer 2012, S. 477)

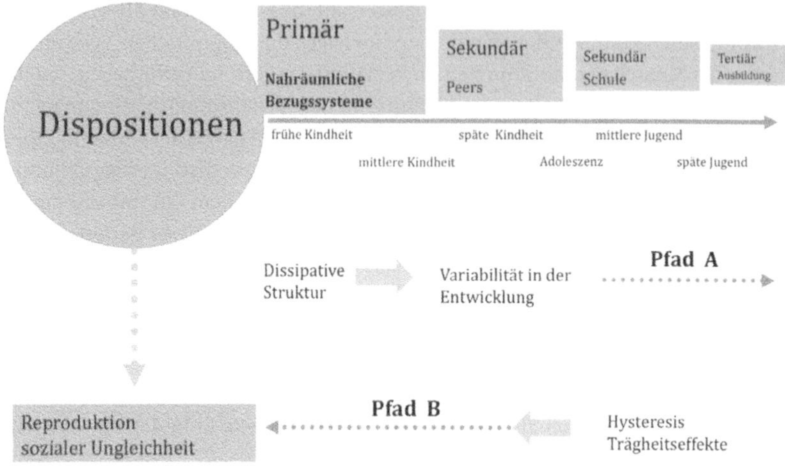

Abb. 2 Die Entwicklung von Dispositionen, Variabilität von Entwicklung und Trägheitseffekte

Quelle: Bauer 2012

Soziale Ungleichheiten und Sozialisation sind besonders in Bezug auf die Lebenserfahrungen wie Migration, Assimilation, Diskriminierung, Marginalisierung etc. von Bedeutung und Interesse, wenn die Sozialisationsbedingungen verschiedener Ethnien untersucht werden sollen.

2.1 Sozialisation von Migranten/innen

Die soziale Anpassung in einer Gesellschaft ist komplex und bringt mehrere Aspekte mit sich, die für die Anpassung und Teilnahme in einer bestimmten Gesellschaft Hindernisse sein können. Auch bei der Migration gibt es mehrere wichtige Aspekte, die zu berücksichtigen sind. Migration ist mehr als ein dauerhafter Wohnortwechsel, aber nicht immer ein Wechsel der Gruppenzugehörigkeit (Zilke-Nadkarni nach Uzarewicz 2011). In diesem Spannungsfeld mit unterschiedlichen Gewichtungen im Einzelfall findet der Prozess gesellschaftlicher Neuorientierung statt. Für viele Zuwanderer bleibt der gesellschaftliche Zugang verschlossen, die Folgen sind Isolation und Ausgeschlossensein. Diese Entwicklung ist dann meist verknüpft mit mangelndem Interesse an neuen sozialen und gesellschaftlichen Beziehungen (vgl.

Oswald 2007, Baltes 1998). Migration und deren Hintergründe haben eine große Bedeutung für die Sozialisationsprozesse nicht nur der Zuwanderer, sondern auch für die Gesamtgesellschaft (vgl. Baumgart 1997, Geißler 1979). Die Neuorientierung und Integration der Zuwanderer kann im gesellschaftlichen Zusammenleben neue bzw. für sie günstige Rahmenbedingungen für Migrant/innen notwendig machen. Denn gesellschaftliche Rahmenbedingungen können die Integration von Migrant/innen zusätzlich erschweren. Die dabei auftretenden Probleme beziehen sich vor allem auf die Bereiche Sprache, gesellschaftliche Beziehungen, Bildung, Arbeit, soziale Sicherheit, Gesundheit und Kultur[4] (vgl. Auernheimer 2008, Engel 2006, Brücker 2003). Auch die differierenden Formen der Migration machen deutlich, dass unabhängig von den Herkunftsländern sehr unterschiedliche Motive und Hintergründe gegeben sind, die die Persönlichkeit, Gesundheit, familiären Beziehungen, Lebensformen etc. beeinflussen. Es wird zwischen Brain-Drain (akademische Arbeitsmigration), Heiratsmigration, Familiennachzug, Flucht- und Asylmigration, Prostituiertenmigration und Pendelmigration unterschieden (vgl. Domenig 2007, Esser 2008, Oswald 2007). Weitere Formen der Migration, wie Tourismus (immer wieder vorübergehender Aufenthalt, z.B. Ferienwohnsitz) und Rentnermigration, sind für die Bundesrepublik Deutschland vor allem im Sinne der Abwanderung von Bedeutung, betreffen also nicht die Zuwanderungsfragen. Laut Statistiken der UNO-Flüchtlingshilfe befinden sich weltweit ca. 44 Millionen Menschen auf der Flucht, davon werden aufgrund völkerrechtlicher Definitionen 15.4 Millionen als Flüchtlinge benannt (vgl. uno-fluechtlingshilfe.de 2012). Deutschland gehört mit den aufgenommenen ca. 600.000 Flüchtlingen nach den Statistiken des UNHCR zu

---

4 Was ist Kultur? Die Frage wird, je nach historischer Sicht oder politischer Auffassung und fachwissenschaftlichem Blickwinkel, sehr unterschiedlich beantwortet. Unter Kultur wird allgemein die Herausbildung der Gesamtheit der typischen Lebensformen größerer Menschengruppen einschließlich ihrer geistigen Aktivitäten unter besonderer Berücksichtigung der Werteeinstellungen verstanden. Kultur gilt im weitesten Sinn als Inbegriff für all das, was der Mensch, im Unterschied zu dem von der Natur Gegebenen, geschaffen hat. Kultur ist somit die Grundlage des Daseins einschließlich der materiellen Produkte (Nahrung, Obdach, Kleidung, Werkzeug, Gerät) sowie die institutionelle und soziale Gestaltung des Lebens. Der Kulturbegriff wird außerdem für die Gesamtheit aller Bereiche der menschlichen Bildung im Umkreis von Erkenntnis und Wissensvermittlung sowie der ethischen und ästhetischen Bedürfnisse verwendet (vgl. Becerius, Gerd nach Ingelhart 2006, S. 360). Danach lassen sich verschiedene Typen eines Kulturverständnisses unterscheiden: Kultur als menschliche Tätigkeit überhaupt, Kultur als Prozess oder Zustand sittlicher Reflexion, also auch als System von Normen, die die Mitglieder einer Gesellschaft ihren Zielen und Handlungen zugrunde legen; Kultur als Stufe oder Ziel im Verlauf einer Höherentwicklung der Menschheit, Kultur als die verschiedenen Bereiche menschlicher Lebensvollzüge und Verhaltensweisen, die von Einzelnen oder Kollektiven als besonders „wertvoll" eingestuft werden (vgl. Mayers 1992, S. 232).

den fünf größten Aufnahmeländern. Die Zahl der Flüchtlinge steigt in Deutschland an, so nahm ihre Zahl 2011 um elf Prozent zu. 53.347 Menschen stellten 2011 einen Asylantrag, wovon aber nur 1,5 Prozent als Flüchtlinge anerkannt wurden. Die meisten Asylantragsteller im Jahr 2011 kamen aus Afghanistan, dem Irak, Serbien, dem Iran und Syrien (UNHCR.de 2012).

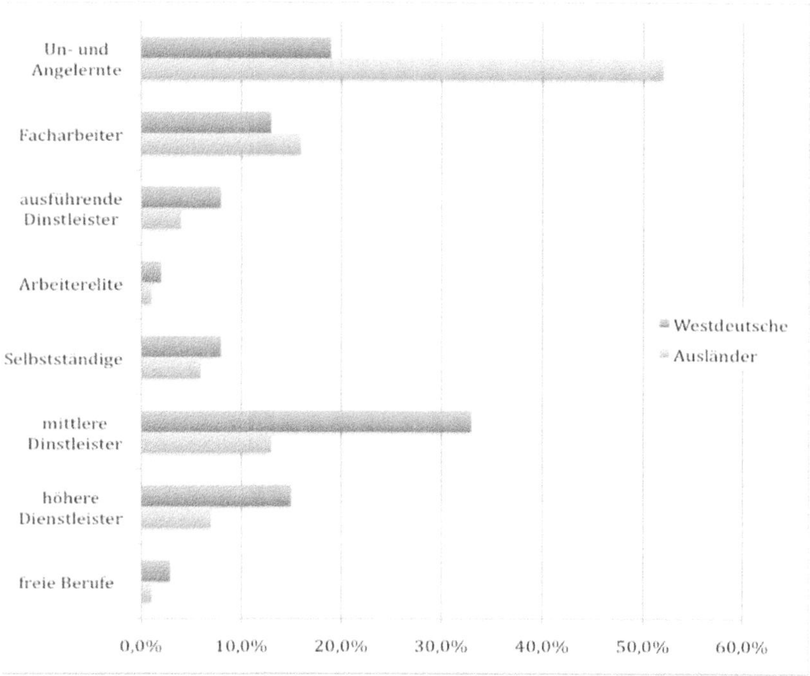

Abb. 3 Schichtzugehörigkeit von erwerbstätigen Ausländern (2000) (n = 2000)
Quelle: SOEP 2000, DIW Berlin

Vor dem Hintergrund von Migration, europäischem Einigungsprozess und Globalisierung hat sich die Bevölkerungsstruktur in der Bundesrepublik Deutschland seit den 1960er Jahren zunehmend verändert. Seit dem Jahr 2000 wird auch von politischer Seite offiziell anerkannt, dass Deutschland längst zu einem Einwanderungsland geworden ist. Wichtig ist hier aber auch, anzumerken, dass die Bundesrepublik Deutschland im Gegensatz zu anderen Einwanderungsländern wie den

USA, Kanada etc., die auch hoch qualifizierte Migrant/innen angeworben haben, mehr Arbeitsmigranten ins Land geholt hat (vgl. Geißler 2011). Hier zeigt sich, dass die Zahl der Migrant/innen in Deutschland, die zu der unteren oder mittleren Schicht gehören, einen hohen Anteil hat.

Die bisherigen Statistiken und Dokumente bestätigen die Aussage, dass der sozioökonomische Status sowie Unterschichtzugehörigkeit und familiäre Verhältnisse in der Kindheit und im Erwachsenenalter die spätere Gesundheit beeinflussen und Krankheitsrisiken erhöhen (vgl. Richter/Hurrelmann 2007). Durch diese Ergebnisse zeigten zahlreiche internationale Studien, dass es zu einer Vermehrung gesundheitsschädlicher Belastungsfaktoren durch verschiedene Verhaltensweisen im Lebensstil kommt. Diese können psychische Gesundheitsprobleme, Rauchen, Alkoholmissbrauch, schlechte bzw. ungesunde Ernährung, Stress, Übergewicht, familiärer Status, schwierige Lebensbedingungen etc. sein. Als Beispiel kann die Studie von Maria Rosvall und Kollegen betrachtet werden. Nach deren Untersuchung über die Beziehung des sozialen Status in der Kindheit mit der Überlebenswahrscheinlichkeit, die sie von 1990 bis 2000 mit schwedischen Frauen und Männern durchgeführt haben, ließ sich herausstellen, dass Männer und Frauen, die in ihrer Kindheit (Geburt 1945 bis 1950) einen niedrigen sozioökonomischen Status hatten und von Unterschichtzugehörigkeit betroffen waren, ein höheres Sterblichkeitsrisiko als Männer und Frauen mit besserem sozioökonomischem Status und guten beruflichen Positionen hatten. Sie stellten dabei auch fest, dass die Sozialbedingungen dieser Menschen nicht nur zu einem höheren Sterblichkeitsrisiko führen, sondern auch starke Korrelationen zu schweren bzw. tödlichen Erkrankungen wie „Herzkrankheiten, Schlaganfälle, Diabetes, Atemwegserkrankungen, funktionelle Störungen und psychischem Wohlbefinden“ (Dragano 2007, S. 21) haben. Ein schlechter sozioökonomischer Status kann sich auch in der Verhaltensweise des Menschen spiegeln. Gesundheitsbelastende Verhaltensweisen im Erwachsenenalter lassen sich nicht nur bei der schichtspezifischen Zugehörigkeit[5] erkennen, sondern auch bei der Schulbildung, beruflichem Status und Einkommen etc. (Nickel u.a. 2008, Lampert 2007).

---

5 Das Gebiet der Ursachen schichtspezifischer Gesundheitsungleichheiten ist sehr breit angelegt. Hradil macht nämlich auch darauf aufmerksam, dass jede Ursache mit mehreren früheren Ursachen gekoppelt ist (vgl. Hradil 2006, S. 43). Dies kann so verstanden werden: Risiken für Diabetes sind z.B. Übergewicht, psychische Belastungen und Stress. Aber hinter diesen Ursachen stecken wiederum andere Ursachen sowie sozioökonomische Probleme, negative Lebenserfahrungen, ungesunde Essgewohnheiten, Stress, ballaststoffarme Ernährung und schwere Arbeitsbelastungen.

Die Bedeutung sozialer Verhältnisse bezüglich Gesundheit und Krankheit stellte 1923 der deutsche Vertreter der Sozialhygiene, Alfred Grotjan, in sozialwissenschaftlicher Betrachtungsweise so dar:

- sie schaffen oder begünstigen die Krankheitsanlage;
- sind die Träger der Krankheitsbedingungen;
- vermitteln die Krankheitsursachen;
- beeinflussen den Krankheitsverlauf (vgl. Richter/Hurrelmann 2007).

Lebensbedingungen, Beziehungen, Stress, sozioökonomische Faktoren, soziale Schicht, Wohnort, gesellschaftliche Faktoren, Bildung usw. sind besondere lebenswichtige Faktoren bezüglich der Gesundheit eines Menschen. Auch ist bekannt, dass nachteilige Lebenssituationen bzw. -bedingungen das Risiko für die Entwicklung gesundheitsschädlicher Verhaltensweisen steigern (vgl. Bauer 2005). Zwischen Armut, Gesundheit und Bildung bestehen Wechselwirkungen. Wichtig wäre hier auch zu wissen welche von diesen negativen Auswirkungen und Erschwernissen Einfluss auf die Sozialisation oder Sozialisationsentwicklung haben.

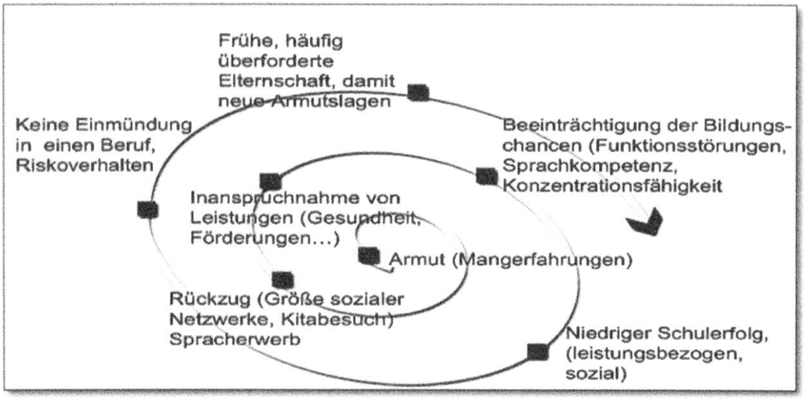

Abb. 4 Wechselwirkungen zwischen Armut, Gesundheit und Bildung
Quelle: Altgeld 2005

Es kann gesagt werden, dass die Migrant/innen aufgrund ihrer Lebensweise und ökonomischen Bedingungen usw. in Stadtteilen wohnen, die infolge schlechter Wohnqualität und mangelnden Umweltschutzes benachteiligt sind. Der Hintergrund dieser Wohnverhältnisse könnte z.B. sein, dass die Migrant/innen aufgrund ihres sozialen und ökonomischen Lebensstatus Anpassungsprobleme haben bzw. sich in der Aufnahmegesellschaft nicht integriert fühlen und deshalb sich nicht trauen, in Stadtteilen zu wohnen, in denen bessere Wohnverhältnisse vorliegen (vgl. Bukow 2000). Auch Geißler macht die Anmerkung, dass die Migrant/innen im Gegensatz zu den Deutschen auf viel engerem Raum wohnen. Bei den Migrant/innen sind je Raum doppelt so viele Bewohner/innen vorhanden wie bei den Deutschen. Er ergänzte auch, dass die Migrant/innen häufiger an Straßen mit hohen Umwelt- und Verkehrsbelastungen leben.

> „Häufig wohnen sie zusammen mit sozial schwachen deutschen Familien in Sozialbaugroßsiedlungen in städtischen Randlagen oder […], aus denen sich die deutsche Bevölkerung nach und nach zurückzieht." (Geißler 2011, S. 243)

Solche Situationen können dazu führen, dass Isolationen auftreten. Diskriminierung, Rassismus, Vorurteile, Missverständnisse spielen ebenfalls eine Rolle. Dies wiederum kann dazu führen, dass Klassifizierungen innerhalb der Gesellschaft entstehen und kein Austausch innerhalb verschiedener Bevölkerungen stattfindet bzw. sich keine transaktionalen Handlungen ergeben. Durch diese Betrachtungsweise wurde deutlich, dass diese Lebensereignisse von Migrant/innen zu Selbstbewusstseinsproblemen führen können und vielleicht auch eine Ursache der Unzufriedenheit mit der eigenen Existenz sind.

Von Bedeutung ist hier auch das Herkunftsmilieu, das ebenfalls eine Wirkung auf die Sozialisationsprozesse haben kann. Durch bisherige Diskussionen kann davon ausgegangen werden, dass die meisten Migrant/innen eine starke Bindung an ihre Herkunft haben. In dieser Hinsicht kann für Migrant/innen mit Sozialisationsungleichheiten behauptet werden, dass sie von Veränderungsträgheit (Hysteresis) betroffen sind. Die Sozialisationsräume von diesen Milieus haben ebenfalls eine signifikante Bedeutung für ihren individuellen Sozialisationsprozess.

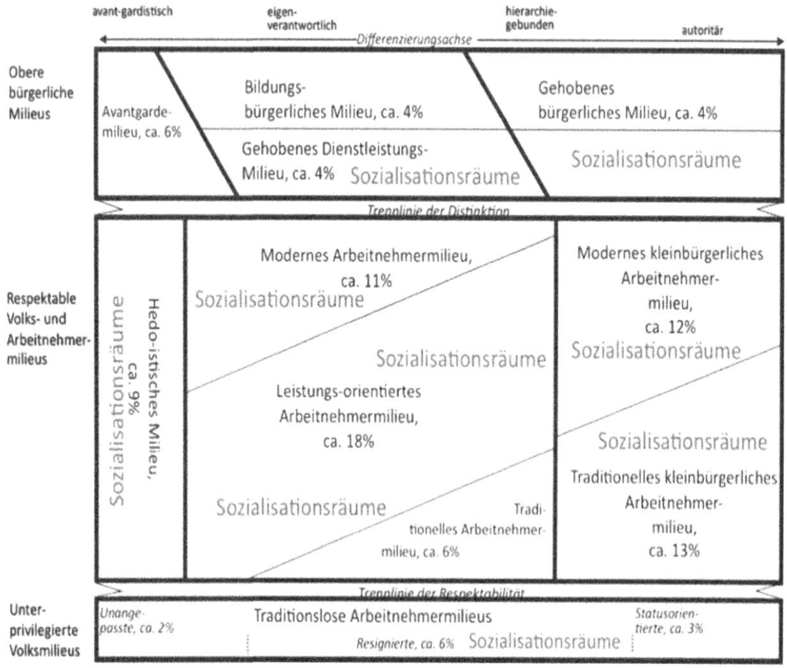

Abb. 5 Das Agis-Milieumodell

Quelle: Das Agis-Milieumodell; Darstellung in Anlehnung an Bauer/Vester 2008. in: Ders. u.a. 2012

Bauer und Vester gehen davon aus, dass es zwischen dem Herkunftsmilieu und der Individualität keine begründende Verhältnis existiert. Die Intensivität dieser Kausalität kann nach ihnen nur empirisch erfolgen. Eine Antwort auf diese Frage, unter den Aspekten wie die Individualität und Sozialisation mit dem Herkunftsmilieu und den Sozialisationsräume in Abhängigkeit miteinander stehen, kann möglicherweise nach der empirischen Forschung in der vorliegenden Studie erfolgen. Bedeutend wird hiermit, was das Herkunfstmilieu an die Generationen weitergibt. So schreiben Bauer und Vester, dass die Menschen von ihren Herkunfstfamilien und ihrem Millieu nicht nur ihre Lebenslage sondern generationsübergreifende Erfahrungen und in die Mentalitäten verankerte Vorgehen erhalten, um z.B. Bildungsaufschub zu ermöglichen. Als eine bedeutende Anmerkung stellt sich nun heraus, dass Sozialisationsräume aus ihrer Befestigung in der Sozialstruktur nicht absolut herausgenommen werden können (vgl. Bauer/Vester 2008 in Bauer 2012).

Exkurs: Kritik am Kulturbegriff

Kultur wurde lange als eine geschlossene, auf ein Territorium begrenzte Ganzheit betrachtet. Somit wäre, wie Uzarewicz anmerkt, umgekehrt Territorium als eine Kulturzugehörigkeit zu verstehen und emotionale Verbindung und Gemeinsamkeit spiegeln sich in dem Begriff „Heimat" wider. „Was setzt nun aber den Bezugsrahmen: das Dorf, die Stadt, die Region, das Land bzw. der Staat und wie sieht die hierarchische Gewichtung einer derartigen Zugehörigkeit aus?" (Uzarewicz 2002, S. 3) Ein inzwischen recht weit geteilter Konsens ist, dass die „Deterritorialisierung" von Kulturkonzepten realitätsangemessen sei (vgl. Moosmüller 2000b, S. 170). Deterritorialisierte Kulturkonzepte laufen jedoch wiederum Gefahr, Vorstellungen von „Kultur" mit Entwürfen von „kollektiver Identität" zu verknüpfen, wenn trotz Deterritorialisierung Ideen von Ganzheit und Gegenständlichkeit nicht aufgegeben werden (Dornheim 2003, S. 66-67).

Eine gemeinsame Religion gilt also auch als „gemeinsame Kultur". Hier sollte darauf geachtet werden, dass Religion nicht von allen der jeweiligen Religion Zugehörigen gleich verstanden wird. So kann die Zugehörigkeit zum Islam mit einem durchaus unterschiedlichen Religionsverständnis verknüpft sein, je nachdem, zu welcher ideologischen Strömung des Islam man gehört. Auch der Katholizismus in Polen ist nicht mit dem Katholizismus in Deutschland vergleichbar. Überall aber werden bestimmte Verhaltensnormen erstellt, die auf der Grundlage der gemeinsamen Religion basieren. Es zeigt sich, dass der „Kulturbegriff zerfließt, je länger und intensiver er betrachtet wird. Er ist einerseits inhaltlich sehr vage und beliebig auslegbar, andererseits ist er als wirkungsmächtiger Begriff in unserem Sprachgebrauch präsent" (Uzarewicz 2003, S. 4).

Durch Religion wird also einerseits ein gemeinsamer Handlungsrahmen festgelegt, der vorgibt, unter welchen Bedingungen und mit welchen Normen, Tabus usw. ein Leben zu führen ist, um sich innerhalb des existierenden kulturellen Rahmens korrekt zu verhalten. Da es heutzutage schwierig ist, Kulturzugehörigkeiten zu bestimmen oder zu sagen, dass es eine einheitliche Kultur gibt, hat Uzarewicz Folgendes zu bedenken gegeben:

> „Die ganze Welt, der ganze Alltag scheint aus permanenten Übergängen, Neubildungen, Anpassungen, Übernahmen zu bestehen, weil die Begegnungen zwischen Menschen, zwischen fremden Menschen zu einer Selbstverständlichkeit geworden sind. Es wäre zu einfach, wenn man jemanden als zu einer Kultur gehörig identifizieren könnte und dann die entsprechenden Verhaltensregister zieht, nach dem Motto: Du kommst aus Bayern, also bekommst du jeden zweiten Tag Weißwürste." (Uzarewicz 2003, S. 4)

Nach den oben gemachten Überlegungen wird von einem dynamischen Kulturverständnis ausgegangen. Die Träger der Kultur, die Menschen, vereinen in der globalisierten Welt in der Regel in ihrer Person Teilelemente unterschiedlicher Kulturkreise, in denen sich ebenfalls ein ständiger Wandel vollzieht. Kulturalistische Verallgemeinerungen und Verhaltenszuschreibungen sind damit nicht in Übereinstimmung zu bringen, auch wenn die Kulturdeterminanten wie Sprache, Religion und Territorium wichtige Ansatzpunkte gerade für die Problembereiche innerhalb der Gesellschaft deutlich machen.

Diese Kulturkonzeption gilt jedoch zwischenzeitlich als überholt, da die Menschen heute meist nicht mehr ihr ganzes Leben lang an einem bestimmten Ort leben. Von den Menschen wird in der modernen Industriegesellschaft hinsichtlich ihres Wohnortes immer mehr Flexibilität verlangt. Aus Arbeitsplatzgründen wird z.B. für immer mehr Menschen oft ein mehrfacher Wohnsitzwechsel erforderlich. Ein Bayer zieht nach Hamburg, ein Berliner in die Pfalz, ein Grieche nach Deutschland. In vielen Staaten ist die Binnenmigration auch durch Fluchtursachen bedingt. So suchten hunderttausende Kurden und Kurdinnen durch Flucht eine Alternative in der Westtürkei. Es gibt neben der Binnenwanderung im Zuge der Globalisierung außerdem weltweite Migrationsbewegungen. Aufgrund dieser Einsicht wird davon ausgegangen, dass die kulturellen Besonderheiten nicht mehr an ein bestimmtes Gebiet gebunden sind, da die Bevölkerungskollektive, die die Träger der Kultur sind, theoretisch überall auf der Welt angesiedelt sein können. Einige Wissenschaftler/innen, die sich im Rahmen der internationalen Diskussion um einen neuen Kulturbegriff bemühen, gehen jedoch weiterhin davon aus, dass Bevölkerungskollektive durch „eigene Alltagstheorien, Deutungsmuster und alltägliche Handlungspraxis eindeutig von anderen Kollektiven unterscheidbar sind und sich dadurch auch selbst als deutlich unterschiedlich wahrnehmen" (Dornheim 2003, S. 65). Diese Vorstellungen begründen jedoch immer noch die Gefahr, dass Kultur mit kollektiver Identität verbunden wird. Dies bedeutet, dass der Denkansatz von Edward Tylor letztlich doch nicht aufgegeben, sondern nur „modernisiert" wird.

Jutta Dornheim formuliert an dieser Kulturauffassung grundlegende Kritik. Kultur als „geschlossene, territorialisierte Ganzheit" zu betrachten wird von ihr aufgrund der gesellschaftlichen Realitäten als unangemessenes Konzept abgelehnt. Ihre Kritik bezieht sich aber auch auf jene Auffassungen, die immer noch von einer „kollektiven kulturellen Identität" ausgehen. Nach ihrer Vorstellung kann Kultur nicht als etwas Statisches und damit als etwas Festgefügtes und Unveränderbares verstanden werden, sondern als „dynamisches Bedeutungs- und Deutungsgefüge", das „in interaktiven Prozessen gemeinsam und immer wieder neu produziert wird". Akzeptanz kann somit nur ein Kulturkonzept finden, das als „soziale Konstruktion" aufgefasst wird.

> „Demzufolge sollte man nicht von ‚der Kultur', aber auch nicht von ‚den Kulturen' sprechen. Die konstruktivistischen Konzepte lassen ihrerseits häufig den Bezug auf die materielle Seite der kulturellen Phänomene, die es durchaus gibt, vermissen." (Dornheim 2003, S. 71)

Öfters stellt sich hier die Frage, welche Bedingungen die Kultur in Bezug auf die Sozialisation in der Aufnahmegesellschaft mitbringt.

2.2 Kultur und Sozialisation

Der Kulturbegriff ist in den letzten zwei Jahrzehnten zunehmend zu einem allgemein verwendeten Begriff geworden, mit dem eine Einteilung von Menschen vorgenommen wird, die gleichzeitig darüber entscheidet, ob sie als innerhalb oder außerhalb des jeweiligen Bevölkerungskollektivs stehend betrachtet werden. Entweder sie gehören zur „eigenen" Kultur oder sie gehören nicht dazu. Das bedeutet, sie gehören zur anderen, zu der fremden Kultur. In Wirklichkeit kann man jedoch kaum bestimmen, worin das Unterschiedliche eigentlich besteht (Uzarewicz 2003). Die Menschen werden nach dieser Zuordnung zur eigenen oder fremden Kultur nicht als Individuum beurteilt, sondern nach einer abstrakten Norm vom angeblichen Wesen oder Charakter eines Volkes, einer Ethnie oder Nation (IIKD 2012, Welsch 1992). Diese allgemeine, abstrakte Zuordnung, die sich an der Sprache, den Sitten und Bräuchen orientiert, muss in dieser Denklogik auch erhalten und bewahrt werden, da sie ja den Inhalt der abstrakten Zuordnung ausmacht. Betrachtet man jedoch die einzelnen Kriterien genauer, die zur Definition einer bestimmten Kultur benutzt werden, fällt auf, dass diese Begriffe sehr unscharf sind. Der Zusammenhang zwischen Kultur und Sozialisation besteht darin, dass Kultur vielfältige Phänomene besitzt, die durch Sprache, Rituale, Traditionen usw. weitergegeben werden und die Sozialisation des Menschen mitbestimmen (vgl. Tromsdorf 2008). Die Frage, wie der Kulturbegriff zutreffend und umfassend zu bestimmen ist, wird unter verschiedenen Rahmenbedingungen (z.B. unter Abgrenzung verschiedener geographischer Regionen oder geschichtlicher Epochen) und mit unterschiedlichen Zielsetzungen (deskriptiv oder normativ) gestellt und beantwortet. Einige Forscher verstehen Kultur als Output menschlichen Denkens und Handelns, das an nachfolgende Generationen weitergegeben wird: „Danach lässt sich die Weitergabe von Kultur als ein Merkmal von Sozialisationsprozessen sehen." (Tromsdorf 2008, S. 229) Tromsdorf geht weiterhin davon aus, dass bei Untersuchungen der Sozialisationsprozesse und -ergebnisse der jeweilige kulturelle

Kontext mit beachtet werden muss. Durch die Betrachtung des Individuums und seiner Kultur lässt sich somit feststellen, dass Sozialisation nach den Formen und Bestimmungen der jeweiligen Kultur und der biologischen, soziologischen, ökonomischen Bedingungen und Aspekte mitbestimmt wird. Es besteht also zwischen Kultur und Individuum eine Interaktion, bei der das Individuum seine Sozialisation durch Annahme verschiedener Sozialisationsmerkmale und -bedingungen entwickelt. Zu bedenken sind hier die Bevölkerungen, die seit Jahrzehnten ihre eigene Kultur nicht ausleben durften, die nicht mal in der Öffentlichkeit in ihrer eigene Sprache kommunizieren können. Dazu kommen noch andere wichtige Lebens-, politische und soziale Einstellungen, die ebenfalls in einigen Bevölkerungen unter Druck gesetzt sind. Offen bleibt hier daher, was für eine Auswirkung diese Defizite auf die Sozialisation haben. Also kann die Problematik auf kultureller Ebene ebenfalls für die Forschung der Sozialisationsbedingungen und Traumata nicht außer Acht gelassen werden.

Bedeutung der Akkulturation in der Sozialisation

Es wird prinzipiell erwartet, dass die Anpassung an die Aufnahmegesellschaft vom Individuum selbst erfolgt. Solche einseitigen Aufnahmekriterien können dazu führen, dass die Person Schwierigkeiten in der Gesellschaft hat und unter psychischem Druck leidet, weil er/ sie keine Unterstützung bekommt. In diesem Zusammenhang sind die Akkulturationsstrategien von Berry (2002) zu betrachten. Hierbei unterscheidet er zwischen vier Strategien: Bei der Separation gestalten die Migrant/innen ihre Kultur[6] nach der Herkunftskultur und wenn sie während ihrer Akkulturation von der Migrantengruppe und der Aufnahmegesellschaft ausgeschlossen werden, handelt es sich um Marginalisierung (vgl. Berry 2002). Von Assimilation wird gesprochen,

6 Die erste umfassende wissenschaftliche Kulturdefinition wurde im 18. Jahrhundert von Johann Gottfried Herder entwickelt und in der zweiten Hälfte des 19. Jh. von Edward B. Tylor weiterentwickelt. Nach deren Definition ist Kultur „jenes komplexe Ganze, das das Wissen, den Glauben, die Kunst, die Moralauffassung, die Gesetze, die Sitten und alle anderen Fähigkeiten und Gewohnheiten umfasst, die sich der Mensch als Mitglied der Gesellschaft aneignet" (E.B. Tylor 1871, darin Zitat nach Dornheim 1997). Tylor geht dabei von einer Vorstellung von Kultur als ein geschlossenes Ganzes aus, dessen Träger Ethnien, Nationalstaaten oder bestimmte Bevölkerungskollektive sein können. Zur Verdeutlichung dieses Denkansatzes von Kultur wird in der neueren Fachliteratur das Container-Beispiel herangezogen. Alles, was die Kultur ausmacht, ist in diesem Container fest eingeschlossen, der wiederum einem klar umrissenen geografischen und/oder nationalstaatlichen Raum zugeordnet ist. Kultur wird also mit einem ganz bestimmten Gebiet bzw. Territorium verbunden (vgl. Drechsel u.a. 2000). In der Folge wird dann z.B. von „der" deutschen Kultur, von „der" kurdischen Kultur gesprochen.

wenn die Herkunftskultur aufgegeben wird „und dies bedeutet wörtlich ‚gleich werden' oder ‚ähnlich werden'„ (Allemann-Ghionda 2011, S. 445). Andererseits meint der Begriff Integration Wiederherstellung, Beibehaltung der Herkunftskultur und Einbeziehung der eigenen Kultur in die Kultur der Aufnahmegesellschaft. Daher handelt es sich um Integration, wenn beide Kulturen bemüht sind, sich zu integrieren (vgl. Berry 2002, Allemann-Ghionda 2011). Wie die Folgen von Traumatisierung haben auch die Akkulturationsstrategien Einfluss auf die psychische Gesundheit des Menschen. Bei der Integrationsstrategie treten sehr selten negative Folgen auf, während es bei der Marginalisierung zu den meisten negativen Folgen kommen kann. Assimilation ist im Gegensatz zur Marginalisierung vorteilhafter und die Folgen von Separation sind weniger gravierend als die von Assimilation. Wichtig ist hierbei auch, dass bei der Assimilation „weniger negativ affektive Reaktionen und höhere Lebenszufriedenheit festgestellt" (Schönpflug 2008, S. 218) wurden.

3 Historische Einordnung des Traumas

Die Geschichte des Traumas beinhaltet einen gesellschaftlichen und historischen Zusammenhang, der auch einen politischen Hintergrund hat. Das Trauma besteht aus einem äußeren Ereignis auf kultureller oder gesellschaftlicher Ebene, was das objektive Ereignis, subjektive Bedeutungen und psychologische Folgen mit einbezieht:

> „Für die Entstehung der Krankheit ist das physische Trauma nur zum Teil verantwortlich zu machen. Eine wichtige und in vielen Fällen sogar die Hauptrolle spielt das Psychische: der Schreck, die Gemütsbewegung." (Oppenheim 1892 zit. n. Lerner 1997, S. 17)

Hierbei sind die immer wieder vorkommenden Erscheinungsereignisse der Betroffenen und die Entscheidungen beim Behandlungsprozess ein wichtiger Schwerpunkt. Das im Griechischen als `Wunde` bezeichnete Trauma gewann als Begriff erst im 19. Jahrhundert in der klinischen Empirie seine Bedeutung. Vorher wurde eine ähnliche Diagnose wie „Trauma" im Jahre 1866 von dem Engländer J.E. Erichsen als `Railway Spine`[7] bezeichnet. Dabei handelte es sich um Eisenbahn- oder Werksunfälle, bei denen als Symptome Gedächtnis- und Konzentrationsstörungen, Schlafstörungen und Angst diagnostiziert wurden. Diese Symptome entsprechen meist der heutigen Diagnose der posttraumatischen Belastungsstörung und konnten einen Beitrag zu weiteren erfolgreichen Forschungen leisten. Die Wichtigkeit des Traumas entwickelt sich mit der Zeit immer mehr, wobei es nach dem Holocaust ein sehr aktuelles Thema wurde und für zahlreiche Forschungen und weitere Entwicklungen im Bereich

7 Der Beginn dieses Krankheitsbildes ist zeitlich nicht ganz klar. Unter „Railway Spine" haben manche Chirurgen damals ein spezielles, nur bei Eisenbahnunfällen vorkommendes Leiden verstanden. Auf jeden Fall schreibt dies John Eric Erichsen (1818–1896) in seinem Buch „Railway and other injuries of the nervous system, 1866" (Erichsen 1866), On railway and other injuries of the nervous system, London 1866, p. 9–10 (Homberger, E. 1975). Er war der erste Autor, der das Wort „Railway Spine" drucken ließ.

Trauma-Behandlung sorgte. Durch Sigmund Freud und Janet wurde Ende des 19. Jahrhunderts von einer Fixierung auf das Trauma gesprochen, nach Freud ist es eine seelische Verletzung (vgl. Ermann 2007). Dabei handelte es sich um Dissoziation, d.h., dass der Traumatisierte sich nicht mehr an das traumatische Ereignis erinnert bzw. von einer Abspaltung oder Ausblendung dieses Ereignisses im Bewusstsein die Rede ist. Diese Dissoziation wurde dann im 20. Jahrhundert bei den posttraumatischen Belastungsstörungen[8] wieder aufgenommen. Hier kann gefolgert werden, dass die ersten Ansätze von Freud zur Traumatheorie wahrscheinlich zur Entwicklung und Motivation für weitere Untersuchungen über Traumata geführt haben. Hierdurch wird auch deutlich, wie wichtig es ist, die damalige Traumatheorie auch heute noch zu betrachten. Es gibt auch heute Studien, die sich mit Holocaust, Theorien zu Trauma und intergenerationalem Trauma beschäftigen. Besonders die Folgen von Traumata beschreiben mehrere Studien, die belegen, dass Traumata auf die nachfolgende Generation in unterschiedlicher Art und Weise Auswirkungen haben können (vgl. Rosenthal 1999, 2009, Baer/Frick-Baer 2011).

3.1 Arten und Begrifflichkeit von Traumata

Das Trauma wird als die Erinnerung an eine oder mehrere lebensbedrohliche Situationen wie z. B. schwere Krankheiten, Haft, Krieg, Folterung, körperlicher Gewalt etc., also eine seelisch und psychisch einschneidende Erfahrung, definiert. Der traumatisierte Mensch hat meistens negative Erwartungen. Diese negativen Einstellungen in Bezug auf die Zukunft führen oft zu einem Gefühl der Hilflosigkeit und zur Störung seines Selbstbewusstseins (vgl. Fischer 2009; Flatten u.a. 2004). Der deutsch-amerikanische Nervenarzt William Niederland, der Gutachter des Generalkonsulats der Bundesrepublik Deutschland in New York in den 1960er Jahren war, fand durch seine zahlreichen Untersuchungen über Überlebende des Nationalsozialismus in seinem Buch „Folgen der Verfolgung: Das Überlebenden-Syndrom Seelenmord" folgende Ursachen des Psychotraumas heraus:

„1. Leben in einer Atmosphäre der ständigen Bedrohung und eines anfänglich unverstandenen, namenlosen, dann näher rückenden Verhängnisses;
2. hiermit einhergehende leiblich-seelische Zermürbung des Personganzen;
3. häufige akute Todesgefahr und Todesangst;
4. Verunsicherung aller mitmenschlichen Bezüge und Kontakte;

8 Häufigste Traumafolgestörung.

5. schutzloses Dasein in einem Dauerzustand völliger oder nahezu völliger Rechtlosigkeit;
6. Überflutung des geistigen Ich-Gefüges durch den unaufhörlichen Ansturm von öffentlichen und persönlichen Beschimpfungen, Verdächtigungen, Verleumdungen und Anschuldigungen, wiederum ohne Möglichkeit einer Zufluchtnahme zum behördlichen Rechtsschutz." (Niederland 1980, S. 10)

Die traumatischen Störungen wirken nicht nur auf die traumatisierte Person selber, sondern betreffen auch die anderen Menschen im Umfeld, wie Familienangehörige, Freunde etc. Traumatische Ereignisse können die Beziehungen des Betroffenen zu anderen Personen, wie Partner, Kinder, Arbeitskollegen, zerstören. Darüber hinaus kann das Trauma das Selbstbild, die sozialen, kulturellen, traditionellen und familiären Werte und Verhältnisse negativ beeinflussen. Diese Zerstörung der Werte und Beziehungen kann dann dazu führen, dass das Vertrauen gegenüber anderen Personen geringer wird und ein Misstrauensproblem in sozialen Beziehungen entsteht. Weiterhin wird die traumatisierte Person innerlich getroffen und verliert ihre Sinnorientierung (vgl. Unal 2003).

Das Begriff Trauma ist vielfältig und beinhaltet in sich verschiedene Komplexe und Aspekte. Aus unterschiedlichen Quellen ist erkennbar, dass bei Begrifflichkeiten zu Traumata die Aspekte Traumaereignis, Traumaerleben, Traumabewältigung und Traumafolgen zu differenzieren sind (vgl. Baer/Baer 2011 nach Hermann 1994/2007, Fischer/Riedesser 2004 u.a.).

Das Traumaereignis ist das Ereignis, das dazu führt, dass sich ein Trauma entwickelt. Also ist das Traumaereignis die Ursache für die Entstehung eines Traumas. Es können unterschiedliche Traumaereignisse genannt werden, die von sexuellem Missbrauch bis zur Folter reichen. Solche Ereignisse können sich unterschiedlich auf die Betroffenen auswirken, ihre Folgen Jahre bzw. lebenslang andauern.

Bei einem Traumaereignis fühlen sich die Opfer existenziell bedroht und befinden sich in einem Gefühl der Ohnmacht, d.h. sie sind in dieser Zeit hilflos und dem Ereignis ausgeliefert. Hinzu kommt hier noch die Zeit nach dem Ereignis, z.B. nach der Vergewaltigung. Aktuelle Studien bestätigen, dass die Zeit danach von großer Bedeutung ist und es eine große Rolle spielt, wie ein Betroffener behandelt und von seinem Umfeld wahrgenommen wird (vgl. Baer/Frick-Baer 2011, S. 25). Als Nächstes geht es darum, wie das traumatische Ereignis erlebt wird. Hier ist wichtig, wie sich das traumatische Erlebnis darstellt und welche Störungen es aufzeigt. Der Erlebnisprozess kann vielfältig und sehr komplex sein. Bei den meisten Traumaerlebnissen haben die Beteiligten, wie schon bei den Ereignissen genannt, keine Alternative, Widerstand zu zeigen bzw. wegzulaufen. Die Traumaerlebnisse sind eine äußere Störung bzw. Verletzung des Leibes, bei der Angst und Erschütterung bzw. Schädigung des Selbstwertgefühls beim Betroffenen entstehen.

Die Betroffenen können sich auf diese Erlebnisse fixieren oder sie vollständig ausblenden. Dies führt dann dazu, dass sie dieses Erschrecken nicht ganz verarbeiten können. Zu solchen Reaktionen kann es auch kommen, wenn ein Mensch Zeuge eines traumatischen Ereignisses wird. Oft ist es auch so, dass die Erinnerungen an die traumatischen Ereignisse lückenhaft sind, sogar teilweise nicht existieren, wobei das körperliche Gedächtnis die Erinnerung an das Ereignis nicht verliert.

> „Ist die Erinnerung an die traumatische Situation verloren oder fragmentiert, so repräsentieren traumatische Reaktionen bzw. Prozesse diese Erfahrung als implizite Erinnerung, auf der Ebene des Körpergedächtnisses." (Frick/Baer 2011 nach Fischer/Riedesser 2004, S. 119)

Wann eine Traumatisierung geheilt ist, lässt sich nicht festlegen. Der Traumatisierungsprozess muss z.B. nicht mit dem Ende des Kriegs abgeschlossen sein. Eine traumatisierte Person kann jahrelang gesund bleiben, aber durch eine Erinnerung an das traumatische Ereignis plötzlich wieder traumatische Störungen entwickeln (vgl. Rauchfuss 2003). Hier muss noch die Dissoziation erwähnt werden. Wenn das Erleben eines Traumas nicht aushaltbar ist, können die Beteiligten solche schwierigen Situationen des Erlebens dissoziieren. D.h. es handelt sich um Folgen des Traumas für das seelische Erleben (vgl. Ermann 2007).

3.2 Resilienz und ihre Bedeutung für die Bewältigung von Traumata

Bei Traumata ist es entscheidend, wie sie von den Betroffenen verarbeitet werden. Bei traumatisierten Flüchtlingen kann es vorkommen, dass sie nie wieder ihr Heimatland besuchen wollen, weil sie Angst davor haben, wieder an diese traumatischen Ereignisse erinnert zu werden (vgl. von Balluseck/Meißner 2003, Baer/Frick-Baer 2010). Es ist natürlich auch möglich, dass einige Flüchtlinge die Rückkehr in ihre Heimat bewältigen. Deshalb spielen an dieser Stelle die Bewältigungsmöglichkeiten für den traumatisierten Menschen eine besonders wichtige Rolle. Es sollte daher auch berücksichtigt werden, welche Bewältigungsmöglichkeiten eine traumatisierte Person hat, denn es kann auch davon abhängen, welche Folgen und Belastungen das Trauma mit sich bringt. Das Trauma kann von Mensch zu Mensch unterschiedlich ausgeprägt sein und die Folgen sind von der Verarbeitung des Traumas abhängig. Baer/Frick-Baer gehen davon aus, dass die Situation, ob eine traumatisierte Person nach dem Traumaereignis allein gelassen oder von ihrer Familie bzw. Umgebung unterstützt wird, ihre Bewältigungsmöglichkeiten erhöhen oder verringern kann.

> „Die Art und Weise der Traumabewältigung hängt zum anderem auch von der ‚Zeit danach' ab, davon, ob Menschen Schutz, Trost und Verständnis finden oder ob sie allein gelassen oder gar beschuldigt werden und im Schweigen erstarren (müssen)." (Baer/Frick-Baer 2010, S. 29)

An dieser Stelle wird nochmals deutlich, wie wichtig familiäre, gesellschaftliche und soziale Netze und Unterstützung bei der Traumabewältigung sind. Das Selbstbewusstsein der Betroffenen ist, wie auch bei anderen Krankheiten, bei der Traumabearbeitung das Wichtigste. Denn das Befinden vor dem traumatischen Erlebnis kann die spätere Bewältigung einfacher oder schwieriger machen. Je nachdem, wie stark das Selbstbewusstsein eines Menschen ist und wie seine sozialen Beziehungen sind, desto schwieriger kann die Bearbeitung des traumatischen Ereignisses sein (ebd.). Es könnte davon ausgegangen werden, dass bei einer traumatisierten Person, die außer einem Trauma noch unter einer anderen gesundheitlichen und psychischen Störung leidet, der Bewältigungsprozess erschwert wird.

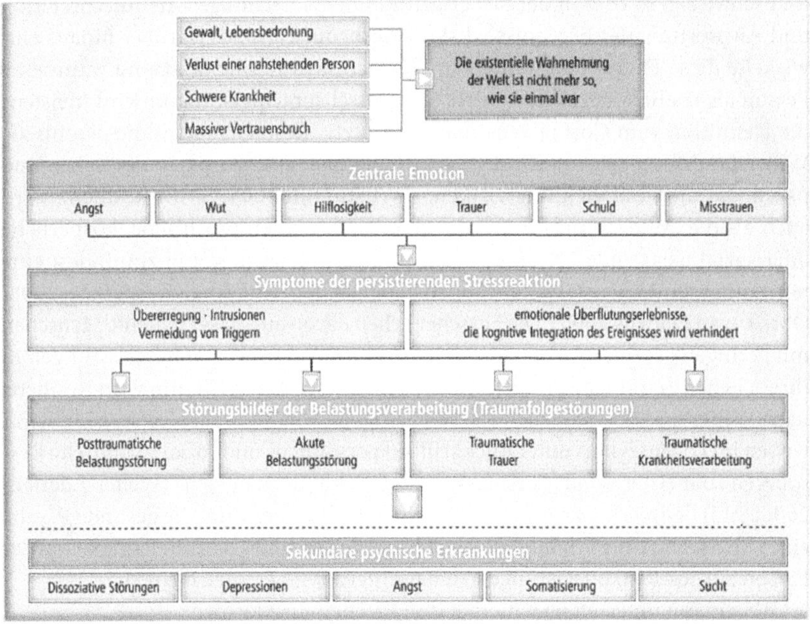

Abb. 6 Posttraumatische Belastungsstörungen
Quelle: Konzag/Ungerer 2008

Ein starkes Selbstbewusstsein kann die Auswirkungen eines Traumas verringern (vgl. Baer/Frick-Baer 2010). Die Traumafolgen können unterschiedliche Lebensbereiche beeinflussen. Einige Traumafolgen wurden schon vorher benannt, z.B. wäre die Verringerung des Selbstvertrauens eine Folge von Traumata, wobei dies auch mit der Angst und Erschütterung aufgrund des traumatischen Ereignisses in Beziehung gesetzt werden muss. Hier ist anzumerken, dass die traumatischen Ereignisse eine seelische Störung verursachen können: „Ein Ereignis bzw. Erlebnis, das die Bewältigung und Abwehrfunktionen eines Menschen zerbricht und einen seelischen Ausnahmezustand, eine Art seelische Ohnmacht hervorruft." (Ermann 2007) Eine Antwort braucht an dieser Stelle die Frage wie der Zustand der traumatisierten Person nach der Bewältigung ist. Ist mit der Bewältigung dann das Problem aufgehoben? Gibt es keine Folgen, die nicht rückgängig machbar bzw. heilbar sind?

Diese Fragestellung wurde seit Jahrzehnten unter Resilienzforschung diskutiert. Das Resilienzkonzept wird seit mehr als 20 Jahren im Besonderen in der Psychologie geforscht. In deutschsprachigem Raum wird die Bedeutung des Resiliensbegriffs relativ offen gehalten. Daher ist die Interpretation der Resilienz nicht eindeuitig und schwierig, so dass in der bisherigen Resilienzforschungen die Interpretation und Auswertung der Ergebnisse diskussionsbedürftig sind. Darüber hinaus entwickelte diese Diskussion Raum für Theorien, was Resilienz ist und wann eine Person als resilient bezeichnet wird. Im deutschsprachigen Raum wird meistens die Definition vom Corina Wustmann benutzt: „Resilienz meint die psychische Widerstandsfähigkeit von Kindern gegenüber biologischen, psychologischen und psychosozialen Entwicklungsrisiken." (Wustmann 2004, S. 18) Resilienz wird auch als die „Widerstandskraft", die eine Person gegen psychische, körperliche oder sozial belastende Erlebnisse zeigt und diese bewältigt, um zumindest eine normale gesunden Zustand zu rekonstruieren, beschrieben (vgl. Kasper u.a. 2008/ Obrist/-van Eeuwijk 2006). Die Forscher gehen davon aus, dass resiliente Menschen mit geringen psychischen Schaden bzw. Beeinträchtigungen hohe Belastungen in ihrem Leben bewältigen können (vgl. Wustmann 2004). Weiterhin wird Resilienz nach Welter und Ederlein auch als „die Fähigkeit von Menschen verstanden wird, Krisen im Lebenszyklus unter Rückgriff auf persönliche und sozial vermittelte Ressourcen zu meistern und als Anlass für Entwicklung zu nutzen" (Welter-Ederlein 2006, S.13) definiert. Darüber hinaus geht es bei Resilienz um die gesunde Psyche eines Menschen trotz erhöhter Entwicklungsrisiken und greift auf Fähigkeiten der Person zurück Risikobelastungen zu bewältigen (vgl. Friedrich 2012).

Wustmann unterscheidet hierbei drei Erscheinungsformen:

1. „die *positive, gesunde Entwicklung trotz hohen Risikostatus,* z.B. chronische Armut/ niedriger sozioökonomischer Status, elterliche Psychopathologie, sehr junge Elternschaft (auch sog. Multiproblem-Milieus),
2. die *beständige Kompetenz unter akuten Stressbedingungen,* z.B. elterliche Trennung/ Scheidung , Wiederheirat eines Elternteils,
3. die *positive und schnelle Erholung von traumatischen Erlebnissen* wie Tod eines Elternteils, Gewalterfahrungen, Naturkatastrophen oder Kriegs- und Terrorerlebnisse." (Böhm 2010 zit. nach Wustmann, o. J., URL und Wustmann, 2004, S.19)

Diese Bewältigung soll ohne schwere psychische Schäden erfolgen. Resilienz wurde 1950 von Jack Block PhD von der Berkely University in der Wissenschaft eingeführt und wurde durch E. Werner PhD von der University of California et. Davis bekannt. In dieser Zeit wurde Resilienz in Zusammenhang mit Kindern verwendet. Kinder wurden als resilient bezeichnet wenn sie trotz schwierigen Situationen während ihres Aufwachsens als Erwachsene ein erfolgreiches und psychisch gesundes Leben führten (vgl. Kasper u.a. 2008). In Bezug auf die Resilienzforschung bei Kindern deuten die nachfolgenden persönlichen Merkmale auf eine starke Resilienz bei erwachsenen Menschen: Beziehungsfähigkeit, Hoffnung, Selbstständigkeit, Phantasie, Kreativität, Unabhängigkeit, Humor, Entschlossenheit, Mut, Einsicht, Reflexion (ebd.).

Darüber hinaus spielen personale Ressourcen eine resilienzfördernde Rolle. Zu den personalen Ressourcen gehören: Intellektuelle Fähigkeiten, soziale Kompetenz, Umgang mit Stress und Problemlössungsfähigkeiten (vgl. Fröhlich-Gildhoff/Rönnau-Böse 2009). Zu bemerken ist hier, dass Resilienz kein individuelles Merkmal ist: „Kein angeborenes stabiles und generell einsetzbares Persönlichkeitsmerkmal." (Weiß 2007. S.158) Wichtig ist, das Resilienz keinesfalls bedeutet, dass Verletzung der Person nicht möglich ist. Resiliente Menschen können ebenfalls psychische Erkrankungen erlangen. Jedoch können sie im Gegensatz zu verletzbaren Personen lernen, mit ihrer Krankheit besser umzugehen (ebenso Kasper u.a. 2008). Schließlich kann gesagt werden, dass Resilienz erst in der Sekunderphase für die Prävention angewendet werden kann. Resilienz versucht die Belastungen so wenig wie möglich beeinträchtigend für die betroffene Person zu machen. D.h. sie kann helfen, z.B. traumatische Belastungen besser zu bearbeiten bzw. zu bewältigen, ohne dabei seelisch und psychisch groß verletzt zu werden. Im gesundheitswissenschaftlichen Rahmen wurde das Resilienzkonzept öfters für pathogenetische Fälle angewandt. In diesem Hinblick wurde davon ausgegangen, dass das Resilienzkonzept für die Veränderungen bzw. Weiterentwicklung von pathogenetischer Denkweise in Bezug auf prophylaktische Maßnahmen zur gesundheitlichen Risiken und Förderung gesundheitlicher Ressourcen trotz Lebensrisiken einen guten gesundheitlichen Zustand ermöglichen kann (vgl. Fingerle 2007). Resilienzfördernde Ressourcen sind nach Wustmann auf mehrere Faktoren unterteilt. Im Hinblick auf das vorliegende Forschungsvorhabens werden hier soziale Ressourcen näher betrachtet. Fröhlich-Gildhoff/Rönnau-Böse fassen diese Ressourcen unter Ressourcen innerhalb der Familie, in den Bildungseinrichtungen und im weiteren sozialen Umfeld. Nach ihre Recherche gehen sie von folgenden Ressourcen aus: Förderung von Autonomie und Vertrauen durch mindestens eine Bezugsperson, hohes Bildungsniveu der Eltern, Unterstützung innerhalb der Familie und hoher sozioökonomische Status usw. (Fröhlich-Gildhoff/Rönnau-Böse 2009). In den Bildungsinstitutionen und im weiteren sozialen Umfeld legen sie besonders Wert auf Förderung von Bassiskompetenzen, gute Freundschaftsbeziehungen, ein entsprechendes bzw. passendes Leistungsniveu, erwachsene Personen, die durch Vertrauen und Sicherheit außerhalb des Familienkreises für positive Entwicklung sorgen, und die Existenz von gesellschaftlichen Normen und Werten (ebd.).

In der Forschung sind nach Masten und Reed 2002 für Resilienzmodelle bisher drei Ansätze vorhanden: Davon ist der erste der „variablenbezogene Ansatz", der im Zusammenspiel von Risiko- und Schutzfaktoren sich mit der Frage beschäftigt, welche Ergebnisse sich aus der Beeinflussung der Entwicklung des Kindes schließen lassen. Dieser Ansatz läst sich noch in weitere Wirkmodelle eingliedern: Kompensationsmodell bezieht sich dabei auf Schutzfaktoren, welche risikobehaftete Bedingungen mildern. Bei dem Herausforderungsmodell geht es nehr um den Bewältigungsprozess und im Interaktionsmodell werden interaktive Beziehungen zwischen Risiko steigernden und Risiko vermindernden Faktoren betrachtet. Bei dem Kumulationsmodell steht der Schwerpunkt auf der Anzahl der Schutzfaktoren im Bezug auf gelungene Entwicklung (vgl. Fröhlich-Gildhof/Rönnau-Böse nach Masten/Reed 2002). Ein anderer Ansatz bezieht sich auf die individuellen Aspekte und Entwicklungen in Bezug zu Risiken und Schutzfaktoren, die als „personenzentrierter Ansatz" bezeichnet wird. Der letzte „Entwicklungspfad bezogene Ansatz" beeinhaltet resiliente Entwicklungsverläufe und schließt zeitliche Spannungen mehr ein (ebd.). In diesem Zusammenhang hat Kumper 1999 erprobt, personenzentrierten und variablenbezogenen Ansatz mit den damaligen Forschungsergebnissen in einem Rahmenmodell der Resilienz darzustellen.

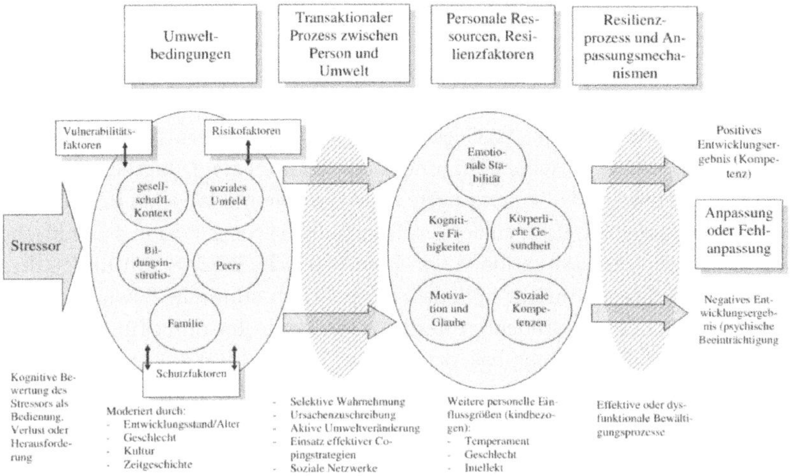

Abb. 7 Risiko- und Schutzfaktoren – ein Wechselwirkungsprozess
Quelle: Rahmenmodell von Resilienz (Wustmann 2004, S. 65).

Zu analysieren und auszuwerten ist hier, ob diese Resilienz fördernden Ressourcen ausreichend sind, um das Zusammenleben mit den traumatisierten Eltern zu bewältigen. Ein Beispiel für ein Forschungsvorhaben, das ähnliche Fragen analysierte, ist an dieser Stelle die Dissertationsstudie von Andreas Mergenthaler, der eine Resilienzforschung über die Gesundheit im Alter durchführte. Er stellte dabei fest, dass die Widerstandfähigkeit verbessert werden kann, wenn Menschen in ihrem psychosozialem Umfeld mit ihrem Leben überdurchschnittlich zufrieden sind und strukturell-materielle Aspekte in Bezug auf Wohnverhältnisse für gesundheitliche Resilienz nicht berücksichtigt werden brauchten (vgl. Mergenthaler 2012). Weiterhin legt er in dieser Hinsicht für die Intervention nicht nur Wert auf die Betreuung und pflegerischen Maßnahmen für ältere Menschen sondern auch auf resilienzfördernde soziale Aktivitäten. Er hält es für nötig, dass sozial engagierte ehrenamtliche Zivilisten sich zur Verfügung stellen, die die gesundheitlichen Ressourcen alter Menschen aus den sozialen Unterschichten stärken (ebd.). Offen blieben aber die genauere Beschreibung dieser Intervention und die benötigte Strategie.

Im Zusammenhang Resilienz kurdischer Bevölkerung ist die Untersuchung von Gesa Anne Busche über Resilienz kurdische Frauen in Deutschland berücksichtbar. Busche schreibt über die Resilienz von kurdischen Frauen, die Folter und

Fluchterlebnisse hatten. In ihre Forschung geht sie über verschiedene Konzepte und Modelle in Bezug auf Resilienz aus und unterscheidet dabei Resilienzhindernisse und Resilienzfördernisse. Busche beschreibt Resilienzfördernisse als Einflüsse auf Stresssituationen von Menschen, die die Bewältigung dadurch entstandener Krisen vereinfachen bzw. mildern. Das Gegenteil von Resilienzfördernis ist Resilienzhindernis, welches diese Krisenbewältigung kompexer macht (vgl. Busche 2013). Dazu macht sie noch folgende Bemerkungen: „Die Quellen und Wege zu Resilienz, die Resilienzfaktoren bzw. Resilienzfördernisse, können je nach Person, biografischer Lebenslage und Stresssituationen variieren." (Busche 2013, S. 23) Einige ihrer Ergebnisse in dieser Hinsicht sind, dass das politisch-ethnische Bewusstsein von kurdischen Frauen eine eindeutige Resilienz fördernde Ressource für die Bewältigung von Folter und Verfolgungserlebnisse ist (Busche 2013). Weiterhin stellte sie fest, dass innerhalb der familiären Verhältnisse das patriarchale Familiensystem in diesem Sinne ein Resilienzhindernis ist: „Im Bereich „Familiäres und Soziales" konnte die innerfamiliären Beziehungskonstellationen einer abgewerteten Mutter und eines idealisierten Vaters als Resilienzhindernis identifiziert werden." (Busche 2013, S. 209) Schließlich kommt die Frage auf, ob überhaupt Resilienzfördernisse und -hindernisse dem Individuum selbst bewusst sind und diese bewusst zu machen sind?

Die Frage ist nun, welche Hilfestellungen die Resilienz für die Jugendlichen in hoch belasteten traumatisierten Familien anbieten kann. Darüber hinaus ist auch zu analysieren, wie Resilienz für diese Jugendlichen ermöglicht werden kann. Diese Ansätze werden ebenfalls nach den empirischen Ergebnissen der vorliegenden Arbeit im Kontext zu den Präventionsmaßnahmen diskutiert.

3.3 Symptomgruppen und Formen von Traumatisierung

(Lebens-)Bedrohliche Erlebnisse wie Folter, Krieg, Gewalt, Bedrohung etc. können dazu führen, dass sich bei diesen Menschen psychische Folgereaktionen wie die posttraumatische Belastungsstörung zeigen. Diese kennzeichnet sich durch Symptome des Wiedererlebens, Aggression, Depression und Vermeidungsverhalten (vgl. WHO 2006, Fischer & Riedeser 1999, Huber 2003). Eine Posttraumatische Belastungsstörung tritt allerdings nur bei wenigen Traumata erlebten Personen auf (vgl. Kasper u.a. 2008).

Das Krankheitsklassifikationssystem der Weltgesundheitsorganisation ICD-10[9] unterscheidet bei der „Post Traumatic Stress Disorder" (PTSD) drei Symptom-

9 Krankheitsklassifikationssystem der Weltgesundheitsorganisation.

gruppen. PTSD bildet sich aus „als eine verzögerte oder protrahierte Reaktion auf ein belastendes Ereignis oder eine Situation kürzerer oder längerer Dauer, mit außergewöhnlicher Bedrohung oder katastrophenartigem Ausmaß, die bei fast jedem eine tiefe Verzweiflung hervorrufen würde“ (ebd.).

Bei der ersten Symptomgruppe geht es um die belastenden Erinnerungen an die Traumaereignisse bei Bewusstsein und auch in Träumen. Diese Symptome können psychologische Reaktionen wie Schwitzen, Atembeschwerden, Herzklopfen, Magen- und Darmbeschwerden sein. Als nächste Symptomgruppe ist die Vermeidung von Gedanken, die mit dem Traumaereignis im Zusammenhang stehen, zu nennen. Daher kann es auch zum sozialen Rückzug kommen. Öfters kommt es vor, dass Kinder die Gefahr besser abschätzen können und bei Teilnahme an der Gesellschaft vorsichtiger sind:

> „...bei denen Misstrauen und Angst vor Wiederholung der Ereignisse überwiegt, zeigen diese Tendenz zu sozialem Rückzug und verweigern die Kontaktaufnahme zu Erwachsenen oder opponieren offen gegen sie.“ (von Balluseck/Meißner 2003)

Bei der dritten Symptomgruppe handelt es sich um die Senkung der Erregungsschwelle des autonomen Nervensystems. Die traumatischen Belastungsstörungen führen hierbei zu chronischer Übererregung. Es kommt zu einer übertriebenen Erregung z.B. bei Begegnung mit einer Person oder einem Geruch, die/der an das traumatische Ereignis erinnert (vgl. Balluseck/Meißner 2003).

Die posttraumatische Belastungsstörung wird häufig in den Medien benannt. Diese Störungen sind die seelischen, körperlichen und psychosozialen Folgen von schweren Belastungen, die nicht nur wegen lebensbedrohlicher Ereignisse während eines Kriegs oder einer Flucht auftreten, sondern sich auch immer häufiger im Alltag zeigen. In vergangenen Zeiten erlangte das Trauma für die Entwicklung psychischer Belastungen und Krankheiten große Bedeutung. Wenn größere Zeitabschnitte betrachtet werden, bewegt sich das Interesse für diese Krankheit zwischen völliger Missachtung und dem Abstreiten von Zusammenhängen und zeitlich aufwendiger, schwieriger Forschung. Interessant ist hier, dass es eine Analogie zwischen der Bewertung von Traumata in der Gesellschaft und der Verarbeitung dieser Störung beim Traumatisierten gibt. Auch im therapeutischen Verlauf wechseln sich Phasen der Verleugnung mit solchen ab, in denen der Betroffene vor den Erinnerungen an traumatische Ereignisse geschützt werden muss. Über mehrere Monate oder mehrere Jahre wechseln diese Phasen zwischen der Auseinandersetzung mit dem Trauma und innerer Distanzierung vom Trauma. In dieser Weise gelingt im positiven Fall (mit oder ohne Therapie) eine Bewältigung, die durch eine schrittweise

Verarbeitung mit möglichst weitgehender Neutralisierung oder Integration der traumatisierenden Erlebnisse in den Lebenskontext verläuft.

Es sollte beachtet werden, dass die Symptomgruppen nicht individuell betrachtet wurden.

Die Therapeutin im Psychosozialen Zentrum in Düsseldorf (PSZ)[10] Dima Zito schreibt, dass diese Konzepte in Bezug auf Flüchtlinge und Folteropfer kritisch hinterfragt werden müssen, da sie individuelle gesellschaftlich und politisch bedingte Leiden nicht berücksichtigen (Zito 2009, S. 146).

Bei der Traumatisierung von Flüchtlingen werden vier Formen betrachtet:

- Die Traumatisierung der Eltern, die sich durch ein Erlebnis im Heimatland entwickelte und innerhalb der Familie auswirken kann
- Die Traumatisierung von Minderjährigen selbst im Heimatland, die auch während der Flucht entstanden sein kann
- Die Traumatisierung von Teenagern innerhalb der Familie und
- Die Traumatisierung aufgrund von Schwierigkeiten gegenüber Behörden (ebd.)

Es ist wichtig, die traumatischen Sequenzen anhand des Holocaust-Konzeptes darzustellen, da dieses die Phasen und die Entwicklung der Traumatisierung ausführlich untersucht. In diesem Konzept werden drei traumatische Sequenzen, die ein traumatisches Erlebnis beinhalten sollen, betrachtet. Keilson geht in diesem Konzept davon aus, dass die Verfolgung die erste Sequenz der Traumatisierung ist. Innerhalb der Verfolgungszeit wird der Betroffene schrittweise bestimmte sichere Lebensräume und die Bedeutung seines Lebens verlieren. Bei der nächsten Phase kommen z.B. Geschehnisse wie Vergewaltigung, Tod eines Angehörigen, Flucht, Isolation und Verhaftung etc. zustande. Bei der letzten Sequenz handelt es sich um das Wiedererleben des lebensbedrohlichen Geschehens. Diese Sequenz ist aufgrund des Auslösens von Symptomen die bedeutendste. Es stellt sich heraus, dass die Belastungen der drei traumatischen Phasen aufeinander wirken und die Auswirkungen der Erlebnisse beim Opfer einheitlich sein können (vgl. Keilson 1979).

10 PSZ Düsseldorf – Hilfe für Überlebende von Folter, Krieg, Gewalt. Das Psychosoziale Zentrum für Flüchtlinge Düsseldorf bietet seit 1987 Psychotherapie, Beratung, Gruppen- und Sozialarbeit für traumatisierte Flüchtlinge und Folteropfer an, außerdem Fortbildung und Fachberatung für Fachkräfte und Ehrenamtliche im Gesundheits- und Sozialbereich (www.psz.de).

3.4 Auswirkungen von Traumatisierung innerhalb einer Generation

Psychoanalytische und therapeutische Arbeiten zu Traumata und Auswirkungen auf die nachfolgenden Generationen in Bezug auf jüdische Opfer existieren seit den 60er- und 70er- Jahren (vgl. u.a. Rakoff et al., 1966/Trosmann, 1968 in ZKS u.a. 2008). Bei der Bewältigung von Traumata spielen nach Becker nicht nur das Trauma selbst und dessen Folgen, sondern auch der traumatische Prozess eine Rolle. Es handelt sich beim Trauma um einen individuellen, politischen und sozialen Prozess, der mehrere Jahre andauern und auch folgende Generationen beeinflussen kann (vgl. Becker 1992/2003). Handelt es sich hier nicht um noch andere Bedingungen wie z.B. soziale Lage, Lebenserfahrungen, Bildung etc.

Die Symptome von Psychotraumata stehen in Beziehung mit dem Erinnerungsdruck (Intrusionen). Die Betroffenen sind von der Angst geprägt, dass sie wieder dieselbe lebensbedrohliche Situation erleben werden. Sie haben bezüglich ihrer traumatischen Erlebnisse Alp- und Tagträume und eine Störung des Selbstbewusstseins zeigt sich immer wieder auch in der Gegenwart (vgl. von Balluseck/Meißner 2003, Kizilhan 2009, Rosenthal 1999). Nachdem die Traumatisierung mit Hilfe der Analyse der Lebensgeschichte erkannt wurde, müssen die Einflüsse auf die ganze Familie bzw. auf die nachfolgenden Generationen untersucht werden. Die Kinder werden besonders von der Hilflosigkeit der Eltern beeinflusst, mehrere Generationen können von den Folgen der Traumatisierung betroffen sein. Hier ist die Anmerkung von von Balluseck sehr bedeutsam, die auf die Auswirkungen des Traumas auf die Entwicklung der nachfolgenden Generation hinweist. Sie geht davon aus, dass die nicht behandelten Traumatisierungen der Eltern und daraus entstandene Angst unterschiedliche Einflüsse auf die Erziehung der nachfolgenden Generation haben können. Problematisch wird es hierbei, wenn die Eltern versuchen, ihre Kinder von dem traumatischen Erlebnis fernzuhalten, aber aufgrund ihrer Nicht-Verarbeitung des Traumas die Einflüsse auf die Kinder stärker sind.

> „Kinder wachsen in solchen Verhältnissen unter vorgestellten Bedrohungen auf und können sich nur dann dem Aufnahmeland zuwenden, wenn es auch den Eltern gelingt, sich von dem Erlebten den Kindern und dem Neuen zuzuwenden." (von Balluseck/Meißner 2003, S. 77)

Hier es nicht ganz klar, ob es falsch oder richtig ist, das Kind von Traumataerfahrungen der Eltern fern zu halten. Die genauere Beschreibung der richtigen Umgangsweise der traumatisierten Person mit ihrem Kind wird hier ebenfalls vernachlässigt.

Es kann auch vorkommen, dass die Opfer aus kulturell bedingten Schuld- und Schamgefühlen bei traumatischen Erlebnissen wie sexuellem Missbrauch, Vergewaltigung, Verhaftungs- oder Foltererlebnissen usw. nicht sprechen wollen. Solche Verhaltensweisen können die Lebensweise und die Behandlung von Opfern und ihrer Familienangehörigen zusätzlich erschweren (vgl. Kizilhan 2007).

Aufgrund psychischer Probleme von Mutter und Vater und Nichterfüllung ihrer Aufgabe als Eltern und ihrer Rolle als Fürsorger und Vorbilder können die Kinder denken, dass sie diese Rolle selber übernehmen müssen, und sind meist damit überfordert (vgl. Baer/Frick-Baer 2010, Rosenthal 1999). Diese Überforderung kann dann dazu führen, dass die Kinder mit Schuldgefühlen für die schlechten Bedingungen in ihrem Familienleben aufwachsen (RUFUGIO 2005). Bei traumatisierten Familien, die geflüchtet sind und bei denen Probleme wie Gewalt wegen eines Traumas auftreten, ist es sehr schwierig, gegenseitige Unterstützung innerhalb der Familie zu finden. Verhaltensweisen der Eltern können dazu führen, dass den Kindern die Alternative genommen wird und sie keinen erfolgreichen Zugang zur Sozialisation im Aufnahmeland finden (vgl. Bründl 2002). Es ist auch möglich, dass die Kinder aufgrund mangelnder Unterstützung ihren Eltern die Schuld für alles Negative geben und daher Wut gegen sie entwickeln. Die Beziehungen in der Familie müssen daher unter den Aspekten soziale Bedingungen, Liebe, Konflikte und Vertrauen dargestellt und bearbeitet werden. Die familiären Verhältnisse und Umweltfaktoren können jedoch die Entwicklungsphase der Jugendlichen beeinflussen. Insgesamt wurde die Analyse von Traumatisierungen in Bezug auf das soziale Umfeld und Sozialisationsbedingungen vernachlässigt. Die Hilflosigkeit der primären Bezugspersonen oder die Situation, dass sie ihre Kinder nicht vor Gefahren schützen können und nicht in der Lage sind, wichtige Bedürfnisse ihrer Kinder zu erfüllen, können sich bei den Kindern negativ auswirken. Diese nicht vorhandene Unterstützung der Bezugspersonen kann die Entwicklung des Grundvertrauens und der Autonomie erschweren und zu Misstrauen in Beziehungen sorgen (vgl. Walter 1995). Die Erlangung von Autonomie gehört in Bezug auf die psychosoziale Entwicklung eines Menschen zu den notwendigsten Zielen in der Phase des Erwachsenseins. Daher ist es bezüglich der Sozialisationsentwicklung dringend notwendig zu analysieren, ob Traumaerfahrungen der Eltern die Autonomie ihrer Kinder erschweren. Darüber hinaus soll der folgende Abschnitt einen ersten Einblick über die Einflüsse traumatischer Vergangenheiten auf intergenerationaler Ebene ermöglichen.

3.5 Traumatische Vergangenheit in der Gegenwart von drei Generationen: Gabriele Rosenthal

Gabriele Rosenthal und ihr Team beschreiben in ihrem Buch „Der Holocaust im Leben von drei Generationen" die Auswirkungen von traumatischen Familienvergangenheiten und den Umgang mit diesen Familienvergangenheiten durch die Analyse der biografischen Bedeutung mit Fallrekonstruktionen am Beispiel der Familien von Überlebenden der Shoah und Nazi-Tätern. Wichtig ist hier anzumerken, dass diese Untersuchung ihre Aktualität in der heutigen Forschungsdiskussion behält und die Diskussion über die Belastungen bzw. negative Familienerlebnisse in der Vergangenheit sehr vorantreibt. Die Methode „Biografische Fallrekonstruktion nach Rosenthal" wird in dieser Arbeit in Teil III ausführlich beschrieben und bewertet. Im Folgenden werden die Ergebnisse von Rosenthal und ihrem Team weitgehend ausführlich diskutiert, weil die Ergebnisse der Studie von Rosenthal mit den Ergebnissen der vorliegenden Arbeit später verglichen werden.

Der Fokus bezieht sich bei der Rosenthal Studie eher auf den Dialog innerhalb der Familien, die traumatische Erlebnisse während des Nationalsozialismus hatten. Sie arbeitet dabei besonders heraus, wie sich die negativen Erlebnisse auf die zweite und dritte Generation auswirken[11]. Das Untersuchungsziel besteht auch darin, die Gemeinsamkeiten und Unterschiede von Opfer- und Täterfamilien betreffend innerfamiliärer Auswirkungen darzustellen. An dieser Stelle kam Rosenthal und ihre Gruppe zum Ergebnis, dass die Opfer sowie auch die Täter teilweise über ihre Familienvergangenheiten schweigen und der Autonomiesierungsprozess in der nachfolgenden Generation erschwert ist. In einer anderen Untersuchung über Nachkommen der Überlebenden dieser Zeit wurde durch klinische Fallanalysen festgestellt, dass in der Autonomieentwicklung der Nachkommen Störungen zu erkennen sind (Barocas/Barocas 1979; Davidson 1980; Freyberg 1980 in Rosenthal 1999). Eine starke Bindung der zweiten Generation an die Verfolgungszeit wurde auch durch die enge Bindung der zweiten Generation an die Eltern deutlich (vgl. Rosenthal 1999, Baer/Frick-Baer 2010). Zwischen der zweiten und der ersten Generation wurden symbiotische Beziehungen erkennbar, die stark die Autonomieentwicklung der Kinder behindert bzw. eingrenzt. Diese symbiotische Beziehung war so stark, dass die dritte Generation ebenfalls bei ihrer Autonomieentwicklung davon abhängig war (Nooke/Müller 1999). Ein Beispiel dafür ist, wie sich die dritte Generation durch andere Kontakte, z.B. nicht jüdische Freunde, von der Verfol-

11 Dabei wird der geschichtliche Hintergrund der Familien und die Auseinandersetzungen über die Shoah in ihren jeweiligen Herkunftsländern mit der Familienbiografie in Beziehung bzw. gegenüber gesetzt.

gungsvergangenheit abkehren wollte, aber von der zweiten Generation gezwungen wurde, sich an die jüdischen Abstammungen, Traditionen und Werten etc. zu halten. Ein Vater der zweiten Generation ließ z.B. nicht zu, dass seine Tochter einen nicht jüdischen Mann heiratet (ebd.). Weiterhin ging aus ihren Untersuchungen hervor, dass die Tochter Schwierigkeiten hatte, allein mit ihrem Leben zurecht zu kommen, weil sie Schwierigkeiten hatte, sich von der Familie zu lösen. Obwohl sie nicht mehr bei dem Elternhaus wohnte, besuchte sie jeden Tag ihre Eltern und übernachtete auch manchmal dort. Was noch bei der dritten und eventuell in der zweiten Generation der Fall ist, war, dass sie von der Verfolgungsvergangenheit der Eltern bzw. Großeltern so betroffen wurden, dass sie Alpträume, Angstanfälle und Depressionen hatten. Traurig war auch, wie die zweite und dritte Generation gezwungen wurde, sich an die Vergangenheit zu erinnern oder sich mit diesem Thema auseinanderzusetzen, sie es nicht schafften, aus diesem Bedrängnis sich zu befreien. Für die meisten war es unerträglich, diesen Bildern, Themen der Vergangenheit bzw. des Holocaust zu begegnen (vgl. Nooke/Müller 1999).

Es war öfters der Fall, dass durch das Schweigen über erlebte negative Vergangenheiten die Bewältigung der traumatischen Vergangenheit schwieriger wurde und auch die nachfolgende Generation erfasste. In ihren Fallanalysen machten Rosenthal und ihre Gruppe mehrmals die Erfahrung, dass die Familienvergangenheit umso mehr nachhaltiger auf die Nachkommen wirkt, je verdeckter bzw. verschlossener der Dialog über die Vergangenheit mit den Nachkommen ist. Rosenthal warnt darauf hin, dass solche Ereignisse dafür sorgen können, dass bei den Kindern psychotische Wahnvorstellungen auftreten. Zu diesem Ergebnis kommen auch Stierlin 1982 und Wachsmuth 2008, die sich ebenfalls mit Überlebenden und Tätern des Nationalsozialismus beschäftigten. Darüber hinaus kam die Studie mehrfach zu dem Ergebnis, dass die zweite Generation ihre Verantwortung gegenüber den Eltern wahrnahm und mögliche Gefühle, Wut und Aggressionen verschwiegen und unterdrückten. Sie verloren ihren Respekt gegenüber ihren Eltern nicht. Als ein Resultat der Studie stellte sich innerhalb der Familien auch die Frage, ob das Täterverbrechen als Schuld oder als Handeln eines furchtsamen Menschen gesehen werden soll. Der Status in der Öffentlichkeit und wie über die Verfolgung der Opferfamilien oder das Handeln der Täterfamilien geredet wird, hatte daher für die Familienmitglieder aufgrund ihrer Ehre und Scham eine große Bedeutung (vgl. Rosenthal 1999).

Die Studie behandelte Familiengeschichten vor und nach 1945. Nach den Ergebnissen der Studie basierte der familiäre Dialog nicht auf Sozialisationseinflüssen nach 1945, sondern auf Unterschieden in der familiären Vergangenheit. Hier stellt sich heraus, wie wichtig die Familienvergangenheit für die Betroffenen ist. Durch die erstellten Analysen kam das Forschungsteam zu der Feststellung, dass der familiäre

Dialog regelmäßig von den gemachten negativen Erfahrungen in der Familiengeschichte abhängt und dass die nach dem Erlebnis gegebenen Sozialisationseinflüsse eher weniger für den familiären Dialog bestimmend sind. Rosenthal und ihr Team stellten mehrmals fest, dass die negative Familienvergangenheit immer als Last im Lebensprozess der Täter und Opfer der nationalsozialistischen Zeit vorhanden war und dass es eine Fixierung auf die Vergangenheit gab.

Allein die intergenerationale Kommunikation findet nach Rosenthal in der Familie nicht diachron statt, sondern wird kommunikativ hergestellt. (vgl. Bohnenkamp u.a. 2009 nach Rosenthal 2000). Dieser kommunikative Einfluss wirkt stärker auf die Selbstverortung der Person in der gesellschaftlichen Ebene und nicht nur in der Verortung innerhalb der familiären Konstellation.

Rosenthal bewegt sich hierbei zwischen zwei Themengruppen, die sich aus den Biografien der untersuchten Familien ergeben. Bei der ersten Themengruppe geht es um „Angst" und „Angst vor Vernichtung" und betrifft Überlebende der Konzentrations- und Vernichtungslager. Die andere Themengruppe bezieht sich auf „Emigration" und „Leben in der neuen Gesellschaft" und trifft auf Personen zu, die bis 1939 aus Deutschland emigrieren konnten (vgl. Rosenthal 1999). Auch bei den Täterfamilien war Angst als Begleiter erkennbar.

Die Nachkommen der Tätergeneration hatten die Befürchtung, dass die Unmoral der nationalsozialistischen Zeit noch bei ihren Eltern bzw. Großeltern vorhanden sein könnte. Daher hatten die Nachkommen große Ängste, von ihren Eltern oder dem Umfeld nicht geliebt zu werden und im Falle einer Behinderung oder Krankheit von ihnen durch ihre Eltern misshandelt zu werden. Hierzu beobachtete Rosenthal bei der Tochter eines Nazitäters, dass diese große Angst hatte, ihr Vater könnte ihre Kurzsichtigkeit entdecken. Die Tochter hatte erlebt, dass der Vater ihren kleinen Bruder in den Swimmingpool geworfen hatte und dies mit „Reinrassigkeit" begründete (vgl. Rosenthal 1999). Als Beispiel einer anderen Angstversion soll angeführt werden, dass ein Enkelkind Spuren eines Geheimnisses seines Großvaters entdeckte und in der nächsten Nacht sein Zimmer verriegelte. Das Kind hatte die Angstphantasie, dass der Großvater es aufgrund seiner „Spionage" über die Vergangenheit umbringen könnte (ebd.). Wobei Rosenthal nur auf einer Linie der Beschreibung bleibt und die Einflüsse traumatischen Vergangenheiten nicht aus mehreren Sichtweisen diskutiert. Darüber hinaus bleibt das Interesse an der Prägung der Erlebnisse in der Persönlichkeitsebene bestehen.

Angst kann sich auch aus offenen Fragen die Vergangenheit betreffend ergeben: Es gab auch Familien, die Angst hatten, dass die Familiengeschichte wieder an Aktualität gewinnt und daher lieber die dunkle Familiengeschichte verleugneten. Besonders Opferfamilien, die eine helfende bzw. eine Verräterfunktion in KZ-Lagern hatten, empfanden Scham und Schwierigkeiten über ihre Vergangenheit zu reden und die dritte und zweite Generation half ihren Eltern bzw. Großeltern sich vor der Vergangenheit zu schützen, indem sie ihre Eltern bzw. Großeltern nicht nach ihren Vergangenheiten fragten und Begegnungen damit vermieden (vgl. Gilad/Rosenthal 1999). Deutlich wird aber nicht, warum sie nicht danach fragten. So war es unklar, warum die nachfolgende Generation auch sich selber vor dieser Vergangenheit schützen wollte. Ein anderer Aspekt ist hierbei auch, dass diesen Kindern beigebracht wurde, über die Familienvergangenheit zu schweigen. Öfters kam auch vor, dass Funktionshäftlinge anstatt ihre eigenen Erlebnisse und Emotionen zu erzählen, meistens ihre Hilfsbereitschaft und Heldentaten im KZ-Lager erzählten. Die Emotionen wie Ängste und Schuldgefühle brachten diese Personen in ihre Interviews kaum ein (ebd.). Diese emotionale Unterdrückung kam bei Opferfamilien ebenso vor. Schade u.a. schreiben, dass es regelmäßig vorkommt, dass Opfer sich von ihren Erlebnissen und Erinnerungen abgrenzen. Beispielsweise wollte ein Opfer sich nicht an die Verfolgung erinnern, um den dann aufkommenden Gefühlen keinen Raum zu geben. Rosenthal schreibt, dass z.B. ein Opfer lebenslang nicht mehr nach Österreich reisen konnte, da es sich schon an der Grenze durch Uniformierte an ihre Verfolgung erinnerte und hierdurch in Panik geriet (Schade/Böhmer/Rosenthal 1999).

Bemerkenswert ist auch, dass die erste Generation ihre Kinder dazu erzog, Leiden zu verleugnen. „Der Akt des Abwehrens von Fragen verläuft durch alle Generationen" (Gilad/Rosenthal 1999, S. 136). Bemerkenswert ist hier, dass sie ihre Kinder so erziehen, dass ihre Kinder später vom Emotionalen her ähnliche Eigenschaften wie sie haben. Wobei nicht festgestellt werden konnte, ob diese Eltern dies bewusst taten. Der Enkel eines Funktionshäftlings, der mit Mengele gearbeitet hatte, berichtete z.B. nur über die Heldentaten seines Großvaters und das Forschungsteam geht davon aus, dass er über den Rest der Verfolgungsgeschichte nichts wusste bzw. dies lieber verleugnen wollte. Diese Personen redeten vorzugsweise nur über die typischen allgemeinen Ereignisse im Holocaust (vgl. Gilad/Rosenthal 1999).

Es könnte davon ausgegangen werden, dass die Verzweiflung, Neugierde, Phantasien und Angst eine wichtige Verknüpfung zu der verschwiegenen Vergangenheit haben. Auch die Einsamkeit von Opfer- und Täterfamilien ist aus den Ergebnissen der Rosenthal-Studie erkennbar. Die Gemeinsamkeit der Täter- und Opferfamilien lag hierbei darin, dass die Familien Trennungsängste hatten und nicht einsam bleiben wollten. Der Unterschied war aber, dass die Opferfamilien die Angst hatten, dass es nach der Trennung der Familie zum plötzlichen Tod der Familienmitglieder kommen kann, wobei die Täterfamilien die Angst hatten, dass nach solch einer Trennung die Familienmitglieder das Familiengeheimnis erfahren oder zu den Spuren des Vergangenheitsgeheimnisses kommen können.

> „Bei Nazi-Tätern führen Trennungen resp. Distanzierungen ihrer Nachkommen zu der Angst, diese könnten nun beginnen, Fragen zu stellen und außerhalb der Familie neue, für den Familienmythos bedrohliche Perspektiven, kennenzulernen." (Rosenthal 1999. S.21)

Hier zeigt sich auch, dass jeder, egal ob Täter oder Opfer, ein gutes Image haben möchte und Angst vor dem Verlassenwerden entwickelt. Mehrmals kam hierbei vor, dass jüdische Zwangsemigranten nach dem Holocaust sich mit dem Zionismus identifizierten, um ihre Schuldgefühle zu unterdrücken und sich zu einer Gruppe zugehörig zu fühlen.

Rosenthal und ihre Gruppe erfuhren durch ihre Beobachtungen, dass bei den Opferfamilien auch transgenerative Ängste existieren. Diese Art Überlieferung der Angst auf die nachfolgende Generation war durch viele Lebensereignisse der nächsten Generation spürbar. Die Ängste, die die erste Generation aufgrund traumatischer Erlebnisse entwickelt hatten, wurden direkt an die nächste Generation weitergegeben (vgl. Rosenthal/Dasberg/Moore 1999). Baer/Frick-Baer gehen ebenfalls davon aus, dass es solche Übertragungen gibt. Solche Überlieferungen zeigen sich durch Weitergabe der Symptome der traumatisierten Generation an die nachfolgende Generation. So schreiben sie, dass die zweite Generation ebenso wie ihre Vorfahren von Verlustängsten betroffen ist, ohne zu wissen, warum sie eine große Angst haben, Verluste zu erleiden. Dadurch kommt es dann zur Begrenzung von neuen Wünschen für ihre Beziehungen, da dies zu riskant ist oder zur Bindung an eine Beziehung, obwohl diese sie nicht glücklich macht (vgl. Baer/Frick-Baer 2010). Unklar ist jedoch, wie stark diese Angst ist und zu welchen Situationen es führen kann. Was bewirkt diese intergenerationale Angst bei der Sozialisation und Entwicklung des Menschen?

3.5.1 Familiäre Konstellation im Zusammenhang mit einer traumatischen Vergangenheit

Nazitäter neigten dazu, gemachte Erfahrungen wie auch ihre Erlebnisse zu verschweigen bzw. für sich selber auszublenden. Die Interviews der Rosenthal-Gruppe mit den Nazitätern ließen den Versuch erkennen, die eigene Geschichte zu „manipulieren". Die früheren Nazitäter berichteten gerne über wahrgenommene Aufgaben als Soldat und erfolgreiche Kampfhandlungen. Die Gräueltaten wurden ausgeblendet, mögliche friedliche Ereignisse in den Vordergrund gestellt. (vgl. Rosenthal 1999). Überlebende von Shoah stellten die Gräueltaten, so gut sie konnten, in den Vordergrund, wobei in Ghettos und Vernichtungslagern vergewaltigte

Frauen Probleme hatten, diese schrecklichen Momente in Worte zu fassen. Bei den untersuchten Familien ließen sich noch zwei andere wichtige Aspekte feststellen. Erster wichtiger Aspekt ist, dass die zweite Generation eine große Bindung an die Herkunftsfamilie hatte und sich für die Familie verantwortlich fühlte. Die starke Bindung an die Familienvergangenheit sorgte dafür, dass die Nachkommen während des Interviews immer auf die Familienvergangenheit fixiert waren und kaum etwas über ihre eigene Lebensgeschichte präsentierten. Dies zeigt erstens, dass die Kinder sehr emotional auf die Elternvergangenheit reagierten und zweitens die Verfolgungszeit sehr verinnerlichten. Dieses Ergebnis wiederholt sich regelmäßig in der Studie und wird als bei jeder Familie vorkommende Auswirkung akzeptiert. Anstatt mit der Holocaustvergangenheit konfrontiert zu werden und starke Bindung an die Familie zu haben, war der eigentliche Wunsch der nachfolgenden Generation, sich von der Elternvergangenheit zu trennen. „Im Bestreben, sich von der Holocaust-Vergangenheit seiner Eltern zu lösen, identifiziert er sich mit der gegenwarts- und zukunftsorientierten Gesellschaft Israels." (Rosenthal/Dasberg/Moore 1999, S. 90)

Festgestellt wurde auch, dass sich dieses Phänomen auch bei der dritten Generation zeigt. Mehreren gelang es nicht, sich von der Elternvergangenheit zu lösen und sich mit ihrem eigenen Leben zu identifizieren Dies führte in einigen Fällen zu einem Autonomiekampf gegen die Eltern (ebd.).

Es könnte davon ausgegangen werden, dass solche Belastungen dafür sorgen, dass die Kinder Probleme haben, ihre eigene Lebenssituation einzusehen und die Realität wahrzunehmen. Auch kam vor, dass die Kinder von Opferfamilien Personen heirateten, die nicht von gleicher Abstammung waren und somit deren Aggressionen auf die Familie aussprechen konnten, die sie wegen der Liebe zu ihren Eltern lieber verinnerlichten.

Nach den Untersuchungen von Rosenthal wollten sie selber ihre Aggressionen nicht ansprechen bzw. darlegen und lieber die Erwartungen der Eltern erfüllen. Zur eigenen Meinung fehlte der Mut. Das Heiraten einer Person, die nicht von der gleichen Abstammung war, sollte darstellen, dass sie an der „jüdischen Abstammung" aufgrund ihrer negativen Vergangenheit in der NS-Zeit nicht fest halten und keine Vorurteile gegen andere Bevölkerungen haben. Die Enkelin eines Opfers brachte ihre Einstellung hierzu folgendermaßen zum Ausdruck: Sie wollte sich über die „jüdische Abstammung keine Gedanken machen, weil ich denke, das müßte im Prinzip egal sein für alle Menschen, welcher Abstammung sie jetzt sind, weil ein Mensch ist ein Mensch" (Enkelin Klara in Rosenthal u.a. 1999, 78). Auffallend ist, dass es in meisten Opferfamilien bei der Nachfolgegeneration eine starke Zugehörigkeitssuche gab.

Der andere Aspekt zeigt sich in der Sorge um die Eltern. Die zweite Generation trug Sorge für ihre Eltern und war dafür differenzierter zu ihren Kindern. (vgl. Rosenthal 1999). Nach Baron ist die familiäre Dynamik in verfolgten Familien für die nachkommende Generation aufgrund ökonomischer und sozial beschützter Milieus ebenfalls komplex (vgl. Bar-On 1995a in Rosenthal u.a. 1999).

Die Gefühle wurden schmerzhaft unterdrückt und/oder in vielen Situationen versteckt. Es fand aus vielen Gründen der Fürsorge kein transparenter Dialog zwischen den Generationen statt. So war bei einer Opferfamilie erkennbar, dass zwischen der ersten und zweiten Generation eine komplexe und distanzierte Beziehung aufgrund der Nichtoffenbarung der Gefühle und Erwartungen zum traumatisierten Vater existierte. Auch dies wurde an die nächste Generation übertragen, so dass der Sohn mit seinem Vater aus der zweiten Generation wieder eine komplexe und kalte Beziehung hatte, die voller Missverständnisse war (vgl. Rosenthal, Dasberg und Moore 1999).

Zu bemerken ist hier auch, dass die Verfolgung und Erlebnisse in der NS-Zeit die Nachkommen der Opfer dazu gebracht hatte, die Elternrolle unfreiwillig zu übernehmen. Nachdem ihre Eltern ermordet wurden, mussten die älteren Kinder für ihre Geschwister sorgen. Diese extreme Fürsorglichkeit zeigte sich bei den Eltern z.B. durch Essenszwang. Sie hatten aufgrund ihrer Erlebnisse die Angst, dass ihre Kinder verhungern könnten und zwangen ihre Kinder durch Prügelei zu essen (ebd.).

Eine weitere Folgerung der Forschungsgruppe ist, dass die Erinnerungen an die schlimmen Vergangenheiten in der Holocaustzeit ebenfalls im Leben der Nachkommen von NS-Opfer zu einem sehr traurigen Phänomen führen können. Wenn sie in die Vergangenheit ihrer Eltern zurückreisten, gelangten die meisten in Ohnmacht und fühlten direkt und indirekt den Schmerz der Eltern. Titchener 1967 beschreibt dieses schmerzhafte emotionale Signal als unbewusste Botschaft, die an die nachfolgenden Generationen übergeben wird und eine größere Auswirkung hat als bewusst vermittelte Botschaften (Titchener 1967 in Rosenthal u.a. 1999).

Aus einigen Abschnitten des Buches „Holocaust im Leben von drei Generationen" wird deutlich, dass neben der Verfolgungszeit der ersten Generation auch ihre Bewältigung des Holocausttraumas eine einschneidende Bedeutung für den Familiendialog hat. Wie schon erwähnt, können viele der Opferfamilien ihre Vergangenheit nicht alleine bewältigen und suchen für ihr Leiden Anerkennung und Empathie. Moore geht davon aus, dass diese Vergangenheit auch zu Leiden der nächsten Generationen führt, so dass sich einige in ihrem Leben von der Familienvergangenheit überschattet fühlten und um Anerkennung ihrer eigenen Biografien kämpften (Moore 1994 in Moore 1999). Ein wichtiger nicht klarer Punkt ist hier: Wenn die nachfolgende Generation so viele Emotionen, Werte etc. von der Vorgeneration übernimmt, wird sie dann auch ähnlich sozialisiert?

Bei vielen interviewten Opferfamilien waren Trennungstraumata zu erkennen. Viele hatten erleben müssen, wie ihre Kinder oder ihre Angehörigen von ihnen weggenommen und ermordet wurden. Dieses Trennungstrauma hatte zusätzlich mit dem Verlust von Nähe, Wärme, Geborgenheit, Vertrauen und Sicherheit eine bedeutsame Verbindung (vgl. Nooke/Müller 1999). Keilson machte dazu die Bemerkung, dass im Konzept der sequenziellen Traumatisierung Trennungserlebnisse der Mutter bei den Kindern zu Folgestörungen führen können (vgl. Keilson 1979). Auffallend ist hier für Nooke und Müller, dass die Kinder dieser traumatisierten Personen eine symbiotische Beziehung zu ihren Eltern und Familienangehörigen hatten (ebd. Nooke und Müller 1999).

Bemerkenswert war auch, dass die Opfer ihre traumatischen Ereignisse nicht in ihrer Muttersprache erzählten, sondern lieber die englische Sprache als gemeinsame Sprache zur Verständigung gegenüber den Interviewern benutzten. Auch die Wahl der Sprache seitens der Interviewer war von Bedeutung, da es auf Erlebnisse und Schuldgefühle der Funktionshäftlinge in der NS-Zeit deuten könnte: „Niemand sprach über den Holocaust auf Hebräisch, die Sprache der „neuen", gegenwärtigen Realität." (Gilad/Rosenthal 1999. S. 131) Ein wichtiger Fall bei den Untersuchungen von Gilad und Rosenthal war auch die große Neugier eines Angehörigen der dritten Generation für die Aufgaben seines Großvaters im KZ-Lager. Der Großvater hatte aufgrund seines Einsatzes als Funktionshäftling Erfahrungen mit Experimenten von Mengele. Unbewusst interessierte sich der Enkel für ähnliche Aufgabenbereiche, er wollte sich im Bereich Physik oder biologische Forschung weiterbilden. Daher stellt sich hier die Frage, ob sich der Enkel mit der Vergangenheit seines Großvaters identifizierte (ebd.). Ist dies überhaupt eine Selbstbestimmung des Enkels oder spielen da nicht andere Einflüsse eine Rolle?

3.5.2 Folgen von traumatischen Vergangenheiten der Überlebenden

Schließlich kommt hier noch dazu, dass die traumatischen Szenen bei den Opfern immer noch aktuell sind. Schade u.a. berichten ihre Ergebnisse, als eine Frau sich an das schreiende und blutende Bild der Frauen erinnerte. Sie besaß eine große Enttäuschung wegen ihrer Mutter, da diese keine Versuche zum Suchen ihrer Tochter aufnahm. Hieraus folgten dann eine Hoffnungslosigkeit der betroffenen Tochter und eine Bindung an diese Verlassenheit. (Schade/Böhmer/Rosenthal 1999). Der entscheidende Punkt ist hier, das Trauma zumindest ein wenig zu bearbeiten und die Schmerzen zu mildern. Wichtig ist es deshalb, dass Betroffene eine für sich wichtige Beschäftigung bzw. Weg aufnehmen. Eine Möglichkeit solcher Beschäftigungen ist z.B. eine erfolgreiche Berufskarriere, ein gut funktionierendes Familienleben usw., die helfen, das Trauma zu lindern. Eine komplette Ablösung von der Verfolgungsvergangenheit fand aber nicht wirklich statt, eher trennten die Opfer ihre damalige Verfolgungsgeschichte vom ihrem jetzigen Leben (ebd.).

Schließlich macht die Gruppe Schade u.a. die Erfahrung, dass für manche Opferfamilien der Antisemitismus in Österreich eine große Frage ist. Eine Familie hatte das Vorurteil, dass es in Österreich überall Antisemitismus gibt. In ihren Interviews begegnete die Gruppe Angehörigen von Opfern, die sich aufgrund ihres militärischen Einsatzes mit Nazis verglichen. Sie gerieten in einen moralischen Konflikt, weil sie einerseits ihren militärischen Einsatz in Israel für die Beschützung des Landes für nötig hielten, andererseits hatten sie die Angst, wie Nazis angesehen zu werden.

> „Die Perspektivenübernahme führt zu einem moralischen Dilemma: Einerseits erscheinen die militärischen Handlungen Samuel zur Verteidigung Israels notwendig, andererseits hat er Angst, die – von ihm angenomme – latente Anklage seiner Mutter auf sich zu nehmen, sich in ihren Augen wie ein Nazi zu verhalten." (Schade/Böhmer/Rosenthal 1999, S. 168)

Eine starke Religionszugehörigkeit und ethnische Abhängigkeit sind Themen, die bei jüdischen Opfern eine große Bedeutung erhalten. Bei den interviewten Familien war feststellbar, dass bei einer Heirat, bei der eine Seite jüdisch und die andere Seite nichtjüdisch war, die jüdische Seite den Vorrang hatte. Es wird vom nichtjüdischen Eheteil erwartet, dass dieser zum Judentum konvertiert (vgl. Nooke/Müller 1999).

Starke israelische Identität kam auch bei den Zwangsemigranten vor. Kinder von Zwangsemigranten, die in Israel leben, möchten von ihrer Emigration weniger erzählen, da sie sich als Israelis vorstellen möchten. Bei der Untersuchung der „Jugendalijah – Generation" gingen Rosenthal u.a. davon aus, dass die jugendlichen Zwangsemigranten eine stärkere Verbindung zum zionistischen Lebensstil hatten als die älteren. Ihre Behauptung ist: „Es fällt auf, daß sich die jugendlichen ZwangsemigrantInnen im Unterschied zu den älteren viel stärker zu einer zionistischen Lebensweise im Kibbuz verpflichtet fühlten." (Rosenthal/Völter/Gilad 1999. S. 212) Ein anderer Punkt ist hier auch, dass die Jugendalijah – Generation und deren Nachkommen über die Holocaust-Vergangenheit nicht redeten und ihr eigenes Leben von dieser Vergangenheit trennten. Die Forschungsgruppe, die sich mit dieser Generation beschäftigt, macht auf einen Unterschied zwischen den Erzählungen von Angehörigen der Überlebenden und der Jugendalijah – Generation aufmerksam.

> „Während bei Kindern von Überlebenden in den Einzelinterviews wie auch in den Familieninterviews das Leiden an der Verfolgung ihrer Eltern ganz manifest als Thema

> auftaucht, versuchen die Kinder der Ermordeten eher, diesem Thema auszuweichen." (Rosenthal/Völter/Gilad 1999, S. 213)

Wichtig ist hier auch noch, dass die jüngeren Zwangsemigranten das Ziel hatten, sich komplett von der deutschen Vergangenheit abzulösen und sich mit Israel und dem Zionismus zu identifizieren. Hier zeigt sich auch das Bedürfnis nach einer starken Identität und Nationalität wegen Schuld- und Rachegefühlen. Hinzu kommt hier, dass bei den Interviews mit Zwangsemigranten sich herausgestellt hat, dass sie unter ihrer Verfolgungsgeschichte leiden, dies aber nicht zugeben können. Der Grund dieses Phänomens sind nach der Forschungsgruppe wieder die Schuldgefühle der Betroffenen, die sie wegen Hinterlassens von Familienmitgliedern etc. haben. Nach Rubinstein kann sich an dieser Stelle ein Adoleszenzkonflikt wegen des Vermeidens der Trauer entwickeln. Es wurde davon ausgegangen, dass ein Mensch, der ohne Eltern weiterlebt und nicht um sie trauert, auch in seinem weiteren Leben von diesem Adoleszenzkonflikt abhängig bleibt und Schwierigkeiten mit der Auseinandersetzung dieses Konfliktes hat (vgl. Rubinstein 1977 in Rosenthal u.a. 1999). In diesem Fall gehen Rosenthal, Völter und Gilad davon aus, dass gerade das Vermeiden von Trauer um den Verlust der Familienangehörigen die Ablösung der Bindung an die Familie behindert (vgl. Rosenthal u.a. 1999). Auch nehmen sie an, dass Unterdrückung der Trauer und Gefühle aufgrund traumatischer Erlebnisse der Zwangsmigranten starke Folgen auf ihre Beziehung zu ihren Kindern hat. Sie behaupten, dass diese „unbewußte" Bindung an die Eltern auch bei der zweiten Generation vorkommt: „Wir nehmen jedoch an, daß – ähnlich wie bereits bei ihren Eltern – diese Bindung auf einer unbewußten oder abgewehrten Bindung an ihre Eltern und somit einer nicht erfolgten Ablösung basiert." (ebd. S. 220)

Die Jugendalijah-Generation unterscheidet sich dadurch, dass die Enkel/innen sich im Sozialisationsprozess anders entwickelt haben als die erste und zweite Generation. Der Unterschied ist hierbei, dass die Enkel/innen durch gesellschaftlichen Wandel im Umgang mit Shoah in Bezug auf Werte und den Mythos Israels anders sozialisiert wurden. Eine Auseinandersetzung von Enkel/innen mit Shoah konnte durch pädagogische Arbeit besser erfolgen und das Thema wurde ebenso weniger tabuisiert. Hieraus kann gefolgert werden, dass bewusste pädagogische Unterstützung der Folgegenerationen hilft, mit der traumatischen Vergangenheit der Vorgeneration besser klar zu kommen.

Die gleiche Forschungsgruppe setzte sich mit einer Familie auseinander, die ebenfalls Zwangsemigranten sind und deren erste Generation keinen Hass für Deutschland empfinden konnte. Im familiären Dialog dieser Familie ging es mehrmals um die intergenerationalen Beziehungen zwischen erster, zweiter und dritter Generation. Durch den interviewten Familienangehörigen wurde festgestellt, dass die erste Generation trotz der Ermordung ihrer Eltern in Auschwitz keinen Hass auf die Deutschen haben kann, aber eine große Distanz zu den Deutschen und Deutschland haben bzw. haben wollen. Die Aussage der Interviewten der ersten Generation ist dabei: *„Ich hasse mich, daß ich die Deutschen nicht hassen kann.“* (Ahoran Arad in Rosenthal u.a., S. 235) Bei der zweiten Generation konnte die Rosenthal-Gruppe den Hass auf die Deutschen und Deutschland stärker erkennen. Die zweite Generation konnte keine Emotionen und Empathie für die Geschichte ihrer Eltern zeigen. Sie trennte die Vergangenheit ihrer Eltern von der Holocaustvergangenheit und hatte wenig Verständnis für die Situation ihrer Eltern. Besonders hatte sie Probleme damit, dass ihre Eltern die Deutschen nicht hassen können. Sie klagte darüber, dass die Eltern in der Beziehung zu ihren Kindern Distanz haben und die deutsche Erziehung übernommen haben. „Josef erzählt, daß er die typisch deutschen Eigenschaften seines Vaters, etwa dessen Autoritätshörigkeit, in seiner Kindheit als Verrat empfunden habe.“ (Rosenthal, Völter und Gilad 1999. S. 242) Die Tochter aus der zweiten Generation beschwerte sich, dass ihre Mutter ihre Rolle als Mutter nicht erfüllt. Merkwürdig war aber, dass die Tochter dieselben Beschwerden wie ihre Mutter hatte. Sie beschuldigte ebenso ihre Mutter, keine gute Mutter zu sein (vgl. Rosenthal u.a. 1999). Fest zu stellen ist hier, dass der unharmonische Familiendialog und die Verhältnisse innerhalb der Generationen weitergegeben wurden.

3.5.3 Trauer als intergenerationeller Prozess

Der intergenerationelle Trauerprozess durch die Shoah hat bei den Zwangsemigranten ebenso eine starke Auswirkung auf die Familienangehörigen. In diesem Prozess handelt es sich um eine Trauer, die sich bei mehreren nachfolgenden Generationen in vielen Ebenen zeigte. In erster Linie ging es um die Erlebnisse der zwangsemigrierten Kinder, die wegen des Verlusts ihrer Eltern trauern. Sie beschäftigten sich unter diesem Anliegen regelmäßig mit der schlimmen Vergangenheit, weil sie die Erinnerungen an ihre Eltern wach halten wollen. Rosenthal u.a. gehen hierbei weiterhin davon aus, dass wegen der Schuldgefühle, die Eltern im Holocaust nicht retten zu können, eine Rechtfertigung vorliegt. Auch war eine Anklage zwischen den Geschwistern, die durch Emigration überleben konnten, zu erkennen (vgl. Rosenthal u.a. 1999). Der Sohn dieser Eltern, der für die Juden gekämpft hatte und zu den Überlebenden der KZ – Lager gehörte, fühlte sich verpflichtet, sich als Held zu präsentieren, um seinen Schmerz, seine Hilflosigkeit und Schuld zu reduzieren. Diese Darstellung sollte sein Trauma heilen und die Trauer mildern.

Bei der Untersuchung der Erlebnisse dieser Familienmitglieder spielen die Begriffe der Ablehnung, Trennung und Schwierigkeiten des Verstehens der Gefühle des Anderen eine Rolle. Die Darstellung einer Tochter, die sich von ihrer eigenen Mutter verlassen fühlte und die Zurückweisung nicht akzeptieren konnte, zeigte, dass sie mit dem Verhalten der Mutter bis zum Tage des Interviews nicht einverstanden war und unter diesem Gefühl sehr litt. Es stellte sich bei ihrem Lebensprozess mehrmals heraus, dass diese Zurückweisung bzw. Fixierung auf diese Ablehnung vorkommt. Die jüdische Psychologin Wardi schreibt, dass besonders die Frauen, die während ihrer Adoleszenz ihre Mutter verloren, ihre Aggression gegenüber der Mutter, die sie nicht verteidigen konnten, unterdrücken und deshalb die Erinnerungen einfrieren (vgl. Wardi 1992: 53ff. In Rosenthal u.a. 1999). Nach Rosenthal u.a. können die Erzählungen dieser Ablehnungen von Seiten der Tochter als Versuch bewertet werden, die Schuldgefühle gegenüber den Eltern zu mildern. „Wir können auch annehmen, daß Lea ihre eigenen Ablehnungserfahrungen betont, um ihre Schuldgefühle gegenüber den Eltern ein wenig lindern zu können." (Rosenthal/Völter/Gilad 1999, S. 255) Merkwürdig ist bei dieser Person auch, dass sie trotz ihrer Emigrationsvergangenheit insbesondere von den Deutschen Liebe und Akzeptanz erwartet. Eine wichtige Entdeckung ist hier auch, dass diese Zwangsemigrantin ihren Mann nur deshalb heiratete, weil er Bekannte hatte, die ihre Mutter kannten. Hier ist zu sehen: Obwohl sie sich von ihrer Mutter verlassen fühlt, folgt sie den Spuren der Mutter, da sie Schuldgefühle empfindet. Diese verlassene Zwangsemigrantin gab aber selbst ihre Tochter mit zwei Jahren an eine Pflegefamilie und das Sorgerecht dem Vater, weil sie mit ihrer eigenen Mutterrolle überfordert ist. An dieser Stelle wird eine Wiederholung der biografischen Ereignisse von der ersten Generation bei der Biografie der nächsten Generation erkennbar. In dem Interview stellte sich auch heraus, dass sie selber die Erlebnisse und Emotionen ihrer eigenen Tochter nicht nachvollziehen konnte. „Sie kann die Perspektive ihrer Tochter, die sich von ihr verlassen fühlt, kaum übernehmen, da sie bei diesem Thema von ihrer tiefen Verzweiflung über den Tod ihrer eigenen Mutter überwältigt wird." (Rosenthal/Völter/Gilad 1999, S. 260-261)

Etwas anders verhält sich hier die Schwester dieser Person, die mit neun Jahren an eine jüdische Pflegefamilie gegeben wurde. In ihrer Selbstpräsentation geht es darum, im Interview ihre eigenen Emotionen so wenig wie möglich darzustellen und eine andere Einstellung als ihre Schwester zu zeigen. Sie bemühte sich mehr, ihre Sehnsucht nach den Objekten und Harmonie im elterlichen Haus darzustellen. Es kann sein, dass diese Darstellung ein Manöver war, um Distanz zu den Emotionen gegenüber den Eltern und deren Verfolgungsgeschichte zu halten. Anzumerken ist hier, dass die Mutter in dieser Familie wie auch viele andere Mütter, um ihre Kinder vor dem Holocaust zu schützen, ihre Kinder an andere Pflegefamilien weiter gegeben haben. Interessant ist auch, dass bei allen interviewten Zwangsemigranten zionistische Ideale vortreten. Meistens sind sie in zionistischen Organisationen aktiv und identifizieren sich mit Israel und Zionismus (vgl. Rosenthal u.a. 1999).

Hier stellen sich die Erlebnisse einer Tochter, die mit zwei Jahren eine Trennung von ihrer Mutter erleben musste, mit vielen Brüchen ebenso in den Vordergrund. Bei der Beschreibung ihrer Erlebnisse geht es um die Suche einer Zugehörigkeit zu einer Familie. Es wurde davon ausgegangen, dass die Tochter sich wegen des Verlassens der Mutter in der Leere fühlt. Sie fragte sich ständig, wie eine Mutter ihre Tochter verlassen kann. Dieses traumatische Ereignis hatte sie seelisch sehr verletzt und machte sie suchend nach einer glücklichen Familie. Diese Tochter wurde in ihrem Leben zweimal verlassen, so dass sie zweimal ein Trauma erlebte und die Leiden vom ersten Trauma sich erneuerten. Im Verlauf ihres Lebens wird für sie der Aufbau einer großen Familie sehr wichtig. Durch die Gründung einer Familie „reparierte" sie ihre Verletzungen und Emotionen, die sie in ihrer Kindheit erlitt (ebd.). Der weitere Verlauf der Biografie dieser Tochter machte deutlich, dass sie immer wieder die Angst hatte, wieder verlassen oder an andere Familien gegeben zu werden. D.h. sie kann sich von der Bindung an die Verlassenheit nicht lösen. Die Leere wegen ihrer frühen Verlassenheit versucht sie wie folgt zu füllen: „Sie ist mit der Familiengeschichte verbunden, in dem Sie eine Zugehörigkeit herstellt; sie mildert ihr Gefühl der Verlassenheit, in dem sie sich als „Tochter der Großeltern" positioniert (Rosenthal u.a. 1999, S. 268). Auch belastend ist die Situation eines Angehörigen der dritten Generation; dieser zwang sich, sich in die Situation der Holocaust-Überlebenden hineinzuversetzen, weil dies von seinen Familienangehörigen und seiner Umgebung erwartet wurde. Die Forschungsgruppe stellt sich die Frage, ob diese Person deshalb nicht erhebliche psychische Probleme entwickelt hatte.

Zusammengefasst können zu dieser Familie folgende Ergebnisse genannt werden: Der Trauerprozess wegen ermordeter Familienangehörige durch Nazis geht bis in die dritte Generation hinein. Folglich kann sich erst die dritte Generation an die Ermordung der ersten Generation nähern. Auch erhielt die Gruppe das Ergebnis, dass die Vermutung, dass die Folgen der Verfolgung auf die nachfolgenden Generationen immer schwächer werden, verneint werden kann:

> „Je weiter entfernt die nachkommenden Generationen von der Verfolgung sind, desto weniger haben sie konkretes Wissen darüber. Je weniger zugänglich ihnen dieses Wissen ist, um so stärker wirkt sich die diffus tradierte Vergangenheit auf sie aus." (Rosenthal u.a. 1999, S. 282)

Zu bemerken ist hier auch die Rolle des Kibbuz. Es stellte sich heraus, dass die Kibbuzbewegung für die psychische Stabilität der Zwangsemigranten und deren Familien gesorgt hatte.

Die Erlebnisse im Holocaust sind in jeder familiären Situation vielfältig. Trotzdem gibt es in den familiären Konstellationen vergleichbare Ergebnisse, wie z.B. die starke Bindung an die Herkunftsfamilie. Im Folgenden sollen die Gemeinsamkeiten und Unterschiede zwischen den drei untersuchten Gruppen anhand einer Tabelle gegenüber gestellt werden.

Tabelle 1 Gegenüberstellung der Ergebnisse bei Familien mit Shoah Erfahrungen.

Holocaust – Überlebende	Nazi – Täter	Zwangsemigranten
ausführliche Ereignisdarstellungen in der Shoah, weniger Präsentationen über eigene Leiden und Emotionen	Schweigen über Tätertaten, statt dessen Erzählungen über ihre Heldentaten als Soldat	aufgrund der Schuldgefühle durch die Migration selten Erzählungen über eigenes Empfinden.
Todesangst, Angst, Angehörige zu verlieren, Verschiedene Ängste wegen Traumata	Angst, dass andere, insbesonderE Angehörige, etwas über ihre Tätigkeiten als NS-Soldat erfahren	Trennungsangst wegen der Zwangstrennung von Familienangehörigen vor der Shoah
Distanz in der Beziehung zu ihren eigenen Kindern, Fürsorge für Eltern	Probleme, Nähe zu ihren Kindern zu zeigen und große Achtung auf eigenes Image	Fixierung an zurückgebliebene Angehörige stört die Beziehung zu den Kindern
starke Bindung an die Verfolgungsgeschichte. Selbstpräsentation erfolgt durch die Familiengeschichte	entweder starke Bindung oder völliger Kontaktabbruch von den Eltern	starke Bindung an die Herkunftsfamilie, andauernder Trauerprozess über alle Generationen
wollen sich als stolze Kämpfer präsentieren, wehren die Darstellung als Opfer stark ab.	identifizieren sich mit dem Heldenbild oder wollen sich als unter Befehlen von NS leidende Soldaten vorstellen	Identifizierung als Israelis, Sabres, starke Bindung an zionistische Ideale, Kibbuz zur Verstärkung der Identität
Nachkommen sieht sich nicht unbedingt von jüdischer Abstammung	Nachkommen möchte die Vergangenheit der Eltern ignorieren	stolze Israelis, Sabres die sich stark für Zionismus und ihren Land engagieren
Suche nach einer starken Zugehörigkeit, wollen sich als Sieger präsentieren	Suche nach Zugehörigkeit durch zusammenhaltende Familie	Suche nach Zugehörigkeit durch Zionismus oder zusammenhaltende Familie
Funktionshäftlinge: mangelhafte Darstellung über eigene Aufgaben und Emotionen, mehr Berichte über ihre Hilfsbereitschaft	Tabuisierung eigener Misshandlungen, Brüche in der Präsentation der Lebensgeschichte. Berichte über Heldentaten	intergenerationeller Trauerprozess wegen Schuldgefühlen gegenüber Hinterbliebenen, erst die dritte Generation kann sich der Verfolgungsgeschichte nähern

Gefühle zur Familienangehörigen werden unterdrückt, familialer Dialog ist eingegrenzt	Annäherung an die Familienvergangenheit problematisch, daher geringe Interaktion in Familienbeziehungen	Wegen Trauer aufgrund verlorener Angehöriger kommt es zur Vernachlässigung der jetzigen Familienmitglieder.
Verheimlichte und abgeleugnete Ereignisse der Familiengeschichte beeinflussen die eigene Lebensgeschichte unbewusst.	Nachfolgende Generation der Täter beschäftigt sich mit der Frage, ob sie selber Täter sein könnten.	Wiederholung der biografischen Ereignisse von der ersten Generation in der Biografie der nächsten Generation

Quelle: Rosenthal 1999. Eigendarstellung

Wichtig ist hierbei, dass jede Generation nach einer Zugehörigkeit sucht und eine starke Persönlichkeit bzw. Identifikation benötigt. Es stellt sich heraus, dass die Nachkommen in allen gerade vorgestellten Untersuchungsgruppen sich eigentlich von der Familienvergangenheit lösen und durch ihre eigene Lebensgeschichte wahrgenommen werden möchten. Zusätzlich kann gesagt werden: Innerhalb der Generationen existiert eine Unzufriedenheit etwa bezüglich beruflicher, sozialer und familiärer Lebensprozesse. Eine ständige Rechtfertigung mit sich selbst aufgrund der Lebenssituationen und familiären Beziehungen ist ebenfalls bei den Generationen vorhanden. Offen bleibt in diesem Zusammenhang, ob es bei den Mitgliedern der Generationen keine Hinterfragung der Taten der Nationalsozialisten gab. Die Frage, warum das alles passieren musste oder passiert ist, wird von den Opfern nicht in den Vordergrund gestellt, oder die Untersuchung dieses Themenbereiches konnte nicht erfolgen. Alle diese Beschreibungen und Erfahrungen durch traumatische Familienvergangenheiten in mehreren Generationen lassen es unmöglich scheinen, dass Sozialisationsbedingungen der Familienangehörigen nicht von den Bedingungen aufgrund traumatischer Vergangenheiten negativ beeinflusst werden. Es lässt sich logischerweise sogar folgern, dass diese Bedingungen großen Einfluss auf die Sozialisationsbedingungen haben können.

3.5.4 Rückblick in die Vergangenheit durch Antifaschismus und Beziehungen innerhalb der Familie

Alle Interviewten in den drei Generationen beschäftigten sich mit dem Faschismus in ihren Familienvergangenheiten. Die Interviewgespräche der Forschungsgruppe von Rosenthal erfolgten in einer Zeit, in der sich in der Öffentlichkeit über Shoah, Antifaschismus und Juden auseinandergesetzt wurde. Völter schildert in ihrem

Ergebnis, dass während sich die erste Generation mit ihrer Geschichte im Holocaust beschäftigte, diskutierten die Nachkommen mehr den Antifaschismus in der DDR. Ihre Überzeugung ist:

> „Sie reflektierten die eigenen Erfahrungen mit Tabus in ihrer Familiengeschichte und mit gesellschaftlichen Tabus, zu denen auch der Antisemitismus in der DDR gehört. Dabei kam es zu kritischen Auseinandersetzung mit ihren Eltern, denen sie vorwarfen, sich mit dem DDR-Staat arrangiert oder seine Politik vertreten zu haben." (Völter 1999, S. 295)

Sie geht weiterhin davon aus, dass ein Teil der Kinder eine starke Bindung an die Eltern hat und sich dem Gesellschaftssystem der DDR zugehörend fühlt, weil es antifaschistische Ideale verfolgt. Diese Aussage kann mit den Aussagen des vorherigen Kapitels in Bezug auf die starke Bindung an die Familie verglichen werden. Was auch noch zu bemerken ist, ist, dass die Enkelgeneration sich intensiv mit den Erlebnissen nach der politischen Wende 1989 auseinandersetzt. Auch eine Fokussierung auf das Thema Antifaschismus kam in den Interviews vor. Völter bekam heraus, dass die Auseinandersetzung mit der Shoah wenig Auswirkung auf den Aufbau der erzählten Lebensgeschichte hatte, aber sich ein Bedarf zeigte, die jüdische Herkunft oder den familialen Hintergrund mit der Shoah zu thematisieren (ebd.).

Ein weiterer Punkt ist hier auch die Stärkung des politischen Engagements durch Eintritt in eine kommunistische Welt. Eine jüdische Frau, deren Mutter im Holocaust ermordet wurde und die dies mit niemand teilen konnte, distanzierte sich immer mehr von ihrer Herkunft durch ihr Engagement als Kommunistin. In diesem Zusammenhang ist noch zu benennen, dass sie nicht um ihre eigene Familie, sondern um ihren nicht jüdischen Schwager trauerte, der Opfer des Nationalsozialismus wurde. Die Forschungsgruppe interpretiert diese Einstellung „als eine Verschiebung der Trauer um die ermordete jüdische Familie auf die Trauer um den politischen Widerstandskämpfer des nicht jüdischen Teils der Familie" (Rosenthal/Völter 1999, S. 300). In Bezug auf dieses Phänomen sprechen sie von „stellvertretender Trauer" (ebd.). In diesem Fall wurde davon ausgegangen, dass diese Person sich als jüdische Kommunistin identifizierte und so in einer anderen Weise an ihre Herkunft gebunden ist. Weiterhin wurde festgestellt, dass dies einmal ihre Schuldgefühle zu ihrer Herkunftsfamilie wach hält, aber in einer anderen Sicht hilfreich ist, diese Gefühle abzuwehren. Schließlich konnte beim Sohn dieser Frau ein auffallendes „Harmoniebedürfnis" in Bezug auf die Beziehungen der Familie erkannt werden. Er hatte große Probleme zu unterscheiden, wer in der Familie ihm näher stand. So konnte er nicht darstellen bzw. eine Entscheidung treffen, wie nah oder entfernt andere Familienmitglieder ihm waren.

Eine andere Anmerkung hierzu ist auch, dass ein Angehöriger der dritten Generation Schwierigkeiten hatte, Juden und Kommunisten unter einen Hut zu bringen. Er sah einen Juden, der ebenfalls Kommunist ist, als Außenseiter. Schließlich lässt sich in dieser Familie feststellen, dass belastende und bedrohliche Szenen während des Holocaust abgewehrt werden. Dieses sorgt für die Reparatur der Erlebnisse aus der Vergangenheit. Einerseits wird hiermit die Trauer um die ermordeten jüdischen Familienmitglieder verleugnet, andererseits das Verhalten der nicht jüdischen Familienmitglieder in Deutschland zwischen 1933 und 1945 aus der Familiengeschichte entfernt und dadurch eine Verwandtschaftsbeziehung zu diesen Angehörigen erleichtert (Rosenthal/Völter 1999). Erstaunlicherweise stellt sich heraus, dass die Identifikation mit dem Kommunismus in dieser und ähnlichen Familien hervorgehoben wird und die jüdische Identifikation wenig Achtung bekommt, bzw. in den Hintergrund gestellt wird (ebd.).

Auch wenn es in der Beziehung zwischen den Kindern und Eltern einen Kontaktabbruch gibt, der jahrelang andauert, kommt es trotzdem zu Bindungen an die Herkunftsfamilie. Die Ablösung von den Eltern versuchen diese Personen dann durch die Perspektive ihres Ehepartners, der ebenfalls keinen Kontakt zu seiner Herkunftsfamilie hat, zu ermöglichen (vgl. Völter 1999). Hierdurch vergleichen sie ihre Erfahrungen mit denen ihres Partners, vergleichen und vermindern ihr Bedürfnis nach Empathie. Hinzu kommt, dass diese Personen als Kind die Distanz der Eltern zu sich nicht verstanden haben und sich daher auch schuldig gefühlt haben. Interessant ist auch, dass eine Holocaustüberlebende ihre Ängste und Unsicherheiten nicht als Folge der Verfolgungsgeschichte sieht. Sie schildert ihre Situation folgendermaßen:

> „Man hätte mir nach 1945 keinen Stein in den Weg gelegt, das Abitur nachzumachen und zu studieren. Aber ich hätte es nicht geschafft. Das weiß ich. Das ist das Schlimme, ich hab mir nix zugetraut. Ich weiß nicht, ob das auch von der Nazi-Zeit herkommt." (Hilde in Völter 1999, S. 321)

Das soziale Umfeld dieser Person bestand lediglich aus früher verfolgten Juden. Völter geht davon aus, dass sie diesen Freundeskreis als Schutz vor der feindlichen Umwelt sieht. Merkwürdig ist in diesem Fall, dass diese Überlebende ihre Ängste als „typisch jüdische Ängste" wahrnimmt, die sie von ihrem Vater geerbt habe.

Eine immer wieder vorkommende Angst der Shoah-Überlebenden ist die Angst, in geschlossene Räume einzutreten. „Dieses Symptom, das als Ausdruck von Vernichtungsängsten interpretiert werden kann, finden wir bei Angehörigen der zweiten und dritten Generation von Verfolgten der Shoah immer wieder." (Völter 1999, S. 326)

Ein anderes Thema in diesem Beitrag ist, dass zwischen der ersten Generation der Nazi-Verbrecher und der zweiten, dritten Generation eine große Distanz existiert, da die nachkommende Generation als Antifaschisten oder Sozialisten ihre Vorgänger stark kritisiert. Dieses Phänomen bezeichnet Rosenthal als typisches Generationsverhältnis zwischen der Weimarer Jugendgeneration und der Generation der Kriegskinder (Völter 1999 nach Rosenthal 1994). Den Personen aus diesen nachfolgenden Generationen fehlt meistens ein vorbildlicher Vater.

Die Enkelgeneration hat Probleme, die Distanz der Eltern zu ihren Großeltern zu bewältigen und eine emotionale Beziehung zu ihren Großeltern aufzubauen. Eine Angehörige der Enkelgeneration hatte auch Angst, die Familienbiographie mit anderen zu teilen, weil „sie befürchtet, ihre Erfahrungen und Empfindungen mit niemandem mehr teilen zu können, wenn sie auch die Geschichte der Opfer zu einem Teil ihrer Biografie machte" (Völter 1999, S.340). Hier wird wieder deutlich, dass diese Angehörige ebenfalls ihre eigene Biografie präsentieren möchte und diese nicht durch die Familiengeschichte überdecken lassen will.

Zusammengefasst kann gefolgert werden: Der Bruch zwischen den Generationen ist ein neutrales Merkmal dieser Familie. Die Erfahrungen und Gefühle, die mit der Verfolgungsgeschichte zu tun haben, werden als individuelles Problem der Verfolgten verstanden. Völter geht in diesem Sinne weiterhin davon aus, dass die politischen Einstellungen und sozialistischen Werte in der Familie stark mit familialen Konflikten verbunden sind.

> „Die biografische Entscheidung der Großeltern, mit der Übersiedlung in ein „besseres Deutschland", die Zeit des Nationalsozialismus hinter sich zu lassen und einen Neuanfang zu versuchen, implizierte, wie wir sahen, neben allen positiven Effekten auch Kosten für die familiale Dynamik." (Völter 1999, S. 341)

Doch machte Völter auch die Erfahrung, dass die politischen Veränderungen in der DDR zu Förderung der Verbesserung des familialen Dialogs positiv bewertet werden können (ebd.).

3.5.5 Intergenerationeller Dialog der Familien von Nazi-Tätern

Bei den Nazi-Tätern kommt es nicht nur zum Schweigen über ihre Erlebnisse, sondern auch zur Schuldzuweisung der NS-Tat an die Juden. Rosenthal weist darauf hin, dass die Angehörigen, die mit der NS-Zeit in Verbindung standen, je nach Generationszugehörigkeit in unterschiedlicher Weise die belastenden, mit der NS-Zeit verbundenen Erlebnisse aus ihrer Präsentation der Lebensgeschichte ausblenden (Rosenthal 1999). Darüber hinaus geht sie davon aus:

> „Indem sie die eigene Lebensgeschichte aus dem politischen Rahmen des Nationalsozialismus herauslösen und damit die im Zusammenhang mit der systematischem Verfolgung und Vernichtung stehenden Erlebnisse ausblenden, präsentieren sie sich als am kollektiven Geschehen unbeteiligte Menschen, die durch den Zweiten Weltkrieg und seine Folgen, wie Flucht und Vertreibung, zu Opfern des Nationalsozialismus wurden." (Rosenthal 1999, S. 346)

Diese Vermeidungsstrategie hilft ihnen, ihre als peinlich empfundene Situation und Schuldgefühle tabuisieren können (ebd.). Ein weiterer wichtiger Ausgangspunkt lässt sich hier im Zusammenhang der Sozialisierung der nachkommenden Generation thematisieren. Rosenthal geht davon aus, dass die nachfolgende Generation der Personen, die mit dem Nationalsozialismus in Verbindung waren, in einem Familiensystem sozialisiert ist, dessen Vergangenheit vor 1945 verleugnet wird. Sie nimmt auch an, dass bei der Aufdeckung z.B. eines Nazi-Verbrechens kaum Gefahr besteht, dass es im inter- wie intragenerationellen Dialog zu weiten Enthüllungen kommt, da diese Verbrechen wegen der eigenen Ängste der nachkommenden Generation meistens nicht akzeptiert werden (vgl. Rosenthal 1999). Häufig ist es schwer, für die Verfolgung und Massentransporte der Juden Wörter zu finden. Wie viele andere Verfasser dieser Holocaustzeit beschreiben Rosenthal und ihre Kollegen diese Erlebnisse als unmenschliche, kaum wahrnehmbare und unerträgliche Verbrechertaten. Die Massentransporte und extreme Verfolgung der Juden führten nach Rosenthal dazu, dass die Juden nicht mehr als Mensch gesehen wurden „und aus der Wahrnehmung verschwinden, bis sie dann gegen Ende des Krieges als seelenlose KZ-Häftlinge wieder in die Wahrnehmung drängen." (Rosenthal 1999, S. 348). Was hier noch zu erwähnen bleibt, ist, dass durch die „Reichskristallnacht" die nationalsozialistische Verfolgungspolitik zum Thema wurde. Doch kommen in diesem Zusammenhang Erzählungen über jüdische Personen nicht auf. Es geht mehr über die Beschreibung von erlittenem Schaden in Bezug auf Objekte wie z.B. verbrannte Synagogen. Die Wahrnehmung der Juden als seelenlose KZ-Häftlinge und die Dehumanisierung der Juden im Holocaust tritt – wie Rosenthal feststellte – auch in den Lebenserzählungen der nicht jüdischen NS-Überlebenden auf.

Die Juden werden in ihren Lebenserzählungen zu namenslosen Figuren. Sie folgert daraus, dass diese Verdunkelung der Verfolgungsgeschichte der Juden dazu führt, dass diese Dethematisierung auch in den nachkommenden Generationen auftritt. Eine Verzweiflung und versteckte Schuldgefühle der nachkommenden Generation ließen sich auch dadurch erkennen, dass sie unsicher bei der Aussprache des Wortes Juden sind. Außer dieser Ausblendung der Verfolgungsgeschichte der

Juden und ihres eigenen Nazi-Verbrechens kommt auch die Schuldzuweisung des Völkermords an die Juden in allen Generationen vor (Rosenthal 1999). Sie geben die Schuld lieber an die Juden, damit sie nicht über ihre eigene Schuld reden müssen. In dieser Weise erklärt Rosenthal, dass die Aggressionen nicht an die Nazi-Täter, sondern an die Opfer, die diese Taten erzählen können, gerichtet sind (ebd.). In diesem Kontext formuliert sie als Ergebnis:

> „Der kontrastive Vergleich von Lebens- und Familiengeschichten weist darauf hin, daß, je stärker die Angehörigen der Großelterngeneration in Nazi-Verbrechen verstrickt sind, sie um so direkter und offener versuchen, sich mit dieser Strategie der Schuldzuweisung zu entlasten." (Rosenthal 1999, S. 350)

Ein anderer wichtiger Aspekt ist hier auch, dass Antisemitismus durch Antizionismus abgedeckt wird und die israelische Besetzungspolitik präsentieren soll, dass aus den Opfern Täter entstanden sind. Zu bemerken ist noch, dass die Nachkommen sich für die nicht identifizierten Morde im Holocaust interessieren und nicht für die Beziehung zwischen den Tätern und Opfern (ebd.). Eine Vermeidungstendenz ist auch das Heiraten einer jüdischen Person von Angehörigen der Kindergeneration der Nazi-Täter. Durch die Perspektivenübernahme des Ehepartners, d.h. des Opfers, gelang es diesem Ehepartner, sich von seiner Familiengeschichte mit dem Nazi-Verbrechen zu schützen.

Schließlich kommt Rosenthal zu dem Ergebnis, dass die Abwehr bei der Enthüllung der Familienvergangenheit auf gar keinen Fall zur Trennung von der Herkunftsvergangenheit sorgt. Eher ist es so, dass der kritische Familiengeschichtenteil die Nachkommen an die Vergangenheit bindet und dadurch ihre Autonomieentwicklung und die Ablösung von den Eltern erschwert bzw. behindert (Rosenthal 1999).

3.6 Zwischenfazit: Zusammenhang zwischen Trauma und Sozialisation

Fehlendes berufliches Vorwissen, geringes Einkommen, wenig Bildung, dauerhafte bzw. langfristige Arbeitslosigkeit, migrationsbedingte Probleme sowie Zugangsbarrieren durch Sprache und kulturell bedingte psychosoziale Probleme usw. können direkten oder indirekten Einfluss auf die Sozialisation des Menschen haben. Diese Einflüsse stellen eine wichtige Verbindung zwischen Gesundheit und Sozialisationsbedingungen dar. Es ist vorstellbar, dass ein gesundes Leben mit einem zufriedenstellenden Beruf, ausreichendem Einkommen, guten Familienverhältnissen und Freundeskreis, erfolgreichen sozialen Netzwerken, guten Lebensbedingungen und hohen Bildungschancen etc. enge Beziehungen hat. Diese Aspekte beeinflussen direkt und indirekt im positiven Sinne die Sozialisation des Menschen und sind die bedeutsamsten Aspekte im lebenslangen Prozess (vgl. Dragano 2007, Hradil 2006). Andererseits bewirken geringe Bildungschancen, kein zufrieden stellender Beruf, niedriges Einkommen, Unzufriedenheit in der Umgebung und in der Gesellschaft, Integrationsprobleme, Isolation etc. umgekehrt negative Ereignisse und Erfahrungen bei Menschen. Wie schon erwähnt, sind der Ablauf des Sozialisationsprozesses und die Gestalt der Sozialisation eines Individuums von unterschiedlichen Faktoren abhängig. Das soziale Verhalten und die Erfahrungen eines Menschen haben bestimmte Funktionen im gesellschaftlichen Zusammenleben und hiermit eine Wirkung auch auf das soziale Leben von anderen. In diesem Zusammenhang stellt sich die Frage, welche Erfahrungen oder Motivationen, Verhalten, Moral, Interaktionen usw. eines Menschen auf die Menschen im Umfeld Einflüsse haben.

Also kann es sein, dass die Lebens- und Sozialisationserfahrungen der Eltern auch die Sozialisation des Kindes beeinflussen. Traumatische Familienvergangenheiten haben für den Betroffenen ernste Folgen, die das Leben und die Sozialisation erheblich erschweren und stören können. Schließlich tritt die Frage auf, welchen Zusammenhang das Trauma mit der Sozialisation hat und ob überhaupt das Trauma die Sozialisationsbedingungen eines Menschen mitbestimmt. Bei der Recherche und Auswertung wissenschaftlicher Ergebnisse über Trauma und Sozialisation bleibt die Frage, in welcher Art und Weise das Trauma einen Einfluss auf die Entwicklung der Sozialisation eines Menschen hat, offen bzw. nicht klar definiert. Bisher kann als Ergebnis festgehalten werden, dass einige Symptome und Folgen von Trauma bei der nächsten Generation gesehen werden. Es fand aber bisher keine Untersuchung statt, ob diese Symptome und Folgen die Sozialisation der nächsten Generation wie stark beeinflussen. Die bisherigen Ergebnisse reichen daher nicht aus, Aussagen über den Einfluss von Trauma auf die Sozialisationsbedingungen der nächsten Generation zu erhalten. Dies zeigt aber, dass Trauma Einflüsse auf die nächste Generation hat und daher wecken diese Ergebnisse das Interesse für die Analyse der Auswirkungen von Trauma auf die Sozialisationsbedingungen der nächsten Generation. Ein besonders wichtiges Problem stellt die Ursache der Sozialisationsprobleme der Jugendlichen dar, deren Eltern traumatisiert sind. Denn besonders im Jugendalter finden die wichtigsten Entwicklungen der Sozialisation statt, die mit vielen Problemen und Krisen zu bewältigen sind. Diese Entwicklung und Krisen können durchaus mit dem Trauma und der Hilflosigkeit der Eltern schwieriger zu bewältigen sein. Bei mehreren Autoren insbesondere bei Klaus Hurrelmann geht es mehrmals darum, dass die Sozialisation einer Person von mehreren Umwelteinflüssen und eigenen persönlichen Einstellungen bestimmt wird. Jedoch wird wenig auf Biografieerfahrungen wie z.B. Traumata, Flucht usw. eingegangen.

Dass die traumatischen Erlebnisse und Folgen Einfluss auf die Sozialisation der traumatisierten Person haben, wird von mehreren Autoren und Quellen bestätigt. Die Untersuchung von Gabrielle Rosenthal macht deutlich, dass in Bezug auf traumatische Vergangenheiten intergenerationale Weitergabe möglich ist. Nun sollen im Interesse des vorliegenden Forschungsvorhabens die Sozialisationsbedingungen der nachfolgenden Generation mit traumatisierter Vorgeneration in Bezug auch auf die gemachte Theorie untersucht werden. Besonders stellt sich hier die Frage, ob die Sozialisation der nachfolgenden Generation ähnlich ist und das Trauma der Eltern eine Sozialisationsbedingung der Jugendlichen ist. In diesem Zusammenhang sind daher die Umgangsweise mit traumatisierten Eltern, mit bestehenden Benachteiligungen im Leben und die Verarbeitung der Traumataerlebnisse der Eltern durch Jugendliche zu erforschen.

Wenn eine Evaluation über die bisherigen Sozialisationstheorien und Studienergebnisse über traumatische Vergangenheiten gemacht wird, dann lässt sich kein bzw. kein genaues, in Beziehung zueinander stehendes, hinreichendes Gesamtergebnis herleiten.

Insgesamt stellt sich aus den bisherigen Quellen heraus, dass der Zusammenhang zwischen dem Trauma und der Sozialisation der nachfolgenden Generation wenig untersucht wurde. Die komplexe Situation zwischen den Auswirkungen des Traumas und den Sozialisationsbedingungen ist nach bisherigen Studien schwer einschätzbar. Bisherige Untersuchungen zeigen auf, dass das Trauma zu vielen Traumafolgewirkungen bzw. Traumaspätfolgen führen kann. Insbesondere sind hier zu benennen Folgen wie: Angstzustände, Panikattacken, Hilflosigkeit, belastende Erinnerungen, Halluzination, Trauer, Alpträume und Mistrauen, die zu den zentralen Auswirkungen des Traumas gehören (vgl. REFUGIO 2005-2010, Baer/Frick-Baer 2010, Konzag/Ungerer 2008). Diese Zustände können so in das Leben der traumatisierten Person eindringen, dass sie unter Intrusionen, Vermeidung von Gedanken zum Traumaereignis, Aggressivität leiden können (ebd.). Im weiteren Verlauf dieser Symptome kann es dann wie oben schon beschrieben zu den posttraumatischen Belastungsstörungen kommen, die nach nicht erfolgreicher Bewältigung zu Konsequenzen wie Depression, Störung des Selbstbewusstseins, Suchtprobleme, Dissoziation, sozialer Rückzug und Isolation führen können (BFU 2009, Gäbel u.a. 1999/2006, Fischer u.a. 2004). Offen steht jedoch, welche dieser Traumawirkungen in Beziehung zu den Sozialisationsbedingungen der nachfolgenden Generation stehen. Aus den gerade genannten Traumafolgen könnte implizit vorgestellt werden, dass es möglicherweise zu Sozialisationsbedingungen wie sozialem Rückzug, Diskriminierung, Identitäts-, Anerkennung- und Persönlichkeitsbildungsproblemen kommen könnte. Diese Sozialisationsbedingungen können noch erweitert werden mit Problemen an der Anteilnahme in der Aufnahmegesellschaft, Unterschichtzugehörigkeit, Kommunikationsstörungen, Anpassungsproblemen, religiösen und kulturellen Aspekten, wobei diese Aufzählung ziemlich weit reichen kann. Schließlich ließ sich feststellen, dass die Folgen des Traumas umfangreich sein können und nach einiger Literatur auch internationale Weitergabe dieser Folgen möglich ist. Mögliche Sozialisationsbedingungen der nachfolgenden Generation sind ebenfalls breit angelegt: Psychische Störungen, Eingrenzung der sozialen Kontakte, Angst vor der Zukunft, Erfolgsdruck, Marginalisierung, Separation, Sucht usw. Es ist aber darauf hinzuweisen, dass der Bezug der Traumafolgen zu den Sozialisationsbedingungen der Nachfolgegeneration untersuchungsbedürftig ist und die Beziehungen zueinander nicht definiert sind.

Zusammengefasst zeigt sich hier, dass bei der Erforschung des Traumas in Bezug auf Sozialisationsbedingungen keine ausreichenden Untersuchungen vorliegen. Auch wurde deutlich, dass es einige kurdische Flüchtlinge gibt, die von Traumata betroffen sind und an dieser Stelle ein Bedarf an Forschungen existiert. Darüber hinaus ließ sich feststellen, dass Traumata an die nächste Generation übertragbar sind und die Folgesymptome auch die nächste Generation betreffen können. Jedoch fehlt eine empirische Analyse der Auswirkungen dieser Traumafolgestörungen auf die Sozialisationsbedingungen der nachfolgenden Generation und des Zusammenhangs dieser beiden Problematiken. Auch zu erwähnen ist hier, dass sozialwissenschaftlich, psychologische Untersuchungen mit dem Schwerpunkt Trauma zu wenig die Sozialisation und die Sozialisationsbedingungen der Traumatisierten beachten.

4 Ein Anwendungsbeispiel für die Replikation der Rosenthal-Studie

Die Lebensbedingungen der kurdischen Migranten in Deutschland

Die Traumatisierung ist oft ein Schlüssel für die Hintergründe aktueller Verhaltensmuster und kann die Lebensweise des Menschen beeinflussen. Um die Situation der nachfolgenden Generation kurdischer Migrant/innen besser verstehen zu können, ist eine wissenschaftliche Analyse, die das frühere Leben und die jetzige Lebenssituation untersucht und vergleicht, im Kontext der Sozialisationsbedingungen kurdischer Flüchtlinge unbedingt erforderlich (BAfF 2006, Insider 2005, Kizilhan 2002, Branscheidt 2001).

Die Veröffentlichungen des Psychologen Kizilhan, der empirische Untersuchungen über die psychosoziale Situation von kurdischen Migrant/innen durchführte, gehören zu den ersten Analysen in diesem Rahmen und leisteten für die Vorgehensweise bei der Traumatherapie von Flüchtlingen einen wichtigen Beitrag. Kizilhan geht davon aus, dass das individuelle Krankheitserleben stark vom sozialen Umfeld beeinflusst wird. „Das heißt, das von den Patienten beschriebene Trauma ist zu einem Teil auch ein individuelles und kollektives Trauma der Vergangenheit." (Kizilhan 2009, S. 200)

Forschungen zu Traumata und Sozialisation von kurdischen „Flüchtlingen"

Der Kampf um die Anerkennung der kurdischen Identität ist immer noch aktuell. Nicht nur in den Herkunftsländern (Türkei, Iran, Irak, Syrien) führt dieses Thema zu einer wichtigen politischen Auseinandersetzung. Auch in Deutschland, wo mehr als 800.000 Kurden/innen leben, ist dieses Thema eine große Frage. Es wurde am 07.11.1991 vom auswärtigen Ausschuss beschlossen, dass „in der Bundesrepublik eine große Gruppe von Kurden lebt und auch ihnen die Möglichkeit zur Bewahrung und Entfaltung ihrer kulturellen Identität gegeben werden solle" (BT-Drucksache: 12/1362). Jedoch gibt es viele kurdische Organisationen, die sich in der Hinsicht nicht unterstützt sehen und daher seit Jahren stark das Nichtanerkennen der Kurden als eigenständige Migrantengruppe kritisieren. Nach einer Anfrage von Ulla Jelpke berichtete die Bundesregierung, dass eine Erfassung von Volkszugehörigkeiten bzw. ethnischen Gruppen nicht vorgesehen sei (BT-Drucksache 17/4727)[12]. Es handelte sich bei der Anfrage um die Erfassung von Daten über kurdenspezifische Migrationspolitik. Seit Juli 2011 finden durch YEK-KOM[13] e.V. – Föderation Kurdischer Vereine in Deutschland – als Vertreter kurdischer Organisationen in Deutschland Kampagnen statt, die die Anerkennung der kurdischen Identität in Deutschland fordert. Hier ist noch zu bemerken, dass die Probleme der Sozialisation auch Probleme der Identität nach sich ziehen.

Spezielle Forschungen über kurdische Migrant/innen werden aufgrund ihrer nicht eigenständigen Identität und ihres damit nicht zustande kommendem Minderheitenstatus nicht ausreichend begründet. Kritisch muss hier gesehen werden, dass die Projekte und Forschungen allgemein gehalten werden. Es kommt immer wieder vor, dass die Forschung über die Kurden als nicht gesonderter Teil der Forschungen über Migration aus der Türkei erfolgen, obwohl bei den Forschungen auch kurdische Probanden befragt werden (vgl. Skubsch 2000). So fragt sich Sahin, warum kurdische Migrant/innen die in Deutschland leben, mit anderen Migrantengruppen verglichen werden.

> „Obwohl in Deutschland seit Jahrzehnten etwa 1 Million Kurden leben und ein beachtlicher Teil eingebürgert ist, stellen sich folgende Fragen:
> - Warum sind Kurden immer noch nicht mit den anderen Migrantengruppen gleichgestellt?
> - werden sie immer noch nach ihren Passfarben dividiert und zu den Türken, Persern und Arabern gezählt?
> - können sie keine Lobby- und Öffentlichkeitsarbeit leisten und haben kein Gewicht in der Bundes-, Landes- und Kommunalpolitik?
> - können sie keine effektive Solidaritätsarbeit Richtung Heimat organisieren?" (Sahin 2009, S. 33)

Als Auswirkungen dieser Situation ist u.a. die damit einhergehende Aberkennung der Selbstbestimmung zu benennen und die damit verbundenen Probleme mit der kurdischen Identität. Dazu kommt die Erschwernis bzw. Verringerung der

12 Innenpolitische Sprecherin der Fraktion DIE LINKE Ulla Jelpke zur Antwort der Bundesregierung auf eine kleine Anfrage zum Thema „Kurdenspezifische Migrationspolitik" am 24. Februar 2011 (Drucksache 17/4727).

13 Yekkom: Der Verein führt den Namen YEK-KOM, Föderation Kurdischer Vereine in Deutschland e.V. Sitz ist in Düsseldorf.

Erlangung eines gesellschaftlich anerkannten sozialen und ökonomischen Status in der Gesellschaft.

Ein Problem mancher kurdischer Flüchtlinge ist, dass sie aufgrund von Armut und nicht Vorhandensein öffentlicher kurdischer Schulen etc. ihr Wissen nicht erweitern können. Nicht selten haben diese Personen nur einen Grundschulabschluss oder gar keinen Schulabschluss.

> „Die kurdischen Flüchtlinge kommen meist aus ländlichen Regionen mit subsistenzwirtschaftlicher Produktion, ihr Bildungsniveau ist im Allgemeinen niedrig. Anders als nach dem Putsch von 1980 sind die Flüchtlinge der 90er Jahre nicht in erster Linie politische Aktivisten, sondern die arme, politisch eher unbewusste Landbevölkerung, die zum Opfer des Krieges geworden ist." (Skubsch 2000, S. 127)

Diese Probleme können nicht nur zu erschwerten Sozialisationsbedingungen führen, sie können auch Einfluss auf die Erziehung und Unterstützung der Kinder haben.

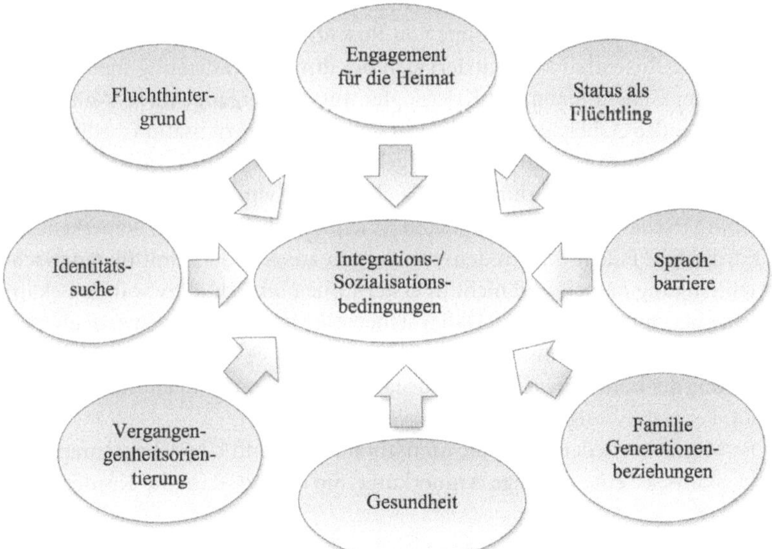

Abb. 8 Konstellation der Einflüsse auf Integrations- und Sozialisationsbedingungen bei traumatisierten kurdischen Flüchtlingen

Quelle: Eigendarstellung.

Daher ist es nötig, diesen Forschungsbedarf aufzugreifen und zu einer Verbesserung der bisherigen Sozialisationsbedingungen der kurdischen Migrant/innen in Deutschland beizutragen. Die erste wichtige Anschlussfrage in diesem Kontext ist, welche Konsequenzen die Traumatisierung auf die Sozialisation hat, welche Rolle sie bei den Sozialisationsbedingungen spielt und wie sich die spezifische Betroffenheit der kurdischen Jugendlichen ausdrückt. Traumatisierte Flüchtlinge führen meistens ihre Erinnerungen an die Vergangenheit mit sich, so dass ihre Gegenwart von ihren traumatischen Erfahrungen immer noch beeinflusst wird. Sie können ihre Geschichte nicht vergessen bzw. bearbeiten und bleiben abhängig. Deshalb ist es sehr wichtig, dass die Lebensbedingungen und die Lebensgestaltung der Familie, insbesondere von Kindern, dargestellt werden, um die Auswirkungen der Traumatisierung auf die Sozialisationsbedingungen der Jugendlichen zu untersuchen. Damit die Sozialisationsbedingungen von Kindern kurdischer Flüchtlinge detailliert untersucht werden können, sind auch die Lebensweise inner- und außerhalb der Familie zu beobachten und ihre gesellschaftlichen Kontakte zu analysieren.

Dies soll mit der biografischen Fallrekonstruktion nach Rosenthal erforscht werden. In Bezug auf die Replikation ist es hierbei wichtig, dass auch der Unterschied zwischen der Untersuchungsgruppe von Rosenthal und der vorliegenden Arbeit darzustellen. Rosenthal konzentriert sich bei ihrer Untersuchung mehr um den Umgang der Generationen von Kriegsopfer mit der Vergangenheit. Wobei es bei der vorliegenden Arbeit auch um die Darstellung von Sozialisationsbedingungen der Kinder der kurdischen Flüchtlinge geht. Die hier lebende kurdische Bevölkerung wanderte meist im Rahmen der Flucht- und Asylmigration unter türkischer Staatsbürgerschaft ein (Ammann 2009). Wichtig ist hier auch zu bemerken, dass die kurdischen Flüchtlinge in den 90er Jahren aus Regionen mit ökonomischer Benachteiligung kamen und nicht in erster Linie politisch aktiv waren. Bekannt waren sie als Opfer des Krieges. Daher stehen die Migrationsursachen in überwiegendem Maße im Zusammenhang mit den Folgen des innerstaatlichen Krieges: Zerstörung der kurdischen Dörfer und Städte, Vertreibung, Folter und Repression, Armut, Perspektivlosigkeit (vgl. Brauns/Kiechle 2010).

Die Migration bedeutet für die Menschen Flucht und Überlebenskampf. Hier macht Skubsch[14] eine wichtige Anmerkung. Sie erzählt, dass die Kurden/innen

14 Die Arbeit von Skubsch behandelt den speziellen Zustand kurdischer Migrant/innen aus der Türkei, dabei bezieht sie sich auch auf ihren Stand im Zusammenhang zur deutschen Bildungspolitik. In Bezug auf diese Themen wird durch verschiedene Informationen die Situation von kurdischen Migrant/innen in der Türkei und im Aufnahmeland Deutschland dargestellt. Darüber hinaus kommt es zu einer Diskussion über das deutsche Schulsystem bezogen auf die Rolle von kurdischen Jugendlichen. Dabei findet besonders eine Auseinandersetzung mit dem muttersprachlichen Unterricht für

nach ihren schweren Fluchtsituationen im Fluchtland nochmal von einer Unterschichtzugehörigkeit betroffen sind. Sie schreibt, dass die Kinder von kurdischen Arbeitsmigrant/innen anfingen, höhere Bildungsniveaus zu haben, aber die kurdischen Flüchtlinge, meistens aufgrund ihres Aufenthaltsstatus schlechtere Lebensbedingungen erfahrend, als „Billigarbeiter" tätig sind (vgl. Skubsch 2000). Die kurdischen Frauenvereine Utamara[15], Ceni und International Free Women's Foundation[16] beteiligten sich ebenfalls an verschiedenen Untersuchungen und Studien über traumatisierte kurdische Frauen durch Kriegs- und Gewalterlebnisse. Darüber hinaus gibt es das Zentrum für kurdische Studien NAVEND[17], das seit vielen Jahren über Kurden in der EU forscht und entsprechende Veröffentlichungen macht. Aber auch sie beschäftigen sich meistens mit der Diagnose und den Ursachen der psychischen Belastungen. Die International Free Women's Foundation untersuchte auch die psychischen Folgen traumatischer Erfahrungen auf die Entwicklung kurdischer Migrantinnen in der EU. Sie stellte dabei fest, dass kurdische Frauen durch staatliche, familiäre und andere Probleme wie Flucht etc. öfter als Männer traumatisiert sind und durch Traumaerfahrungen von gesundheitlichen bzw. psychischen Problemen wie z.B. Depressionen etc. überproportional oft betroffen sind. Nun zeigt diese begrenzte Anzahl an Studien, dass teilweise gesundheitliche Folgen der Traumatisierung untersucht wurden. Diese Studien bzw. Forschungen können allerdings den bisherigen Forschungsbedarf bei den Auswirkungen von Traumatisierung auf die Sozialisationsbedingungen der nachfolgenden Generation nicht ausreichend decken.

Die Prozesse der Migration sind vielfältig und sehr komplex, da die Verlegung des Lebensmittelpunktes sehr unterschiedliche Ursachen haben kann. Insbesondere kurdische Migrant/innen gehören zu einem sehr großen Teil zu den Migrationstypen: Flucht- und Asylmigration (Vgl. Ammann 2009, Sahin 2009, Branscheidt 2001, Tschawisch 1996, Meyer-Ingwersen 1995). Ein Nachteil der Flucht- und Asyl-

---

Kurden statt. Deshalb bietet diese Arbeit einen wichtigen Beitrag zu der Bildungsdebatte, dass nur unterschiedliche, für Zielgruppen spezielle Bildungs- und Förderangebote eine gute Chance und Problemlösung für die vielfältigen Ausgangspositionen von jüngeren Migrant/innen ermöglichen können.

15 UTAMARA e.V. wurde im Oktober 2006 unter der Schirmherrschaft der IFWF (International Free Women's Foundation / Niederlande) gegründet. Die Frauenbegegnungsstätte *UTAMARA* machte es sich zum Ziel, ein Ort für Frauen jeder Nationalität zu sein und vertritt die Meinung, dass eine andere Welt und ein anderes Leben möglich sind.

16 IFWF: Internationale Freie Frauenstiftung, Sitz in Amsterdam, Arbeitsschwerpunkte: Unterstützung von sozialen, humanitären Projekten für Frauen und Kinder in Not sowie internationale Zusammenarbeit mit Frauenorganisationen.

17 NAVEND: Zentrum für Kurdische Studien e.V. Sitz seit 1992 in Bonn.

migration ist, dass die Möglichkeit besteht, dass keine Originaldokumente über die Identität der Flüchtlinge, ihre Schulbildung, ihren Beruf und Krankheitsgeschichte etc. vorliegen. Dies führt dazu, dass die Identifizierung vieler Probleme schwieriger werden kann. Viele Kurden werden nur über die Staatsbürgerschaft der jeweiligen Länder, aus denen sie kommen, erfasst. Es ist deshalb statistisch schwierig, die Fallgruppe überhaupt als eigenständig zu erkennen.

Zur kurdischen Problematik in Verbindung zu Trauma und Sozialisation

Aufgrund von Identität und auch anderen Problemen wie Fluchterlebnissen, Schwierigkeiten in der Kindheit ist es möglich, dass eine Zurückhaltung in Bezug auf die eigene Vergangenheit von Personen vorkommt. Dies kann sich z.B. in Form von Schweigen oder Hemmungen der Person zeigen. Wenn sie nicht alles erzählen und einen Teil ihres Lebensabschnittes ausblenden, kann dies bedeuten, dass diese Personen Schwierigkeiten mit ihrer Vergangenheit bzw. Biografie oder ein Problem mit der Anerkennung ihrer Vergangenheit haben (vgl. Rosenthal 1999). Auch einige Studien zeigen, dass ein Teil der kurdischen Flüchtlingen aufgrund ihrer Biografie, des Kampfes um die Identitätsanerkennung und Migrationserlebnisse traumatisiert sind (vgl. International Free Women's Foundation 2007).

Der Jahresbericht des Behandlungszentrums für Folteropfer BFU im Jahr 2010 zeigte, dass die meisten Patient/innen Flüchtlinge sind, die Folteropfer und Akuttraumatisierte sind. Insbesondere in den Statistiken ist hier aber noch zu bemerken, dass unter diesen Flüchtlingen die meisten aus der Türkei geflüchtete Kurden/innen sind. Wie die folgende tabellarische Darstellung verdeutlicht, ist das Herkunftsland der Klienten an erster Stelle die Türkei, wobei die Klienten/innen ohne Ausnahme, wie es auch von dem Behandlungszentrum für Folteropfer BFU berichtet wird, Kurden sind.

Tabelle 2 Statistik 2009 Folteropfer und Akuttraumatisierte / Erfassungszeitraum: 01.01.2009 bis 31.12.2010

Herkunftsländer / Ethnische Herkunft	**in %**
Türkei (Kurden)	22,9%
Deutschland (Akuttrauma-Opfer)	20,3%
Kosovo	16,1%
Irak	7,6%
Nigeria	4,2%
Kamerun	3,4%
Algerien	2,5%
Bosnien	2,5%
Albanien	1,7%
China/Tibet	1,7%
Eritrea	1,7%
Iran	1,7%
Libanon	1,7%
Sierra Leone	1,7%
Äthiopien, Aserbaidschan, Gambia, Kroatien, Kongo,	
Liberia, Marokko, Serbien, Sudan, Syrien, Togo, Vietnam	jeweils 0,8%
Geschlecht	**in %**
Frauen	58.5%
Männer	41.5%

Grundgesamtheit: 118 Klienten (Folteropfer + Akuttrauma-Opfer), Durchschnittsalter: 30,7 Jahre, Klienten aus insgesamt 26 Ländern.

Quelle: Behandlungszentrum für Folteropfer (BFU), Jahresbericht 2011

Die Anerkennung der kurdischen Identität hat für die kurdische Bevölkerung eine sehr große Bedeutung. Die Politisierung durch den Kampf um die Anerkennung als Volksgruppe und soziale Gerechtigkeit im Heimatland drückt sich auch durch politische Aktivitäten in Deutschland aus (vgl. Ammann 2004, 2009). Die Aktivitäten beziehen sich jedoch in der Regel auf die Situation in Kurdistan, sie klammern die Lebensrealität in Deutschland in der Regel aus.

> „Es geht um die Anerkennung der kurdischen Identität; die so heftig erkämpft werden musste und immer noch erkämpft werden muss, vor allem in der Türkei. Dieses Problem reicht jedoch herüber bis in unsere Gesellschaft und ist sehr aktuell." (Paech 2009)

Das politische Engagement für die Veränderung der Verhältnisse im Herkunftsland ist natürlich begründet, fixiert die Personen jedoch körperlich, seelisch und geistig auf ihre Heimatregion und lässt ihnen so kaum Möglichkeiten, sich um die eigene Sozialisation in Deutschland, ihre aktuellen Lebensverhältnisse und Zukunftsvorstellungen zu kümmern. Diese Situation kann sich wieder negativ auf die Gesundheit, Bildung und insgesamt die Bereitschaft und Möglichkeiten zur Integration auswirken.

Die Lebensweisen von kurdischen Migrant/innen in ihrem Heimatland hat auch für ihre jetzige Situation eine große Bedeutung. In der Biografie kurdischer Migrant/innen ist erkennbar, dass soziale, gesundheitliche und weitere Ungleichheiten im Lebenslauf kurdischer Migrant/innen vorhanden sind. Dies führt dazu, dass auch ihr aktueller Sozialzustand nicht besonders gut ist, da die Probleme wie Assimilation, Flucht, Gewalt, Diskriminierung, ökonomische und soziale Benachteiligung, Trauma und andere gesundheitliche Probleme etc. für die Sozialisation eine hoch bedeutsame Rolle spielen (vgl. IFWF 2009, BFU 2011). Bevor der Einfluss von verschiedenen Faktoren der traumatischen Erlebnisse auf die Sozialisation entschlüsselt wird, ist es notwendig, die Bedeutung der Sozialisation und des Sozialisationsprozess zu thematisieren. Diese Vorgehensweise soll zunächst ermöglichen, den Sozialisationsprozess mit dem breiten Spektrum über subjektive Erfahrungen und ihre Interaktionen mit verschiedenen Komponenten in Bezug auf die soziale Realität zu schildern. Darüber hinaus soll es die Lücke in der Sozialforschung bezüglich kurdischer Jugendlicher aufzeigen und als Aufgabenstellung für die empirische Forschung der vorliegenden Arbeit dienen. Eine ausführliche Biografieforschung ist daher notwendig, um die persönlichen und sozialen Entwicklungen in den einzelnen Lebensphasen zu analysieren und darzustellen.

Eines der Hauptprobleme von Migrant/innen – insbesondere kurdischer Herkunft – ist, dass sie bisher weder in Deutschland noch in ihrem Heimatland als „eigenständige ethnische Gruppe", als Kurden, anerkannt werden (vgl. Brauns, Kiechle 2010, Ammann 1997, Isik 2008, Isik 2007, Hamburger 1999). Birgit Ammann, die besonders für die Untersuchungen im Bereich kurdischer Ethnizität genannt werden muss, kommt zum Ergebnis, dass die ethnische Identität mit kulturellen Homogenitäten, in Bezug auf Sprache, Geschichte, Tradition etc. verbunden wird (Ammann 1997). Die Fluchtursachen von Kurden gehen meistens auf ihre ethnische Zugehörigkeit zurück. „Kurdische Flüchtlingen erleben diesen Konflikt nicht in dieser Weise, sie fühlen sich primär als ethnische, nicht als religiöse Gruppe verfolgt."

(von Balluseck/Ringel 2003, S. 84) Die Kurden werden meistens als Staatsbürger der Länder, aus denen sie kommen, identifiziert und damit gleichzeitig reduziert.

Auch die Assimilation und die Marginalisierung sind bedeutsame Themen bei der kurdischen Problematik. Nicht nur Armenier und Alewiten waren im türkischen Staat unerwünscht, sondern allgemein Kurden und andere Völker, die nicht moslemische Türken sind, werden bis heute gezwungen, sich an die türkischen Riten anzupassen. Bevor die ersten Türken im 8. Jahrhundert n. Chr. von Mittelasien kamen, waren Kurden bereits seit mehr als hundert Jahren in den heutigen kurdischen Gebieten. Nachdem die Türken anfingen, mit nationalistichen Werten und Normen mit Kurden und anderen Bevölkerungen umzugehen, fingen erste Konflikte an. Der Glaube, die Traditionen, Zugehörigkeiten, Kultur und andere wichtige Wertvorstellungen der Kurden wurden für das nationalistische Bewusstsein der Türken als eine Bedrohung gesehen. Der Soziologe Besikci, der wegen seiner Analysen über die kurdische Hintergrundgeschichte mehrfach in der Türkei verhaftet und verurteilt wurde, schrieb, dass in den Zeiten der türkischen Republik gegen die Kurden eine intensive Assimilationspolitik durchgeführt wurde. Damit die Kurden assimiliert werden können, wurden vom türkischen Staat ideologische und zwingende Druckmittel aktiv eingesetzt. Nach Besikci war der Plan der Türken, dass in der Türkei lebende Griechen ins Exil geschickt werden sollten, armenische und assyrisch-suryanische Einwohner sollten vernichtet, Kurden zu Türken und Alewiten zu Moslems assimiliert werden (vgl. Besikci 2012). Gegen die Assimilation, Gewalt, Bedrohung vom Osmanischen Reich bis zum heutigen türkischen Staat gab es 29 Volkswiderstände durch die Kurden. Mit dem letzten Widerstand von der PKK, die seit 1978 bis heute andauert, sind ca. 50.000 Menschen auf beiden Seiten ums Leben gekommen.

Es ist nicht selten, dass die Kurden/innen als Türken, Perser, Syrier und Iraker angesehen werden. Schulen oder andere Institutionen in Deutschland, in denen die kurdische Sprache gelehrt wird, sind kaum vorhanden. Oft wird als muttersprachlicher Unterricht Türkisch angeboten. Auch sind selten Beratungsstellen vorhanden, die in kurdischer Sprache beraten und Unterstützung anbieten (Paech 2009). Daher unterscheidet sich die Situation der Kurden in Deutschland nicht viel von der Situation der Kurden in der Türkei. Ammann sieht trotz der schwierigen Situation der Kurden auch eine positive Entwicklung im Rahmen ihrer Anerkennung. „Es gibt keine Gruppe unter den Zuwanderern, die in den wenigen Jahrzehnten einen derartigen Wandel ihrer ethnischen Identität und ihres Bewusstseins, ihrer Selbstwahrnehmung durchlaufen hat, die mit der kurdischen Entwicklung vergleichbar wäre.“ (Ammann 2009) Weiterhin sieht sie diese Entwicklung als fortschreitend für die gesamtgesellschaftliche Integration und meint, dass diese Entwicklung auf gar keinen Fall ein Hindernis bzw. Nachteil sein darf (ebd.). Bezüglich Anerkennung der kurdischen Identität ist die Aussage von Geißler bemerkenswert. Er versucht möglichst ganzheitliche Differenzierungen zwischen ethnischen Minderheiten zu machen. Im Vergleich zu den meisten Autoren macht er immer die Bemerkung, dass bei den türkischen Probanden nicht nur Türken dabei sind sondern auch Kurden. Was hier aber gleich gefolgert werden kann, ist, dass es einen Bedarf an spezifischen Forschungen für die kurdische Bevölkerung gibt. Nach seinen Untersuchungen kam er zum Ergebnis, dass die Türken und Kurden am intensivsten den Kulturkonflikt zwischen der deutschen Kultur und ihrer Heimatkultur erleben. Weiterhin schreibt er, dass die Heimatkultur der Türken und Kurden durch den Islam und teilweise auch durch agrarische und patriarchalische Strukturen geformt ist. Wichtig ist hier anzudeuten, dass die Kurden und Türken, obwohl Sie differenziert werden, trotzdem in dieselbe Problematik eingegliedert werden, ohne die unterschiedlichen Sozialisationsbedingungen und Identitätsmerkmale dieser Minderheiten zu beachten. Aus verschiedenen Quellen kam er weiterhin zu dem Ergebnis, dass ihre deutschen Sprachkenntnisse überdurchschnittlich schlecht sind und das Risiko für Isolation hoch ist.

> „Kinder aus türkischen/kurdischen Familien … sind im deutschen Bildungssystem besonders belastet und benachteiligt, und als zum Teil äußerlich auffällige Minderheit ziehen die Türken und Kurden die Antipathien der ausländerfeindlichen Teile der deutschen Bevölkerung in besonderem Maße auf sich." (Geißler 2011, S. 249)

Norman Paech erklärt die Diskriminierung von Kurden/innen mit dem engen Kontakt der deutschen Regierung aufgrund wirtschaftlicher Zwecke zur türkischen Regierung. Darüber hinaus kritisiert er die Folgerung der Politik der Türkei durch Deutschland und findet, dass Deutschland eine wenig eigenständige Position zur kurdischen Frage entwickelt hat (Paech 2009). Diese Problematik alleine zeigt auf, dass die Sozialisationsbedingungen der kurdischen Migrant/innen nicht einfach zu bewältigen sind. Es kann gesagt werden, dass der größte Teil der kurdischen Migrant/innen in Deutschland Flüchtlinge aus der Türkei sind, die ihre Herkunftsregion aus politischen Gründen verlassen haben. Repression, Vertreibung, das Verleugnen der kurdischen Identität, das Verbot der eigenen Sprache etc. spielen für ihre Sozialisation eine wichtige Rolle und können auch Einflüsse auf ihr Leben in Deutschland haben. Die gemachten Erfahrungen und Erlebnisse im Heimatland können den Gesundheitszustand und die Behandlungsbedürfnisse ebenso mitbestimmen wie die Zugangsmöglichkeiten zu Bildung, Ausbildung und Beruf. Die Probleme speziell der kurdischen Minderheit aus der Türkei in Deutschland sind längst Alltagsprobleme, die die Gesellschaft insgesamt berühren. Vor diesem Hintergrund begründet sich die Zuspitzung des Themas auf den Personenkreis der kurdischen Migrant/innen aus der Türkei. Es besteht deshalb ein großer Bedarf an

Untersuchungen der Lebensfelder wie Bildung, familiärer und sozialer Netzwerke, Kultur, Tradition, Gesundheit, Beruf etc. Daher ist die Frage, ob und wie diese traumatischen Folgen die Sozialisation kurdischer Migrant/innen beeinflussen, immer noch offen. Es fehlen Forschungsarbeiten, die einen Zusammenhang zu den aktuellen Lebenszusammenhängen der Betroffenen herstellen, mit dem Ziel zukunftsorientierter Veränderung der Rahmenbedingungen und besserer Sozialisationsbedingungen. Aufgrund mangelnder Untersuchungen über die Sozialisation von kurdischen Flüchtlingen in Deutschland ist es nach ihren Fluchterfahrungen schwer einzuschätzen, welche Sozialisationsbedingungen und Sozialisation kurdische Jugendliche haben.

Teil II
Empirische Studie zu den Einflüssen traumatischer Ereignisse von Flüchtlingen auf die Sozialisation der nachfolgenden Generation am Beispiel kurdischer Familien in Deutschland

Methodischer Teil 5

5.1 Entwicklung der Fragestellung und methodisches Vorgehen

Das Vorhaben der vorliegenden Untersuchung ist die Rekonstruktion der Lebensbedingungen und Lebensgestaltung von Jugendlichen, deren Eltern von traumatischen Ereignissen betroffen waren bzw. noch sind. Hierfür wurden die Ansätze der interpretativen Sozialforschung nach Rosenthal (2011) und Oevermann (1979) genutzt. Besonderer Wert wurde darauf gelegt, dass die Interviewten während des Interviewgesprächs nicht von den Interviewern beeinflusst werden. Um das zu untersuchende Thema aus der Perspektive der Interviewten darzustellen und verstehen zu können, weshalb eine Person diese Position einnimmt, ist eine narrative Interviewerhebung von Vorteil. Durch biografisch-narrative Interviews (Allheit 1984) werden autonom gestaltete Präsentationen einer bestimmten Thematik aus der Lebensgeschichte der Interviewten erzielt.

Insgesamt ergeben sich für die empirische Untersuchung, bei der die Sozialisationsbedingungen von kurdischen Jugendlichen erforscht werden, folgende Fragen:

- Welche Migrationserfahrungen, die von einer politischen marginalisierten und/oder verfolgten Migrationsgruppe als traumatisierend erfahren werden, tauchen in der Nachfolgegeneration wieder auf?
- Welche Rolle spielen die Migrationserfahrungen für die Traumatisierung und wie beeinflusst die Traumatisierung die nachfolgenden Generationen?
- In welchem Verhältnis stehen die Sozialisationsbedingungen zu Traumatisierungserlebnissen von kurdischen Flüchtlingen und welche Auswirkungen hat dieses Verhältnis auf die nachfolgende Generation?
- Wie beeinflussen traumatische Migrationserfahrungen kurdischer Flüchtlinge die familiären Verhältnisse und die Erziehung der Eltern?

- Wie wirken die traumatischen Verhaltensweisen der Eltern auf den Lebenslauf und auf die Zukunftsperspektiven ihrer Kinder?
- Welche Sozialisationsbedingungen hat die nachfolgende Generation der traumatisierten Flüchtlinge?

Im Vordergrund steht hier auch die Analyse der Schwierigkeiten, die im Alltag der Jugendlichen durch das Trauma ihrer Eltern entstehen.

Da das Hauptinteresse der vorliegenden Forschung, die Lebensweise und die Sozialisationsbedingungen kurdischer Jugendlicher mit traumatisierten Eltern ist, ist die biografische Rekonstruktion des Lebens der Interviewten von großer Wichtigkeit. Die Auswertung des Interviewmaterials soll daher diese Rekonstruktion ermöglichen und intendiert final, eine Typenbildung zu entwickeln. Ziel ist es hierbei, Aussagen über Phänomene zu einem bestimmten Zeitpunkt zu konstruieren bzw. zu gewinnen. Nach Rosenthal soll dies ermöglichen, weitere theoretische Verallgemeinerungen und Modellbildungen bzw. eine gegenstandsbezogene Theorie zur Fragestellung zu generieren. Weiterhin hilft diese Typenbildung, die Fragestellung auszubauen und vielfältige Antworten auf soziale Probleme zu finden.

> „Es geht um die Frage, welche unterschiedlichen Antworten sich auf ein bestimmtes soziales Problem finden lassen. Welche unterschiedlichen berufsbiografischen Verläufe oder Migrationsverläufe lassen sich in einem konkreten, d.h. historisch und geografisch begrenzten Bereich auffinden?" (Rosenthal 2008, S.96)

Das Auswertungsverfahren „biografische Fallrekonstruktion" nach Gabriele Rosenthal (2011) eignet sich wegen des Untersuchungsziels des vorliegenden Forschungsvorhabens besonders gut. Diese Vorgehensweise erforscht nämlich die Biografie und die Lebenserfahrungen, welche bei der Sozialisation von Jugendlichen ein bedeutsamer Faktor sein können. Darüber hinaus ermöglicht diese Methode eine Adlerperspektive auf das Leben der Interviewten einzunehmen, wodurch eine breiter informierte Interpretation über das soziale, berufliche, politische und persönliche Verhalten ermöglicht wird.

5.2 Gegenstandbezogene Theoriebildung

Vielfältige und komplexe Probleme wie Sozialisationsprobleme der zweiten und dritten kurdischen Generation sind sehr schwer mit quantitativer Sozialforschung zu erfassen, da die Variablen schwer zu bestimmen sind und auch keine statistischen Daten vorliegen (Strübing/Schnettler 2004, Flick 1998).

Die „kurdische Identität“ ist für viele Flüchtlinge ein Schlüsselbegriff. Über dessen inhaltliche Bestimmung und Auswirkung auf die Lebensweise in der Fremde sind nur über die Methode des Interviews, mithin über Kommunikation oder ähnliche Erforschungstechniken (z.B. Ethnographie), ausführliche und profunde Informationen zu erhalten. Es ist deshalb eine qualitative Sozialforschung mittels biografischer oder narrativer Interviews und teilnehmender Beobachtung erforderlich (vgl. Rosenthal 2011, Rosenthal/Fischer 2000, Schütze 1983, Spradley 1980, Girtler 2001, Geertz 1978).

Aufgrund der oben genannten Aspekte und der zahlreichen verschiedenen Fälle im Bereich des Migrationskontextes und der traumabedingten Auswirkungen auf verschiedene Lebensbereiche ist für die Auswertung der Interviews die biografische Fallrekonstruktion nach Rosenthal zu wählen (hier zu Rosenthal 2008, 1995). Die durch offene Interviews und biografische Fallrekonstruktionen gewonnenen Ergebnisse sind nicht vergleichbar mit den in quantitativen Untersuchungsdesigns und Leitfadeninterviews gewonnenen Erkenntnissen. Vice versa quantitativer Vorgehensweisen steht hier nicht die statistische Repräsentativität, sondern vielmehr die inhaltliche, qualitative Repräsentation im Vordergrund.

Bei der Auswertung von längeren Erzählungen, die aufgrund biografisch-narrativer Interviewerhebung entstehen, ist es eher unpraktisch; als Auswertungsmethode die Inhaltsanalyse nach Mayring 1983 zu wählen. Die Inhaltsanalyse führt dazu, dass mit vorher bestimmten Kategorien das Interviewmaterial analysiert wird, was wiederum die Analyse auf eine bestimmte Fragestellung fokussiert und begrenzt. Den Unterschied zwischen inhaltsanalytischen und rekonstruktiven Verfahren erklärt Rosenthal folgendermaßen:

> „Mit ‚rekonstruktiv‘ ist gemeint, dass nicht, wie etwa bei der Inhaltsanalyse, mit vorab definierten Kategorien an den Text herangegangen wird, sondern dass vielmehr die Bedeutung einzelner Passagen aus dem Gesamtzusammenhang des Interviews erschlossen wird.“ (Rosenthal 2008)

Durch die Erklärung von Rosenthal wird deutlich, dass die Rekonstruktion eine ausführliche, mehrmalige bzw. mehrschrittige Analyse und Auswertung der Interviews ermöglicht. Überzeugend ist auch, dass diese Methode eine Zusammenfügung (Vereinigung) der von Fritz Schütze 1984 präsentierten Textanalyse mit der strukturalen Hermeneutik von Ulrich Oevermann 1983 und Ullich 1984 und der thematischen Feldanalyse von Fischer Wolfram 1982 darstellt.

Die Wahl der Fallrekonstruktion als Auswertungsmethode beruht auch darauf, dass sie eine detaillierte Analyse der erzählten und erlebten Lebensgeschichte der Interviewteilnehmer/innen gestattet und somit die Auswirkungen der Vergangenheit auf die jetzige Situation bzw. das Leben im „Hier und Jetzt“ besser dargestellt werden können. Das Ziel der Rekonstruktion ist es, die Genese von Handlungsmustern, die zur heutigen Präsentation geführt hat, profund nachzuvollziehen. Insbesondere wird bei der Auswertung von Datenmaterial die erlebte und erzählte Lebensgeschichte miteinander verglichen. Einerseits wird rekonstruiert, was die Interviewten in bestimmten Lebensabschnitten erlebten und andererseits, wie er oder sie im Interview seine Biographie präsentiert. Wichtig ist bei der erzählten Lebensgeschichte die Analyse der heutigen Perspektive von Interviewten (Vgl. Rosenthal 1999). Das Leitmotiv der interpretativen qualitativen Sozialforschung nimmt den Menschen als ein reflektiertes und selbstbestimmtes Individuum, das sich innerhalb sozialer Felder befindet und als Forschungssubjekt innerhalb dieses Raumes und Hintergrundes untersucht werden muss und das eben nicht als „Untersuchungsobjekt" gilt. Daher ist die Fokussierung auf die Relevanzsysteme der Gesprächspartner von Rezitativen Bedeutsamkeit. die Relevanz der Interviewten wichtig.

Für das Vorhaben dieser Studie kommen Forschungsmethoden infrage, die sich für das Leben und die Lebenszusammenhänge des Individuums interessieren. Deshalb bietet sich hier die ethnografische Feldforschung als geeignet an. Hierdurch wird es mittels längerer und ausführlicher teilnehmender Beobachtung der Interviewten innerhalb sozialer Lebensräume, Gruppen oder auch Organisationen möglich, die Interviewteilnehmer/innen in ihrer „natürlichen" Weise zu erforschen, mit dem Ideal der Einnahme einer emischen Perspektive Dabei wird ein „Darüber reden" durch ein „Dabei sein" des Forschers ergänzt und erweitert so die Auswertungsgrundlage bzw. bietet die Möglichkeit einer Methodentriangulation (Flick 2008).

Die Grundannahmen ethnografischer Feldforschung lassen sich wie folgt darlegen:

- Menschliches Verhalten kann nur in dem Kontext verstanden werden, in dem es auftritt (Robertson und Boyle 1984 in, Zilke-Nadkarni 2003).
- Das Verhalten bzw. Beziehungen von Menschen müssen im Kontext ihrer eigenen Identität verstanden werden.
- Die kulturellen Veränderungen von Menschen durch Inter- und Transaktion.
- „Dass eine Gruppe oder Kultur so untersucht werden muss, wie sie ist" (Hilton 1987 ebenso in Zilke-Nadkarni 2003).
- Vielfältige Auswege bei Problemen.
- Individuum und seine Interaktion mit dem sozialen Umfeld.
- Persönliche, berufliche und soziale Entwicklung des Individuums.
- Selbstpräsentation und Kommunikation von Interviewten (Vgl. Z. Nadkarni 2003)
- Teilnehmende Beobachtung ist notwendig, um Interaktion und Handlungsroutinen sichtbar zu machen, sie ist zumeist einem holistischen Forschungsansatz verpflichtet.

5.3 Studien-Design (Teilnehmende Beobachtung und narrative Interviews)

Aufgrund des Forschungsinteresses waren folgende Punkte für die Interviewpartnersuche bestimmend: Die zu interviewenden Jugendlichen hatten Eltern, die mit Flucht, negativen und traumatischen Erlebnissen wie Folter, Verfolgung, Todesangst, körperlicher Gewalt etc. konfrontiert wurden. Um festzustellen, ob die Eltern traumatisiert sind, wurde auf eine ärztliche Diagnose Wert gelegt. Darüber hinaus wurde dem Trauma der Eltern durch Beobachtungen und Recherche über die aktuelle Therapie bzw. Behandlung vertieft nachgegangen. Dies ermöglichte auch einen Einblick in die Lebenssituation und Verhaltensstörungen der Eltern betroffener Jugendlichen. Die traumatisierten Eltern leben zurzeit in Deutschland und kommen ursprünglich aus der Türkei. Bei den Gesprächspartnern handelt es sich um kurdisch Stämmige, die aufgrund politischer Verfolgung in die Bundesrepublik Deutschland geflüchtet sind und seit ihrer Anhörung im Zuge eines Asylverfahrens in Nordrhein-Westfalen leben. Die Gesprächspartner konnten durch Kontakte zum kurdischen Verein und Studentenverband sowie Frauenorganisationen und deren sozialen Umfeld rekrutiert werden. Die interviewten Jugendlichen befinden sich im Alter von 19 bis 23 Jahren, da sich in diesem Alter aufgrund der Persönlichkeitsentwicklung plurale und nachhaltige Sozialisationsprobleme ergeben können. Sie müssen in dieser Zeitspanne eine Persönlichkeit entwickeln, die auf soziale, kulturelle, ökonomische Bedingungen eingeht (vgl. Hurrelmann 2007). Die Analyse der Jugendlichen in diesem Alter ist auch dadurch begründet, dass die Jugendlichen sich in diesem Zeitraum in der herausforderungsvollen Vorbereitung auf ein autonomes Leben im Sinne eines Selbstständigseins befinden.

Tabelle 3 Das Sample zu den Interviews

Schwerpunkte der Interviews	Anzahl der Teilnehmenden	Zu untersuchende Gruppe	Geschlecht und Alter
Traumata und ihre Folgen auf die Sozialisationsbedingungen von Jugendlichen	6	1. Generation kurdischer Flüchtlinge und nachfolgende Generation	3 Frauen, 3 Männer, Alter: ab 19 J.

In Bezug auf jeden Interviewpartner soll aufgrund des Ziels des Forschungsvorhabens auf die familiären und sozialen Verhältnisse besonderer Wert gelegt werden. Neben der Interviewerhebung werden teilnehmende Beobachtungen durchgeführt (im privaten und sozialen Umfeld), um die Verhaltensweisen und sozialen Handlungen der Teilnehmenden besser nachvollziehen zu können. Hier sind die Erfahrungen des Autors als Pflegepädagoge, Erfahrungen mit dem Kurdischen Studentenverband, als Mitarbeiter im Behandlungszentrum für Folteropfer und im kurdischen Frauenbüro von Nutzen, um weiteres Datenmaterial sammeln zu können. Bei den Interviewteilnehmer/innen handelt es sich um drei Jugendliche und ihre Familien. Die erste Familie besteht aus einem Abiturienten *Pir* und seiner Großmutter *Frau Dersim*. Frau Dersim lebt seit ca. 17 Jahren in Deutschland. Nach dem sie wegen politischer Verfolgung in Haft kam und gefoltert wurde, gelang es ihr, über Griechenland nach Deutschland zu flüchten. Mittlerweile ist sie mehr als 80 Jahre alt und wohnt mit ihrem Enkelsohn *Pir* in NRW. Ihr Gesundheitszustand ist altersbedingt und auch aufgrund ihrer Lebenserfahrungen nicht gut. Der Enkelsohn *Pir* (19 Jahre) emigrierte aus Syrien mit zwölf Jahren nach, da er in Syrien bei einer Pflegefamilie lebte und sonst niemanden hatte, der sich um ihn kümmern könnte. Er lebte in Syrien unter schweren Armutsbedingungen und wurde daher von seiner Großmutter *Frau Dersim* auf illegale Weise nach Deutschland geholt. Nachdem *Pir* bei seiner Großmutter ankam, erlebte er große Integrationsschwierigkeiten. Er hat große Konflikte und Missverständnisse in der Beziehung mit seiner Großmutter, die traumatische Ereignisse hatte. Mittlerweile hat er sich in Deutschland eingefunden und versucht sein Abitur zu beenden. Bei der anderen Familie handelt es sich um zwei Jugendliche *Welat* (22 Jahre) und *Zine* (21 Jahre), deren Vater *Herr Özkürt* erstmals alleine nach Deutschland flüchtete. Beide Jugendlichen und ihre Mutter *Frau Özkürt* flüchteten ein paar Jahre später ebenfalls hierher. Die anderen zwei Töchter der Familie wurden hier geboren. Die Familie *Özkürt* verbrachte ca. acht Jahre im Asylbewerberheim. Die familiären Beziehungen der Familie sind aufgrund verschiedener Lebenserfahrungen, Konstellationen und Belastungen gestört. Zurzeit studieren beide Geschwister; *Welat* studiert im Fachbereich Informatik und *Zine* befindet sich im Studium des Faches Bauingenieurwesen. Das Ehepaar *Özkürt* ist sehr von ihren Kindern abhängig und braucht in der Gesellschaft öfters die Hilfe ihrer Kinder. *Welat* ist aufgrund der Verantwortungsübernahme für die Familie überfordert und macht sich große Sorgen um seine Mutter und Geschwister. *Zine* ist ebenfalls besorgt mit familiären Problemen und verzweifelt um ihre Zukunft.

5.4 Vorgeschichte der Untersuchung und erste Erfahrungen im Bereich Trauma und Forschung

Vor und während des Diplomstudiums war für mich das Thema „Folgen von Traumata" sehr relevant und notwendig für die Entwicklung des Forschungsvorhabens über die Auswirkungen von Traumata bei Flüchtlingen. Meine Beschäftigung mit dem Thema Trauma, Menschenrechte, Folter und Gewalterlebnisse etc. fing schon in den Jahren 1996 bis 1998 an, als ich noch in der Türkei lebte. Meine ersten Erfahrungen mit Trauma und Folteropfern sammelte ich bei dem türkischen Behandlungszentrum für Folteropfer (Human Rights Foundation of Turkey). Dort erlebte ich, wie die Opfer aufgrund ihrer Weltanschauungen und politische Einstellungen unterschiedlich betroffen und sozialisiert sind. Teilweise wurden diese Menschen unter sehr schweren und ökonomisch schlechten Bedingungen therapiert und der Bedarf an Fachkräften und fachlicher Hilfe war groß. Meine Interesse und Engagement in diesem Feld blieb mir, nachdem ich nach Deutschland emigrierte, erhalten, so dass ich mich hier in Deutschland ebenfalls in mehreren Behandlungszentren für Folteropfer engagierte. Durch mein Engagement erfuhr ich, dass viele Flüchtlinge, insbesondere Folter- und Gewaltopfer, unter starken traumatischen Störungen leiden und in ihrem Verhalten Angst, Isolation, Fremdsein, Panik, Aggressivität und Misstrauen zeigten. In diesen Momenten der Entdeckung dieser Problemstellungen konfrontierte ich mich jedes Mal mit verschiedenen Fragen, die nicht einfach zu beantworten waren. Besonders stellte ich mir die Frage, wie werden diese Menschen in Zukunft mit ihren Lebenssituationen und ihrer Familie umgehen? Überhaupt stellte sich die Frage, ob diese Menschen jemals mit ihrem Trauma, hohen Belastungen im Leben zurechtkommen werden und schaffen werden, hier in Deutschland ein neues Leben aufzubauen. Die Arbeit im Behandlungszentrum für Folteropfer mit dem Schwerpunkt Flüchtlinge aus der Türkei und dem mittleren Osten, die Erfahrungen als Gesundheits- und Krankenpfleger und Dozent von Schüler/innen bzw. Teilnehmer/innen mit Migrationshintergrund und ihren sozialen, persönlichen Defizite machten mich neugierig auf das Aufsuchen des Hintergrundes dieser Lücken. Dabei entstand ein Interesse für die Lebensweisen der Jugendlichen und deren Beeinflussung durch die traumatische Vergangenheit und schwierige Bewältigungsphasen der Eltern. Insbesondere die Erfahrungen dieser Jugendlichen in der Gesellschaft, auch wie sie aufgrund ihres Migrationshintergrunds und ihrer Lebensgestaltung durch die Gesellschaft, teilweise mit Stigmatisierungs- und Diskriminierungserfahrungen konfrontiert waren und die Hintergründe ihrer Lebenssituation kaum hinterfragt wurden, beschäftigten mich. Die Erschwernisse der Integration von Jugendlichen muss auch auf Ebene des elterlichen und sozialen Einflusses des Umfelds betrachtet und beobachtet werden, womit auch noch die religiösen, kulturellen, ökonomischen, sozialen, psychischen Aspekte mit einzubeziehen sind. Das soziale und gesellschaftliche Engagement führte ebenfalls dazu, Jugendliche und deren Eltern mit Migrationshintergrund kennen zu lernen, die ähnliche Probleme aufwiesen. [18]

5.5 Auswahl der Interviewteilnehmer/innen und Kontaktaufnahme

Damit das Forschungsvorhaben realisierbar wird, wurden am Anfang der Analyse insgesamt mit zwölf Personen Interviews durchgeführt. Davon wurden sechs zur weiteren Auswertung ausgewählt, die in zwei Familien entstanden. Beide interviewten Familien haben einen kurdischen Migrationshintergrund und blicken auf eine differierende Aufenthaltsdauer in Deutschland zurück. Alle Familienmitglieder haben Fluchterlebnisse und die Eltern bzw. Großeltern in diesen Familien verfügen wegen ihrer schwierigen Vergangenheit in der Türkei durch den türkischen Staat über traumatische Erlebnisse. Die meisten Flüchtlinge der ersten Generation wurden gefoltert, verhaftet und ihre Familie und ihr Dorf wurden zerstört. Sie wurden gezwungen, die Türkei bzw. ihre Heimat zu verlassen, um ihr Leben und ihre Familie in Sicherheit zu bringen. Einige interviewte Familien konnten kaum über ihre Erlebnisse berichten und ihre Biografie schlüssig darstellen. Bei der Interviewerhebung und durch den Vergleich ihrer Lebensgeschichte mit den von ihrem Umfeld erhaltenen Daten stellte sich bei den meisten Interviewten heraus, dass sie keine vollständig richtigen und übereinstimmenden Informationen über ihre Lebensgeschichte geben konnten. Zu benennen ist hier auch, dass bei einigen Eltern Angst zu erkennen war. Sie hatten Angst, dass ihre damalige Anhörung bei der Asylerkennung mit ihrer erzählten Lebensgeschichte während des Interviews nicht übereinstimmt und es zu Konsequenzen wie z.B. der Abschiebung in die Türkei

18 Zusätzlich sorgte auch das geleistete Engagement in diesem Bereich als Stipendiat der Hans Böckler Stiftung dafür, weitere Netze aufzubauen. Diese Kontakte ermöglichten die Kontaktaufnahme mit dem ehemaligen Vertrauensdozent der Hans Böckler Stiftung, Prof. Dr. Klemm, in Essen. Aufgrund seiner Emeritierung an der Universität Essen-Duisburg unterbreitete er den Vorschlag, mit Prof. Dr. Ullrich Bauer Kontakt aufzunehmen. Durch sein Psychologiestudium, seine Erfahrungen im Gesundheitsbereich und jetzigen Tätigkeit als Universitätsprofessor an der Fakultät für Bildungswissenschaften am Institut für Pädagogik ermöglichte Herr Bauer den Zugang zur Promotion mit dem Thema „Auswirkungen der Traumata auf die Sozialisationsbedingungen der nachfolgenden Generation". Mit Hilfe von Prof. Bauer als Erstbetreuer konnte dann in vertieften fachlichen Auseinandersetzungen eine explizitere Fragestellung herausgearbeitet werden.

bzw. in ein anderes Land kommt. Viele hatten auch Sorgen um das Wohlbefinden der restlichen Familie, die im Ursprungsland zurückgeblieben ist.

Trotz aller Anonymität und Schweigepflicht, die der Interviewer einzuhalten hat, und trotz der Versicherung gegenüber den potenziellen Interviewteilnehmer/innen waren einige Eltern, mit denen ein Interview geplant war, nicht davon zu überzeugen, dass ihre persönlichen Daten nicht an Dritte weitergegeben werden. Einige Interviewte hatten großes Misstrauen und, da sie in der Vergangenheit schlechte Erfahrungen mit Spionen hatten, existierte bei ihnen die Befürchtung, dass wieder solche „konspirativen Situation" auftreten und ihr Leben in Gefahr geraten könnte. Auch unter den Kindern gab es brüchige Lebensgeschichten. Sie waren aufgrund der Krankheit bzw. Verhaltensstörungen der Eltern emotional betroffen und hatten große Schwierigkeiten, ihre Betroffenheit und schwierige Lebensphasen verbal zu thematisieren (wiederzugeben). Unter den Kindern gab es auch einige, die aus Gründen des Respekts gegenüber den Eltern es subjektiv in Ordnung fanden, von den Eltern misshandelt bzw. geschlagen zu werden. Daher berichteten sie nicht über ihr Befinden und ihre Gefühle.

Es konnte bei einigen Fällen auch festgestellt werden, dass sie Angst und Scham vor ihrer Familie und Umgebung haben und deshalb nur eine harmonische Familiengeschichte im Sinne „familiärer Erwünschtheit" präsentieren. Auf der Basis der Kenntnisse über die Interviewten konnte eine Auswahl getroffen werden, welches Interview aussagekräftig in den Vordergrund gestellt werden kann. Deshalb wurden zwei Familien gewählt, die einigermaßen detailliert ihre Lebensgeschichte wiedergeben konnten, ein längeres Interview anboten und beobachtet werden konnten. Auch spielte es eine Rolle, dass Informationen über diese Familie durch ihre Familienangehörigen und ihren Bekanntenkreis gesammelt werden konnten. Weiterhin beruhte diese Auswahl darauf, dass eine interessante Familienzusammenstellung und -geschichte sich während der Erhebung im Gegensatz zu den anderen Interviewten herausstellte. Die Begründung der Auswahl für die Familie *Dersim* ist, dass Frau *Dersim* sich für den kurdischen Kampf geopfert hat, fast alle ihre Kinder Guerillas sind oder waren und sie trotz ihres Traumas, Alters und ihrer Bedürftigkeit ihre Lebensmotivation nicht aufgegeben hat. Sie versucht immer noch auf eigenen Beinen zu stehen und erhofft sich von ihrem Enkelsohn Unterstützung und Verzeihung für ihre Erlebnisse in der Vergangenheit. Ihre vielfältige Lebensgeschichte und ihr Schmerz spielt ebenso in der Gegenwart des Lebens ihres Enkelsohns eine besondere Rolle. Alleine das Verhältnis und die Konflikte zwischen ihr und ihrem Enkelsohn haben eine bedeutsame, zu hinterfragende Geschichte.

Der Enkelsohn *Pir* ist hingegen ein Jugendlicher, der unabhängig von anderen Personen sein will und sich mehr um sein eigenes Leben kümmern möchte, aber seine Betroffenheit durch die Familiengeschichte und Verantwortung für die Großmutter lieber versteckt. Ohne einen Vater und eine Mutter, nur mit der Großmutter, die auch sehr unter Traumafolgestörungen leidet, wuchs er hier nach seiner Migration, die auch seine Pubertät betraf, auf. Dieses macht die Analyse seiner Lebensgeschichte interessanter und aufschlussreicher.

Die Auswahl der zweiten Familie *Familie Özkürt* ist damit zu begründen, dass eine Fixierung der interviewten Jugendlichen auf den familiären Dialog wegen der traumatischen Vergangenheit der Eltern zu erkennen war. Zwischen Herrn und Frau *Özkürt* gibt es aufgrund ihrer Traumafolgestörungen fast ständig Gewaltmisshandlungen und Konflikte. Die Auswahl dieser Familie begründet sich deshalb erstens damit, dass das Ehepaar wegen ihrer Traumastörungen und der sich daraus entwickelnden, ständigen Gewalt behindert ist, sich in Deutschland zu integrieren und ihre Situation zu reflektieren. Zweitens könnten der gestörte Familiendialog und die Konflikte Auswirkungen auf das Leben und Sozialisation der ihrer Kinder haben. Da die Kinder dieses Ehepaars zwischen 21-22 Jahre alt sind und ein informationsreiches Interview über ihre Lebensgeschichten zustande kam, wurde entschieden, das Interview in die weitere Analyse einzubeziehen und auszuwerten. Eine weitere Begründung war die Möglichkeit, darzustellen, wie die Interaktion unter den Geschwistern, die Lebensgestaltung der Kinder solcher traumatisierten Familien sich entwickelt und wie diese Jugendlichen sich um ihre jüngeren Geschwister kümmern. Schon während des Interviews wurde deutlich, dass die Autonomie dieser Jugendlichen aufgrund ihrer Sorgen um ihre Eltern und Geschwister beeinflusst wird. Daher sollte dies genauer analysiert und wissenschaftlich ausgewertet werden.

Ein späteres Ziel der Interviewerhebung ist auch die Kontrastierung der Ergebnisse in den Interviews. Dafür eignet sich besonders die Kontrastierung der Ergebnisse des Interviews von *Pir* und der beiden Geschwister *Zine* und *Welat*, da diese drei Jugendlichen sich in Bezug auf ihre Sozialisation sehr unterscheiden. Ein anderer Hintergrund der Auswahl dieser beiden Familien ist auch die Problematik der Kinder, ihren Eltern zu helfen und sichtbar zu machen, welche Sozialisationsbedingungen dadurch entstehen können.

Die Auswahl dieser Familien beruht auch darauf, dass es sich um zwei verschiedene Familienkonstellationen handelt. *Pir* besitzt als Familie nur seine Großmutter und seine Eltern sind nicht bei ihm, also leben die erste und dritte Generation zusammen. *Welat* und *Zine* leben mit ihren Eltern und Geschwistern zusammen, d.h. erste und zweite Generation treffen aufeinander. Diese zwei verschiedenen Familienkonstellationen ermöglichen die Untersuchung der Traumawirkungen auf verschiedene Generationen und der Beziehungen in unterschiedlichen Familiengebäuden. Mit anderen Worten soll einmal heraus gestellt werden, wie die traumatische Familien- und Lebensgeschichte einer hoch belasteten Großmutter auf ihr Enkelkind wirkt und wie das Leben und Sozialisation des Enkelkindes sich entwickelt. Auf der anderen Seite, bei der Familie *Özkürt,* sind die Beziehungen und Lebensgestaltungen aufgrund erlebter traumatischer Ereignisse der Eltern sehr von der Lebensweise der Eltern abhängig. In diesem Sinne soll erstens herausgefunden werden wie diese Lebensweise auf die Jugendlichen *Welat* und *Zine* wirkt und welche Unterschiede sich bei den Familienkonstellationen in Bezug auf Sozialisationsbedingungen zeigen.

5.6 Interviewerhebung

Bei der Gesprächsführung wurde auf eine biografisch-narrative Vorgehensweise geachtet. Als erstes wurde bei den Einzelinterviews die Interviewteilnehmer/in gefragt, was sie über ihre Lebensgeschichte erzählen können. Dabei wurde besonders Wert darauf gelegt, dass die Interviewten die Struktur, Aufbau und die Auswahl der Themen selbst bestimmen. Es wurde auch darauf geachtet, dass der Erzählfluss der Interviewten nicht unterbrochen wird. Diese Art der Gesprächsführung unterscheidet sich diametral von stärker strukturierten Erhebungstechniken. Ziel ist es, den Gesprächspartnern die Möglichkeit zu geben, ihr eigenes Relevanzsystem in Hinblick auf den Frageimpetus möglichst unbeeinflusst zu entfalten. Der Nachfrageteil zu weiteren Erzählungen und bereits erwähnten Themen erfolgte erst im zweiten Teil des Interviews.

Im zweiten Teil des Interviews wurde berücksichtigt, dass hinsichtlich offener Punkte, die während der Durchführung des Interviews nicht beantwortet wurden, unter Beachtung von negativen Erlebnissen und aktueller Situationen, nachgefragt wurde.

Intention ist, durch die Interviews Aussagen und Ergebnisse über folgende Ebenen (Themen) zu erhalten

- Lebensgeschichte / Biografie /Lebensbedingungen
- Verhaltensweisen bzw. Störungen der Eltern
- Familiäre Verhältnisse kurdischer Migrant/innen,
- Lebensgestaltung und gesellschaftliche Beziehungen
- Aktuelle Probleme / Tatbestände in der Familie bzw. im Umfeld.

Hierbei ist die Untersuchung der Jugendlichen, die auch Probleme wie Gewalterfahrung, Unterdrückung, Angst, Sucht etc. durch ihre Eltern und Schwierigkeiten mit Sozialisation haben, hervorzuheben. An dieser Stelle ist auch unbedingt zu beachten, dass die Interviews mit jeder Generation einzeln durchgeführt werden, da Kinder vor ihren Eltern nicht alles erzählen wollen und auch umgekehrt. Einzelinterviews stellen hierfür ein geeignetes Instrument dar (vgl. Flick 1998, Merton/Kendall u.a. 1979). Mit dieser Erhebungsmethode wird es zum einen möglich, den Fokus auf individuelle Erfahrungsbestände zu richten und zum anderen die einzelnen und gemeinsamen Erfahrungsräume bzw. Erlebnisse – in diesem Fall besondere Sozialisations- und Lebenserfahrungen der einzelnen Migrant/innen – stärker in die Untersuchung mit einzubeziehen (Vgl. Rosenthal 2008, Bohnsack 2003). Jedes Interview soll sich thematisch auf bestimmte Aspekte beziehen, damit der Einfluss von Traumatisierung der Eltern auf bestimmte Lebensbereiche kurdischer Jugendlicher spezifischer herausgearbeitet werden kann (s. Aufzählung). Dies betrifft die eigene Herangehensweise wie auch die Sichtweisen der Betroffenen. Nicht nur der Blickwinkel auf die spezifischen Verhaltensmuster und Problemlagen von Frauen und Männern ist unterschiedlich, ebenso unterliegt die Selbsteinschätzung der Betroffenen geschlechtsspezifischen Mustern. Dies gilt auch für die Verarbeitung traumatisierender Erlebnisse (Vgl. Esser 2008, von Lewinski 2006, Nestvogel 2004). Im Rahmen qualitativer Erhebungsmethoden sollen Interviews mit der ersten und der nachfolgenden Generation von kurdischen Flüchtlingen aus der Türkei, die jetzt in Deutschland leben, durchgeführt und die unterschiedlichen Lebenserfahrungen analysiert werden. Die Wahl und Beschränkung auf diese Generationengruppe beruht darauf, dass hier präzisere Angaben erwartet werden und Personen dieser Generationen die meisten Erfahrungsaspekte zum Bereich der Flucht mitbringen. Es sollen insbesondere die Kinder, deren Eltern wegen Folter, Verhaftung, Gewalt etc. geflüchtet und traumatisiert sind, untersucht werden. Hier ist zu bemerken, dass das Interview mit den Eltern nur als ein Vorgespräch dient, um Hintergründe und Informationen über ihre Traumata, Verhaltens- und Lebensweisen zu erfahren.

Im Vorfeld des Interviews wurde vermittelt, dass es sich zwar nicht um ein Therapie, sondern um ein Interviewgespräch handelt. Jedoch kann gesagt werden, dass diese Gesprächsführung sozialtherapeutische Maßnahmen verfolgt und den Interviewteilnehmern die Möglichkeit gibt, sich ihres Leben bewusst zu werden. An dieser Stelle schreibt Rosenthal vorsichtig über ihre Erfahrungen mit der biografisch-narrativen Gesprächsführung, die unbedingt beachtet werden sollten:

> „Bereits die Einzelinterviews führen in etlichen Fällen dazu, dass sich unsere Gesprächspartner/innen im Laufe ihrer Erzählung selbst darüber bewusst werden, inwiefern ihre Gefühle, ihr Verhalten und ihre Ängste mit der Familienvergangenheit zu tun haben." (Rosenthal 1999)

5.7 Durchführung der Interviewauswertung anhand eines Beispiels: Biografische Fallrekonstruktion nach G. Rosenthal

Als Vorgehensweise bei der Rekonstruktion ist die abduktive und sequenzielle Analyse angezeigt. Beim abduktiven und sequenziellen Vorgehen geht es darum, dass die Schlussfolgerungen durch Hypothesengewinnung und -prüfung am Einzelfall erhalten werden. Die Abduktion arbeitet, ohne dabei eine Theorie zu folgen, sie ist auf der Suche nach einer Theorie (vgl. Reichertz 2003). Bei der Auswertung von Datenmaterial spielen hierbei die Haupt- und Nebenhypothesen eine wichtige Bedeutung.

Mit der Hypothesenbildung wurden von Anfang bis Ende Schlussfolgerungen gezogen, die für die Fallrekonstruktion und die gewonnene Typenbildung am Einzelfall hilfreich waren. Bei der vorliegenden Arbeit wurden durch die Gewinnung von aufschlussreichen Hypothesen die Hauptaussagen, die für die Fragestellung wichtig sind, verstärkt. Die Hypothesen wurden so lange vor Augen behalten, bis sie sich für den untersuchten Fall als unwahrscheinlich erwiesen. Die Behauptungen, die am Ende der Auswertung übrig blieben, wurden als am Wahrscheinlichsten angenommen. Wichtig ist bei der Abduktion auch, dass nicht nur die Hypothesenüberprüfung, sondern auch die Hypothesengewinnung beurteilt wird.

Im Folgenden wird anhand eines Beispiels die Durchführung der Interviewauswertung nach der biografischen Fallrekonstruktion von Gabrielle Rosenthal verdeutlichend vorgeführt. Dieses Exempel soll die Vorgehensweise der vollzogenen Interviewauswertungen näher erläutern. Es intendiert zu demonstrieren, wie konkret sämtliche Interviewauswertungen durchgeführt und Ergebnisse erzielt wurden. Alle Ergebnisse der empirischen Untersuchungen basieren auf der Grundlage des illustrierten Exempels. Hierbei handelt es sich um die Replikation der Methode von G. Rosenthal auf kurdische Flüchtlingskinder. Ziel dieser Anwendung ist es, die Sozialisationsbedingungen von kurdischen Jugendlichen zu analysieren, deren Eltern traumatisierte Flüchtlinge sind.

Die Untersuchungspartner sind zunächst ein 22 jähriger Junge und seine Familie, die aus dem kurdischen Gebiet der Türkei geflüchtet sind und gegenwärtig in E. wohnen. Bei *Herrn Özkürt* und *Frau Özkürt* sind Traumata diagnostiziert worden, deren Ursachen sich auf die Ereignisse vor der Flucht in die Bundesrepublik Deutschland beziehen.

Bei ***Familie Özkürt*** flüchtete 1991 zuerst der Vater *Herr Özkürt* aufgrund politischer Verfolgung nach Deutschland. Nach den verschiedenen Untersuchungen und Befragungen stellte sich heraus, dass er in Kurdistan (Türkei) schlechte Erfahrungen gemacht hatte. Das Leben war dort bestimmt durch Bedrohungen türkischer Soldaten und Polizisten, Verfolgung, Gewalt, Diskriminierung etc. *Herr Özkürts* Bruder wurde vor seinen Augen von türkischen Soldaten solange geschlagen, bis er in Ohnmacht fiel. Sein Bruder und auch der Vater von *Herrn Özkürt* sympathisierten mit und unterstützten die kurdischen Zapatisten nach ihren Möglichkeiten. *Herr Özkürt* musste auch immer wieder mitansehen, wie die Bewohner seines Dorfes von der türkischen Armee terrorisiert und ungerecht behandelt wurden. Diese Erlebnisse, sowie der Zwang zur kulturellen Assimilation und das Verbot seiner Muttersprache Kurdisch, brachten ihn in Schwierigkeiten bezüglich seiner Identität. Er wurde mehrmals beschuldigt, dass er den Zapatisten geholfen habe. Zur seiner Sicherheit musste er dann seine Heimat verlassen. Seine beiden Kinder *Zine* und *Welat* und seine Frau musste er zurücklassen. *Herr Özkürt* flüchtete in die BRD und beantragte Asyl. Er lebte zunächst im Asylheim in der Stadt W. und arbeitete ab und zu auf illegaler Basis. Nach ein paar Jahren holte er seine Ehefrau und seine Kinder *Welat* und *Zine* mit Hilfe von Fluchthelfern nach Deutschland. Bis die *Familie Özkürt* eine Aufenthaltserlaubnis bekam, lebte sie in einem Zimmer im Asylheim der Stadt W. Die Familie Özkürt verbrachte fast elf Jahre im Asylheim. In dieser Zeit kann man von einer finanziellen Notsituation sprechen. Die Familie lebte bis zur Sicherung des Aufenthaltsstatus von Sozialhilfe. Nach den Erzählungen von *Welat, Zine, ihrem Onkel Soro, dem Hausarzt und noch ein paar Nachbarn* leiden die Eltern schon seit ca. 20 Jahren an Depressionen. Derzeit arbeitet *Herr Özkürt* in einer Fabrik zur Eisenherstellung. Zwei weitere Kinder Rojda (9 Jahre alt) und Zilan (11 Jahre alt) wurden im Exil geboren. Die Tochter Zilan leidet unter Depressionen und Asthma. Mit ihr ist es nicht möglich, über Probleme zu reden. Sie reagiert sehr emotional.

Herr Özkürt lebt bis zum heutigen Tag mit seiner Frau zusammen. *Frau Özkürt* kümmert sich um den Haushalt. Sie ist Analphabetin und hat immer nur im Haushalt gearbeitet. Kontakt hat sie nur mit ihren Landsleuten aus der kurdischen Heimat. Sie beherrscht die deutsche Sprache nicht. *Frau Özkürt* hat in der Türkei keine direkte Erfahrung mit Verhaftung oder Misshandlung durch Sicherheitskräfte gemacht, sie erkrankte jedoch psychisch aufgrund des Assimilationsdrucks in der Türkei und der starken Diskriminierung und Unterdrückung der kurdischen Bevölkerung. Die Beziehung in der Familie funktioniert seit 15 Jahren nicht gut. Innerhalb der Familie fand öfter Gewalt statt.

Hier geht es darum, das Interview von *Welat* nach der rosenthal'schen Methode biografischer Fallrekonstruktion (Bohnsack 2003/Rosenthal 2011/Schütze 1983) auszuwerten. Die biografische Fallrekonstruktion als Methode wurde konzipiert, um die Deutung des Interviews nicht nur auf die Gegenwart zu kaprizieren, sondern auch einen Bezug zur Lebensgeschichte herzustellen. Weiterhin soll durch die biografische Rekonstruktion ermöglicht werden, die Einflüsse der Familienvergangenheit auf die Gegenwart der Interviewten zu analysieren und zu entschlüsseln. Das Anliegen des Verfahrens, bei dem verschiedene Methodenansätze verknüpft wurden, kann wie folgt begründet werden:

> „Es ist vor allem dem Anliegen geschuldet, in analytisch getrennten Auswertungsschritten sowohl die Gegenwartsperspektive als auch die Perspektive des Handelnden in der Vergangenheit zu rekonstruieren." (Rosenthal 2011, S.186).

Die biografische Fallrekonstruktion besteht aus folgenden Auswertungsschritten:

Tabelle 4 Biografische Fallrekonstruktion Quelle: (vgl. Rosenthal 2011, S.187)

1.	Sequenzielle Analyse der biographischen Daten – Ereignisdaten – (gelebtes Leben)
2.	Text- und thematische Feldanalyse – sequenzielle Analyse der Textsegmente des Interviews – Selbstpräsentation (erzähltes Leben)
3.	Rekonstruktion der Fallgeschichte (erlebtes Leben)
4.	Sequenzielle Feinanalyse einzelner Textstellen (kann jederzeit erfolgen)
5.	Kontrastierung der erzählten mit der erlebten Lebensgeschichte
6.	Typenbildung

Quelle: (vgl. Rosenthal 2011, S.187)

Hier ist noch zu bemerken, dass der vierte Auswertungsschritt (sequenzielle Feinanalyse einzelner Textstellen) nicht einer Linearität folgt und die anderen Auswertungsschritte validitätststeigernd ergänzt. Es macht mehr Sinn, diesen Schritt in die anderen Phasen der Auswertung zu integrieren.

Insgesamt dienen diese Auswertungsschritte der mehrebigen Betrachtung und helfen somit, die Wahrscheinlichkeit von Fehldeutungen zu reduzieren. Bei vorliegender Studie geht es besonders darum, die Folgen der Traumatisierung auf die nachfolgende Generation kurdischer Flüchtlinge zu erforschen bzw. zu analysieren. Als nächstes sollen hier die einzelnen Schritte beschrieben und erläutert werden, damit die Vorgehensweise bei der Interviewauswertung nachvollziehbar wird.

5.7.1 Sequenzielle Analyse der biographischen Daten – Ereignisdaten (gelebtes Leben)

Bei diesem Schritt geht es darum, die allgemeinen Grunddaten z.B. Geburtsdatum, Wohnort, Beruf, Krankheiten, Verhaftungen, gesellschaftliche Aktivitäten, Familiengründung etc. in der chronologischen Reihenfolge der Erlebnisse in der Biografie der Interviewten zu analysieren. Hierbei werden aber an die Interpretationen des Interviews gebundene Daten nicht berücksichtigt. Es geht hier um die Grunddaten der Biografie des Interviewten, kleinere Lebensabschnitte werden nicht in den Vordergrund gestellt. Außer den Interviewerhebungen werden bei diesem Schritt auch alle anderen Daten wie Fotoalben, Arztberichte, behördliche Dokumente, Gespräche mit anderen Familienmitgliedern, anderen Bezugspersonen und Lehrern gesammelt. Neben den biografischen Datenerhebungen sind hierbei nach Rosenthal auch die verschiedenen Sozialisationsbedingungen, Hintergründe und entwicklungspsychologischen Ebenen der jeweiligen Lebensabschnitte zu betrachten.

Nachdem alle Grunddaten gesammelt sind, wird die Biografie der Interviewten aufgestellt. Wichtig ist hier zu bemerken, dass bei diesem Schritt auf die Selbstdeutungen der Interviewten nicht eingegangen wird. Vielmehr erfolgt die Zusammenstellung der Biografie danach, was die Person in dem jeweiligen Lebensabschnitt erlebt haben könnte. Die Biografie von *Welat* konnte nur mit Hilfe der Informationen seiner Eltern und seiner Schwester aufgestellt werden, weil er aufgrund seiner Lebensweise nur mit seiner Familie Kontakt hat. Die Verfahrenstechnik der sequenziellen Analyse der biografischen Daten ist auch ein Bestandteil verwandter Auswertungsprogrammatiken wie der objektiven Hermeneutik (Oevermann) oder der sozialwissenschaftlichen Hermeneutik (z.B. Soeffner, Kurt). Es geht darum, sich zu fragen, welche Handlungsalternativen für eine Person in einer konkreten Situation entstehen. Rosenthal legt an dieser Stelle großen Wert auf die Formulierung von Ulrich Oevermann und seinen Kolleginnen: „vernünftigerweise d.h. nach Geltung des unterstellten Regelsystems […] in einem spezifizierten Kontext bei Konfrontation mit einem spezifizierten Handlungsproblem tun könnte oder tun sollte." (Oevermann u.a. 1979 nach Rosenthal 2011,189)

Bei jeder Auslegung eines Grunddatums werden Folgehypothesen formuliert, um zu erkennen und zu analysieren, welche Änderungen im Leben der Interviewten möglich waren. Diese Vorgehensweise wird bei jedem Grunddatum fortgeführt. Die tentativen Handlungsmöglichkeiten werden mit fortschreitender Analyse in der Regel weniger, so dass als Ergebnis des Auschlussverfahrens nur noch einige Hypothesen für die weitere Verlaufsanalyse der Biografie in Frage kommen. Bei *Welat* wurde als erstes berücksichtigt, wie er ins Asylheim kommt und wie er seine Kindheit in diesen Wohnverhältnissen (enge Räumlichkeiten und wenig

Freiraum) erlebt. Diese Hypothesen werden dann für weitere Interpretationen benutzt, wobei sie für entstehende Fragestellungen bezüglich der Lebensbedingungen von interviewten Familienangehörigen Hinweise geben können. Das Fazit dieses Auswertungsschrittes ist wiederum nützlich als Vorlage für die danach folgenden Operationen. Die Grunddaten in *Welats* Leben betreffen seine Geburt, seine Flucht, seine Kindheit im Asylheim, seinen Schulwerdegang und seine familiäre, gesellschaftliche und politische Situation. Wie bereits ausgeführt, wird hier mit dem ersten Datum angefangen:

5.7.1.1 Datum: Geburt und Flucht

Welat wurde 1988 in Kurdistan / Serhat / T. geboren. Ein paar Monate nach *Welats* Geburt verließ sein Vater Kurdistan/ Türkei, als die Mutter schwanger war. Ungefähr sechs Monate nach der Flucht seines Vaters bekam er eine Schwester namens *Zine*. *Welat* lebte mit seiner Mutter und Schwester bei seinen Großeltern. Ihre sozioökonomische Lage war damals nicht gut. In *Welats* Wohnort gab es viele militärische Operationen wegen der Unterstützung der Kurdischen Arbeit Partei (PKK). *Welat* musste daher schon als kleines Kind diese Auseinandersetzungen und Konflikte zwischen kurdischen Separatisten und der türkischen Armee erleben. Außerdem musste er die gewaltsame Durchsuchung der Häuser in den kurdischen Dörfern durch türkische Soldaten miterleben. Mit drei Jahren floh er mit seiner Schwester und Mutter nach Deutschland. Sie wurden von ihrem Vater, der seit drei Jahren in Deutschland war, noch keinen Pass hatte und im Asylheim V., Kreis M., lebte, auf illegale Weise nach Deutschland geholt. Dabei erlebten Sie wahrscheinlich große Schwierigkeiten.

Hier ist zu berücksichtigen, dass *Welats* Vater wegen politischer Verfolgung und Folterung seines Bruders, die ihm Angst machte und weil er selber sich in Gefahr befand, geflüchtet war. Daher blieb Welat drei Jahre ohne seinen Vater im Dorf T. / Kurdistan. Sein Vater Herr Özkürt hatte aufgrund der Flucht traumatische Erlebnisse. Die traumatisch erlebten Erfahrungen entfalten bis heute ihre symptomatische Wirkmächtigkeit. Die Mutter blieb mit ihren zwei Kindern alleine und hilflos. Sie hatte nur ihre Schwiegereltern, die ihr helfen konnten, aber ihre ökonomische Lage war depriviert.

Somit könnten die ersten Behauptungen zu der Lebensgeschichte von *Welat* folgen:

1.1: Welat wird zu seiner Mutter eine größere Bindung haben, denn bis er drei Jahre alt wurde, sah er seinen Vater nie. Da der Vater sie, als *Welat* noch klein war, verlassen hat, kann er seinen Vater, als er in Deutschland ankommt, nicht erkennen. Der Vater wird für ihn ein Fremder sein und es vielleicht auch einige Jahre bleiben. Dies kann auch in den weiteren Jahren ein Problem sein. Daher kann es gut sein, dass die Bindung bzw. die Beziehung zum Vater nicht so gut funktioniert, wobei hier natürlich auch der Umgang des Vaters mit seinem Sohn eine große Rolle spielt. Je nachdem, welcher Elternteil mehr Nähe zeigt, so wird sich wahrscheinlich auch die zukünftige Beziehung und Bindung von Welat zu seinen Eltern erklären lassen. Da der Vater traumabedingte Verhaltensstörungen hat, kann es sein, dass er es nicht schafft, mit seinen Kindern eine positive Beziehung aufzubauen. Es kann sein, dass er aufgrund seiner eigenen Probleme seine Kinder nicht erfolgreich bzw. hinreichend unterstützen kann.

1.1. a: Wenn es der Fall ist, dass sich Welat mit seinem Vater nicht gut versteht, dann kann es sein, dass es in der späteren Zeit zu Konflikten innerhalb der Familie kommt und Welat seinem Vater gegenüber Schuldgefühle aufweist. Dann wird er auch seine Mutter vor seinem Vater beschützen wollen, da der Vater sie verlassen und nicht mitgenommen hat.

Von der Schwester Zine konnte erfahren werden, dass Welat in der Schule Probleme hatte, Freundschaften aufzubauen.

1.1. b: Dies könnte aufgrund seiner Sprachkenntnisse gewesen sein. Es mag sein, dass er in der Schule mehr Unterstützung gebraucht hätte, aber die Eltern ihm nicht adäquat helfen konnten und er sich deshalb von der Gesellschaft zurückgezogen hat. Auch die Schuld dafür kann Welat dem Vater zuschreiben.

1.1. c: Welat kann überhaupt nicht nachvollziehen, was eine politische Verfolgung ist und kann seinen Vater nicht verstehen. Deshalb gibt er die Schuld der erlebten Schwierigkeiten in einem fremden Land dem Vater. Die Mutter erlebt er hilflos.

1.1. d: Es kann sein, dass er seinen Vater aufgrund nicht erfüllter Kindheitswünsche nicht mag. Hier kann auch angenommen werden, dass Welat als Kind große Probleme haben wird, seine damalige Benachteiligung zu bearbeiten und kann deshalb als Reaktion seine Gefühle unterdrücken. Die Folge kann ein schüchterner, zurückhaltender, hilfloser Mensch sein.

1.1. e: Wenn der Vater ihm sich nicht nähert, wird Welat sich auch zurückhalten, so dass er auch in seiner Jugend keine Bezugsperson haben wird. Der Vater wird für ihn kein Vorbild sein. Ihm wird die Freundschaft des Vaters fehlen. Es könnte auch davon ausgegangen werden, dass er von seinem Vater für die Phasen des Sozialisationsprozesses nicht gut vorbereitet wird. Er wird immer einen Vater vermissen, der wie ein Freund zu ihm ist.

1.1. f: Er wird später ein Fach studieren oder eine Ausbildung machen, die nicht den Interessen des Vaters entspricht.

Als Gegenbehauptungen können folgen:

1.2: Nachdem Welat nach Deutschland geflüchtet ist, wird er sich an seinen Vater gewöhnen und die Beziehung wird gut funktionieren. Was in der Vergangenheit bzw. in den jüngeren Jahren seiner Kindheit passiert ist, wird auch „dort bleiben."

1.2.a: Mit der Zeit wird er die Situation seines Vaters nachvollziehen können und seine Handlung für richtig halten. Er wird dieselbe Positionierung in Betracht auf die kurdische Situation haben. Er wird mit seinem Leben zufrieden sein.

1.2.b: Andererseits wird vielleicht die Beziehung zu seiner Mutter nicht mehr so gut sein, weil die Mutter wegen der Vater-Sohn-Beziehung eifersüchtig auf ihren Mann sein kann. Die Mutter kann wegen ihrer Erlebnisse, als sie allein in Kurdistan war, Rachegedanken gegenüber ihrem Mann entwickeln.

5.7.1.2 Datum: Die Zeit im Asylheim

Nachdem *Welat*, seine Mutter und Schwester in Deutschland angekommen waren, mussten sie im Asylheim leben. Welat soll sechs Jahre lang mit seiner Familie im Asylheim gelebt haben. Sie hatten dort nur ein Zimmer und die Küche, das WC mussten sie mit anderen Familien teilen. Die Symptome eines Traumas traten auf, der Vater befand sich nicht in Behandlung. Seine Eltern stritten sich während ihres Aufenthalts im Heim oft. Es kam dabei auch zu Schlägereien. Welat selber wurde dabei manchmal auch beschimpft und geschlagen. Wenn der Vater aufgrund seines Traumas in eine Krise fiel oder Halluzinationen hatte, ging er auf Welat zu und fing an, ihn mit Wörtern wie „Zuhälter! Du türkischer Spion, Verräter!" etc. zu beschimpfen und zu schlagen. Während Sie im Asylheim lebten, besuchte Welat die Grundschule. Die dritte Klasse musste er wiederholen. Bis er die dritte Klasse verließ, lebten sie noch im Asylheim in V., da sie erst dann eine Aufenthaltserlaubnis (1998) bekamen. In der Schule hatte Welat nicht so viele Freunde. Sein einziger Freund war ein deutscher Junge, der nach den Aussagen von *Welats* Schwester *Zine* einen ähnlichen Charakter wie Welat hatte. Diese Freundschaft war aber nur auf die Schule begrenzt. Von der Schwester und Mutter wurde auch erfahren, dass die meisten Kinderwünsche von Welat – wie z.B.: Spielzeuge, Gameboyspiele kaufen und ähnliches – nicht erfüllt wurden. Welat und seine Schwester Zine verstanden sich im Kindesalter nicht so gut, öfters kam es zu Schlägereien und Streitigkeiten.

Die ersten Symptome des Traumas des Vaters Herrn Özkürt zeigten sich im Asylheim, in dem die Wohn- und Lebensverhältnisse nicht einfach waren. Der

Vater hatte nachts Alpträume und wachte weinend auf. Er hatte auch große Angst um sich selbst und seine Familie: Er ließ seine Familie nicht rausgehen, da er sich und seine Familie bedroht fühlte. Seine Frau war öfter hilflos und soll angefangen haben, ihn zu provozieren, da sie auf die Gedanken und Probleme ihres Mannes keine Lust mehr hatte. Die Kinder verstanden nicht, was los war.

2.1 Haupthypothese

Welat hatte eine schwierige Kindheit und lebte mit seiner Familie in Armut, weil der Vater aufgrund seines Aufenthaltsstatus nicht auf legale Weise arbeiten durfte. Deshalb hatte der Vater nicht immer Arbeit und somit auch kein genügendes Einkommen. Sie waren auf staatliche Leistungen angewiesen. Auch wenn die finanzielle Lage gut wäre, hatten sie aufgrund ihres Aufenthaltsstatus nicht die Möglichkeit, das Asylheim zu verlassen. Hier muss auch wieder das Trauma des Vaters berücksichtigt werden. Vielleicht wollte Herr Özkürt das Geld nicht für seine Familie ausgeben, weil er wegen seines Traumas misstrauisch bzgl. ihrer Zukunft war, Sorge und Zweifel hatte und das Geld deshalb für schwierige Zeiten aufheben wollte. Es kann sein, dass er damit rechnete, dass sie wieder flüchten müssen bzw. abgeschoben werden. Welat und seine Familie fühlten sich im Asylheim eingeengt und nicht wohl. Er und seine Schwester hatten keinen Platz, ihre Kindheit zu erleben und zu genießen. Das Trauma des Vaters hatte auch Auswirkungen auf das Leben von *Welat*. Er litt unter den Schlägen seines Vaters besonders, so dass er mit seinem Vater nie eine gute Beziehung haben wird. Außerdem können die Schläge und Erniedrigungen des Vaters bei ihm zu einer nicht selbstbewussten, sondern ängstlichen und zurückhaltenden Persönlichkeit führen.

Folgehypothesen

2.1. a: Welat wird die Schuld an seinen schlechten Lebensbedingungen dem Vater geben und ihn immer um eine Erklärung dafür bitten. Dieses Leiden wird Welat immer verfolgen. Er wird ein unzufriedener Mensch sein.

2.1. b: Er wird immer wieder versuchen, das Handeln seines Vaters zu verstehen. Deshalb wird er wieder nach Erklärungen suchen. Einerseits wird er seinen Vater nicht mögen, weil er keine angenehme Kindheit hatte, aber andererseits wird ihm sein Vater Leid tun, weil der Vater psychisch krank ist. Aufgrund des Streites zwischen den Eltern wird er sehr betroffen sein und wird versuchen, sich zu positionieren. Mit großer Wahrscheinlichkeit wird er auf der Seite seiner Mutter sein.

2.1. c: Sein Sitzenbleiben in der Schule kann damit zu tun haben, dass er von den Eltern nicht genug Unterstützung bekommen hat und sich aufgrund der häuslichen Situation nicht konzentrieren konnte.

2.1. d: Er hatte wenige Freunde und Probleme, Freundschaften aufzubauen, da er nicht daran gewöhnt war, an der Gesellschaft teilzunehmen. Das kann damit zu tun haben, dass er sich schämte. Weil er sich schämte, konnte er vielleicht über die Probleme mit seinen Eltern mit niemandem sprechen. Dies wird ihn weiterhin verfolgen, so dass er ein schüchterner Mensch wird und vielleicht sogar Probleme mit dem gesellschaftlichen Leben hat.

2.1. e: Der Streit und die mit körperlichen Auseinandersetzungen einhergehende dissonante Beziehung der Eltern kann dafür sorgen, dass er eine ängstliche und zurückhaltende Person wird. Das könnte damit enden, dass er Angst hat, später eine Familie zu gründen. Deswegen kann es auch sein, dass Welat nicht mit Risiken und komplexen Situationen umgehen kann.

2.1. f: Er wird sich an seinem Vater rächen.

Gegenhypothesen könnten hier sein:
2.2 Haupthypothese
Die Armut kann bei ihm dazu führen, dass er ein sparsamer Mensch wird. Wegen des Aufenthaltsstatus der Familie während der Zeit im Asylheim wird er seinem Vater für dessen Handeln Recht geben. Er wird die Situation nachvollziehen können. Da Welat aus einem patriarchalischen Familiensystem kommt, wird er das, was sein „sakrosankter" Vater tut, immer für richtig halten.

Folgehypothesen

2.2. a: Da er keine schulische Unterstützung von seinen Eltern bekam, holte er Hilfe von außen. Seine Freundschaft mit einem Deutschen könnte damit zu tun haben.

2.2. b: Mit der Zeit könnte er seinen Vater verstehen und merken, dass er selbstständig sein muss. Nach dieser Initiative funktionierte alles besser und er wird bei seiner Ausbildung erfolgreicher.

2.2. c: Aufgrund des väterlichen Ausfalls wird er sich als ältestes männliches Kind zuständig fühlen, dessen Rolle für die Familie zu übernehmen. Er wird anfangen, nach einer Lösung für die Streitigkeiten zu suchen.

2.2. d: Er wird wegen der Probleme seiner Eltern seine eigene Probleme und entwicklungsbedingten Bedürfnisse vernachlässigen.

5.7.1.3 Datum

Nachdem Welat in die vierte Klasse versetzt wurde, zog die Familie in eine Wohnung in V. um. Welat und seine Familie hatten dort viele kurdische Nachbarn. Ein Jahr später ging Welat auf die Realschule und schloss die Schule mit Qualifikation ab. Der

Vater wurde nicht behandelt, so dass seine Verhaltensstörungen persistierten und sich die Probleme zu Hause häuften. Welat ertrug diese Probleme nicht, so dass sich bei größeren Auseinandersetzungen der Familie bei ihm (immer noch aktuell) Weinanfälle einstellten. Nach der Realschule ging er auf eine Gesamtschule, um sein Abitur zu machen. In den Sommerferien nach der Beendigung seines Abiturs reiste er mit seiner Mutter in die Türkei und verliebte sich dort in ein Mädchen. Die Beziehung dauerte nicht lange. Danach fing er, motiviert durch seine Schwester und seinen Onkel, an, in einem kurdischen Studenten-Verband aktiv zu werden. Ab dem Wintersemester 2008 besuchte er einen universitären Studiengang mit Richtung Elektrotechnik. Nach zwei Semestern wechselte er aber auf eine Fachhochschule. Er interessiert sich sehr für Computer und half vielen Personen freiwillig bei Computerproblemen. Zurzeit studiert er an einer Fachhochschule in Berlin den Studiengang Informatik.

3.1: Nachdem die Familie Özkürt aus dem Asylheim ausgezogen ist, ging es Welat besser und er konnte sich mehr auf die Schule konzentrieren. Seine Noten wurden besser und er ist zufrieden. Sein allgemeiner Zustand hat sich verbessert. Er wird sich jetzt trauen, mehr Interesse für die Gesellschaft zu zeigen. Sein Selbstvertrauen hat sich entwickelt. Er braucht sich nicht mehr zu verstecken, weil er im Asylheim gelebt hat. Vielleicht hatte er Identitätsprobleme und wollte in der Gesellschaft einen Platz und eine Position bekommen. Er hat gemerkt, dass ihm ein Studienfach wie Informatik näher steht. Die Gewalt und andere negative Erlebnisse seitens der Eltern hatten auf ihn negative Einflüsse: Er ist ein pessimistischer Mensch geworden. Er hatte zumeist negative Vorstellungen über sein Leben.

Folgehypothesen

3.1. a: Das politische Engagement wird ihm gut tun und er wird ein aktives Mitglied bleiben. Er schafft sich durch den Verband neue Kontakte.

3.1. b: Solange er in dieser politischen Organisation bleibt, kann es sein, dass er großes Interesse für Politikwissenschaften oder ähnliches zeigt. Es ist möglich, dass seine Kariere von dieser Organisation beeinflusst wird.

3.1. c: Er wird studieren und Karriere machen wollen.

3.1. d: Er wird sich nicht mehr trauen, in eine Beziehung zu gehen, weil er enttäuscht wurde.

3.1. e: Welat weiß, was er will, oder jemand hat ihn überzeugt, Informatik zu studieren. Dann kann es aber sein, dass er, um richtig zu entscheiden, immer Unterstützung brauchen wird.

3.1. f: Die Umgebung hat ihm viel Druck gemacht, damit er seinen Studiengang wechselt. Er zeigte keinen Widerstand und ließ sich davon überzeugen. Es könnte aber auch sein, dass er durch das Lob der Personen, denen er geholfen hat, beeinflusst wurde. Wenn er immer auf das Lob anderer Personen zählt, kann es sein, dass er am Ende seines Studiums nicht mehr zufrieden ist.

3.1. g: *Welat* wird immer über die Probleme der Familie sprechen und nach einer Lösung suchen, die ihn weiter bringt. Seine Fixierung auf die Familienvergangenheit wird ihn später zur Findung einer Lösung für die familiären Probleme suchen lassen.

Gegenbehauptung

3.2. a: Er hat an diesen politischen Aktivitäten teilgenommen, weil er nicht Nein sagen konnte. Wenn das der Fall ist, wird er wahrscheinlich nicht lange Mitglied bleiben.

3.2. b: Die Erfahrung mit seiner Freundin wird ihm helfen, in seinen Beziehungen vorsichtiger zu sein. Er wird ein Mädchen finden, mit dem er glücklich sein kann.

3.2. c: Auch während der Beziehung mit seiner Freundin wurde er von seinem Umfeld beeinflusst. Er wäre vielleicht mit diesem Mädchen glücklich gewesen, wenn er auf seinen eigenen Willen bzw. Wünsche gehört hätte.

3.2. d: Der Studiengangwechsel wird ihm gut tun, er wird besser zurecht kommen.

3.2. e: Wenn Welat nicht bei seinen Eltern wohnt, wird er sich mehr um sein Studium und seine Entwicklung kümmern können. Er wird nicht mehr ständig mit den Problemen der Familie zu tun haben.

3.2. f: Es kann auch sein, dass seine pessimistische Sicht ihm hilft, besser mit Risiken und anderen Schwierigkeiten in seinem Leben um zu gehen.

Der erste Auswertungsschritt ermöglicht es, bei den nächsten Auswertungsphasen die Hintergründe einer Handlung zu analysieren. Die erste Phase ist also das Grundmaterial, das zur weiteren Analyse von großer Bedeutung ist. Beim zweiten Auswertungsschritt hilft das Ergebnis des ersten Auswertungsschritts, um sich zu fragen, warum der Interviewte z.B. einen Lebensabschnitt wie Folter, Verhaftung etc. nicht erzählt oder über einen anderen Lebensabschnitt lange erzählt. Bei dem Interview mit Welat ging es mehr darum, welche Probleme seine Eltern haben. Er erzählte weniger über seine Probleme. Dass er keinen guten Kontakt zu seinem Vater hat, wurde von seiner Schwester berichtet. Er selbst neigte dazu, diese Fakten zu verheimlichen, was natürlich die Frage folgen lässt, warum er es verschweigt. Durch solche Betrachtungen können die Kontexte der erzählten Lebensgeschichte besser erforscht werden. D.h. dadurch wird dafür gesorgt, dass bei der Auswertung die Fragen nach dem Warum, Weshalb, Wieso, Wie etc. betrachtet werden, was auch zur Vertiefung der Fragestellung führt. Wichtig ist es hier, eine Strukturhypothese auszuarbeiten, was die Biografie ausmacht.

Es kann angenommen werden, dass *Welat* wegen der Gewalt und Konflikte in der Familie seit längerer Zeit leidet. Die Gewalt und andere negative Erlebnisse und Erfahrungen in der Familie haben ihn so geprägt, dass er zurückhaltend und nicht selbstbewusst ist. Wegen seiner Hilflosigkeit bei diesem familiären Problem fühlt er sich schuldig und hat Probleme, über seine eigenen Emotionen und Probleme zu sprechen bzw. diese zu teilen. Die Traumatisierung der Eltern blockierte die Wahrnehmung seiner eigenen Lebensmotive.

5.7.2 Text- und thematische Feldanalyse – sequenzielle Analyse der Textsegmente des Interviews – Selbstpräsentation (erzähltes Leben)

Der zweite Auswertungsschritt besteht aus einer Entwicklung, bei der Rosenthal die theoretischen Ausführungen von Aron Gurwitsch zur thematischen Feldanalyse und deren methodischer Umsetzung durch Wolfgang Fischer und die von Fritz Schütze ausgearbeitete Methode der Textanalyse mit dem sequenziellen und abduktiven Vorgehen verbindet. Diese Auswertungsphase bezieht sich auf die Selbstpräsentation und Gegenwart der Interviewten. Hierbei wird die Entstehung der in der Gegenwart gemachten Erzählungen über die Biografie der Interviewten analysiert. Der Forscher interessiert sich bei diesem Auswertungsschritt nicht für das Erlebte. Es wird mehr analysiert, weshalb sich der Interviewte so und nicht anders darstellt. Im Interview von Welat ist eine dauerhafte Fixierung auf die Gewalt seiner Eltern zu erkennen. Er erzählt immer wieder in langen Abschnitten darüber. Hier ist deshalb zu untersuchen, warum er immer wieder darüber berichtet und seine eigene Lebensweise bzw. -geschichte in die zweite Reihe schiebt.

Für die Analyse in diesem Schritt sind folgende Fragen relevant:

1. Weshalb wird dieser Inhalt an dieser Stelle eingeführt?
2. Weshalb wird dieser Inhalt in dieser Textsorte präsentiert?
3. Weshalb wird dieser Inhalt in dieser Ausführlichkeit oder Kürze dargestellt?
4. Was könnte das Thema dieses Inhalts sein bzw. was sind die möglichen thematischen Felder, in die sich dieses Thema einfügt?
5. Welche Lebensbereiche und welche Lebensphasen werden angesprochen und welche nicht?
6. Über welche Lebensbereiche und Lebensphasen erfahren wir erst im Nachfrageteil und weshalb wurden diese nicht während der Haupterzählung eingeführt? (Rosenthal 2011, S. 200)

Durch das Reflektieren dieser Fragen soll ein vertieftes Verständnis erlangt werden, was dazu führt, dass der Interviewte diese Themen seiner Lebensgeschichte vorstellt und die Erzählungen über seine Biografie so strukturiert. Diese Fragen sollen auch bei der Hypothesenbildung hilfreich sein, damit die Themen der Lebensgeschichte von Interviewteilnehmer/innen mit verschiedenen Blickwinkeln analysiert werden können. Hier ist auch von Vorteil, die erzählte Lebensgeschichte in sequenzielle Abschnitte aufzuteilen, damit eine sequenzielle Analyse über die Selbstpräsentation der Interviewten durchgeführt werden kann.

Für die Analyse der Selbstpräsentation von Welat kann folgende zeitliche Aufteilung des Interviews betrachtet werden:

Tabelle 5 Inhaltsverzeichnis des Interviews von Welat

1/	Beginn	Biografie von Welat und seiner Familie
1/4	Erzählung	Einreise in Deutschland 1992
1/8	Begründung	Schwierigkeiten in Deutschland und in der Schule wegen Sprachproblemen und Fremdsein
1/10	weitere Begrün dung	Nennung des Aufenthaltes im Heim und ausländische Kinder im Heim. Schulzeit: Sitzenbleiben in der dritten Klasse aufgrund schlechter Freunde
1/15	Beschreibung	Aufschwung in der Schule, Erhaltung der Aufenthaltserlaubnis, Auszug aus dem Heim. Weitere Schulbildung
1/20	Evaluation	*„Hmm, war sehr erfolgreich gewesen. Dort habe ich dann Realschulabschluss bekommen mit einer Qualifikation.“*
1/29	Selbstaussagen	Keine Unterstützung von den Eltern, nur Anforderungen
1/32	Wiederholung	Sprachprobleme mit der deutschen Sprache
1/36	Evaluation	Angst vor seinen Eltern
1/42	Beschreibung	Streitigkeiten der Eltern seit Aufenthalt im Asylheim in Deutschland
1/43	Positionierung	*„Eeh, es gab immer Druck von meinem Vater zu meine Mutter.“*
2/55	Interviewer	Leben in Asylheim
2/56	Evaluation	*„Also es war sehr quälsam“*
2/57	Beschreibung	Wohnverhältnisse im Asylheim
2/60	Erzählung	Ablauf eines Tages in der Kindheit im Asylheim
2/74	Darstellung	Obwohl er nach der Beziehung zu seinen Geschwistern gefragt wird, erzählt er über die Streitigkeiten und Probleme zwischen den Eltern und Geschwistern.
2/87	Weitere Darstellung	Erzählt immer noch über die Probleme mit den Eltern und der Gewalt seines Vaters. Hier wird auch seine Angst dargestellt.
2/101	Evaluation	*„Es war auch ein psychischer Druck auf mich auch auf gesellschaftlicher Ebene.“* (er schämte sich für seine Eltern)

3/108	Wiederholung	Gewalt zu Hause. Er erzählt, dass die Gewalt für ihn ein Ritual geworden ist.
3/117	Argumentation	Schwierigkeiten, Freundschaften aufzubauen aufgrund familiärer Probleme
3/127	Ignoranz	Keine Antwort auf die gestellte Frage. Sondern erzählt, was er lieber darstellen möchte. Schwierigkeiten während des Abiturs; eigene Aussagen: psychischer Druck, ähnlich wie Trauma.
3/133	Wiederholung	Vater übt Druck aus.
3/155	Beschreibung	Keine sozialen Aktivitäten und wenige Kontakte
4/169	Evaluation	*„Dass ich nicht Lust nach draußen hatte, sondern einfach zu Hause einfach den Tag verbringen damit der Tag vorbei ist"*
4/180	Beschwerden	Barriere von Eltern führt zu ökonomischer und privater Abhängigkeit
4/206	Weitere Beschwerden	Eltern wissen nicht, was er studiert, und interessieren sich nicht für sein Studium.
5/221	Wiederholung von Beschwerden	Wieder eine Darstellung der Beziehung der Eltern: Gewalt, Streit. Hier erzählt er, wie er anhaltend von Angst, Sorgen und Problemen betroffen ist.
5/240	Begründung	Er fühlt sich verantwortlich für die Familie, kann deshalb nicht ausziehen, obwohl er will.
5/258	Darstellung	Er möchte keine festen Ziele setzen und hat keine Zukunftspläne.

Quelle: Eigendarstellung

Im Ganzen soll dieser Auswertungsschritt ermöglichen, die Hintergründe der Entwicklung und Selbstpräsentation zu entdecken. Das Ergebnis der erzählten Lebensgeschichte wird dann im vierten Auswertungsschritt mit der erlebten Lebensgeschichte, die in der dritten Auswertungsphase rekonstruiert wird, verglichen.

Anhand der erstellten Tabelle erfolgt dann eine sequenziell bestimmte Hypothesenbildung. Welat beginnt in seinem Interview sofort mit der Ausreise nach Deutschland. Der Zusammenhang kann sein, dass dieser Zeitpunkt für ihn sehr wichtig ist und er eine Lebenswende hierbei sieht. Er möchte vielleicht sofort mit seiner Leidensgeschichte anfangen und seine Opferrolle darstellen. Wie auch weiterhin gesehen werden kann, erzählt er über die Schwierigkeiten in Deutschland und in der Schule aufgrund vielfältiger Integrationsprobleme. Dies könnte die eben erstellte Hypothese verstärken, dass er sich als Opfer darstellen möchte und dass er in seiner Kindheit viele Schwierigkeiten erlebt hatte. Auch kann das damit zu tun haben, dass die Probleme mit der Anreise nach Deutschland angefangen haben. Dann würden auch die Hypothesen (1.1.d) und (2.1) teilweise zutreffen. Bei der weiteren Betrachtung der Präsentation fällt auf, dass er als nächstes das Asylheim und die damals dort wohnenden Kinder in seine Erzählung aufnimmt. Hierbei benennt er nur, dass er andere ausländische Kinder kennenlernte und springt dann auf die Schulzeit. Er berichtet dann, dass er in der dritten Klasse aufgrund seiner „schlechten Freunde" sitzen blieb. Hier kann die Behauptung folgen, dass er wieder zu seiner Leidengeschichte zurückkehren will. Es ist auch interessant, dass er die Schuld des Sitzenbleibens nicht in anderen Gründen, sondern bei seinen „schlechten Freunden" sucht. Diese Aussage könnte auch damit zu tun haben, dass er wegen seiner Erziehung den Gedanken hat, dass seine Freunde ihm schlechte Angewohnheiten beibringen. Es fällt ihm vielleicht leichter, die Schuld auf seine Freunde zu schieben, mithin zu externalisieren. Hier kann auch gefragt werden, warum er nicht über den eigentlichen Grund seines Sitzenbleibens redet. Das könnte damit zu tun haben, dass er sich in dieser Angelegenheit mit den Problemen der Familie lieber zurückhalten möchte und sich für sich und seine Familie schämt. Diese Hypothese kam auch bei (1.1.b) und (2.1.d) vor. Welat zeigt danach auf einmal seinen Erfolg in der Schule auf. Nachdem sie umgezogen sind, erzählt Welat, dass er in der Schule besser wird. Vielleicht will er hiermit darauf hinweisen, dass ihm das Schulleben nach dem Auszug aus dem Asylheim leichter fiel. Dadurch wird deutlich, dass hier die Aussage (3.1) voll zu trifft. Was hier auch noch sein kann, ist, dass er versucht, sein schlechtes Bild aufzubessern. Jetzt möchte er durch seinen Erfolg in der Schule anderen Personen gefallen. Der Zusammenhang könnte auch sein, dass er sich bewusst ist, dass der Interviewer sich dafür interessiert. Das Interview geht danach mit seinem Selbstlob weiter, das wiederum zeigt, wie wichtig es ihm ist, von anderen geschätzt zu werden. Er kann damit versucht haben, seine Probleme zu verdecken und die schönere Seite seines Lebens zu zeigen. Nachdem er ein wenig positive Sachen von seinem Leben erzählt hat, kehrt er wieder zu seinen negativ bewerteten Lebensabschnitten zurück. Keine genügende Unterstützung und nur Forderungen von seinen Eltern wie auch sprachliche Probleme rücken in seiner Lebensgeschichte als nächstes in den Fokus. Hier ist wahrscheinlich wieder die Rolle des Vaters entscheidend.

Die Nicht-Unterstützung durch den Vater hat für ihn womöglich eine große Relevanz für die Schwierigkeiten in seinem Leben. Wenn dies zutrifft, könnten die Hypothesen (1.1.b) und teilweise (3.1.g) in Frage kommen. Er wechselt danach das Thema und leitet zu seinen Ängsten über. Es erfolgt eine Beschreibung seiner Angst aufgrund des traumaevozierten Verhaltens seines Vaters. Der Hintergrund dieser Beschreibung kann die Bitte um Hilfe sein, die er vielleicht bisher von niemandem bekommen konnte. Die oben erstellten Hypothesen (1.1) und (2.1.e) wären dann belegt. Danach kommt eine längere Passage, bei der Welat wieder die Streitigkeiten seiner Eltern beschreibt. Hiermit wird klar, dass dieses Thema für ihn von hoher Relevanz ist und wahrscheinlich auch nochmal die Rede davon sein wird. Der Kontext hierbei kann auch sein, dass die Streitigkeiten, insbesondere die Verhaltensstörungen des Vaters und die sich daraus entwickelnden Sozialisationsbedingungen, schon immer psychischen Druck bzw. Probleme bedeuteten und er selber als Betroffener sich nicht mehr davon lösen kann. Dann träfen auch die meisten Hypothesen (1.1), (1.1.a) (1.1.c), (1.1.d), (2.1.a) und (2.1.b) der ersten Auswertungsphase zu. Nachdem er aufgefordert wurde, über das Leben im Asylheim zu erzählen, wechselt er nach einer kleinen Erzählung darüber wieder zu den familiären Problemen.

Die Streitigkeiten und dauerhafte Gewaltausübung seines Vaters und die daraus entstehende Angst gehören bei seinen Erzählungen zu seinen Hauptthemen. Er kann sich wahrscheinlich von den entstehenden Streitigkeiten und den sich daraus entwickelnden Schlägereien, Erpressung, Drohung, Beschimpfung, Erniedrigung etc. seiner Eltern nicht befreien und sich auf sein eigenes Leben konzentrieren.

Bei der Ängstlichkeit geht es an erster Stelle um seine Mutter, dass der Vater ihr etwas antun könnte und weiterhin um die Sorgen um sich und seine Geschwister. Hierbei fällt auf, dass er nie Angst um seinen Vater hat und ihn eher als eine Bedrohung für die Familie sieht. Hier könnte davon ausgegangen werden, dass bei ihm gegenüber dem Vater ein großes Misstrauen existiert und er selber auch unter der Gewalt des Vaters leidet. Angenommen werden kann auch, dass die *Welats* Distanzierung vom Vater damit zu tun hat, dass der Vater seine Familie schon von Anfang an aufgrund seiner Flucht und seines Trauma vernachlässigt. Dass er seine Sorgen um seine Geschwister erzählt, kann auch damit zusammenhängen, dass er Hilfe für seine Geschwister sucht. Diese Aussagen können mit den oben erstellten Hypothesen (1.1.a), (2.2.c), (2.2.d) und (3.1) verbunden werden.

Außer Gewalt und Streitigkeiten sind auch der psychische Druck und Scham ein Teil seiner Erzählung. Er meint, dass die ausgeübte Gewalt seines Vaters einen psychischen Druck auf ihn auf gesellschaftlicher Ebene bedeutete und er sich für seine Eltern bzw. für seinen Vater schämte. Hier könnte auch damit gerechnet werden, dass er weiterhin eine Opferrolle einnimmt und die Ursache für seine jetzigen Sozialisationsbedingungen dem Vater zuschiebt. Diese Behauptungen können dann durch die obigen Behauptungen (1.1.b), (1.1.e), (2.1.a) und 2.1.d) verstärkt werden.

An dieser Stelle geht es bei *Welat* auch darum, sein Leiden deutlicher darzustellen. Dies macht auch sein weiterer Fortgang im Gespräch klar. Er wiederholt seine Aussagen über die familiären Probleme und meint, dass die Gewalt für ihn ein Ritual geworden ist. Hieraus könnte gefolgert werden, dass er aufzeigen will, dass sein Leben fast nur noch aus diesen Problemen und Sorgen besteht. Er hat aber damit irgendwie damit umzugehen und muss in einer Hinsicht einiges ignorieren, um sich auch um andere wichtige Angelegenheiten und Lebensbereiche wie Bildung, soziale Aktivitäten und gesellschaftliche Interessen zu kümmern.

Hier ist auch noch zu beachten, dass er auf die Beschreibung anderer Lebensabschnitte eingeht, aber nochmal den Druck des Vaters in seine Erzählung mit einbezieht. Auch während seiner Erzählungen über die Abiturzeit redet er von einem psychischen Druck. Der Vater machte ihm, damit er erfolgreich wird und das gesellschaftliche Image nicht stört, Stress. Dieser Druck brachte ihn bei seiner Entscheidung bezüglich der Berufswahl durcheinander, so dass er seiner Meinung nach so etwas wie ein Trauma erlebte. Er möchte hier wahrscheinlich zeigen, wie viel Druck der Vater auf ihn ausüben kann und wie wichtig ihm seine Ehre ist. Es kann auch so verstanden werden, dass er nicht als Versager gelten will. Diese Behauptungen können dann wieder mit den entsprechenden Hypothesen (3.1), (3.1.c) verbunden werden. Welat berichtet weiterhin über eine Barriere für soziale Aktivitäten. Er meint, dass die Verhaltenstörungen des Vaters und die ständige Gewalt zur Barriere für soziale und gesellschaftliche Aktivitäten geführt haben, so dass er keine Lust hatte, nach draußen zu gehen und froh war, wenn der Tag zuende geht. Die Wahrscheinlichkeit ist groß, dass er hiermit zeigen will, dass er Probleme hat, nach Außen zu gehen. Diese Aussagen könnten auch der Grund für eine Depression sein. Dann trifft eine ähnliche Aussage wie (2.2.d) zu. Im weiteren Gespräch kommen wieder – wie erwartet – die gewaltätige Art seines Vaters und seine große Angst und Sorge um die Familie vor. Summa summarum zeigt dies, wie Welat von diesen Problemen abhängig geworden ist und diese einen großen Einfluss auf ihn haben. Zum Ende des Interviews wurde noch nach seinem Zukunftsplan gefragt. Die Antwort darauf war nicht sehr beeindruckend. Schon wieder spielte dabei seine Familie die Hauptrolle. Bevor er seine eigenen Zukunftspläne schilderte, dachte er an die Zukunft seiner Geschwister. Hiermit wird klar, dass er für seine Geschwister eine große Verantwortung trägt. Es könnte aber auch damit zusammenhängen, dass er durch die geprägten negativen Lebenserfahrungen ein ängstlicher Mensch geworden ist bzw. Angst vor seiner Zukunft hat und deshalb sein Selbstbewusstsein zerstört ist. Die Zukunft seiner Geschwister und seiner Eltern machen ihm vielleicht Angst. Vielleicht kann er sich keine Zukunft ohne die Probleme der Eltern und ohne seine Geschwister vorstellen. Hierzu können wieder die vorherigen Hypothesen (2.1 e), (2.2 c) und (2.2 d) der Auswertungsphase eins formuliert werden.

Beim Vergleich der Sequenzierung mit den Ergebnissen aus der ersten Auswertungsphase fällt noch auf, dass er über seine schlechte Beziehung mit seinem Vater nicht redet und von der Gewalt des Vaters die Rede ist, aber er nicht sagt, dass er von seinem Vater geschlagen wurde. Eine ähnliche Behauptung trifft auch für seine damalige Beziehung zu seiner Freundin aus der Türkei zu. Bei seiner Präsentation zeigt er sich meistens in der Opferrolle: Anpassungsprobleme, Kindheit in Asylheim, Gewalt, Druck von der Familie (meistens von seinem Vater) und Hilflosigkeit sind ein großer Teil seiner berichteten Lebensgeschichte.

Zusammengefasst können als thematische Felder des Interviewgesprächs die zwei Themen „Gewalt und sich daraus entwickelnde Probleme der Eltern" und „Eigene Bildung bzw. Schulerfolg", wie auch bei der obigen Sequenzierung zu sehen ist, genannt werden. Als Folgerung daraus kann daher gesagt werden, dass er ein Bedürfnis hat, sich von den familiären Problemen zu befreien und sein eigenes Leben zu genießen.

5.7.3 Rekonstruktion der Fallgeschichte (erlebtes Leben) und sequenzielle Feinanalyse

Ziel des dritten Auswertungsschrittes ist, alles was der jeweilige Interviewte in den biografischen Abschnitten seines Lebens erlebt hat, nach der Abfolge der Ereignisse zu strukturieren und zusammenzufassen (Bohnsack 2003/Rosenthal 2011). Deshalb werden mit diesem Auswertungsschritt die einzelnen Erlebnisse und familiäre Vergangenheit wie Folter, Gewalterlebnisse, Fluchterfahrungen, soziale, politische und gesellschaftliche Einstellungen usw. chronologisch aufgestellt. Hierbei werden die im ersten Schritt gewonnenen Ergebnisse mit den Selbstaussagen von Welat verglichen. Besonders hilft dieser Schritt herauszufinden, welche biografische Bedeutung die einzelnen Lebensereignisse für Welat haben. Z.B. kann es gut sein, dass Welat aus bestimmten Gründen (z.B. psychische Gründe in der Vergangenheit) eine Lebenserfahrung verheimlicht. Darüber hinaus hilft dieser Schritt, die erstellen Hypothesen und Aussagen im ersten Schritt zu belegen oder zu widerlegen. Natürlich ist es auch hier möglich, zusätzliche Erweiterungen zu den bereits gemachten Behauptungen zu konstruieren. D.h. weitere Folgehypothesen zu entwickeln, um herauszubekommen, was der Interviewte alles in seinem Leben erlebt hat bzw. erlebt haben könnte. Kurz gefasst versucht hier der Forscher durch die Analyse einzelner Lebensabschnitte, die Phänomene im Leben des Interviewten zu verstehen. Auch dieser Auswertungsschritt orientiert sich an der Methode der Objektiven Hermeneutik (Oevermann 1983). Ausgewählte Textstellen, die für die Analyse der Biografie wichtig sind, werden ausführlich und sequenziell ausgewertet. „Ziel ist dabei, insbesondere die latenten Sinnstrukturen des Textes zu entschlüsseln." (Rosenthal 2011, S. 206). Die biografische Fallrekonstruktion und sequenzielle Feinanalyse geben die Möglichkeit, die in den bisherigen Auswertungsschritten erfolgten Aussagen zu kontrollieren. Dabei ist noch zu beachten, dass die bisherigen Aussagen nicht mit berücksichtigt werden, d.h. nicht mit in die sequenzielle Analyse einbezogen werden. Rosenthal rät hier, die bereits gewonnenen Interpretationen zunächst zurückzustellen und mit dem abduktiven und sequenziellen Vorgehen weiter zu arbeiten. Bei dieser Anmerkung geht es darum, wieder Folgehypothesen zu den einzelnen Textpassagen zu formulieren und danach zu überprüfen, ob diese Hypothese bzw. Aussage schon vorher formuliert wurde, um dann diese Aussage zu verstärken.

Die bei diesem Schritt gewonnenen Ergebnisse helfen dann im nächsten Schritt, die erzählte Lebensgeschichte mit der erlebten Lebensgesichte zu kontrastieren.

Bei der Betrachtung der Biografie von *Welat* fällt als erstes auf, dass er schon mit drei Jahren mit seiner Schwester und Mutter nach Deutschland flüchten musste. Sie wurden von ihrem Vater, der schon in Deutschland war, aber noch keine Aufenthaltserlaubnis hatte, auf illegale Weise nach Deutschland geholt. Für ihn war damals alles unbekannt und er hatte große Schwierigkeiten mit der deutschen Sprache. Während seiner Kindheit hatte *Welat* zu seiner Mutter eine bessere Bindung und sah sie als Bezugsperson. Er erzählt, dass er sich an seine Flucht nicht erinnern kann, da er noch sehr klein war. Doch ist es merkwürdig, dass er erst ab der Schulzeit Erinnerungen hat. Dies machte deutlich, dass er seine jüngere Kindheit im Asylheim lieber ausblenden möchte, weil er zu einem späteren Zeitpunkt des Interviews sich doch an diese Zeit erinnern konnte. Dies zeigt auch, wie bemüht *Welat* war, nicht sofort am Anfang seiner Präsentation mit negativen Erlebnissen zu beginnen.

> *„Als wir hier waren, war ja für uns alles sehr unbekannt. Da in der Zwischenzeit erinnere ich mich nicht an so vieles. Nur mit dem Beginn der Schule habe ich Erinnerungen. Da war mir die deutsche Sprache sehr schwer gewesen am Anfang." (IW/1/7-9)*[19]

Durch sein Interview wird festgestellt, dass für ihn in Deutschland vieles fremd war und er womöglich einen Kulturschock erlebte. Dahinter könnte sich auch verstecken, dass zwischen Welat und anderen Kindern aufgrund seiner Sprachprobleme Konflikte entstanden und er in Beziehungsprobleme mit ihnen geriet. Vielleicht blieb er sogar manchmal Außenseiter. Ein paar Jahre später sorgten seine Kontakte mit anderen ausländischen Kindern im Asylheim dafür, dass sich seine Schwierigkeiten mit der deutschen Sprache verringern. Durch eine Kinderstube im Asylheim hatte er die Möglichkeit, andere ausländische Kinder kennenzulernen und seine Deutschkenntnisse zu erweitern.

---

19 IW steht für Interview mit *Welat*. Als nächstes wird die Seite angegeben und zuletzt die Zeilen.

Welat lebte sechs Jahre lang mit seiner Familie im Asylheim. Nach der Interviewauswertung lässt sich feststellen, dass er keine einfache Kindheit hatte. Die Flucht und die schwierigen Lebensbedingungen im Asylheim könnten ihm in seiner Kindheit soziale und psychische Probleme bereitet haben. Vielleicht beschränkten diese Lebensbedingungen ein unbeschwertes Aufwachsen in seiner Kindheit. Er selber erzählte über seine Kindheit nicht viel, nur auf Nachfrage machte er die folgende Aussage:

> *„Hmmm... Ein Tag, wie es beginnen könnte; wir waren in der Kindheit, wir sind als normale Kinder nach draußen gegangen. Es gab sehr viele Kinder, mit dem wir in Kontakt waren. Es kam auch zu Streitigkeiten, weil es war halt das Kinderleben dort gewesen. Aber es waren verschiedene Nationen dort gewesen." (IW/2/56-59)*

Was auch für eine nicht glückliche Kindheit gesorgt haben könnte, war das Trauma des Vaters, das zur Gewalt und psychischen Krankheiten innerhalb der Familie führte. Aufgrund nicht erfüllter Kindheitswünsche und Träume ist es möglich, dass er gekränkt war und sich immer wieder an diese Erlebnisse erinnern wird. Die Familie hatte aufgrund ihres Aufenthaltstatus und finanzieller Probleme sechs Jahre keine Möglichkeit, das Asylheim zu verlassen. Sie mussten dort in einem Zimmer wohnen und die Küche und das WC mit anderen Familien teilen. Welat deutet in seinem Interview darauf hin, dass er und seine Familie sich aufgrund begrenzter Räumlichkeiten eingeengt gefühlt hatten und sich nicht wohl fühlten. Vielleicht hatte er dort auch Probleme, soziales Miteinander, Freundschaften, gesellschaftliche Beziehungen etc. aufzubauen. Besonders das Schulleben müsste ihm komplexe Probleme bereitet haben.

Bis zur dritten Klasse lebte er mit seiner Familie noch im Asylheim in W. Er und seine Schwester mussten damals ihre Hausaufgaben auf dem Boden machen, weil sie keinen Raum oder Schreibtisch hatten. Während seines Interviews machte er zu dieser Situation die folgende Aussage:

> *„Also mit dem Lesen war für uns etwas schwer; wir haben halt nur unsere Hausaufgaben, haben wir immer gemacht, weil es Pflicht war. Die haben wir immer auf den Boden gemacht." (IW/2/61-62)*

Hier wird deutlich, dass die beiden keine Möglichkeit hatten, sich auf ihre Schulangelegenheiten zu konzentrieren. Er und seine Schwester waren auf sich selbst gestellt. Sie mussten sich um sich selber kümmern. Auch zu beachten ist hier, dass Welat in der dritten Klasse sitzen blieb. Er gibt die Schuld dafür seinen schlechten

Freunden. Er konnte sich aber wahrscheinlich nicht genug auf seine schulischen Angelegenheiten konzentrieren, da seine Lernbedingungen sehr schlecht waren.

Er wurde von seinen Eltern schulisch auch gar nicht unterstützt. Die Eltern machten Druck, damit er erfolgreich in der Schule war.

Es könnte auch sein, dass Welat und seine Schwester damals keine Aufmerksamkeit von ihren Eltern bekamen und vielleicht war es den Eltern nicht wichtig, ob ihre Kinder sich um ihre Schulaufgaben gekümmert haben. Vielleicht waren er und seine Schwester perspektivlos, mit anderen Worten: sie bekamen vielleicht keine Hilfe, da ihre Eltern meistens mit sich selbst beschäftigt waren und geringe Schulkenntnisse hatten. Hier muss wieder auch das Trauma des Vaters berücksichtigt werden, denn es kann gut sein, dass sich die Eltern aufgrund ihrer Krankheit nicht intensiv um ihre Kinder kümmern konnten. Dies zeigt wiederum, dass sich das Verantwortungsbewusstsein bei Welat ziemlich früh entwickelt haben könnte, wobei hier auch noch seine Angst und Unsicherheit hinzukommt. Aufgrund der Vernachlässigung der elterlichen Aufgaben und seiner Erfahrungen mit der Gewalt des Vaters könnte es auch sein, dass Welat als ältester Sohn die Vaterrolle übernehmen wollte.

Aufgrund von traumabedingten Problemen seines Vaters hatten seine Eltern von Anfang an (seit der Zeit im Asylheim) Streit. Aus den Symptomen des Traumas entwickelten sich Missverständnisse, die zu Konflikten innerhalb der Familie führten. Aus den Erzählungen von *Welat* stellte sich heraus, dass das traumabedingte Verhalten vom Vater sich negativ auf die Kommunikation der Familie auswirkte, so dass sich daraus Gewalt bzw. Streit entwickelte. Bei diesem Streit kam es dann auch zu Schlägereien, Beschimpfungen zwischen seinem Vater und Mutter, von denen er und seine Geschwister betroffen waren.

In seinem Interview betont er indirekt, dass er in seiner Vergangenheit einige negative Erlebnisse zu überstehen und viele Probleme auch ohne die Eltern zu bewältigen hatte.

> *„Also da hat sich im Gegenteil, man immer versucht die Beziehung aufzubauen mit den Geschwistern, weil wir so ne schlechte Vergangenheit hatten mit unseren Eltern, dass es so ständig Streitigkeit gegeben hat.“ (IW/3/74-75)*

Er möchte damit ausdrücken, dass er und seine Geschwistern zusammen hielten, da die Eltern wegen ihres Traumas nur physisch anwesend waren. Durch diese Aussage wird auch bestätigt, dass seine Eltern keine Unterstützung zeigten bzw. sich nicht bewusst waren, dass sie ihre Kinder vernachlässigen. Weiterhin kommen im Text Passagen vor, in der seine Angst beschrieben wird.

> *„Also am Anfang war's ne Angst um meine Mutter gewesen, wo es Gewalt gab. Da habe ich immer mir Sorgen um meine Mutter gemacht, dass mein Vater meiner Mutter was antut. Hhm. Diese Angst hatte ich immer noch gehabt." (IW/3/82-84)*

Während er erzählt, werden seine Augen feucht, er redet langsam und bekommt eine geschlossene Körperhaltung. Dieses Verhalten dauert etwa drei bis vier Minuten, bis er danach wieder anfängt sich ganz normal zu präsentieren. Es wird hier deutlich, dass er sich während seiner Erzählung genau an diese Zeit erinnert, es kann sogar gesagt werden, dass er für ein paar Minuten zu dieser Zeit zurückkehrt. Nach den schlechten Erfahrungen mit der Gewalt seines Vaters hat er die Mutter als die Schwächere gesehen und sich deshalb öfter Sorgen um sie gemacht. Hier kann auch die Hypothese formuliert werden, dass er einmal eine sehr schlimme Situation erlebt hat, wo die Mutter sich in großer Gefahr wegen des Vaters befand. Durch die Beziehung zwischen der Mutter und dem Vater ist er in einen Loyalitätskonflikt geraten. Diese Situation machte ihn hilflos. Das Finden einer Lösung für dieses Problem beschäftigte ihn sehr. Auch die Angst war eventuell eine große Barriere für seine Sozialisation. Die Angst hat sich bei ihm verinnerlicht, so dass diese Angst ihn immer verfolgte. Egal wann, er hatte immer Angst, dass seine Eltern sich gegenseitig etwas Schlimmes antun könnten. Er beschreibt seine Ängstlichkeit wie folgt:

> *„Es gab Streitigkeiten und da konnte man dann nicht mehr schlafen...... Hmm, das war immer mit mir. Das hat mich auch gefolgt bis zum Unterricht. Also wenn ich im Unterricht gesessen habe, muss ich ab und zu, also meine Gedanken waren zu Hause gewesen. Hmm, was da jetzt geschehen ist, ob da was geschehen ist. Hhm, es gab immer so ne Angst, das mich begleitet hat." (IW/3/86-91)*

Welat könnte vielmals erlebt haben, dass sein Vater aufgrund seiner traumatischen Störungen seine Mutter vor *Welats* Augen geschlagen hat. Vielleicht litt er selber auch unter den Schlägen seines Vaters. Die Distanz zum Vater kann auch hiermit begründet werden. Durch seine Selbstpräsentation zeigte sich, dass die Streitigkeiten und Probleme der Familie *Welat* hilflos und depressiv machten. Er war nachdenklich, unglücklich und hatte Angst. Seine Verschlechterung in der Schule könnten deshalb auch mit den schlechten familiären Verhältnissen begründet werden. Erst als *Welat* in die vierte Klasse kam, zogen sie in eine eigene Wohnung in V. um. Welat wurde in der Schule besser. Er und seine Familie hatten in V. viele kurdische Nachbarn, denen er aber seine Probleme und Ängste bzw. die Sorgen wegen seiner Familie nicht anvertrauen konnte. Seine Zurückhaltung war – wie auch im

Asylheim – hier erkennbar. Er konnte kein Vertrauen zu anderen Menschen fassen und wählte den Weg, mit seinem Problem alleine zu recht zu kommen. Wenn die Passage betrachtet wird, in der er darüber redet, wird auch deutlich, dass er diese Situation in der Gesellschaft als psychischen Druck empfindet.

„Es war auch ein psychischer Druck auf mich, auch auf gesellschaftlicher Ebene." (IW/3/96-97)

An dieser Stelle könnte die Rede von einem Zusammenspiel von Angst und Scham sein. Er hatte Angst und Schamgefühle davor, auf die Probleme bzw. Gewalt innerhalb der Familie angesprochen zu werden. Der Grund hierfür kann seine Ehre oder seine starke seelische Verletzung durch dieses Ereignis sein. Diese Situation von ihm könnte nochmal als eine Barriere für seine Anteilnahme in der Gesellschaft bewirkt haben. Es kann auch gut sein, dass er aufgrund der Anpassungsprobleme diesen psychischen Druck empfand. Im weiteren Text lassen sich diese Hypothesen auch belegen.

Dieser psychische Druck könnte auch eine Auswirkung auf seine Freundschaften haben. Welat begrenzt seine Freundschaftsverhältnisse mit anderen Kindern. Seine Freundschaften blieben nur in der Schule, und außerhalb der Schulzeit traf er sich nicht mit seinen Freunden. Die Begrenzung seiner Freundschaftsverhältnisse begründet er mit den familiären Problemen. Damals als Teenager schämte er sich oder traute sich nicht, einen Freund nach Hause einzuladen oder mit einem Freund was zu unternehmen. Seine Aussagen zu dieser Situation sind wie folgt:

„Darüber hat man sich viele Fragen gestellt und es kam nie dazu, dass man jemand einladen konnte." (IW/4/116-117)

Es ist hier auch möglich, dass er von den Problemen zu Hause abhängig war. Vielleicht traute er sich nicht, sich mit seinen Freunden draußen zu treffen, weil er das Bedenken hatte, dass zu Hause was passieren könnte bzw. die Gewalt wieder anfangen könnte. Es kann auch vorgekommen sein, dass der Vater ihn neben seinen Freunden beschimpft hat und er sich deshalb lieber nicht draußen trifft. Auch während seines Abiturs litt *Welat* unter psychischem Druck. Der Vater machte ihm viel Druck, damit er erfolgreich sein Abitur beendet und studieren kann. Diesen Druck ertrug *Welat* nicht, so dass er schlechte Träume über seine Schulangelegenheiten hatte.

„Hmm, Ich hatte halt so wie ein Trauma dort gehabt" (IW/4/124)

Hier ist es möglich, dass sein Vater ihn so sehr bedroht hat, dass er depressiv und pessimistisch wurde. Hier ist es gut vorstellbar, dass er über seinen Nicht-Erfolg in der Abiturprüfung mehrmals träumte. Auch die große Wichtigkeit für Welat, die Abiturprüfung zu bestehen, ist im Auge zu behalten. Hier muss gefragt werden, wieso es so schlimm ist, die Abiturprüfung nicht zu schaffen. Die Hypothese, dass dieser Nicht-Erfolg sein Selbstvertrauen und seine Ehre mindern würde, ist hier formulierbar. Hieraus könnte auch gefolgert werden, dass er wenig Selbstvertrauen hat oder sein Selbstvertrauen mit der Zeit verloren hat. Vielleicht hat er wieder Angst, in Konflikte mit seinem Vater zu geraten. Im weiteren Textabschnitt erzählt Welat über seine seltenen Freizeitaktivitäten. Welat unternahm nicht viel und hatte auch keine Lust, etwas mit Freunden zu unternehmen. An dieser Stelle wird deutlich, dass seine Probleme mit Freundschaftsbeziehungen in der Teenagerzeit auch im Erwachsenenalter weiter vorhanden waren.

> *„Die Lust hat es mir weggenommen so gesagt." (IW/5/161)*

Wenn der weitere Interviewverlauf betrachtet wird, lässt sich feststellen, dass seine Verzweiflung um seinen Erfolg unnötig war, denn er bestand die Abiturprüfung und ließ sich an einer Hochschule für den Studiengang Elektrotechnik einschreiben. Zum Ende seines Interviews erzählt er noch auf die Nachfrage des Interviewers über seine Zukunft und Ziele. In seiner Erzählung stellt sich heraus, dass er keine Zukunftspläne hat und sich auch keine festen Ziele setzen kann. Dies begründet er damit, dass er eine große Verantwortung aufgrund der familiären Situation hat. Auch in dieser Auswertungsphase lässt sich feststellen, dass er eigentlich damit beginnen möchte, sein eigenes Leben zu führen, doch dass er dies nicht kann, weil er für seine Geschwister eine große Verantwortung trägt und Angst hat, dass seine Geschwister dieselbe Vergangenheit wie er erleben.

> *„Wir möchten nicht, dass es auch meine kleinen Schwestern so betrifft wie uns. Und von der Hinsicht möchten wir dann auch nicht ausziehen. Also wir sagen, wenn es dann so weitergeht und wenn man das nicht ändern kann, dann möchten wir die wenigstens in Sicherheit bringen." (IW/8/241-244)*

Hier zeigt sich auch wieder, dass er Angst hat. Diesmal hat er Angst, dass seine Geschwister ein ähnliches Leben wie er haben. Andererseits ist hier noch zu bemerken, dass er sich aufgrund der Vernachlässigung und Gewalt der Eltern verpflichtet fühlt, sich um seine Geschwister zu kümmern. An diese Stelle kann wieder behauptet werden, dass er die Vaterrolle übernommen hat.

Schließlich ist er mit Gewalt, Schlägen und auch mit anderen Problemen bzw. mit schlechten familiären Verhältnissen aufgewachsen. Seine Eltern haben sich nicht richtig respektvoll um ihre Kinder gekümmert bzw. konnten dies nicht. Daher sieht er sich verpflichtet, die Verantwortung und Sorge für seine Geschwister zu übernehmen. Er ist aber, wie aus seinen Aussagen deutlich wird, damit überfordert. Er möchte lieber ausziehen und nicht mehr mit seinen Eltern wohnen, doch kann er nicht vom Elternhaus weggehen, da er Angst um seine Geschwister hat. Hier wird auch erkennbar, dass er sich von den Problemen zu Hause befreien möchte, aber in gewisser Weise abhängig ist und wegen seines Verantwortungsbewusstseins nicht loslassen kann. In seiner Präsentation verbindet er seinen Vater nur mit der Gewalt, Schlägen, Druck, Beschimpfungen und Erniedrigungen. Es wird sofort bemerkbar, dass er nicht gerne über seinen Vater redet und er keinen guten Kontakt zu seinem Vater hat, weil *Welat* aufgrund des Traumas seines Vaters mehrmals schlecht behandelt wurde. Deswegen entwickelte er zu seinem Vater einen Abstand und es könnte davon ausgegangen werden, dass sein geringes Selbstvertrauen auf die Beleidigungen und Schläge des Vaters zurückzuführen sind. Wie schon vorher angedeutet, ist auch die Angst ein zentrales Thema in seiner erzählten Lebensgeschichte. Die Angst verfolgt ihn dauernd, so dass er pessimistisch und hoffnungslos gegenüber seiner Zukunft geworden ist, er hat eine resignative Einstellung entwickelt. Da die Angst sich bei ihm eingeprägt hat, hat er auch Angst, feste Ziele zu setzen und es kam daher auch dazu, dass sich sein Selbstbewusstsein verringerte.

5.7.4 Kontrastierung der erzählten mit der erlebten Lebensgeschichte und Typenbildung

Bei dieser Kontrastierung geht es darum, Unterschiede zwischen der erlebten und erzählten Lebensgeschichte zu finden und zu verstehen. Jeder wichtige Lebensabschnitt aus der Vergangenheit der Gesprächspartner wie z.B. Verhaftungen, Folter, schulischer Werdegang, Fluchterlebnisse etc. werden mit der in der Gegenwart vorgeführten Selbstpräsentation in Verbindung gesetzt und nach Erklärungen gesucht, aufgrund welcher Lebenserfahrungen so eine Präsentation entstanden ist.

Ein Beispiel hierfür wäre, dass Welat aufgrund von Gewalt, Wutausbrüchen und Druck in der Familie bei der Präsentation dieses Abschnittes seines Lebens sehr ängstlich wirkt. Solche Ergebnisse helfen auch die psychischen und sozialen Zusammenhänge zu seiner Biografie zu betrachten, die wiederum für die Fragestellung des Forschungsvorhabens sehr von Interesse sind.

Nach der Beendigung der Fallrekonstruktion wird die Untersuchung der Aussagen von Welat in Beziehung zu seinem gesamten Lebenshintergrund realisierbar. Die ganzen Ergebnisse werden dabei für eine Typenbildung bezüglich der Fragestellung des Vorhabens benutzt. Diese Typenbildung erörtert bzw. schildert nicht nur die Besonderheiten und Ereignisse, sondern erläutert auch den biografischen Verlauf, warum Welat diese Präsentation wählt. „Biografische Fallrekonstruktion gestattet somit die Konstruktion von Verlaufstypen, die die Regeln des genetischen Prozesses angeben und diesen auch erklären können." (Rosenthal 2011, S.208)

Welat hatte von Anfang an Schwierigkeiten, sich zu integrieren. In seiner Präsentation verbindet er dies mit der Flucht und wiederholt ein paar Mal seine schwachen Deutschkenntnisse. Hierdurch wird deutlich, dass er schon in seiner Kindheit mit schwierigen Situationen umgehen musste.

Hierbei ist zu vermuten, dass er auch jetzt immer noch unter der Gewalt und dem Druck der Familie leidet und nicht weiß, wie er weiter kommen kann. Dass seine Hilflosigkeit in der Vergangenheit noch heute aktuell ist, machte seine Präsentation deutlich. Er versucht nämlich immer einen Rat zu bekommen und bittet indirekt um Hilfe. Durch seine Erzählungen wird deutlich, dass er eine Fixierung auf die Vergangenheit hat. Meistens redet er über seine damalige Angst, wobei der Interviewer auch den Eindruck bekam, dass er in dem Augenblick, wo er über seine Angst redet, sich in diese Szene zurückversetzte. *Welat* hatte fast immer Angst um seine Mutter und sich selbst. Heutzutage hat sich seine Angst verbreitet, so dass er sich auch um seine Geschwister Sorgen macht. Aufgrund der Gewalt seines Vaters blieb er meistens zu Hause. Diese Situation bleibt ihm bis heute erhalten. Er meint sogar, dass seine Lust und Bedürfnis, nach draußen zu gehen und mit Freunden Spaß zu haben, verloren gegangen ist. Doch widerspricht er sich auch: Er erzählt nämlich auch, dass ihm die Gesellschaft bzw. Freunde fehlen, um an sozialen Aktivitäten teilzunehmen.

Auch wurde durch die Betrachtung von *Welats* Leben feststellbar, dass er gegenüber anderen Personen ein Misstrauen entwickelt hat. Dies führte dazu, dass er weniger Kontakte aufnimmt. Während seiner Präsentation versucht er immer, seine Fehler zu verstecken, und wollte einen guten Eindruck, ein gutes Image abgeben. *Welat* versuchte während des Interviewgesprächs immer, sich zu rechtfertigen. Er möchte die Schuld an etwas meistens an andere weitergeben („externalisieren"). Er ist nicht selbstkritisch. Dies kommt wahrscheinlich daher, dass er bis jetzt von seiner Familie nicht richtig wahrgenommen wurde und auch kein Recht und keinen Respekt gegenüber seiner Meinung und eigenen Lebensführung erfuhr. Die negativen Erlebnisse zu Hause haben dazu geführt, dass er sehr empfindlich wurde und wenig Kritik oder Konflikte ertragen kann.

Seine Distanzierung von der Umgebung könnte darin begründet sein, dass er die Sorge hat, ein ähnliches Verhalten wie von seinen Eltern bei anderen Menschen vorzufinden, und von daher Angst hat, erneute, analoge Erniedrigungserfahrungen machen zu müssen. Dieses Problem könnte daran liegen, dass er unter Druck erzogen, mehrmals bzw. öfters von seinen Eltern beleidigt und beschimpft wurde. Es lässt sich aber auch feststellen, dass seine seltene Kontaktaufnahme und seine Scham für seine Familie mit der Gewalt innerhalb der Familie zu tun hatten. Dieses Schamgefühl zeigte sich auch öfter während der Präsentation von *Welat.* Mehrmals wurde er beim Erzählen rot im Gesicht und machte eine nervösen Eindruck. Er schaut weg und es ist zu merken, dass ihm diese Situation peinlich ist. Deswegen hatte er auch eine geschlossene Körperhaltung, gezwungene Kommunikation und ein unsicheres Auftreten. Die schon seit langem existierende Respektlosigkeit in der Familie hat bei Welat wohlmöglich Identitätsprobleme entstehen lassen, die noch heute durch sein Misstrauen und Distanz zu anderen Personen erkennbar ist. Vielleicht ist er deswegen unzufrieden mit seinem Leben.

Sein Vater und seine Mutter waren wegen ihrer schlechten Lebenserfahrungen und ihres psychischen Zustands ständig bzw. meistens mit sich selbst beschäftigt. Als ein anderer Schwerpunkt in seiner Präsentation tritt diese Nicht-Unterstützung in den Vordergrund. Oft beschwert er sich über die Selbstbeschäftigung und Gewalt der Eltern.

5.7.5 Typenbildung

Welat kommt aus einem Viertel, in dem viele sozial benachteiligte Menschen lebten. Er hatte eine schwierige Kindheit und musste seine Wünsche und Gefühle unterdrücken. Aufgrund seiner negativen Erlebnisse in Bezug auf Familienleben ist er eine in sich verschlossene Person geworden. Seine Person und seine Meinungen bzw. Interessen wurden bis jetzt von seinen Eltern nicht wirklich wahrgenommen, deswegen hält er sich in vielen Angelegenheiten und wichtigen Entscheidungen bzw. Auseinandersetzungen lieber zurück und ist bei Kontakten mit anderen Menschen unsicher. Er nimmt selten an sozialen Aktivitäten teil. Die Gewalt, Schläge, Misshandlung, Streitigkeiten, Bedrohung und schlechten familiären Verhältnisse zu Hause haben ihn zu einer ängstlichen Person gemacht, die auch selber unter psychischen Problemen und Erkrankungen leiden könnte. Es könnte der Eindruck gewonnen werden, dass er unter einer Depression leidet. Die negativen Erlebnisse haben bei ihm zur Unzufriedenheit und Hoffnungslosigkeit bezüglich der familiären Verhältnisse geführt. Er konnte die ganze Situation nicht verarbeiten, daher bleibt er gedanklich und auch seelisch an diesem Problem hängen. Dieses Problem wirkt sich auf alle Lebensbereiche negativ aus. Er ist daher sehr sorgenvoll und nachdenklich. Er ist eine Person geworden, die aus ihrer eigenen Welt (einer Welt mit familiären Problemen) nicht herauskommen kann. Dies machte ihm auch einsam, weil er noch zusätzlich Vertrauensprobleme hat. Er hat es nie gelernt, anderen zu trauen. Er ist misstrauisch und hat wenig Selbstvertrauen. Welat spielt zu Hause die Rolle des Vaters. Er fühlt sich aufgrund der Fixierung seiner Eltern auf sich selbst verantwortlich für seine Familie. Er hat keine festen Ziele bzw. kann kein festes Ziel setzen. Er findet für die familiären Probleme keine Lösung und kann sich deshalb auch nicht vorstellen, etwas für die Zukunft zu planen. Welat möchte sich von der ganzen komplexen Situation innerhalb der Familie befreien, aber er schafft es nicht, die Probleme mit der Gewalt bzw. Trauma des Vaters los zu werden. Sein Verantwortungsbewusstsein und seine Angst lassen die Befreiung von diesem Problem nicht zu. Dies wirkt sich negativ auf seine Sozialisation aus. Er fühlt sich gebunden an die Geschehnisse und Probleme der Familie und dies lässt ihn eine Barriere zu seiner eigenen Lebensgestaltung entwickeln. Das Ganze zeigt, dass er sich wegen seiner traumatisch bedingten Familienvergangenheit nicht auf sein eigenes Leben konzentrieren kann, und dies lässt sich als ein Problem für seinen Sozialisationsprozess erkennen. Eine große Bindung an die Familiengeschichte und Angehörige wird deutlich, die Ablösung von der Familie in der Adoleszenz konnte nicht erfolgreich erfüllt werden.

5.8 Perspektiven der biografischen Fallrekonstruktion und der Typenbildung

Die Typenbildungen und Fallrekonstruktionen am Einzelfall können hilfreich sein, um Verallgemeinerungen auf sozialer Ebene zu formulieren. Durch erstellte Fallrekonstruktionen ist es möglich, Schlussfolgerungen zu ziehen, die auf bestimmte Gruppen, Organisationen oder Personen bezogen werden können. Hier ist zu bemerken, dass „von einem konkreten Fall auf alle gleichartigen Fälle" (Lewin 1927/1967:15 in Rosenthal 2008, S. 75) geschlossen wird und für die Typenbildung die Häufigkeit des Vorkommens des Typischen eines Falles keine Wichtigkeit besitzt. Für die Typenbildung kommen die Gesetze, die ihn gestalten und die seine Details bestimmen, in Frage.

> „Eine Typenbildung in diesem gestalttheoretisch strukturalistischen Verständnis bedeutet, die Gestalt des zu untersuchenden sozialen Geschehens...und die zugrunde liegenden Regeln ihrer Konstitution zu rekonstruieren...." (Rosenthal 2008, S. 76)

Daher ist die Zuordnung eines Falles zu einem Typus erst nach einer abgeschlossenen Fallrekonstruktion möglich. Nach abgeschlossener Fallrekonstruktion wird die Typisierung unter Beachtung von verschiedenen Forschungsinteressen möglich. Als nächster Schritt können dann Vergleiche zwischen den unterschiedlichen Typen gemacht werden, die zur Bildung von theoretischen Verallgemeinerungen nützlich sind. Mit anderen Worten: Es wird ermöglicht, Aussagen bzw. Vermutungen über Zusammenhänge zwischen den unterschiedlichen Typen zu erhalten. Bei dem vorliegenden Vorhaben geht es darum, theoretische Verallgemeinerungen über die Sozialisationsbedingungen von kurdischen Jugendlichen, deren Eltern traumatisierte Flüchtlinge sind, zu erhalten. Hierbei treten besonders die differierenden biografischen Migrationsverläufe in den Vordergrund. Auch die verschiedenen Antworten auf die Forschungsfrage, welchen Einfluss traumatische Ereignisse von Flüchtlingen auf die Sozialisation der nachfolgenden Generation haben, sollen sich entdecken lassen.

Zusammengefasst: Die Entstehung einer gegenstandsbezogenen Theorie soll aus den theoretischen Verallgemeinerungen, die sich aus dem kontrastiven Vergleich der beendeten Fallrekonstruktionen und den Typenbildungen bilden ließen, erreicht werden.

Fallrekonstruktion: Lebens- und soziale Umstände von kurdischen Jugendlichen in hoch belasteten und traumatisierten Familien

6

6.1 Die Auswirkung des psychischen Zustands der untersuchten Familien auf die Jugendlichen

Die Beschreibung des psychischen Zustands, der Verhaltensweise und Lebensweise der traumatisierten Eltern ist von Bedeutung, um festzustellen, welchen Einfluss deren Traumata auf ihre Kinder haben. Durch die gemachten Interviews und Beobachtungen war gut feststellbar, dass das Benehmen der Eltern eine große Auswirkung auf die Kinder hat, denn die Kinder erzählten während des Interviews fast nur die Probleme und Lebensweisen der Eltern. Dadurch wird deutlich, dass die Traumata der Eltern einen Einfluss auf die Kinder haben und diese Kinder intensiv mit den Problemen der Eltern beschäftigt sind. Es kann sogar gesagt werden, dass die Kinder bei jeder Angelegenheit die Verhaltensstörungen bzw. das Benehmen ihrer traumatisierten Eltern in den Vordergrund bringen. Dies macht auch deutlich, dass die Kinder den Zustand ihren Eltern als eine Barriere für eine zufriedene und glückliche Lebensweise sehen.

Die Verhaltensstörungen der Eltern führen zu vielen direkten und indirekten Auswirkungen auf das Leben der Jugendlichen. Auch Flucht, Ankunft in der Fremde, Ausgrenzung im Alltag etc. können für die Sozialisation der Kinder eine wichtige Rolle spielen. Beim nächsten Schritt der empirischen Untersuchung wird versucht, die Einflüsse dieser Verhaltensweisen traumatisierter Eltern auf die Lebensweise der Jugendlichen zu entschlüsseln. Daher wird im Folgenden mehr die Situation der Jugendlichen betrachtet. Die empirische Untersuchung und daraus ableitende gegenstandsbezogene Theorie beruht auf den ausgewerteten Interviews.

Um sich mit der Situation von kurdischen Jugendlichen auseinanderzusetzen und mögliche Problemstellungen in diesem Bereich in Verbindung aufzuzeigen, wird hier auf bisherige Erfahrungen, Beobachtungen und Ergebnisse im Theorieteil zurückgegriffen. Anhand einer bildlichen Darstellung sollen hier erste Einblicke in die soziale Situation von kurdischen Jugendlichen geschaffen werden. Folgende

Skizze soll eine Zusammenfassung der bisherigen Aussagen ermöglichen und weiterhin die notwendigen Fragestellungen zur Diskussion stellen.

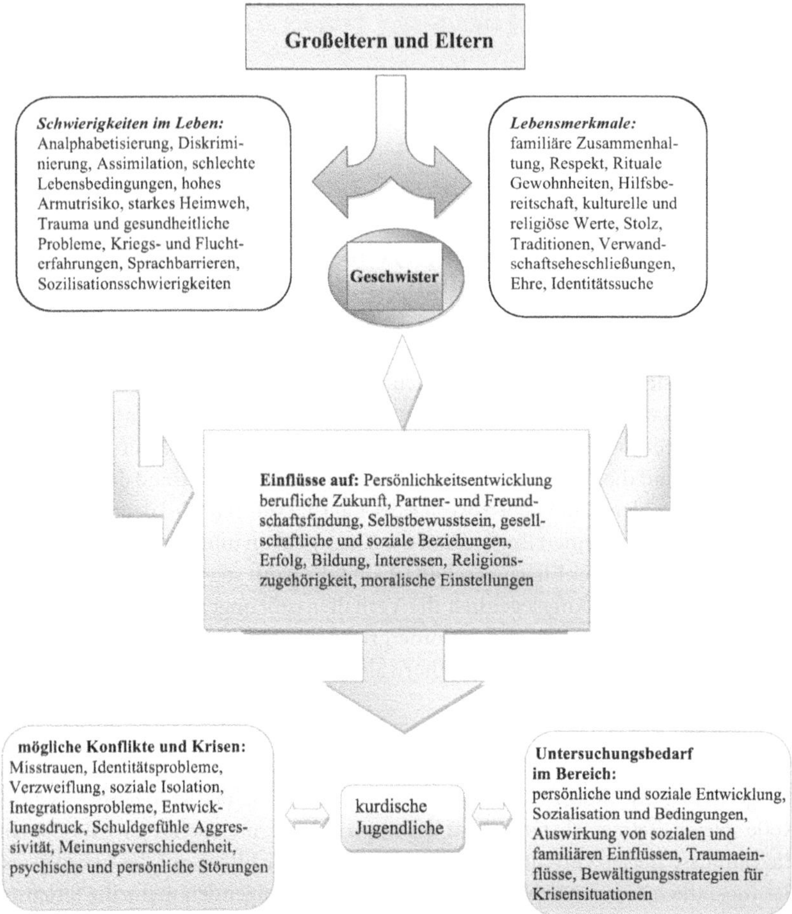

Abb. 9 Mögliche Einflüsse des sozialen Umfelds auf die Sozialisation der nachfolgenden Generation

Quelle: Eigendarstellung

6.1.1 Lebensgeschichten der beiden untersuchten kurdischen Familien

> *„Sie haben uns rein gebracht. Ein Soldat hatte mich gefragt, wie viel Soldaten hast du getötet? Ich habe gesagt, ich habe nicht umgebracht, hätte ich doch getötet. Aber wenn ich dich erwischt hätte, dich hätte ich umgebracht!“ (IF-D/1/31-32)*[20]

So fängt die 81 jährige Frau Dersim, die mehrmals in der Türkei verhaftet wurde, an, ihre Lebensgeschichte zu erzählen. Sie verbrachte wegen ihrer Unterstützung der kurdischen Arbeitspartei PKK drei bis vier Jahre in türkischen Gefängnissen. Nachdem ihr ältester Sohn den Weg des Guerillas nahm, gingen auch die anderen Kinder von Frau Dersim der Spur ihres Bruders nach. Für die allein gebliebene Frau Dersim bedeutete dies aber in kurzer Zeit Folter, Gefangenschaft und Flucht. Sie wurde im Jahr 1993 in Dersim verhaftet und sollte die Rechnung für ihre Kinder, die in der Guerilla sind, tragen. Die Geschichte der Stadt Dersim (türkisch Tunceli) hat eine ähnliche, eigentlich schlimmere Tragödie als die von Frau Dersim. Die ostanatolische Stadt Dersim, die heute Tunceli heißt, wird bis zum heutigen Tage zum größten Teil von Kurden alevitischen Glaubens bewohnt. 1938 erlitt diese Stadt ein von der türkischen Regierung erfolgtes, großes Massaker. Bei diesem Massenmord wurden über 100.000 Aleviten unter dem Befehl des verstorbenen Staatsgründers der Türkei Mustafa Kemal Atatürk ermordet. Das Massaker in Dersim war nicht die einzige Tat, sondern der armenische Genozid und später der Massenmord in Maras waren ein endloser faschistischer Angriff gegen die nicht muslimischen Einwohner des Landes Türkei. (vgl. Marasli 2012).

Die Kinder von Frau Dersim waren Personen, die sich gegen diese faschistischen Taten gewährt haben. Der Widerstand gegen das türkische Regime ist bis zum heutigen Tage durch die Kinder und Enkel der Personen, die das Massaker von 1938 miterlebt haben, präsent.

Die erste Begegnung mit Frau Dersim erfolgte 1994, als sie in Erzurum in Gefängnis war, und die zweite Begegnung erfolgte als Flüchtling im kurdischen Verein in Elbach, als für die vorliegende Studie Interviewpartner gesucht wurden. Nach einer kurzen Unterhaltung war sie an dem Forschungsziel interessiert und der Autor bot die Möglichkeit an, mit ihr und ihrem Enkelsohn ein Interviewgespräch zu führen.

Ihr Enkelsohn Pir, der ebenfalls geflüchtet war und eine große Trennung hinter sich hat, teilt mit Frau Dersim ein Leben. Pirs Mutter hatte ihn, als er noch ein dreijähriges Kind war, wegen ihrer aktiven politischen Teilnahme an der PKK als

20 IFD steht für Interview mit Frau Dersim.

Guerilla bei einer fremden Familie in Syrien gelassen. Er wurde von seiner Mutter zu einer großen Familie gegeben, bei der er sieben Jahre blieb und danach von seiner Großmutter nach Deutschland geholt wurde. Seine Kindheit ist von vielen Bewältigungssituationen gekennzeichnet, wobei die Zeit nach seiner Emigration auch seine Pubertätskrise trifft. Hinzu kommen natürlich auch andere Lebensbedingungen im Fluchtland.

Zine und *Welat*, die beiden Geschwister aus der zweiten untersuchten Familie haben eine ähnliche Kindheit. Sie sind Kinder einer sechsköpfigen Familie, die im Jahr 1990 von der Türkei nach Deutschland zwangsemigriert sind. Wie Hunderttausend andere Kurden/innen flüchtete Herr Özkürt, der Vater von Mir und Zine, auch aufgrund von Druck, Folter, Zwang, Verfolgung und noch anderer Gewalthandlungen des türkischen Staats. Die Stadt Serhat, aus der die Familie Özkürt kommt, hat auch in dieser Hinsicht eine bedeutsame Geschichte. Nachdem Sultan Abdulhamid der II. 1914 und 1918 eine kurdische Hamadiye Truppe zusammenstellte, sollten diese gegen die Armenier und Assyrer kämpfen. Die Hamidiye Truppen können mit dem heutigen modernen Namen als Dorfschützer verglichen werden. Zurzeit existieren in der Türkei nach belegbaren Daten ca. 60.000 Dorfschützer. Mehrere von diesen Dorfschützern sind Personen, die sich an verschiedensten Verbrecher beteiligt haben. Wegen Terror gegen das kurdische Volk wurden bis jetzt 2.384 Dorfschützer angezeigt und insgesamt ca. 5000 Dorfschützer haben sich an Misshandlungen beteiligt (Ruciyar 2008). Serhat ist eine rein national-islamistische Stadt und dadurch sehr konservativ. Die Stadt besteht zum größten Teil aus radikal national-islamistischen türkischen Einwohner/innen. Die Kurden in dieser Stadt werden oft angegriffen und unter Kontrolle gehalten; es wird extrem darauf geachtet, dass sich die Kurden an die türkisch-islamistischen Haltungen anpassen. Die Familie *Özkürt* gehört zu denen, die oft unter Kontrolle waren und wie auch andere kurdische Familien aus irgendwelchen angeblichen Verbrechen gegen den türkischen Staat verfolgt wurden.

Nachdem Herr Özkürt nach Deutschland flüchtete, holte er ein paar Jahre später seine Frau und beiden Kinder *Zine* und *Welat* nach. Die Familie erwartete nun ein hartes Leben im Asylheim. Die Folgestörungen der Traumata der Eltern fingen ebenso im Asylheim an, wobei unangenehme Situationen sich aufeinander bezogen, die starke Auswirkungen auf die Lebensbedingungen der Kinder hatten und ihre Sozialisation in unterschiedlichen Gesichtspunkten erschwerten. Der Interviewzugang zur Familie Özkürt erfolgte über einen Bekanntenkreis. Das Interesse an der Familie besteht in erster Hinsicht darin, dass wegen der traumatischen Folgestörungen des Ehepaars Özkürt und dadurch folgende Erlebnisse auch andere Personen wie Bekannte und Familienmitglieder betroffen sind.

Bis Frau Dersim und Familie Özkürt damit einverstanden waren, ein Interviewgespräch durchzuführen, dauerte es längere Zeit. Der Grund für die längere Zeit lag daran, dass die beiden Familien durch ihre biografischen Verläufe vor Spionen und noch vor vielen anderen Problemen Angst hatten, so dass sie daher Probleme hatten, zu fremden Menschen Vertrauen aufzubauen.

Hingewiesen wird hier nochmal darauf, dass sich bei den Interviews mehr auf die Rekonstruktion der Lebensgeschichten der Jugendlichen konzentriert wird. Daher wird bei der Rekonstruktion der Fallgeschichten nur im geringen Umfang auf das Leben der ersten Generation eingegangen.

6.1.2 Allgemeine Ergebnisse der Untersuchung

Beide untersuchten Familien kommen aus einem Ort, an dem soziale, politische und ökonomische Ungleichheit herrschen und die Einwohner/innen von mehreren Ungerechtigkeiten und der Assimilation des türkischen Staates betroffen sind. Frau Dersim präsentiert sich als stolze Mutter von drei kurdischen Guerillas. Ihre Selbstpräsentation im Interview zeigt, dass sie sich als aufopfernde Mutter ihrer Kinder zeigen möchte. Sie war geprägt von ihren Hafterlebnissen und konnte diese Erinnerungen nicht ausschalten. Sie verschwieg, warum ihre Kinder sie allein gelassen hatten und sie mit ihrem Enkelsohn die ganzen Schwierigkeiten in ihrem Leben erleben musste.

Die gemachten Beobachtungen in ihrem sozialen Umfeld ließen zu dem Ergebnis kommen, dass sie als wertgeschätzte Frau von ihrer Umgebung respektiert wurde, weil sie für die kurdische Bewegung vieles getan hatte. Sie deckte auch ihre jetzige Situation und äußerte nur ihre Beschwerden und Unzufriedenheit in Bezug auf ihre gesundheitlichen Probleme. Sie wies darauf hin, dass alle ihre Beschwerden und negative Erlebnisse in ihrem Leben aufgrund ihrer traumatischen Erlebnisse während ihrer Haft und Folterung verursacht sind. Alleine ihre Hilflosigkeit bezieht sie auf die schlimmen Erinnerungen an die Vergangenheit. Während sie ihre Lebensgeschichte erzählte, konnte beobachtet werden, dass sie von ihrem gegenüber große Empathie und Mitleid erwartet. Aufgefallen ist auch, dass sie von einem negativen Erlebnis zum anderen sprang und sich mehrmals wiederholte. Sie trug die Sorge und Angst, dass ihre Gefühle von dem Interviewer nicht verstanden bzw. nachvoll gezogen werden. Während sie ihre Verhaftungen und Fluchterlebnisse beschrieb, wurde deutlich, dass sie ihre Erlebnisse noch mal erlebt und sich in diese Situation wieder hineinversetzte.

In Bezug auf den familialen Dialog wird wegen ihrer Präsentation ihrer Erlebnisse angenommen, dass sie von ihrem Enkelsohn aufgrund ihrer traumatischen

Vergangenheit als großzügige, wertvolle Großmutter anerkannt und geliebt werden möchte. Mehrmals machte sie Andeutungen darauf, dass sie sich für ihre Familie und besonders für ihren Enkelsohn geopfert hatte. Es war deutlich feststellbar, dass sie eine höhere Position in ihrem Familienkreis erwartet und von ihrem Umfeld ebenso Respekt bekommen möchte. Obwohl sie von ihrem Enkelsohn große Erwartungen hat und sie für ihn viel geopfert hat, ist der Dialog zwischen Frau Dersim und ihrem Enkelsohn umgeben von Konflikten, Missverständnissen, Einsamkeit, Hilflosigkeit etc.. Beim Enkelsohn Pir fällt auf, dass er sich durch die traumatische Vergangenheit der Großmutter überschattet fühlt. Trotz Konflikte und anderer Probleme, die er mit seiner Großmutter hatte, fühlte er sich verpflichtet, auf die Großmutter zu achten. Durch seine Präsentation des Dialogs zwischen ihm und seiner Großmutter versuchte er dieses Problem mit der Verpflichtung und Überschattung seines eigenen Lebens indirekt deutlich zu machen, wodurch sich auch zeigte, dass diese Verpflichtung ihn überforderte. Ein anderes Thema bei seiner Präsentation war auch, dass er ständig von seiner Großmutter unter Druck gesetzt wird und sein Leben eingrenzen soll. Pir identifizierte sich mit den Idealen eines freien, unabhängigen und selbständigen Jugendlichens. Er erzählte, dass seine Großmutter ihn wegen ihres Alters nicht versteht, ihm nicht beistehen und unterstützen kann. Während des Interviews wurde auch auffällig, dass er sich älteren Menschen mit Vorurteilen nähert. Hier wird davon ausgegangen, dass seine Konflikte mit der Großmutter ihn zu dieser Einstellung gebracht haben. Auch seine Hilflosigkeit vergleicht er mit der Situation seiner Großmutter. Wenig Einfühlsamkeit, unterdrückte Gefühle und die Emigration in seiner Kindheit sind ebenso auffallende Themen in seinem Interview. Während des Interviewgesprächs, der Interviewauswertung und durch spätere Beobachtungen konnte festgestellt werden, dass er sich mit einem eigenständigen, von seiner Großmutter unabhängigen Leben präsentieren will. Es wurde aber auch deutlich, dass er sich nicht ganz vom Leben und der Vergangenheit der Großmutter abgrenzen kann.

Weiterhin war auch durch seine Präsentation feststellbar, dass er eine große Bindung an seine Mutter hat. Seine Erzählungen ließen erkennen, dass der Platz seiner Mutter für ihn sehr verschieden von anderen ist. Für ihn ist die Mutter eine Pionierin. Es wird angenommen, dass seine Ideale daher den Idealen der Mutter ähnlich sind und er eine starke Bindung an die Wertvorstellungen seiner Mutter hat. Er versuchte durch das Zeigen der Tätowierung an seinem Arm darzustellen, wie er seine Mutter wertschätzt und erzählte darauf hin, dass die Mutter ein untrennbarer Teil von ihm ist.

> *„Ich will mir da Sachen darauf schreiben lassen, die mir viel bedeuten, die ich sehr gerne auf meinem Körper tragen würde, weil ich das halt auf meinem*

> *Körper haben will. Mein Körper ... Der Körper des Menschen ist ein sehr wichtiger Bestandteil. Das ist das einzige, das völlig dir gehört. Und deswegen war es mir halt wichtig da drauf den Namen von meiner Mutter zu schreiben, den Namen von meinem Onkel, den Namen von meinen Freunden, die verstorben sind." (IP/8/371-376)*[21]

Seine Aussage lässt die Behauptung zu, dass er durch die Tätowierungen versucht, seine Mutter, die von ihm sehr entfernt lebt, bei sich zu behalten. Hier kann auch die Bindung an die Mutter und an seine erzwungene Emigration von Syrien nach Deutschland besser verstanden werden. Nach seiner Äußerung wurde er damals von Syrien nach Deutschland, ohne selbst gefragt zu werden bzw. ohne seine Erlaubnis, einfach hierher gebracht. Mit dem Körper, der nur ihm gehört, meinte er möglicherweise die Nähe und Liebe zu seiner Mutter, von der ihm keiner trennen kann auch wenn seine Mutter nicht bei ihm ist. Durch die Tätowierung des Namens seiner Mutter, seines Onkels und verstorbenen Freunde will er aufzeigen, dass sie zu ihm gehören und ihm jetzt auch nicht mehr weggenommen werden können. Er hält die Tätowierung für ein Symbol bzw. für ein Merkmal seiner Identität. Trotz seiner starken Emotionen und seiner Kränkung durch Zwangsemigration nach Deutschland erzählte er im ganzen Interview nie etwas über seine Gefühle und versuchte seine Gefühle z.B. für seine Mutter auszublenden.

Ein gleiches Merkmal bei ihm und seiner Großmutter ist, dass beide eine Fixierung auf ihre schlimmen Erlebnisse haben. Seine Großmutter ist auf die Verfolgung und Verhaftung in der Vergangenheit und er auf die Emigration, Konflikte und Probleme mit und wegen seiner Großmutter fixiert. Pir versuchte darzustellen, wie andere die Richtung seines Lebens festlegten. Er stellte sich durch seine Emigration und Kindheit so dar, als ob er ein Gegenstand wäre, der von einem Ort zu einem anderen Ort mitgenommen bzw. hingebracht wurde. Bei der Präsentation seiner Lebensgeschichte vermied er über seinem Vater zu reden und verhielt sich so, als ob er gar keinen Vater hätte. Von der Großmutter wurde erfahren, dass der Vater ihn bis jetzt selten besucht hat, mittlerweile in Deutschland lebt und ihn ab und zu anruft, aber Pir mit ihm nicht redet. Trotz der Nachfrage nach seinem Vater weichte Pir einer Antwort aus. Beim Unterschied von *Pir* und Frau *Dersim* geht es um verschiedene Konstellationen. Während die Großmutter Mitleid von anderen erwartet und von jedem Hilfe verlangt, will Pir umgekehrt unabhängig von anderen sein und sein eigenes Leben führen. Die jetzige Lebenssituation der Großmutter hat sich seit dem Interview in dem Sinne geändert, dass sie sich von der Gesellschaft ausgeschlossen hat und jetzt ganz allein lebt. Ihr Enkelsohn Pir ist auf dem Weg

21 IP steht für Interview mit *Pir*

autonom und berufstätig zu werden. Er hat sich für ein Studentenleben in einer anderen Stadt entschieden.

Andererseits ging es bei Familie Özkürt um das Thema des Lebens im Asylheim und den ständigen Streit und die Gewalthandlungen im Familienleben. Im Interview mit den beiden Kindern *Welat* und Zine ging es mehrmals um ihre Hilflosigkeit wegen Trauma bedingter Gewalt der Eltern zueinander. Während des Interviews suchten beide ständig nach einer Lösung, wie die Gewalt in ihrem zu Hause beendet werden könnte. Eine Fixierung auf die Konflikte der Eltern konnte ebenso festgestellt werden. In ihrer Präsentation stellten sie auch öfters dar, dass sie bisher in diesem Zusammenhang kaum von Bekannten oder anderen Personen unterstützt wurden. Nach ihren Erzählungen wurde deutlich, dass sie eine komplexe Bindung an die Familie haben. Bei dieser Komplexität geht es nicht nur um ihre Mutter und Vater, sondern auch um ihre beiden kleinen Schwestern. Sie versuchten zu verdeutlichen, dass sie die Verantwortlichen in der Familie sind. Sie schwiegen aber teilweise darüber, was wirklich während der traumabedingten Krise der Eltern, in der es zu schlimmen Gewalttaten kam, passierte. Aufgrund der längeren Belastung durch die Situation der Eltern und Schwierigkeiten mit der Emigration waren sie bei ihrem Interview davon so geprägt, dass sie ihr eigenes Leben ziemlich kurz darstellten und dafür mehr über die familiären Probleme und ihre Verzweiflung bezüglich der Zukunft redeten. Während der Präsentation seiner Lebens- und Familiengeschichte machte *Welat* einen sehr zurückhaltenden, scheuen Eindruck. Es wird davon ausgegangen, dass diese Haltung mit seiner Hilflosigkeit, seinen Schuldgefühlen, die Situation der Familie nicht verbessern zu können, und mit seiner Scham in Verbindung steht. In seiner Präsentation gab es viele Brüche. Es ist zu bemerken, dass er während seiner Erzählung über seine Familie und Vergangenheit tief durchatmet.

Dieses Verhalten lässt vermuten, dass er seine Hoffnung auf eine Lösung oder Alternative für die negativen Erlebnisse aufgegeben hat oder zu belastet ist. Die Interaktion zwischen der ersten und zweiten Generation ist bei Ihnen ziemlich gestört. Innerhalb des familialen Dialogs findet weder Respekt noch Empathie statt. Die Rechtfertigungen im familialen Dialog stellten sich meistens in den Vordergrund. Die Unterschiede zwischen erster und zweiter Generation in diesem familiären Kontext beruhten darauf, dass die Eltern durch ihre traumatische Vergangenheit und daraus entstandenen Gewaltakten mit sich selbst beschäftigt waren und ihre Kinder mit der Gewalt der Eltern. Auch bei der Präsentation dieser zweiten Generation war feststellbar, dass sie eigentlich ihr eigenes Leben vorstellen möchten, aber die Familiengeschichte sie daran öfters hindert. Anstatt ihr eigenes Leben zu präsentieren, fingen sie direkt an, von ihrer Flucht und vom Familienleben im Asylheim zu erzählen. Ihre jetzige Lebenssituation besteht von außen betrachtet aus zwei Wohnsituationen. Auf der einen Seite wohnen sie mit ihren Eltern und auf der anderen Seite haben sie eine andere eigene Wohnung im Studiumsort. Die wirkliche Trennung von dem Leben der Eltern erfolgte aber nicht. Welat und Zine wohnten wegen ihres Studiums von ihren Eltern getrennt, fühlten sich aber gezwungen, das Elternhaus öfters zu besuchen, da sie Sorge um ihre jüngeren Schwestern trugen. Die beiden Geschwister hatten sich mit der Elternrolle für die jüngeren Geschwister identifiziert. In dieser Hinsicht machte Zine auch darauf aufmerksam, dass sie an der Gründung einer Familie zweifelte und bezüglich dieser offene Fragen hatte. Diese Verzweiflung machte auch ihre Unsicherheit für eine spätere Familiengründung deutlicher. Ein wichtiges Thema der beiden Interviews mit den Geschwistern Zine und Welat war die Sorge um ihre jüngeren Schwestern, dass sie dieselbe mit Gewalt erzogene unglückliche Kindheit erleben könnten. Die ganze Präsentation ließ somit zu dem Ergebnis kommen, dass die beiden Geschwister ihre Geschichte in der Opferrolle präsentierten und ihren jüngeren Geschwistern ebenfalls die Opferrolle geben.

In beiden Familien klagten die Jugendlichen darüber, dass sie keine vorbildlichen Eltern haben und ohne Unterstützung ihre Lebensmotivationen verwirklichen mussten. Auch in diesem Sinne war Überforderung zu erkennen. Die Klagen über ihre Eltern machten deutlich, dass Empathie innerhalb der Familienbeziehungen fehlte und Missverständnisse zusätzlich die Gewalt und Distanzierung unter den Familienmitgliedern vergrößerte. Die zweite Generation sah in diesem Zusammenhang ihre Eltern bzw. Großmutter als hilflose Personen, die nicht fähig sind, selbstständig ihr Leben weiter zu führen. Die Lebensverhältnisse der zweiten Generation waren von Anfang an, seitdem sie in Deutschland lebten, von ökonomischen Problemen eingeschränkt. Die Kinder beider Familien wuchsen in Ghettogebieten bzw. in Asylheimen unter ökonomisch und sozial schlechten Lebensbedingungen auf.

Auffällig war hierbei auch, dass Pir das Interviewgespräch in der Ich-Erzählung führte, aber die Geschwister Welat und Zine trotz der getrennten Interviewgesprächsführung in der Wir-Form ihre Biografie präsentierten. Dies hat möglicherweise damit zu tun, dass Pir ein eigenständiges Leben hatte und wie ein einziges, allein stehendes Familienmitglied aufwuchs und die beiden Geschwister Welat und Zine immer zusammen hielten und wegen ihrer häuslichen Situation sich gegenseitig unterstützt hatten. Wobei die Eltern der drei Jugendlichen in einem patriarchalischen Familiensystem ihr Leben führen und deshalb für sie der Status, die Ehre in der Gesellschaft sehr wichtig ist. Auch die Sozialisation der Eltern selbst ist zu berücksichtigen. Diese sowie deren Traumata sind sicher Gründe dafür, dass die Eltern selbst keine richtige Orientierung und Umgang mit den schwierigen Lebenssituationen gefunden haben. Mit ihrer Elternrolle waren sie nicht zuletzt deshalb überfordert. Ein wichtiger Punkt ist hier auch, dass die „Flüchtlinge" es mit dem Asylverfahren nicht einfach haben. Erst hinterlassen die Betroffenen ihre Familien in der Heimat, fühlen sich daher schuldig und müssen alle ihre negativen Erlebnisse während und vor der Flucht bewältigen. Dann fühlen sie sich gezwungen, ihre Familie nach Deutschland holen, damit es der Familie besser geht, und tun alles, um die Familie nachzuholen. Doch dann beginnt das Leben im Asylheim, das schwierige Bedingungen hat (vgl. hierzu auch von Balluseck/Meißner 2003).

Pir befindet sich in einem Freundeskreis, in dem verschiedene Persönlichkeiten, Traditionen und Kulturen sich zusammenvernetzen, wobei der größte Teil seine Freunde syrische Herkunft hat. Andererseits haben aber Zine und ihr Bruder *Welat* Probleme, sich von ihrer eigenen geschlossenen Gesellschaft bzw. Bekanntenkreis zu trennen. In ihrem Freundeskreis existieren mehr Personen aus der Verwandtschaft oder ziemlich nahen Umgebung mit ihnen vergleichbarer Persönlichkeit.

6.2 Rekonstruktion: Wie der Widerstand zu einer Familientradition wurde. Familie Dersim

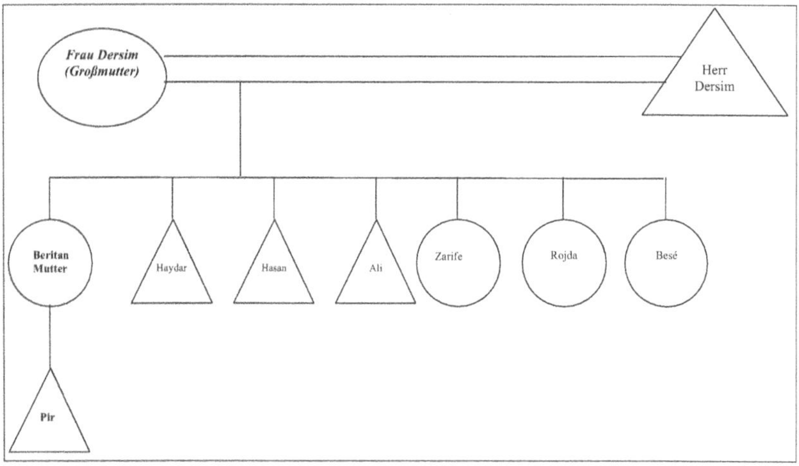

Abb. 10 Verwandschaftsethnografie von Familie Dersim
Quelle: Eigendarstellung

Die Familie Dersim ist eine Familie, die aufgrund ihrer politischen Haltung gegenüber dem türkischen Regime in verschiedenen Orten Exil gefunden hat und zum Kampf gegangen ist. Fast alle Familienmitglieder waren bzw. sind noch aktiv in kurdischen Bewegungen. *Frau Dersim* wurde im Jahr 1930 in Dersim (Tunceli)/ Türkei geboren. Sie hat sieben Kinder und ist seit langem verwitwet. Ihren Ehemann verlor sie, als sie 65 Jahre alt war. Zwei ihrer Kinder sind zurzeit bei der Kurdischen Arbeitspartei (PKK) als Guerillas aktiv. Ein anderer Sohn ist Pesmergah bei Federal Kurdistan Irak und ein Sohn wurde aufgrund seiner Aktivitäten bei der kurdischen Arbeitspartei PKK zu lebenslanger Haft verurteilt. Frau Dersim war eine Mutter, die innerhalb der Familie das Wort hatte. Ihre Kinder behandelten sie sehr respektvoll und hörten immer auf ihre Mutter. Während des Interviews verhielt sie sich hilflos und ihre gesundheitliche und pflegerische Bedürftigkeit ließ sich gut erkennen. Trotz all ihrer negativen Erlebnisse und ihrer jetzigen bedürftigen Situation machte sie das Bild einer sich an die traditionellen Werte haltenden kurdischen Frau. *Frau Dersim* selber wurde aufgrund der Tatsache, dass ihre Söhne Hayri, Hasan und Ali sowie ihre Tochter Reyhan sich den Guerilla-Einheiten der Arbeiterpartei Kurdistans (PKK) angeschlossen hatten und sie auch selbst die PKK unterstützt hatte, mehrfach verhaftet. Sie kam dabei in der Türkei in unterschiedliche Gefängnisse und wurde zu drei- bis vierjähriger Haft verurteilt. Während ihrer Haft wurde sie von türkischen Soldaten und Polizisten gefoltert und u.a. mehrmals in einem kalten, dunklen Isolationsraum gesperrt. Sie erzählte ihre damalige Foltererlebnisse ziemlich detailliert, wodurch sie versuchte, die Grausamkeit der Täter und deren gewaltvolle Misshandlungen darzustellen.

> *„Sie haben nicht mit der Faust sondern mit Cops geschlagen. Sie haben meistens auf meinen Nacken geschlagen. Eine hat auf mein Gesicht geschlagen. Genau auf mein Gesicht. Mein Gesicht ist ziemlich dunkel schwarz geworden. Wir waren 12 Tage unter Aufsicht der Polizei, dann waren wir wieder draußen …" (IFD/1/33-35)*

In ihrer vier jährigen Gefangenschaft wurde sie brutal geschlagen und bekam u.a. auch sehr viele Schläge auf ihren Hinterkopf. Die Verhaftungsvorgänge und Misshandlungen wiederholten sich, bis sie die Situation nicht mehr ertragen konnte. Sie fürchtete sehr um ihr Leben. So entschloss sie sich zur Flucht aus ihrer Heimatregion und kam zunächst über Bursa, Diyarbakir und Istanbul nach Griechenland. Sie flüchtete mit ihrem dritten Sohn Hasan, der ebenfalls in Lebensgefahr war. Hasan war vom Beruf Lehrer, gab aber wegen seiner politischen Aktivitäten und dem Engagement seiner Mutter in der kurdischen Arbeitspartei PKK seinen Beruf auf. Frau Dersim redete im Interview viel über ihren Sohn Hasan und seine Lehrertätigkeiten in Kurdistan. Nach ihrem wenige Tage dauerndem Aufenthalt in Griechenland flogen sie nach Syrien zum PKK Kamp, wo auch Öcalan war. Sie blieben siebeneinhalb Monate dort und flüchteten mit Hilfe von Öcalan nach Europa. Hasan wurde von Öcalan beauftragt, beim Kurdischen TV (damals Medya TV) in Belgien zu arbeiten. Frau Dersim konnte erst nach Holland emigrieren und dann nach Deutschland in die Stadt Elbach. Bis sie im Jahr 2003 ihren Enkelsohn *Pir* nach Deutschland holte, wohnte sie alleine in dieser Stadt. Kurz nach ihrer Flucht in die BRD stellte sie einen Asylantrag. Nachdem ihr Asylantrag angenommen wurde, holte sie ihren Enkelsohn, der in Syrien lebte, zu sich nach Deutschland. Frau Dersim war bis 2009 in verschiedenen PKK-Organisationen aktiv. Sie verteilte Zeitungen, Bücher und nahm an vielen Frauenbewegungen teil. Aufgrund der aktiven Teilnahme ihrer Kinder an der kurdischen Arbeitspartei PKK und ihrer vielfältigen Erlebnisse in der kurdischen Bewegung ist sie der PKK dankbar und identifiziert sich mit der Macht und den Idealen dieser Bewegung. Bevor sie ihren Enkelsohn, der in Syrien war, zu sich holen konnte, hatte sie viele Personen innerhalb und außerhalb der PKK um Hilfe gebeten, damit eine Einreise ihres Enkelsohns nach Deutschland ermöglicht werden konnte. In diesem Zusammenhang erzählte sie, dass sie sich an keinen Tag erinnert, an dem sie sich um ihren Enkelsohn keine Gedanken gemacht hätte und es keine Minute gab, in der sie für ihn nicht geweint hatte.

> *„sechseinhalb Jahre habe ich immer an ihm gedacht und geweint. Was ist mit ihm passiert? Wie geht es ihm. Jede Minute dachte ich an ihm."* (IFD/3/111-112)

Nachdem ihr Enkelsohn in Deutschland war, hatte sie als einzigen Trost, der sie am Leben hielt, ihren Enkelsohn. Ihr einziger Gedanke war nur noch das Aufziehen ihres Enkelsohns. Sie beschäftigte sich nur noch damit, ihren Enkelsohn glücklich und gesund zu sehen.

> *„Ich habe ihm groß gezogen, ich habe für ihm alles gekauft, ich war einfach bereit, für ihn alles zu machen."* (IFD/4/169)

In Bezug auf ihre eigene Situation fühlte sie sich gesundheitlich schlecht. Sie litt unter mehreren chronischen, orthopädischen und psychischen Krankheiten, die sie ihren Erlebnissen in der Vergangenheit zuwies.

> *„Genosse, mein Nackenschmerzen kommen auch deshalb."* (IFD/1/50)

Hiermit meint Frau Dersim die Schläge, die sie auf ihren Nacken bekam. Allgemein war im Gespräch feststellbar, dass Frau Dersim durch ihre Vergangenheit geprägt war und vieles mit der Vergangenheit verknüpfte. Sie kam kaum über ihre jetzige Situation zu reden und wich jeder Frage über ihre jetzige Situation aus. Die negativen Erlebnisse während ihrer Flucht und Gefangenschaft führten bei Frau Dersim dazu, dass sie unter traumatischen Folgen leidet. Aufgrund ihres Traumas ist sie schon seit langer Zeit in Therapie. Wegen ihres Misstrauens gegenüber anderen Menschen hat sie starke Fremdbilder und kann die Menschen sehr schnell mit verschiedenen Vorurteilen kategorisieren. Ihre schlechten Erfahrungen im Leben und ihre nicht in Erfüllung gegangenen Wünsche brachten sie dazu, dass sie aggressiver geworden ist. Bis heute verfolgen sie ihre Hafterfahrungen und -erlebnisse in den Isolationsräumen. *Frau Dersim* verglich sogar ihre jetzige Wohnung mit dem Isolationsraum, in dem sie vor ungefähr 16 Jahren eingesperrt wurde. Dies kam auch während des Interviews mit ihrem Enkelsohn Pir vor. Während des Interviews mit ihm mischte sich *Frau Dersim* auf einmal mit einem erschreckend wirkenden Ton ins Gespräch ein.

> *„Das war dritter Stock. Einzelne Isolationsräume. Genau so! (zeigt Ihre Fenster und Wohnzimmer) Fenster Kaputt! Außer mir waren noch fünf. Niemanden haben Sie gebracht. Nur mich haben Sie dahin gebracht. Meine Zähne zitterten schak, schak, schak.“ (IFD/1/44-46)*

Als sie dies erzählte, konnte beobachtet werden, dass sie am ganzen Körper zitterte und es ihr kalt war. Dieses Verhalten und die konkrete Äußerung von *Frau Dersim* waren für ihren Enkelsohn *Pir* nicht neu. Er und seine Großmutter haben eher keine Gemeinsamkeiten. Nur die politischen Interessen von *Pir* hatten ein wenig Bedeutung für die Großmutter, es lagen eher große Meinungsverschiedenheiten vor. Das Leben der Großmutter Frau Dersim und ihres Enkels war von Anfang an durch finanzielle Probleme geprägt.

Aufgrund ihrer Beziehung zu ihren Kindern hatte sie andere Vorstellungen im Hinblick auf das Zusammenleben mit ihrem Enkelsohn. Sie dachte, dass auch *Pir* wie ihre Kinder fast immer auf sie hören wird. Ihren Enkelsohn empfand sie wegen der Meinungsunterschiede zwischen ihnen als unmündig. Vielleicht wollte sie mit *Pir* den nicht besetzten Platz ihrer Kinder ersetzen und ihre Einsamkeit teilen. Hier kann vermutet werden, dass sie eine Familie vermisste und versuchte, ihre Vorstellungen eines Familienlebens und -glücks im Nachhinein zu realisieren. In diesem Kontext wird auch erkennbar, wie groß der Unterschied zwischen den Meinungen der Kinder und ihrer Eltern ist und dass dieser Meinungsunterschied für die Entstehung von Distanz zu den Eltern einer der wichtigsten Hauptbestandteile ist. Ein anderer Punkt ist hier auch, dass Frau Dersim sich aufgrund ihrer Erlebnisse und ihres Traumas von ihrem Enkelsohn nicht verstanden fühlte. Pir soll nach der Meinung der Großmutter ihre Situation nicht respektieren und sie nicht gerecht behandeln.

> *„Jetzt sagt er `was für ein Nutzen hast du, Mama, für mich."* (IFD/4/174)

Frau Dersim sprach im Interview einige Male über die Gedanken ihres Enkelsohns und beschrieb sein Benehmen. Diese Darstellung von ihr machte deutlich, dass sie mit dem Verhalten ihres Enkelsohns nicht zufrieden ist. Es kann angenommen werden, dass hier ein Generationsunterschied vorliegt. In diesem Zusammenhang machte Rosenthal die Erkenntnis, dass die zweite Generation mit ihren Eltern fürsorglicher umging und die dritte Generation zu ihren Eltern bzw. Großeltern distanzierter ist. Hiermit ist gemeint, dass die dritte Generation in Bezug auf die Erfüllung der Wünsche der Eltern distanzierter umgehen kann (vgl. Rosenthal 1999). Das Interview mit Frau Dersim fand in einer Zeit statt, in der alle ihre Kinder nicht mehr bei ihr und auch nicht in ihrer Nähe wohnten und nur der Enkelsohn bei ihr war.

Bei der Familie *Dersim* kommt es öfters zu gegenseitigen Schuldzuweisungen zwischen Enkel und Großmutter. Beide Seiten versuchen für ihre Situation Recht zu bekommen. Die Aufregung der Großmutter in Bezug auf Erwartungen von ihrem Enkelkind ist groß. Die Äußerung der Großmutter *Frau Dersim* bestätigt die vorherige Aussage, dass gegenseitige Schuldzuweisungen vorhanden sind und macht ihre Aggression wegen des Benehmens ihres Enkelsohns deutlicher.

> *„Ich habe wegen ihm viele Probleme bekommen. Dieser Ehrlose, dieser Ehrlose. Er beschimpft mich. Er nimmt mich nicht ernst. Mein Wort bedeutet ihm nichts. […] Aus Unmündigkeit, habe mein Leben für ihn aufgegeben. Er hat mir mein Leben weggenommen. Ich habe meine Kinder nie angefleht. Aber ich weiß auch keine Lösung. Das ist was anderes."* (IFD/3/148-154)

Der Dialog zwischen den beiden funktioniert ziemlich schlecht und ist kompliziert. Frau Dersim kann den Entwicklungsprozess ihres Enkelkindes nicht nachvollziehen und zeigt wenig Empathie für sein Verhalten. Sie möchte mit ihrer Aussage klar stellen, dass ihr Enkelsohn nicht einsieht, dass sie sich für ihn geopfert hat und undankbar ist. Sie wünscht sich sehr einen besseren und verständnisvolleren Dialog wusste aber nicht wie sie diesen erreichen könnte. Wie kommt diese Verständnislosigkeit der Großmutter bei Pir an? Wie wirkt dieses Verhältnis auf den weiteren Dialog und Lebensprozess von Familie Dersim?

6.3 Der Enkelsohn Pir

> *„Hmm, dir fehlt etwas, dir fehlt sozusagen ein Wegweiser. Es gibt keiner, der dir sagt, hör mal das ist richtig, das ist falsch, das musst du machen, das darfst du nicht machen. Und das ist das Problem gewesen halt."* (IP/5/253-255)

Dieses an sich viel bedeutende und in verschiedenen Hinsichten interpretierbare Zitat wurde von der Interviewtranskription von Pir entnommen.

Erster Interviewpartner, der durch den Kontakt in der kurdischen Jugendgruppe ausgewählt wurde, war Pir. Besonders fiel er wegen seiner vielfältigen und seriösen Persönlichkeit auf. Ein anderer entscheidender Punkt war auch sein Konflikt mit seiner Großmutter und seine selbstständige persönliche Entwicklung. Nachdem mit seiner Großmutter im kurdischen Verein gesprochen wurde, war Frau Dersim mit einem Besuch bei ihr zu Hause einverstanden. Ende 2010 fand mit ihr in ihrer kleinen Wohnung ein Treffen statt. Davor wurde von Frau Dersim gebeten, dass sie Pir überredet, zu Hause zu bleiben, damit er um einen Termin für ein Interviewgespräch angefragt werden kann. Nachdem sie in dieser Hinsicht für ihren Enkelsohn keine klare Antwort geben konnte und nichts versichern konnte, wurde spürbar, dass zwischen ihnen kein richtiger Dialog existiert. Sie fing sofort an, ihr Leiden und ihre Empfindlichkeit gegenüber ihrem Enkelsohn zu berichten. Deshalb konnte Pir erst im Hause von Familie Dersim gefragt werden, ob er mit einem Interview über seine Biografie und Lebenssituation einverstanden wäre. Beim dritten Besuch von Frau Dersim konnte das Interview stattfinden. Aufgrund des Aufbaus eines Vertrauens wurde das Interview ein wenig später durchgeführt. Pir war damals 18 Jahre alt und besuchte die Fachoberschule mit dem Schwerpunkt Bauingenieurwesen. Er war in verschiedenen Sport- und Kulturvereinen aktiv und war linksliberal eingestellt. In seinem Gespräch ging es meistens um die Konflikte mit seiner Großmutter und die Überforderung wegen der Sorge um die Großmutter. Er deutete mehrmals an, dass das Verhalten seiner Großmutter ihn sehr belastete und darüber hinaus seine Persönlichkeit von ihr nicht akzeptiert wird. Auf der einen Seite ging es um die Fixierung auf die Problementstehungen mit seiner Großmutter und darüber hinaus entwickelte Missverständnisse und auf der anderen Seite um seine Wünsche des selbstständig und frei Seins. Im weiteren Verlauf dieser Arbeit werden die Kontaktaufnahme und danach die Beschreibung des Interaktionsverlaufs mit Pir detaillierter beschrieben. Schließlich folgt dann als zentraler Schwerpunkt die Rekonstruktion seiner Lebensgeschichte und als letztes werden die Kontrastierung und Zusammenfassung der Ergebnisse von allen Interviewten vorgestellt.

6.3.1 Zugang zu Interviewten und Interviewverlauf

Wie schon im methodischen Teil des Samples begründet, wurde mit der Großmutter Frau Dersim kein ausführliches Gespräch geführt. Vielmehr ging es um das Herausfinden von Auswirkungen ihrer Traumafolgen auf den Enkelsohn Pir und den Dialog zwischen den beiden. Die aktuelle Situation von Frau Dersim wird als wesentlicher Punkt in den Vordergrund genommen und, damit die Rekonstruktion der Lebensgeschichte von Pir besser funktioniert, auch ein Interview und Beobachtungen von Frau Dersim mit in die Analyse aufgenommen. Frau Dersim ermöglichte damit einen Zugang zum Leben des Enkelsohns. Für den Vertrauensaufbau mit Frau Dersim wurde einige Male Kontakt aufgenommen und ihr Verhalten dabei beobachtet. Während des Verlaufs der Interaktion zeigte sie sich als eine kontaktfreudige Person. Sie sprach öfters über ihre Schmerzen und über ihre traumatischen Erlebnisse. Die türkische Sprache verwendete sie für die Kommunikation mit dem Interviewer und behandelte ihn wie einen Therapeuten in der Hoffnung, dass sie Hilfe für ihre Schmerzen bekomme. Während der Beobachtungen fiel auf, dass sie unstrukturiert und nicht chronologisch ihre Biografie darstellt. Sie erwartete von anderen und ihrem Bekanntenkreis einen respektvollen Umgang mit ihrer Person. Das Interview fand, wie schon oben angedeutet wurde, beim dritten Besuch in der Wohnung von Frau Dersim statt. Sie zeigte eine nette Gastfreundlichkeit, ohne nachzufragen brachte sie türkischen schwarzen Tee und Kekse. Während des Gesprächs lief der Fernseher. An der Wand hingen Bilder von Abdullah Öcalan, ihren Söhnen und gestorbenen Guerillas. Trotz ihres alevitischen Glaubens hing an der Wand auch ein großes Bild vom Pilgerort der Muslime Mekka. In ihrer Wohnung standen alte Möbel, auch ihr Sofa war reparaturbedürftig. Auch ihr Wohnzimmerfenster war nicht ganz stabil und das Glas war kaputt. Trotz der wiederholten Darstellung des Ziels und Nutzen des Interviews fragte Frau Dersim ein paar Mal nach, warum dieses Interview durchgeführt wird und ob es später in der Zeitung oder Fernseher veröffentlicht wird, so dass sie mehrere Male überzeugt werden musste. Während des Interviewgesprächs mit der Großmutter trat Pir ins Zimmer und hieß den Interviewer herzlich willkommen. Er machte einen netten Ausdruck und zeigte ein gepflegtes, modernes Aussehen. Danach setzte er sich zu dem Interviewer und redete nicht viel, guckte statt dessen Fernsehen. Immer wieder blickte er auf sein Handy und stand ein paar Mal auf um zu telefonieren. Nachdem er sich wieder hingesetzt hatte, verriet er dem Interviewer ein wichtiges Geheimnis über einen seiner Bekannten. Hiermit wurde auch sein Vertrauen zum Interviewer deutlich. Dieses Signal wurde zum Start der Interaktion. Eine kurze Weile später wurde der Termin für das Interview mit ihm am selben Ort festgelegt. Er kommunizierte, obwohl er erst seit sieben Jahren in Deutschland war, zum größten Teil in einem perfekten Deutsch. Nur mit seiner Großmutter sprach er auf Türkisch, weil sie keine andere gemeinsame Sprache haben. An der Anfrage und dem Ziel des Interviews war er sehr interessiert und erklärte sich sofort bereit. Er fand das Forschungsvorhaben spannend und machte daraufhin auf sein Engagement im Bereich kurdischer Fragen und Sozialisation kurdischer Jugendlichen aufmerksam.

6.3.2 Beobachtungen und Interaktionen während des Interviews

Bevor die Erfahrungen mit Pir während des Interviews berichtet werden, können ein paar Merkmale zum Verhalten von Frau Dersim während des Interviews mit ihr hilfreich sein, um die gesamte Situation von Pir darzustellen. Am Anfang des Interviews fiel auf, dass sie ein wenig nervös war und nochmals fragte, ob der Interviewer Hunger oder einen bestimmten Wunsch hätte. Sie hatte eine geschlossene Körperhaltung und fing als erstes an, über ihren gesundheitlichen Zustand zu berichten. Ihr Eindruck ließ feststellen, dass sie immer noch leidendes Opfer ihrer traumatischen Erlebnisse während ihrer Verhaftung und Flucht war. Ihre jetzigen Gesundheitsprobleme verband sie mit ihrer Vergangenheit im Gefängnis und mit ihren Fluchterlebnissen. Sie redete kaum über alltägliche Sachen in ihrem Leben, so dass von ihr fast keine positiven Erlebnisse dargestellt wurden. Ihre einzige stolze Erfahrung war, dass sie sich mit ihren Kindern sehr gut verstand und stolz auf sie sein konnte, da sie alle in ihren und den Augen der Personen ihres Umfelds Helden waren. Diese Heldentaten der Kinder präsentierte sie aber auch in einer kurzen Zeit im Gegensatz zu ihren traumatischen Erlebnissen. Dadurch wurde erkennbar, dass sie diese Traumasituationen nicht ganz verarbeitet hatte, und ihre kurze Darstellung ihrer Kinder legt die Vermutung nahe, dass sie diesem Thema eher ausweichen wollte. Ihr jetziger Stressauslöser war ihr Enkelsohn Pir. Sie bezog sich in ihren Erzählungen über ihre Probleme bei mehreren Gelegenheiten auf ihren Enkelsohn. Sie identifizierte sich als eine gute Großmutter und beschuldigte ihren Enkelsohn, nicht dankbar zu sein für ihre erbrachten Leistungen für ihn. Ihr Enkelsohn Pir kam kurz bevor das Interview mit Frau Dersim zu Ende ging, weil sie immer mehr in ihre Vergangenheit drang und sich nicht mehr von dieser Situation befreien konnte. Frau Dersim wiederholte dieselbe Szene in ihrem Leben in ausführlicher Phase mehrmals. Daraufhin wurde beschlossen, mit ihr das Interview zu beenden und mit ihrem Enkelsohn ein Interviewgespräch zu führen. Pir hatte ein gepflegtes Erscheinen und machte einen sympathischen Eindruck. Er nannte seine Großmutter „Anne“ (türkisches Wort für Mama). Auf die Frage, ob er ungestört alleine interviewt werden möchte, antwortete er, dass seine Großmutter sowieso kein Deutsch versteht und er gerne in Deutsch interviewt werden möchte. Als seine Großmutter ein paarmal ihre Beschwerden bzw. Gesundheitsleiden während des Interviews mit Pir äußerte und somit störte, reagierte Pir mit nicht Bekümmern und meinte, dass sie nicht zu ernst genommen werden sollte, da sie im Alltag öfters diese Beschwerden äußere. Pir erzählte seine eigene Biografie nicht detailliert, sondern überflog seine Lebensgeschichte. Während des Interviews war er mehr mit den Ungerechtigkeiten bezüglich seiner Person und ähnlich erlebter Ungerechtigkeiten anderer Personen beschäftigt. Er wollte seine Erzählungen und Beschreibungen durch Benutzung von Bildern, sprachlichen Metaphern und indirekt durch Andeutungen deutlicher machen.

> *„Nicht das Bild, das du selber mit der eigenen Phantasie zeichnest, ist deine Kunst, sondern das Bild, was du zeichnest mit deren Befehlen. Die sagen zu dir, heey du zeichnest ein Haus mit diesen und diesen Farben, dann ist das Kunst, dann ist das perfekt. aber wenn du eins zeichnest mit deinen eigenen Phantasien mit deinen eigenen Künsten, zählt das nicht, weil du nicht gemacht hast, was die gesagt haben." (IP/6-7/309-313)*

Pir erzählt seine Lebensgeschichte schon in Ich-Form, aber so, als ob seine Biografie mit der Biografie von mehreren Jugendlichen ähnlich wäre. Dieser Vergleich von ihm konnte gut beobachtet werden. Wenn er über seine Mutter und seine Flucht redete, warf er seinen Blick auf eine andere Seite und schaute lieber auf den Boden. Falls er etwas von seiner Biografie vergaß bzw. sich an etwas nicht erinnerte, fragte er seine Großmutter. Hier kann die Frage gestellt werden, warum er seine Blicke versteckte, wenn er etwas über seine Mutter erzählte. Eine Vermutung wäre, weil er sich gegenüber seiner Mutter schuldig fand. Er könnte denken, dass er seine Mutter in Syrien allein gelassen hat und ohne ihre Erlaubnis nach Deutschland geflüchtet ist. Vielleicht ist er der Meinung, dass seine Mutter, wenn er in Syrien geblieben wäre, ihn später von der syrischen Familie abgeholt hätte, somit hatte er nicht auf sie gewartet. Eine andere Hypothese wäre hier auch, dass er mit allen seinen interessanten, mehrdeutend interpretierbaren Erzählarten und Darstellungen mit den Gedanken spielte, ständig von seiner Mutter, die er als große Heldin empfindet, gehört zu werden und dass sie irgendwann mitbekommen wird, welche Leistungen er erbracht hatte. Hinter seinen Erzählungen versteckt sich vielleicht weiterhin, dass er mit seinen erbrachten Leistungen seine Schuld reduzieren und wie seine Mutter ein Held sein möchte. Somit konnte er nun ein Verzeihen seiner Schuld gegenüber seiner Mutter und seinen verstorbenen Angehörigen und Freunde erwarten.

6.3.3 Beobachtungen und Interaktionen nach dem Interview

Der Kontakte mit Frau Dersim und ihrem Enkelsohn Pir hat nach dem Interview einige weitere Male stattgefunden. Frau Dersim rief an und schilderte mi einem schlechten Gewissen, dass sie in kurzer Zeit in eine andere Wohnung umziehen möchte, weil Pir wegen seines Studiums innerhalb der Woche in einer anderen Stadt wohnen musste und die Wohnung, die sie zurzeit bewohnte wäre für sie zu groß. Falls der Interviewer sie besuchen möchte, würde sie gerne am Telefon den Weg zu ihrer zukünftigen Wohnung beschreiben. Sie konnte aufgrund ihres Analphabetismus weder die Straße noch die Hausnummer angeben. Daher versuchte sie nur die Umgebung und die etwaige Entfernung von ihrem jetzigen Wohnort zu schildern. Ihren Anruf nutzte sie auch dafür aus, ihre gesundheitlichen Beschwerden mitzuteilen. Sie erzählte auch, dass sie Ende 2011 in die Türkei reisen wird, um ihre Kinder zu besuchen. Bezüglich ihrer gesundheitlichen Beschwerden wurde nochmal darauf hingewiesen, welche Ärzte und Therapeuten sie konsultieren könne. Darüber hinaus wurde für sie mit den zuständigen Fachärzten und anderen Bezugspersonen ein Kontakt ermöglicht. Mit Pir fanden nach dem Interview zwei weitere Treffen statt. Im Wintersemester 2011/12 begann er sein Studium im Fach Bauingenieurwesen an der Universität Koblenz. Das erste Treffen fand nochmals bei Pir und seiner Großmutter zu Hause statt. Bei diesem Besuch gab es keine großen Unterschiede in Bezug auf das erste Treffen. Er behielt seinen Abstand zu seiner Großmutter und die Interaktion zwischen ihm und seiner Großmutter hatte sich nicht erweitert bzw. nicht geändert. Sein Verhalten zum Interviewer änderte sich ebenfalls nicht, die Interaktion verlief ungefähr wie beim letzten Treffen. Nach dem sein Handy klingelte, ging er in sein Zimmer und kam nicht wieder. Das zweite Treffen mit Pir erfolgte, als er Februar 2012 anrief und den Interviewer bat, für ein Musikvideo eine kleine Rolle zu übernehmen. Er selber war derjenige, der in diesem Clip rappte und die Rolle eines Gefangenen spielte. Der Musikclip beinhaltete das Thema einiger Gefangener. Es sollte darstellen, wie Gefangene ungerecht zur Todesstrafe verurteilt werden. Pir wurde bei seinem Clip von vielen seiner Freunde unterstützt. Zwischen ihm und seinen Freunde war eine gute Kommunikation und Zusammenhalt erkennbar. Der größte Teil seiner Freunde waren Kurden mit syrischem Migrationshintergrund. Während des Drehs des Clips wurde er gefragt, warum er den Interviewer beim Clip dabei haben wollte. Er antwortete, dass der Interviewer als Ersatz für einen Freund von ihm eingesetzt werden sollte. Der Interviewer sollte die Rolle eines Staatsanwaltes übernehmen, der den Gefangenen ungerecht zur Todesstrafe verurteilt. Während der Probe wurde viel gelacht und mehrere Scherze folgten, trotz dessen konnte beobachtet werden, wie ernst er seine Rolle nimmt und sich zum größten Teil in der Situation eines Gefangenen empfand. An dieser Stelle konnte gefragt werden, warum er seine Freunde alle aus Syrien wählte und ihm das Thema der ungerecht behandelten Gefangenen sehr interessiert. Auch stellt sich hier die Frage, welche Botschaft er durch diesen Clip vermitteln möchte.

6.3.4 Rekonstruktion der Lebensgeschichte von Pir

Während die Großmutter Frau Dersim versucht, sich an der Vergangenheit festzuhalten, war ihr Enkelsohn Pir davon überzeugt, dass am meisten das gegenwärtige Leben zählt. *Pir* ist das einzige Kind von Frau Dersims Tochter Reyhan. Reyhan ist eine politisch engagierte Frau und entschied sich vor ungefähr 15 Jahren mit ihrem Ehemann zusammen für den Wiederaufbau und die Freiheit Kurdistans zu kämpfen. Sie und ihr Ehemann nahmen Pir, als er noch ein kleines Kind war, mit zu PKK-Camps. Als seine Eltern zu Guerillas ausgebildet wurden, befand sich Pir im Beka-Camp in Syrien. Das Beka-Camp hatte für die PKK eine große Rolle gespielt. Die PKK hat fast 20 Jahre lang in diesem Camp Guerillas ausgebildet. Der damalige syrische Präsident Hafiz Assad erlaubte und unterstützte den Kampf der PKK, der an den Grenzen seines Landes stattfand. Bis Pir sechs Jahre alt wurde, war er im Beka-Camp als Schäfer beauftragt. Als die Eltern aber dann in den Krieg ziehen mussten, wurden sie gezwungen, ihren Sohn einer Pflegefamilie zu übergeben. *Pir* war sechs Jahre alt, als er von seinen Eltern in die Obhut einer Familie in Syrien gegeben wurde. Diese Familie hatte selber sechs Kinder und die Mutter dieser Kinder war nach den Angaben von Frau Dersim ziemlich seriös.

Pir wurde im Jahr 1991 in Bursa/Türkei geboren. Bis er drei Jahre alt wurde, kümmerte sich seine Großmutter *Frau Dersim* um ihn. Nach seinem dritten Lebensalter wurde er von seinen Eltern nach Syrien gebracht. Drei Jahre später übergaben seine Eltern ihren Sohn *Pir* an eine Familie in Syrien. Er wuchs in Syrien auf und besuchte dort auch die Grund- und Hauptschule bis zur siebten Klasse. Nach der siebten Klasse wurde er nach mehrmaligen Versuchen seiner Großmutter *Frau Dersim* nach Deutschland geholt. Als er nach Deutschland in die Stadt Elbach kam, war er zwölf Jahre alt. Die Emigration war für ihn nicht einfach zu bewältigen und er hatte mit großen Anpassungsschwierigkeiten zu kämpfen. Wegen seiner Emigration und Anpassungsprobleme beschuldigt er in erster Hand seine Großmutter. Die Vorwürfe an seine Großmutter könnten damit zu tun haben, dass er seiner Großmutter unterstellt, ihn von seiner Mutter getrennt zu haben. Durch seinen Aufenthalt in Deutschland findet er es möglicherweise schwieriger, seine Mutter zu besuchen, als wenn er in Syrien geblieben wäre. Wahrscheinlich denkt er, dass seine Chancen, die Mutter öfters zu sehen, höher wären, wenn er noch in

Syrien leben würde. Zwischen *Pir* und seiner Großmutter gab es schon ganz am Anfang, als er gerade von seiner Großmutter nach Deutschland geholt wurde, Verständnisprobleme. Er kann bis heute nicht wirklich nahvollziehen, warum er als Kind nach Deutschland kam und welchem Zweck dies diente.

> *„Ich wusste nicht, warum hat sie es gemacht. Warum hat sie mich hierher gebracht? Ja, mit der Zeit versteht man das natürlich, aber es ist falsch. Der Grund, also wie soll ich das Ihnen sagen? Hmm, es ist von Anfang an falsch gewesen, dass ich hierher gekommen bin. Z.B. hat sie mich hierher gebracht, damit ich meiner Oma Hilfe leisten kann, damit ich ihr helfe, damit sie einen bei sich hat, aber so gesehen kannst du…" (IP/5/231-235)*

Er bezieht sich an dieser Stelle nur auf die Bedürfnisse und das Wohl seiner Großmutter und stellt sie nur als an sich denkend dar. Indirekt wird hier deutlich, dass er aufzeigen will, wie seine Meinung und Wünsche nicht beachtet wurden. Er fühlt sich ungerecht behandelt und denkt, dass die Großmutter verantwortlich für sein Kommen nach Deutschland war. Hier kann auch behauptet werden, dass Frau *Dersim* von ihrem Enkelsohn in Bezug auf ihre Probleme Einiges verlang hatte und Pir damit überforderte. *Pir*, der durch seine Großmutter von Syrien nach Deutschland geholt wurde und sich damals nicht wohl fühlte, berichtete über seine ersten Eindrücke in einem für ihn fremden Land Folgendes:

> *„Alle reden eine andere Sprache als du, alle ziehen sich anders an, die meisten sehen sogar anders aus. Ja und dann kann man halt kein Fuß fassen. Dann fällt es einem schwer." (IP/5/217-219)*

An Anfang seiner Emigration erlebte er eine schwierige Integrationsphase. Er befand sich auch wegen der fehlenden Unterstützung in seiner Umgebung sehr hilflos und musste seine Probleme eigenständig bewältigen. Ohne Vorbereitung seiner Einreise in Deutschland wurde er einfach nach Deutschland geholt und begegnete dadurch mehreren Anpassungsproblemen an das Leben im Aufnahmeland. Da er durch seine Mutter mit sechs Jahren einer syrischen Familie mit sechs eigenen Kindern übergeben und nach sechs Jahren durch seine Oma nach Deutschland geholt wurde, fühlte er sich außerdem wie ein Paket, das überall hingetragen werden kann.

> *„Man ist natürlich als Mensch sehr eingeengt, wenn du irgendwohin kommst, man nimmt dich einfach weg ohne irgendwelche Erklärungen." (IP/5/214-215)*

Er denkt bis heute, dass mit ihm nicht respektvoll gehandelt wurde. Auch möchte er hier betonen, dass er hilflos war und den Wünschen seiner Großmutter gehorchen musste. Es tut ihm jetzt immer noch weh, dass seine Gefühle und Wünsche nicht beachtet und respektiert wurden. Am Anfang seiner Emigration war er sehr unglücklich, weil er keine deutschen Sprachkenntnisse hatte und niemanden kannte. Auch der Kulturschock, dem er begegnete, als er in einem fremden Land ankam, gehört zu den Erinnerungen seiner Großmutter Frau Dersim:

> *„Als ich ihn hierher geholt hatte, war er sehr dünn. Er war sehr zerbrechlich. Natürlich ich Stande(?) und half ihm beim Anziehen. Wenn man so machte (schnippte mit ihre beide Finger), würde er kaputt gehen. Er kam und weinte. Hat gesagt, warum hast du mich geholt? Ich kann weder Sprache noch Schrift.“ (IFD/4/162-166)*

Die Hilflosigkeit von Pir und seiner Großmutter machte sich so gut wie in ganzem Interview bemerkbar. Dauernd möchte Pir und die Großmutter Frau Dersim im Interview deutlich machen, da sie sich gegenseitig nicht helfen konnten. Frau Dersim wollte einfach nur die Lebensbedingungen ihres Enkelsohns verbessern, dabei hatte sie aber nicht an die Sozialisationsprobleme, die wegen fehlender Sprachkenntnisse, fremder Umgebung etc. entstehen konnten, gedacht. *Pir* fühlte sich in dieser Zeit sehr einsam, da er in diesem „neuen, auch fremden Land“ niemanden kannte. Er konnte sich nicht mal an seine Großmutter erinnern. Sie war für ihn faktisch eine fremde Person. Dazu kamen die Fremde der neuen Umgebung und die fehlenden Sprachkenntnisse.

> *„Ja, es war schwer etwas aufzubauen, sozusagen die Beziehungen zwischen mir und anderen Menschen hing nicht am selben Faden, so sagt man das. Es war sehr knapp. Es war nicht sicher, aber es war auch nicht unsicher. Du wusstest nicht, mit wem du dich anfreunden sollst.“ (IP/5/222-224)*

Seine Aussage macht hier deutlich, wie komplex sein Integrationsprozess war. Allgemein geht es in seinem Fall darum, darzustellen, welche Anpassungsschwierigkeiten und Sozialisationsbedingungen Pir am Anfang seiner Emigration hatte. Hier könnte gefragt werden, wie Pir seine Integrationsprobleme bewältigen wird oder wie überhaupt diese Integrationsschwierigkeiten ein Ende finden? Wie werden sich sein Integrationsprozess und das Leben mit der traumatisierten Großmutter in Aufnahmeland auf seine Sozialisation in seinem weiteren Leben auswirken? Schließlich kann angenommen werden, dass er die traumatischen Erlebnisse und Erfahrungen von seiner Oma nicht nachvollziehen kann und der Meinung ist, dass seine Großmutter ihm gegenüber nicht gerecht gehandelt hat und alles nur für sich selbst gemacht hat. Es kommt ihm möglicherweise nicht so vor, als ob seine Großmutter *Frau Dersim* bei ihrem Handeln an das Wohlbefinden von Pir gedacht hatte. Er erwartet eigentlich immer noch eine Erklärung von seiner Großmutter, warum sie ihn hierher geholt hat. Da er bis heute keine Erklärung bekam, versucht er selber eine Erklärung für die ganze Situation zu finden. Was hier auch auffällt, ist, dass die Großmutter *Frau Dersim* nicht in der Lage ist, eine für ihn logische Erklärung für ihr Handeln zu geben. Es kann sein, dass die Erklärung der Großmutter *Frau Dersim* für *Pir* nicht sinnvoll erscheint, weil er sich an dieser Stelle verachtet fühlt. An diesem Punkt stellte sich die Frage welcher Hintergrund sich hinter diesem konfliktvollen Dialog birgt, der ständig nach Erklärungen sucht. Welche Hindernisse und Ereignisse führen dazu, dass er öfters zum Wendepunkt seines Lebens, also zu seiner Emigration zurückkehrt?

6.3.5 Innerfamilialer Dialog zwischen Großmutter und Enkelsohn

Der Dialog zwischen *Pir* und *Frau Dersim* war erschwert durch Missverständnisse, ständige Auseinandersetzung und Rechtfertigung wegen ihrer Erlebnisse und der damit verbundenen unterdrückten Gefühle und Schuldzuweisungen gegeneinander. Die Ursache dieser Schuldzuweisungen kehrte zurück dahin, wo er eine Antwort für seine Emigration suchte. Während seines Interviews wies er mehrmals auf die Schuld seiner Großmutter, ihn nach Deutschland geholt zu haben. Er konnte den Schmerz und die Empfindlichkeit seiner Großmutter nicht nachvollziehen und sah auch nicht ein, dass seine Großmutter es für sein Wohlbefinden und seine Zukunft getan hat. Problematisch zu sehen ist hier auch, dass er sich von diesem Missverständnis nicht ablösen und seiner Oma nicht verzeihen konnte, somit wirkte dies negativ auf ihren Dialog aus.

> *„Ja, mit der Zeit versteht man das natürlich, aber es ist falsch. Der Grund, also wie soll ich das Ihnen sagen? Hmm, es ist von Anfang an falsch passiert, dass ich hierher gekommen bin. Z.B. hat sie mich hier her gebracht, damit ich meiner Oma Hilfe leisten kann, damit ich ihr helfe, damit sie einen bei sich hat, aber so gesehen kannst du nicht viel tun.“ (IP/5/232-235)*

Durch seine längere Auslassung über dieses Thema der Hilfe wird erkennbar, dass er eigentlich immer noch eine Erklärung sucht und der Großmutter für ihr Handeln Unrecht gibt. Diese seine Fixierung auf dieses Thema könnte ein wichtiger

Grund dafür sein, warum er sich von seiner Großmutter nicht ablösen kann. Die Überforderung von *Pir* in dieser Situation, in der er Fürsorge für seine Großmutter empfinden muss, war auch gut feststellbar. Als er versuchte, seine persönliche Situation in diesem Kontext zu verdeutlichen und seine Einsamkeit und Hilflosigkeit zu äußern, wurde er aggressiv:

> *„Also auch wenn etwas unmöglich ist und ich das für sie nicht tun kann, sie nimmt es nicht so an. Die nimmt es anders an ... Wie willst du auf deine Oma aufpassen, wenn du nicht mal auf dich selber aufpassen kannst. Also es ist schwer, sozusagen dir fehlen die Unterlagen, dir fehlt diese Liebe, die du von der Mutter brauchst, diese Zuneigung, die du von dem Vater brauchst." (IP/6/269-270, 250-252)*

In weiteren Prozeduren seines Interviews wurde klar, dass er mit den Wünschen seiner Großmutter überfallen wurde und die Erwartungen seiner Großmutter möglicherweise seine Grenzen überschreiten, wobei die traumatisierte Großmutter mit ihrem Verhalten weder die Grenzen ihres Enkelsohns noch ihre eigenen Grenzen kennt. Sie hatte aufgrund ihrer Desorientierung Schwierigkeiten, die Situation zu reflektieren und brachte ihren Enkelsohn dazu, dass er durch diese Erwartungen belastet wird. Es zeigte sich hier auch, wie er mit der ganzen Situation sich unter Druck fühlte und öfters Probleme hatte, für sich die richtige Entscheidung zu treffen. Auch sein thematischer Schwerpunkt im Interview verdeutlichte, dass er aufzeigen möchte, wie er mit der Pflege und Betreuung seiner Großmutter überfordert war und eigentlich selber nach einer Betreuung bzw. Unterstützung suchte. *Pir* konnte somit die Erwartungen seiner Großmutter nicht erfüllen. Er müsste erst mit seinen eigenen Problemen zurechtkommen, bevor er seiner Großmutter helfen kann. *Pir* war es bewusst, dass seine Großmutter u.a. aufgrund ihres psychischen, physischen Zustandes und ihres Analphabetismus nicht in der Lage war, seine Wünsche und Hoffnungen zu ermöglichen.

> *„Das Problem ist: Hmm, ich kann auch nicht helfen, solange ich selber keine Hilfe kriege, so lange ich selber keine Unterstützung kriege, kann ich selber auch niemand unterstützen. Das ist das. Das ist das eigentliche Problem." (IP/6/273-275)*

Doch bedauerte er sehr, dass er keinen Kompass für seine Entscheidungsfindung hatte. Die Liebe seiner Großmutter reichte ihm nicht, er hatte niemanden, den er als Vorbild nehmen konnte und etwas fehlte ihm ständig. Was hier auch noch deutlicher wird, ist, dass er in seinem Leben vieles, sogar alles alleine geschafft hatte. Für ihn war das alles nicht einfach und er hätte sich sehr eine Unterstützung gewünscht. Als er über sein Leben sprach, machte er einen Vergleich zwischen Vergangenheit und Gegenwart, mit dem er versuchte, seine Sehnsucht nach Elternliebe zu beschreiben. Er klagte mehrmals, dass ihm ein Vorbild fehlte und er es schwer hatte, wichtige Entscheidungen zu treffen. Solche Konstellationen hält Hurrelmann für problematische, früh übernommene Verantwortung der Jugendlichen, die wegen geringer oder nicht vorhandener Unterstützung der Eltern bei der Berufs- und Zukunftsgestaltung zu Überforderungen führen können. Diese Schwierigkeiten bezeichnet Hurrelmann als „typische Unsicherheiten, Anspannungen und Irritationen, die eine statusmäßig ungewohnte Situation mit sich bringt." (Hurrelmann 2010, S. 117). Hier stellt sich heraus, dass soziale und gesellschaftliche Verstärkung notwendig ist, damit die Jugendlichen die Anforderungen für die Selbstständigkeit bewältigen können (ebd.).

Herauskristallisiert hat sich auch: *Pir* kann kaum Verständnis für das einseitige Verhalten seiner Großmutter entwickeln. Er machte ihr große Vorwürfe, dass sie nicht an die reale Situation in ihrem Umfeld und Leben denkt und reagierte wütend. Hinter dieser Aggressivität könnte sich aber auch das mangelnde Vorbild seiner Großmutter verstecken. Seine Vorstellungen und Werte eines Vorbilds übereinstimmen mit dem Verhalten und Werten der Großmutter möglicherweise nicht.

> *„Also das erwartet man von einem normalen Menschen, durchschnittlichen Menschen. Aber eben das, das ist das Problem. Alte Menschen sind keine durchschnittlichen Menschen (schüttelt seinen Kopf)[...]. Wenn du die erste Stufe nicht hoch gehst, dann kannst du die anderen Stufen auch nicht hoch gehen. Also du musst schon einen Anfang machen. Und das war, das ist das Problem. Sie kann mir in der Hinsicht nichts geben." (IP/6-7/279-281, 299-302)*

Außer den bisherigen Beobachtungen wird hier auch deutlicher, dass zu Hause keine vernünftige Interaktion und Transaktion stattfindet, m.a.W.: Es existiert kein richtiges gegenseitiges Interesse aneinander und keine Wahrnehmung der Interessen des anderen. Auch die gegenseitige Empathie ist kaum zu erkennen. Die Gefahr, die durch die Enttäuschung und offen gebliebenen Erwartungen des Jugendlichen entstehen könnte, ist hier in der Entwicklung von Fremdbildern, Erniedrigungen und Vorwürfen bzw. Vorurteilen gegenüber anderen Menschen zu sehen. *Pir* berichtete, dass die Großmutter sehr oft über ihre schlechten Erlebnisse im Gefängnis, Flucht, Verfolgung, Asylzeit etc. redet, ihre Opferrolle immer deutlich macht und in ihrem Verständnis auch ausspielt. Negativ wirkte sich auf den familialen Dialog auch das wichtige Thema aus, dass die Großmutter *Pirs* Freundschaftsbeziehungen versuchte zu begrenzen. *Pir* hatte wegen seiner Großmutter Schwierigkeiten, mit seinen Freunden Zeit zu verbringen, etwas zu unternehmen und ab und zu seine Freunde nach Hause einzuladen.

> *„Warum hast du dies gemacht, warum hast du das gemacht? Warum nicht das, warum nicht dies? Also bei den anderen kurdischen Familien ist das noch viel schlimmer." (IP/7/324-326)*

Diese Aussage von *Pir* machte deutlich, dass er sich nicht nur Sorgen darüber macht, was passieren könnte, wenn ein Freund nach Hause eingeladen wird, sondern, dass er nach seinen Erfahrungen mit seiner Großmutter schon weiß, was passieren wird. Er kann sich durch seine Erfahrungen mit den Nachbarn, Bekannten und Familien der Freunde auch gut vorstellen, dass es bei den anderen Familien noch viel schlimmer sein kann. Jeder kennt im Prinzip die Problematik, nicht zuletzt wegen des in den meisten kurdischen Familien fest verankerten Ehrbegriffs, werden die unangenehmen Tatsachen verdrängt und letztlich auch die zweite Generation in die knebelnde Unfreiheit erzeugenden Ehrvorstellungen eingebunden.

Aufgrund der traumatischen Erlebnisse von Betroffenen kommt es nicht selten vor, dass sie die schlechten Erlebnisse in der Vergangenheit mit den Situationen in der Gegenwart verwechseln (vgl. Konzag/Ungerer 2008). Diese Fixierung auf die schlechten Erlebnisse und Pessimismus ist auch ein Problem von *Frau Dersim*. Dieses Verhaltensmuster führt bei den Menschen, die damit täglich konfrontiert sind, zu einer psychischen Belastungssituation, die auf Dauer zu psychischen Problemen führen kann. Die damit verbundene Überforderung, richtig und angemessen zu reagieren, führt zu Ablehnung und innerlicher Distanzierung und kann im schlimmsten Fall zu Aggressionshandlungen führen (vgl. Rosenthal 1999, Rauchfuss 2003, Baer/Frick-Baer 2010).

Diese Situation führte dazu, dass das Trauma die Beziehung zwischen Großmutter und Enkelkind beeinflusste, in dem Sinne, dass die traumatisierte Großmutter aufgrund ihrer traumatischen Erlebnisse Probleme hatte, ihren Enkelsohn zu unterstützen und seine Probleme zu verstehen. Aus den Interviewaussagen von Pir und Frau Dersim wurde auch deutlich, dass das gegenseitige Verständnis zu gering ist. Die Ergebnisse könnten auch davon ausgehen lassen, dass beide Familienmitglieder innerhalb der familiären Beziehung für ihr Verhalten eine Rechtfertigung suchen. Dass Frau Dersim wegen ihrer traumatischen Fixierung mehr mit sich selbst und ihrer Vergangenheit beschäftigt war und daher sich nicht genug um ihren Enkelsohn kümmerte, machten die fehlenden Erklärungen von seiner Großmutter, die Pir wegen ihrer Vernachlässigung von ihr erwartete, deutlich. Als *Pir* über das Desinteresse seiner Großmutter zu seiner Persönlichkeit und seinem Sozialisationsprozess berichtete, stellte er eine Rechnung auf:

> *„Ich war in so vielen Sportvereinen, so vielen Aktivitäten und von der Familie war niemals ein Mitglied da um das zu sehen, um zu sehen, was macht mein Sohn, was macht mein Enkel für eine Kunst." (IP/6/302-304)*

Er empfand dies letztlich als Missachtung seiner Person. Die fehlende Anerkennung seiner Leistungen berührte ihn und machte ihn traurig. *Pir* wollte an dieser Stelle darauf aufmerksam machen, dass er es trotz dieser schwierigen Situation und auch ohne Unterstützung und Anerkennung seiner Großmutter alleine geschafft hat. Das Gefühl, allein gelassen zu sein, immer auf sich selbst gestellt zu sein, führte bei ihm zur inneren Abkehr und zur Distanz von seiner Großmutter, die für ihn eigentlich die „Familie" darstellt. Es stellte sich bei Pir ein Gefühl ein, die Großmutter eigentlich nicht zu brauchen. Beim Gespräch mit ihm wurde deutlich, wie empfindlich er geworden ist, wenn er über seine Großmutter erzählt.

> *„Sie kann mit mir nicht irgendwo hinkommen, wo ich Sie gerne mithaben würde. Ein Beispiel genommen von früher: Elternsprechtage." (IP/6/292-293)*

Es ist hier gleichzeitig erkennbar, dass er bezüglich der Beziehung zwischen seiner Großmutter und ihm enttäuscht, unzufrieden und traurig ist. Ihm fehlt die Unterstützung der eigenen Kreativität, Entwicklung einer eigenen Meinung und Sicht auf die Aspekte des Lebens. Er fühlte sich selbst und seine Wünsche nicht wirklich akzeptiert und fühlte sich dementsprechend unter Druck. Seine Großmutter fand seine Meinung und sein Vorhaben meistens nicht richtig, meistens hatte sie etwas zu kritisieren:

> *„Die sagen zu dir „Hey, du zeichnest ein Haus mit diesen und diesen Farben, dann ist das Kunst, dann ist das perfekt." Aber wenn du eins zeichnest mit deinen eigenen Phantasien, mit deinen eigenen Künsten zählt das nicht, weil du nicht gemacht hast was die gesagt haben." (IP/6/310-313)*

Durch seine Erzählungen wurde auch deutlich, dass er sich wegen der Vergangenheit der Großmutter und ihrer Werte eingegrenzt fühlt. In diesem Sinne möchte er in seiner Präsentation ausdrücken, dass er es schwierig hatte, seine eigenen Ideale und Lebensmotivationen zu verwirklichen. *Pir* wäre gerne unabhängig von seiner Großmutter und wäre gerne selbstständig. Schließlich ist es auch wichtig, dass die Jugendlichen mit eigener Initiative neben gesellschaftlichen Voraussetzungen ihre Persönlichkeitsentwicklung entscheiden können. Wilfried Ferchof an der Universität Bielefeld schreibt nach Scherr, dass die Jugendlichen ihre Entwicklungsaufgaben „nur dann sinnvoll" bewältigen können, wenn sie ihre allgemeinen Individualisierungshandlungen benutzen (vgl. Ferchof 2007). Bauer geht davon aus, dass eine Realisierung von Identitätsentwicklung und Persönlichkeitsbildung nicht nur dann möglich ist, wenn „normative Auffassungen (also Auffassungen, die eine bestimmte Norm beinhalten) über die Handlungsfähigkeit Heranwachsender die analytische Betrachtung beeinflussen" (Bauer 2011, S. 97). Zwischen *Pir* und seiner Großmutter spielten die Meinungsunterschiede eine wichtige Rolle. Er wurde von seiner Großmutter nicht als ein Erwachsener gesehen, sondern weiterhin nicht ernst genommen und für nicht erfahren genug gehalten.

> *„Also du kannst ruhig deine Meinung äußern, aber ob sie jemand interessiert, ob das wirklich verwirklicht wird ist, keine offene Frage sondern ist ein Veto[...]. In dem anderen Falle wird das nicht respektiert, was du machst. Also wie gesagt, Meinungsunterschiede sind ein sehr großes Problem." (IP/7/339-341, 342-345)*

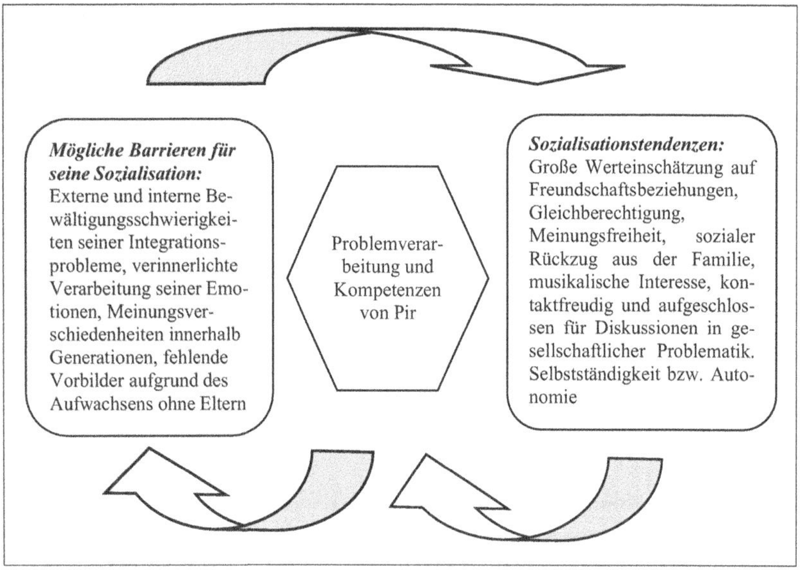

Abb. 11 Unangemessene Bewältigung der Sozialisationshindernisse
Quelle: Eigendarstellung

6.3.6 Schwierige Trennung von der Mutter und abgespaltene Welten

Seine Mutter sah Pir erst Sommer 2010 wieder, als er sie im Nordirak im Khandil-Gebirge besuchte. Er erzählte, dass er sich mit ihr nur über positive Sachen unterhalten hatte, obwohl er große Schwierigkeiten in seiner Kindheit erlebt hatte.

> *„Ich habe eher die Seiten erzählt, worauf sie stolz sein kann, also Schule." (IP/8/410-411)*

Hier wird wieder bemerkbar, dass das Verantwortungsbewusstsein sehr geprägt ist und er trotz seiner empfundenen schlimmen eigenen Situationen sich bei seinen Erzählungen auf die positiven Punkte beschränkt, damit die Mutter sich keine Sorgen um ihn macht. Auch zeigte sich hier, dass die nachfolgende Generation traumatisierter Personen für das Wohlbefinden ihrer Eltern Sorge tragen (vgl. auch Rosenthal u.a. 1999). Nachdem *Pir* ohne Vater und Mutter aufwuchs und die ganzen schwierigen Situationen mit seiner Großmutter erlebt hatte, kommt er mit seinen Gefühlen bezüglich seiner Eltern durcheinander, so dass er sich in seiner Erzählungen sehr bemerkenswert äußerte:

> *„Also ich bin dankbar, dass ich jetzt nicht einen Vater oder eine Mutter an meiner Seite habe, die mir andauernd Befehle geben. Warum hast du dies gemacht, warum hast du das gemacht? Warum nicht das, warum nicht dies?" (IP/7/323-325)*

Es wird hier davon ausgegangen, dass er sich durch seine angebliche Freiheit tröstet. Er versuchte letztlich eine negative Tatsache für sich in eine positive Tatsache umzudeuten. Das Vermissen der Geborgenheit und der Verlust der eigentlich gewünschten Anbindung an die Eltern versuchte *Pir* mit dem Verweis auf mehr Freiraum und weniger Kontrolle zu kompensieren. Möglicherweise wollte er seine Gefühle nicht zugeben. Es zeigt sich in dieser Hinsicht die Angst vor den Gefühlen und der Wahrnehmung der Realität. *Pir* vermisst eine Familie und braucht jemanden, der stolz auf ihn ist und ihm den richtigen Weg zeigt. Er war ein erfolgreicher Schüler, der sein Fachabitur machte, und hatte zwischenzeitlich die deutsche Staatsbürgerschaft erworben. In zwei Jahren nach seiner Einreise in Deutschland gelang es ihm, die Sprache zu lernen und neue Freunde zu finden. Er ist Mitglied verschiedener Kampfsportvereine und ist auch aktiv in der Jugendpolitik. Seine Kindheit verlief nicht nur wegen seiner Elternlosigkeit schwer. Er musste in einem fremden Land aufwachsen, hatte sich dementsprechend zu integrieren und hatte als Familie nur seine traumatisierte Großmutter. Ihm fehlen im Leben bis heute ein Wegweiser und die Elternliebe. Da er keine Unterstützung von seinem Umfeld bekam, musste er lernen, selbstständig zu leben. Durch seine Selbständigkeit und Kampf um Integration, Schule, gesellschaftliche Beziehungen, Politik und durch ständigen Druck seitens seiner Großmutter ist er zurzeit erschöpft und Wege suchend. Ihm fehlte die Unterstützung bezüglich seines schulischen und sozialen Lebens. Es ging ihm aber letztlich darum, dass seine „Familie“ nicht wirklich wusste, was für ihn in seinem Leben wichtig ist. Er vermisste das Gefühl, jemanden hinter sich zu haben, sich sicher zu fühlen und gelobt zu werden. Ihm ist es sehr von Bedeutung, dass seine erbrachte Leistung auch von anderen wertgeschätzt wird. Durch seine Selbstpräsentation möchte er nochmals deutlich machen, dass er seine Probleme verinnerlicht, sie anderen eher selten erzählt und nicht unbedingt Hilfe erwartet. Seine Aussagen dienten nur dazu, die fehlende familiäre und soziale Unterstützung aufzuzeigen. Er ist nicht wie ein Jugendlicher, der erst 19 Jahre alt ist, sondern erscheint mit seiner Art und seinem Verhalten so, als ob er schon 25 Jahre alt wäre. Es kann ihm angesehen werden, dass er gezwungen war, früh erwachsen zu werden. Er sprach gut Deutsch und es war auch erkennbar, dass er sich einigermaßen integriert und dem Leben und Gesellschaft in Deutschland angepasst hatte. Doch hatte er zum größten Teil ausländische Freunde/innen. Er zeigte Interesse nach außen und möchte gerne ein unabhängiges, bodenständiges Leben aufbauen. Die Interpretation seiner Aussagen im Interview deutete auf eine Einstellung von ihm hin, dass das, was ihm gehört, wieder zu ihm zurückkehren wird. Darüber hinaus hat er eine linksliberale Einstellung und ist ein sozial engagierter Jugendlicher. Obwohl er ohne elterliche Unterstützung aufwächst, fast auf sich selbst gestellt war bzw. noch ist, hat er es geschafft, in der Schule erfolgreich zu sein und ist gleichzeitig sehr bescheiden. Er wünschte sich aber, dass seine Erfolge von anderen bestätigt werden. In Bezug auf die elterliche Liebe tröstete er sich selbst und verbarg seine Gefühle:

> *„Ich bekomme falls keine Liebe von meinen Eltern und sehe sie auch nicht, aber dafür bin ich unabhängig und frei.“* (IP/7/319-320)

Wie wirkt diese Einstellung von Pir auf seine Zukunft? Er mag keine Befehle, Direktiven und Machtausübungen auf andere. Auch er ist wie seine Großmutter Opfer des Systems. Seine Äußerung lässt fraglich, ob er in der Zukunft überhaupt eine Familie gründen möchte. Ein Zukunftsplan für längere Zeit kommt bei *Pir* nicht in Frage. Er war aus bestimmten privaten Gründen und Erfahrungen nur auf die jetzige Zeit konzentriert. Über ein längerfristiges Ziel macht er sich nach seinen Äußerungen eher selten Gedanken.

„Ich sag mal so, wenn es etwas gibt, was schwebt, dann versuche ich das erst einmal mit der Logik rüber zu bringen. Zu sagen, ich mach das dies und deswegen." (IP/7/360-361)

Es wurde deutlich, dass seine Ziele, falls überhaupt, nur für kurze Zeit gelten und er nicht so gerne über seine Ziele redet. Als Grund hierfür könnte seine Verantwortung für seine Großmutter angenommen werden. Eine genaue oder auch ungefähre Darstellung seiner Ziele war anhand seiner Selbstpräsentation nicht möglich.

6.3.7 Diskussion – Trauma und Sozialisation

Durch die Beobachtungen und durch die Art des Verhaltens während des Interviews war es gut feststellbar, dass die Jugendlichen Misstrauen an ihre Mitmenschen entwickelt haben. Dieser Verlust an Vertrauensbildung kann die Entwicklung der Interaktionen mit anderen Menschen erschweren, in Extremfall bis zur Isolation vom Gesellschaftsleben kommen lassen.

„Z.B. einer alten Menschen da kannst du nicht erwarten; man sieht das sehr oft im Alltag, wenn du irgendwie in einer Arztpraxis bist, sagst du guten Morgen, dann merkst du auch sofort es sind meisten die älteren Menschen, die das nicht wirklich wahrnehmen, weil es ist die Einstellung da, es ist die Hoffnungslosigkeit ausgeprägt bei denen. Die würden nicht gerne guten Morgen sagen, also selten, aber das meiste ist so. Genauso ist es bei meiner Oma, z.B. wenn ich ihr helfe, kann ich nicht erwarten, dass sie mir auch hilft, weil es ist einseitig." (IP/6/281-286)

Die Beziehungsprobleme von zu Hause können sich auch bei den Beziehungen der Jugendlichen in der Umgebung widerspiegeln. *Pirs* Konflikte mit seiner Großmutter hatten dazu geführt, dass er beim Aufbau von Beziehungen mit älteren Menschen Schwierigkeiten hat. Die Kommunikation und Weltanschauung der Großmutter hatten wohlmöglich Auswirkung auf Pirs Haltung. Er war wie seine Großmutter vorsichtig bei seinen Beziehungen zu anderen und hatte die Neigung, sich älteren Menschen vorurteilsbeladen zu nähern.

„Jeder Mensch hat hier z.B. eigene Kriterien, damit du sein Freund wirst, musst du diese und diese Schuhe anhaben. Damit du sein Freund wirst, musst du die und diese Musik hören. Es kommt nicht darauf an, ob du ein Mensch bist, ob du nett bist. Es kommt meistens darauf an, wie du dich gibst." (IP/5/224-227)

Er möchte hier auf die Fremdbilder, von denen er betroffen war, verweisen, wobei er selber aufgrund seiner negativen Erfahrungen ein nicht so gutes Bild von den Personen in seiner Umgebung hat. In seiner sekundären Sozialisation war er aufgrund der Bedürftigkeit und des Traumas seiner einzigen Bezugsperson, der Großmutter, nicht auf entsprechende Situationen und Auseinandersetzungen im gesellschaftlichen Leben vorbereitet. Stattdessen war seine Großmutter *Frau Dersim* für Probleme nicht in ausreichender Weise ansprechbar. Sie war meistens mit ihren eigenen Problemen und ihrem Leben beschäftigt. Aufgrund ihrer Traumatisierung konnte sie die eigene Erlebniswelt nicht verlassen und sich nicht mit neuen Fragen und Entwicklungen außerhalb ihres eingeengten Lebenskreises auseinandersetzen.

6.4 Untrennbare Geschwister: Familie Özkürt

Bei den *Özkürts* handelt es sich um eine im Jahr 1991 aus der Türkei nach Deutschland geflüchtete Familie. Der Vater *Herr Özkürt* flüchtete als erster aufgrund seiner politischen Verfolgungen nach Deutschland. Seine Familie, die zurzeit aus sechs Familienmitgliedern besteht, holte er später nach. Seine Ehefrau Frau Özkürt und die damals zwei- und dreijährigen Kinder Welat und Zine kamen erst später, als er noch im Asylheim war und Asylstatus hatte. Die Untersuchungen und Befragungen für die Rekonstruktion der Familiengeschichte stellten heraus, dass Herr Özkürt in Kurdistan/Türkei eine schlimme Vergangenheit hinter sich hatte. Das Leben dort war bestimmt durch Bedrohungen von türkischen Soldaten und Polizisten, Verfolgung, Gewalt, Diskriminierung etc. Sein Bruder und ebenso auch sein Vater wurden von türkischen Soldaten solange geschlagen, bis sie in Ohnmacht fielen. Sein Bruder und auch der Vater von Herrn *Özkürt* unterstützten angeblich die PKK-Guerillas, soweit es möglich war. Sein Vater wurde während des Militärputschs 1982 von der türkischen Armee gefoltert und in einen Fluss geworfen. *Herr Özkürt* musste immer wieder mit ansehen, wie sein Bruder und Bewohner seines Dorfes von der türkischen Armee terrorisiert und ungerecht behandelt wurden. Sein ältester Bruder soll angeblich mit seinem PKW der PKK bei Fluchtunternehmen geholfen haben. Daher wurde er von der türkischen Armee und Polizisten mehrmals gefoltert. Er selber wurde auch mehrmals von der türkischen Armee bedroht und für seine Aussagen unter Druck gesetzt. Diese Erlebnisse, sowie der Zwang zur kulturellen Assimilation und das Verbot seiner Muttersprache Kurdisch, brachten ihn in Schwierigkeiten bezüglich seiner Identität. Er wurde mehrmals beschuldigt, dass er der PKK geholfen habe. Aufgrund seiner Angst und zur Sicherheit seines eigenen Lebens und dessen seiner Familie musste er dann seine Heimat verlassen. Seine beiden Kinder *Zine* und *Welat* und Frau Özkürt ließ er zunächst aus finanziellen Gründen zurück. In der Bundesrepublik Deutschland beantragte er Asyl und lebte im Asylheim in der Stadt Forsberg. Für seinen Unterhalt und zur Versorgung der Kinder in der Türkei arbeitete er ab und zu auf illegale Weise. Nach ein paar Jahren, nachdem er ein wenig Geld sparen konnte, holte er seine Ehefrau und seine Kinder *Welat* und *Zine* mit Hilfe von Schleppern nach Deutschland. Bis die Familie *Özkürt* eine Aufenthaltserlaubnis bekam, lebten sie in einem Zimmer im Asylheim der Stadt Forsberg. Sie verbrachten fast elf Jahre im Asylheim. Die Familie lebte bis zur Sicherung des Aufenthaltsstatus von der Sozialhilfe. Nach den Untersuchungen von Psychologen und Informationen vom Bekanntenkreis der Familie *Özkürt* leiden die Eltern schon seit ca. 20 Jahren an Depressionen und Trauma. Derzeit arbeitet *Herr Özkürt* in einer Fabrik für Eisenherstellung. Zwei weitere Kinder Rojda (9 Jahre alt) und Zilan (11 Jahre alt) wurden im Exil geboren. Die Tochter Zilan leidet unter Depressionen und Asthma; Mit ihr war es nicht möglich, über Probleme und die Familie zu reden. Sie reagierte sehr emotional. Auf ein Interviewgespräch mit Zilan und Rojda wurde verzichtet, da sie in ihrem Alter nicht ausreichend über ihr Leben erzählen und emotional sehr zurückhaltend reagieren könnten.

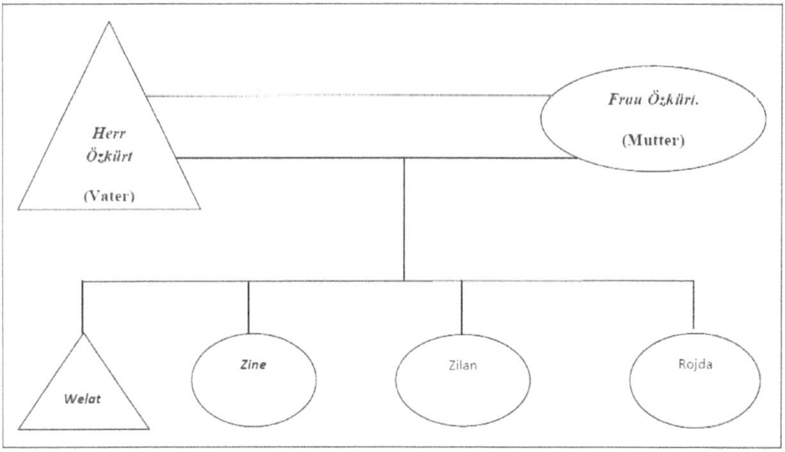

Abb. 12 Verwandschaftsethnografie der Familie Özkürt
Quelle: Eigendarstellung

Herr Özkürt lebt bis zum heutigen Tag mit seiner Frau zusammen. *Frau Özkürt* kümmert sich um den Haushalt. Sie ist Analphabetin und war schon immer nur für den Haushalt zuständig. Kontakte hat sie nur zu Menschen aus ihrer Heimat, da sie die deutsche Sprache nicht beherrscht. *Frau Özkürt* hatte in der Türkei keine direkte Erfahrung mit Verhaftung oder Misshandlung durch Sicherheitskräfte gemacht, sie erkrankte jedoch psychisch aufgrund des Assimilationsdrucks in der Türkei, der starken Diskriminierung und Unterdrückung der kurdischen Bevölkerung. Die Ehebeziehung der Familie funktioniert seit 15 Jahren nicht gut und innerhalb des familialen Dialogs fand öfters Gewalt statt, die auch die Kinder betraf.

Damit die Situation der beiden interviewten Geschwister *Zine* und *Welat* in Bezug auf Konflikte bzw. „Streitigkeiten" und „Gewalt" innerhalb der Familie besser verstanden wird, sollen folgende Erfahrungen vor und während des Interviews mit der Familie *Özkürt* betrachtet werden. Als im Januar 2011 versucht wurde, mit der Familie *Özkürt* ein Interview zu führen, wurde beim Weg zu der Wohnung der *Familie Herr Özkürt* mit blutendem Nacken und Hinterkopf auf der Straße angetroffen. *Herr Özkürt* berichtete, dass seine Frau mit einem großen Stück Eis auf seinen Nacken geschlagen habe und er seit zwei bis drei Stunden bewusstlos auf der Straße gelegen habe. Er erzählte, dass es wegen der Fluchtgeschichte der Familie zur Streitigkeiten kam. Kaum vorzustellen ist es, dass *Frau Özkürt* und *Herr Özkürt* sich am nächsten Tag offensichtlich wieder vertragen hatten, da sie zusammen sogar zu einer Hochzeit gingen. Dieses immer wieder vorkommende Wechselverhalten lässt auch ihre Kinder erstaunen und ist für diese nicht begreifbar. Diese Verhaltensweisen der Eltern, die sich nach außen als gut funktionierendes Paar zeigen, haben als Funktion den Erhalt der Ehre und geben das Gefühl der Zugehörigkeit zu einer Gesellschaft. „Dabei werden Rituale und Denkweisen aufrechterhalten, die in der früheren Heimat aktuell schon ganz anders aussehen mögen." (Balluseck/Meißner 2003, S. 91)

Die Verhaltensstörungen von ***Herrn Özkürt*** und seiner Ehefrau führen zu einem wichtigen Problem in ihrem Familienleben und bei der Aufrechterhaltung ihrer sozialen Netze und Kontakte. Um die Situation der Kinder besser zu erfassen, wurde versucht, mit Herrn und *Frau Özkürt* ins Gespräch zu kommen, was aufgrund ihrer Verhaltensweisen wie Beschimpfungen und gegenseitiger Androhung von Gewaltanwendung erfolglos war. Der Vater *Herr Özkürt* leidet aufgrund seiner Flucht und Asylerlebnisse unter Halluzinationen und die Mutter *Frau Özkürt* hat wenig Verständnis für die traumatisierten Verhaltensweisen ihres Mannes. Mit der Zeit belastete die Situation von Herrn *Özkürt* und der Familie *Frau Özkürt* psychisch.

Bei Herrn *Özkürt* handelt es sich um Verhaltensweisen wie Gewalt innerhalb der Familie, Überreaktion, regelmäßige körperliche Gewalt gegen seine Frau, Gereiztheit, Wutausbrüche und Beschimpfung der Kinder (z.B. als ehrloser Soldat,

Zuhälter). Es kam auch öfters vor, dass er seinen Sohn und andere männliche Personen als grausame Menschen bezeichnete. Er regte sich schnell auf und verband jedes Problem mit der Politik der Türkei und unterstellte manchen Menschen in seiner Umgebung, dass sie Spione seien und nur Geld von ihm wollen. Es reichte zum Beispiel, dass *Herr Özkürt* bei den kurdischen oder türkischen Nachrichten einen Fall sieht, bei dem es sich um die Verfolgung der Kurden handelt. Er wurde sofort aggressiv und fing an, mit seiner Frau darüber zu streiten, weil er aufgrund seiner Gereiztheit seine Kontrolle verlor und sich an die Zeiten seiner eigenen Verfolgung erinnerte. Sein Dialog während eines Fernsehberichtes über Kurden war meistens folgend: „Diese Arschl…..r (hier sind die türkischen Soldaten gemeint), die tun immer dasselbe. Hoffentlich werden sie von Gott bestraft!" Er fand nach den Erzählungen seiner Kinder immer einen Grund, Krach auszulösen. Sein Vertrauen an seine Mitmenschen hat *Herr Özkürt* ganz verloren und versucht Gedanken oder Gefühle zu vermeiden, die mit seinem Trauma bzw. Flucht verbunden sind. Daher ist er von Überreaktion betroffen und kann jede Kleinigkeit, die an sein Trauma erinnert, ganz groß machen.

Seine Frau und er waren vor mehr als fünf Jahren in Behandlung. Doch hatte diese Behandlung nicht viel weiter geholfen: Es gab fast jeden Tag Streitigkeiten aufgrund ihrer Probleme und traumatischen Erlebnisse in der Vergangenheit.

Frau Özkürt wurde aggressiv, wenn ihr etwas nicht gefällt. Wenn sie sich aufregte, war sie nicht mehr aufzuhalten. Sie schimpfte und versuchte auch manchmal, ihren Mann neben ihren Kindern zu schlagen. Sie nimmt Antidepressiva und auch andere Medikamente, da sie Gesundheitsprobleme wie Depression, Aggressivität, Überreizbarkeit, Hypertonie, Übergewicht, Migräne und Bandscheibenvorfall hat. Mit ihren Kindern versteht sie sich nach den Erzählungen von *Zine* manchmal ein wenig besser als ihr Mann, da sie ihre dominante Mutterrolle gut ausnutzen kann. Auf Dauer kam es aber schnell zu Diskussionen und Streitigkeiten. Sie machte aufgrund der Probleme zu Hause ihrem Mann Vorwürfe, dass er nichts wert und aus Angst vor der türkischen Armee geflüchtet sei. Meistens spielte sie auf die Probleme zu Hause und auf die kurdische Ehre an, damit ihr Mann und die Kinder sich provoziert fühlten.

6.5 Die schwierige Ablösung: Welat

„Man hat immer ein Stein mit sich getragen oder man läuft mit ner Wunde herum, man man möchte irgendwas machen, aber man merkt, man hat ein Schmerz also. Und ich glaube das allergrößte Problem ist, dass wir es nicht

> *lösen können und das hindert einem immer daran. Also man hat zwar viele Träume, man möchte vieles erreichen, aber man merkt, dass es ständig einem irgendwas da hindert.(IW/7/225-229)*[22]

Diese Aussage von *Welat* beschreibt schon sein eigentliches Hauptproblem, mit dem er zum größten Teil seines Lebens beschäftigt war. Welat war der zweite Jugendliche, mit dem ein Interview gemacht wurde. Sein Problem besteht darin, dass er wegen Trauma bedingter Störungen und Verhaltensweisen der Eltern eine sehr schwierige Kindheit verbrachte. Er war unter seinen Geschwistern das Kind, das am meisten Gewaltmisshandlungen zwischen seinem Vater und seiner Mutter miterlebt hatte. Die traumatische Familienvergangenheit hat sich bei ihm so ausgeprägt, dass er bei jeder seiner Entscheidungen und Handlungen immer die familiären Probleme mit der Gewalt mitbedenkt. Darüber hinaus hatte er eine Fixierung auf die Störungserlebnisse der Eltern und dies wirkte sich auf seine Zukunftsperspektiven aus. Zu bedenken ist hier auch, dass er große Sorge für seine Geschwister trägt, weil zu Hause Gewalt herrscht und seine jüngeren Geschwister darunter leiden. Denn seine Geschwister werden von den Eltern vernachlässigt und erfahren von den Eltern kaum Rücksicht, wenn sie in Streit geraten. Eine andere Sozialisationsbedingung von ihm war auch, dass er aufgrund seiner negativen Erlebnisse im Familienleben sich von der Gesellschaft isolierte und somit wenige Interaktionen außerhalb seines Familienkreises zustande kamen. Die Trauma-Folgestörungen der Eltern hatten auch Einfluss darauf, dass er im weiteren Verlauf seines Lebens seine Selbstständigkeit immer mehr verlor und Unterstützung brauchte, um autonom zu werden. Er leidet unter einer sehr schwachen Stabilität und ist hilflos wegen des familialen Dialogs. Die einzige Person, die ihm bei diesen Problemen ein wenig unterstützt, ist seine Schwester Zine. Während der Interviewzeit war er am Anfang seines zweiten Studiums. Sein erstes Studium brach er nach einem Jahr ab, weil das Fachgebiet seinen Interessen nicht wirklich entsprach. Durch das Studium gelang er zu seinem Kontakt mit dem kurdischen Studentenverband, wobei er mit den meisten Mitgliedern nicht zu recht kam. Er behielt eine passive Haltung gegenüber den Mitgliedern und schaffte es nicht, mit ihnen eine Interaktion zu führen bzw. in die Gruppe einzutreten. Es fehlte ihm sowohl die politische Einstellung bzw. das Engagement zu der kurdischen Frage und Integrationspolitik im Studentenverband wie auch die Unabhängigkeit von den familiären Problemen. Durch die Rekonstruktion seiner Lebensgeschichte stellte sich heraus, dass er wegen der Gewalt zu Hause sich nicht mit anderen Problemen bzw. mit der gesellschaftlichen Problematik beschäftigen konnte.

---

22 Diese Seite und Zeilen für Welat befinden sich auf der Interviewseite von Zine.

6.5.1 Zugang zum Interviewten und Interviewverlauf

Die Kontaktaufnahme mit Welat ergab sich über seinen Onkel Soro, der einmal an einem Gesundheits- und Erste-Hilfe-Zelt für Flüchtlinge den Interviewer traf und Kontakt aufnahm. Nach dem dritten Treffen erzählte er auf die Anfrage nach einem Interviewpartner über seine Situation und über den problematischen Zustand seiner Schwester und ihrer Familie. Er erzählte, dass sein Schwager und seine Schwester zu Hause öfters Terror machten und dadurch die Kinder sehr betroffen waren. Die gewaltvollen Erlebnisse und Misshandlungen hatten dazu geführt, sagte er, dass er sich selber große Sorgen um seine Nichten und Neffen machte. Nachdem er die Gesamtsituation etwas geschildert hatte, wurden ein paar Tage später sein Neffe Welat und seine Nichte Zine kennengelernt. Um die Situation der traumatisierten Eltern und den familialen Dialog besser nachzuvollziehen, wurden die Eltern der beiden Geschwister besucht und wichtige Daten und Beobachtungen erhoben. Der erste Besuch dauerte nicht lange, etwa eine Viertelstunde, damit sie sich beim ersten Treffen nicht überstürzt fühlten und überfordert sind. Herr *Özkürt* fragte schon beim ersten Besuch, ob der Interviewer für die Behandlung seiner Frau kam, und behauptete, dass er selber keine psychischen Probleme hätte und dass seine Frau psychisch krank wäre. Während es versucht wurde, dass Forschungsvorhaben genauer darzustellen, löste sich auf einmal ein unangenehmer Krach aus und plötzlich fing zwischen dem Ehepaar und auch den Kinder ein Streit an. Es ging darum, dass das Ehepaar nicht akzeptierte bzw. nicht zugeben wollte, dass sie Trauma bedingte Probleme hatten und deshalb auch ein Therapie abgebrochen hatten. Als sie sich stritten, machten sie sich gegenseitig Vorwürfe und beschimpften sich mit sehr unangenehmen Schimpfwörtern. *Herr Özkürt* beleidigte auch gleich seinen Sohn und seine Tochter als nutzlose Menschen. *Welat* bekam in diesem Moment einen Nervenzusammenbruch, bei dem er anfing, laut zu weinen und sich selbst und seinem Vater verschiedene Fragen zu stellen. In seinen Fragen ging es darum, warum und weshalb sein Vater ihm seine Kindheit weggenommen hatte, dass er sein Leben nicht genießen konnte, wegen ihm keine Freunde hatte usw. Sein Vater ignorierte Welats Situation und kam aus seiner eigenen Krise nicht heraus. Die Familie war kurz davor, sich zu schlagen und mit ihrem Ton so laut, dass jederzeit die Nachbarn oder die Polizei vor der Tür stehen könnten. Durch die Handlung des Interviewers wurde die Situation ein wenig entschärft und die Familienmitglieder dazu gebracht, sich zu beruhigen. Schließlich wurde der Besuch auf einen späteren Zeitpunkt verschoben. Das zweite Treffen war aber auch nicht erfolgreicher. Diesmal wurde Herr *Özkürt* schon auf dem Weg getroffen und zwar mit einem blutenden Nacken. Dieses Ereignis wurde oben in Kapitel (5.6) geschildert. Diese Gewalterlebnisse von Familie Özkürt betreffen auch noch die beiden kleinen jüngeren Geschwister, daher wurde die Familie an eine Beratungsstelle verwiesen und ihnen weitere Informationen über Behandlungsmöglichkeiten gegeben. Mit Welat und Zine wurde weiterhin in Kontakt geblieben und ein Treffen außerhalb ihrer Wohnung vereinbart. Nachdem auch ein wenig Vertrauen gewonnen wurde, konnte mit Welat ein Termin für ein Interview besprochen werden. Nachdem ihm das Forschungsvorhaben vorgestellt wurde, war er damit einverstanden, Interviewpartner zu werden. Er hatte darum gebeten, dass er mit seiner Schwester zusammen interviewt wird. Welat wusste, dass das Interesse besteht, auch mit seiner Schwester ein Interview durchzuführen. Der Interviewtermin wurde für eine spätere Zeit in dem Haus des Interviewten festgelegt. Bis zum Interviewtermin wurde mitbekommen, dass er und seine Schwester wegen der Gewalt und anderer Misshandlungen ihrer Eltern zu ihrem Onkel gegangen sind. Deutlich war auch, dass beide Geschwister sich durch das Interview eine Hilfe für ihre Situation erhofften und eine Lösung für ihre Familie suchten. Welat suchte bei jeder Angelegenheit eine Lösung und versuchte gleichzeitig, seine eigentliche Hoffnungslosigkeit über den familialen Dialog aufzuzeigen. Während des zweiten Besuchs der Familie Özkürt in ihrer Wohnung fiel Welats zurückhaltendes passives Verhalten stark auf.

6.5.2 Beobachtungen und Interaktionen während des Interviews

Die Beobachtungen machten klar, dass *Welats* Selbstbewusstsein an vielen Stellen schwach ist. Sein Verhalten gegenüber anderen wirkte nicht selbstbewusst und sicher. Durch die Beobachtungen, die Auswertung seines Interviews und auch durch Informationen von seinem Umfeld war erkennbar, dass er meistens zurückhaltend und mit seinem Verhalten innerhalb der Gesellschaft sehr vorsichtig ist. *Welat* wirkte während des Interviews sehr nervös beim Reden, er schwitzte und schaute während der Interaktion seinen Gesprächspartner nicht an, sondern schaute lieber auf den Boden oder in eine andere Richtung. Er hatte meistens eine geschlossene Körperhaltung und wurde beim Sprechen über seine Probleme rot, wodurch auch seine Schüchternheit und sein Schamgefühl deutlich wurden. *Welat* sprach immer sehr vorsichtig. Meistens versuchte er genau darauf zu achten, was er sagt, doch kam es auch vor, dass er den Faden verlor. Er hielt auch immer einen inneren Abstand gegenüber dem Interviewer. Er war gegenüber anderen Personen misstrauisch und hatte große Vertrauensprobleme. Aus den Ergebnissen der Interviewauswertung und den Beobachtungen zeigte sich, dass er durch schlechte, familiäre und gesellschaftliche Verhältnisse eine Angst im Umgang mit Menschen entwickelt hatte. Die Angst ist auch ein häufiges Symptom, das nach Traumaerfahrungen erscheint.

> „Zum Leiden führt die Angst, wenn sie durch alle Ritzen des Lebens und Erlebens sickert, wenn sie das Erleben und Verhalten eines traumatisierten Menschen prägt und die Ängstlichkeit zu einem Grundgestimmtsein der Persönlichkeit wird." (Baer/Frick-Baer 2010, S. 45-46)

Das Misstrauen entsprach bei Welat keiner besonderen Situation, sondern einer Grundhaltung. Wenn jedoch ein Vertrauensverhältnis zu einer Person zugelassen wurde, führte dies zu einem anhänglichen Verhalten und dem Wunsch, die Beziehung mit dieser Person auf keinen Fall zu beenden. Zu bemerken ist hierbei auch noch, dass seine Persönlichkeit und Meinungen bzw. Interessen bis jetzt nicht wirklich von seiner Umgebung wahrgenommen wurden oder auf Interesse gestoßen sind. Dies betrifft die familiäre Situation wie den gesellschaftlichen Rahmen. Deswegen hielt sich *Welat* lieber zurück, etwas von sich preiszugeben, und wurde bei Kontakten mit anderen Menschen unsicher. Das Interview mit *Welat* erfolgte seinem Wunsch entsprechend mit seiner Schwester *Zine* zusammen. Erst wurde mit ihm ein Interview durchgeführt und danach mit seinem Schwester, wobei die anderen beiden jüngeren Schwestern während der Interviews im Zimmer nebenan spielten. Die beiden kleinen Geschwister waren von der Situation ihrer Eltern sehr betroffen und reagierten auf die Frage nach ihrem Wohlbefinden zu Hause sehr emotional.

6.5.3 Beobachtungen und Interaktionen nach dem Interview

Nach dem Interview mit *Welat* fanden mit ihm noch zwei bis drei Treffen statt. Er konnte mit seiner Schwester Zine aus dem Elternhaus ausziehen. Sie wohnten von ihren Eltern und kleine Schwestern etwa 30 km entfernt. Zine und Welat wollten einen Neuanfang ihres Lebens machen und neue Kontakte aufbauen. Welat studierte weiter, hatte aber den Kontakt zu dem kurdischen Studentenverband abgebrochen und war dort nicht mehr engagiert. Er und seine Schwester hielten es nicht lange aus, ihre beiden jüngeren Schwester und Eltern nicht zu sehen. Nachdem Welat und Zine vom Elternhaus ausgezogen waren, kränkte dies sehr ihre Eltern. Die Eltern versuchten den Interviewer zu überzeugen zu helfen, deren Kinder zurück nach Hause zu holen. Als der Interviewer nicht überzeugt war, wurde diesmal versucht, die Überzeugung durch Bedrohungen zu ermöglichen. In einer späteren Zeit wurde von Welat erfahren, dass sein Vater auch wegen der Sozialhilfe (Wohngeld) und des Erhalts seines Rufes die Rückkehr seiner Kinder zum Elternhaus wollte. Welat und seine Schwester Zine brachten zwischenzeitlich mehrmals ihre Geschwister zu ihrer eigenen Wohnung. Es wurde erfahren, dass die beiden Geschwister Welat und Zine an Wochenenden ihre Eltern besuchten und dort auch übernachteten.

Die Gewalt und Misshandlungen in der Familie hatten sich aber ohne Änderung fortgesetzt. Es könnte an diese Stelle gefragt werden, wie lange diese Geschwister die Gewalt der Eltern aushalten werden bzw. noch aushalten können? Wie werden sich diese Erlebnisse auf ihr späteres Leben z.B. auf ihre Familiengründung, Karriere usw. auswirken?

Zu bedenken ist hier auch, dass Welat möglicherweise vom Interview eine Lösung zu finden hoffte, aber nachdem sich nicht viel geändert hatte, wieder enttäuscht wurde. Welat nahm mit dem Interviewer von seiner Seite aus keinen Kontakt auf, so dass er für weitere Kontaktaufnahme auf den Anruf des Interviewers wartete. Angenommen werden kann hier, dass er sich aufgrund seiner Enttäuschung und Scham zurückhielt, da er es trotz der Hilfe des Interviewers nicht geschafft hatte, eine Lösung zu erreichen. Er selber nahm nach den Treffen keinen Kontakt auf, aber von seinem Onkel wurde erfahren, dass er eigentlich darauf wartete, vom Interviewer für ein Treffen angesprochen zu werden.

6.5.4 Rekonstruktion der Lebensgeschichte

Welat wurde 1988 im kurdischen Gebiet der Türkei geboren. Nachdem sein Vater zwei Jahre in Deutschland war, flüchtete er im Alter von drei Jahren mit seiner Mutter und Schwester Zine nach Deutschland zu seinem Vater. Ihr erster Aufenthaltsort war ein Zimmer des Asylheims in Forsberg. Die ganze Familie musste nun in einem Zimmer ihr Leben teilen und für Welat begann ab dieser Zeit eine schwierige Kindheit. Er und seine Schwester *Zine* hatten weder den Platz noch die sonstigen Rahmenbedingungen, um ihre Kindheit zu leben und zu genießen. Das Zimmer der Familie Özkürt im Asylheim war nur zwölf bis sechzehn Quadratmeter groß und die Küche und WC mussten sie mit anderen Familien teilen. Die Familie fühlte sich nicht wohl, für sie war alles fremd und neu.

> „*Also es war sehr quälsam. So kann man das sagen. Wir hatten nur ein Zimmer gehabt. Wir waren vier Personen gewesen in einem Zimmer. Von der Fläche her kann man von 12 bis 15 m² wahrscheinlich sagen. So etwa kann ich abschätzen. Wir hatten eine gemeinsame Küche mit einer weiteren Familie, ja das WC wurde auch aufgeteilt mit der Familie.*" *(IW/2/52-55)*

Welat und seine Schwester wuchsen unter nicht guten sozialen und ökonomischen Bedingungen auf. *Welat* hatte wie viele andere Migrant/innen am Anfang sehr große Schwierigkeiten mit der deutschen Sprache, konnte sich aber durch die Kinderstube im Asylheim ein wenig die deutsche Sprache aneignen. Im Jahr 1994 fing er mit der Grundschule an. Er erzählte in seinem Interview, dass er einen ganz gewöhnlichen monotonen Lebensverlauf hat. Dieses monotone Leben hatte er auszuhalten. Während seiner Kindheit hatte er nicht oft die Möglichkeit, Kontakte zu anderen Menschen aufzubauen.

> *„Also das war so ein Ablaufplan gewesen, immer zur Schule, von der Schule zum Heim." (IW/2/64-65)*

Außer den Mitbewohner/innen im Asylheim hatte er nur einzelne Freundschaften. *Welat* zählte sich in dieser Zeit zu den Menschen, die ökonomisch und sozial benachteiligt waren und empfand sich unbewusst als eine Person der „Unterschicht". Die Erziehung der Eltern war hier sicher mitentscheidend für die Einstellung der Kinder. Es kann davon ausgegangen werden, dass die Sozialisation und das Verhalten der Eltern unbewusst die Kinder geprägt haben, sich als Unterschicht zu identifizieren. Welat hatte aufgrund ökonomischer und sozialer Benachteiligung und insbesondere des allgemeinen Zustands der Familie ihre Wünsche nach Spielzeugen, Freizeitveranstaltungen etc. zu unterdrücken. Hier ist zu bemerken, dass die Flucht und Verfolgung des Vaters eine wichtige Rolle spielten, da die Familie deswegen alle diese Schwierigkeiten erleben und ihre Kindheitswünsche nicht ausgelebt lassen mussten. Wegen der Flucht, traumatischer Erlebnisse und anderer Lebensbedingungen kam es innerhalb der Familie öfters zur Gewalt. Neben den komplizierten Lebensbedingungen im Asylheim kam die Gewalt innerhalb der familiären Beziehungen noch zusätzlich hinzu. Aufgrund der engen Räumlichkeit und keiner Abgrenzungsmöglichkeit der Kinder von der familialen Gewalt erlebte Welat diese Gewalttaten mit.

Diese belasteten ihn als Kind sehr, bis heute verfolgen ihn seine Erinnerungen vom Leben im Asylheim.

> *„Es war auch schon vorher. Vorher auch schon. Im Heim gab es auch Streitigkeiten. Ja, da hat man das mitbekommen. Eeh, es gab immer Druck von meinem Vater zu meine Mutter. Eeh, also da gab's eine Streit, aber es war schon im Heim in den 90er Jahren war das. Ja, dort gab es schon dies. Aber wir wussten nicht warum jetzt diese Streitigkeiten gibt, davon wusste man nicht wirklich." (IW/2/37-41)*

Er klagte über diese Probleme noch immer. Sein thematisches Feld im Interview kehrte immer wieder auf dieses Problem in der Vergangenheit, das auch gegenwärtig ist, zurück. Oft bekamen *Welat* und seine Schwester hilflos die Krisensituationen der Eltern, in denen Gewalt und Streit eine große Rolle spielten, mit.

„Dass man das immer erleben musste und nach dem es vorbei war, war man glücklich gewesen, dass es vorbei ist.“ (IW/3/103-104)

Welat und seine Geschwister waren jedes Mal von der Gewalt, den Schlägereien und Streitigkeiten der Familie sehr betroffen. Mehrmals stellte sich durch die Interviewauswertung heraus, dass Welat dann immer hilflos blieb und, wie schon oben beschrieben, niemanden um Hilfe bitten konnte. Welat hatte keine andere Alternative als alles mitzubekommen und nur zuzusehen. Der Verdrängungsmechanismus griff nur bedingt. Die Situation ganz zu ignorieren schaffte er nicht, aber dass er es leid war, diese Situation immer wieder zu erleben, ist selbstverständlich. Er war auch im Interview darauf eingestellt, dass jederzeit „etwas Schlimmes“ passieren könnte. Bezüglich des Verhaltens seiner Eltern war er hoffnungslos. *Welat* bezeichnete die Probleme als alltägliche Begebenheit:

„Ja bis solange man es wieder plötzlich hört, da gibt es Streitigkeiten, da gibt es Gewalt. Und da hört man diese Geräusche. Das war ständig so. Es war ein Ritual gewesen immer. Wir haben das ständig gehabt und so langsam haben wir uns daran angewöhnt.“ (IW/3-4/104-108)

Auch sein schulischer Werdegang war nicht problemlos. Er bekam keine Unterstützung von seinen Eltern und die Lebensbedingungen im Asylheim erschwerten die Erfüllung seiner Schulaufgaben.

„Wir haben halt, nur unsere Hausaufgaben immer gemacht, weil es Pflicht war. Die haben wir immer auf den Boden gemacht. Es gab keinen Schreibtisch für uns.“ (IW/2/61-63)

Bis zur dritten Klasse lebte Welat mit seiner Familie noch im Asylheim in Forsberg. Die dritte Klasse musste er wiederholen. Er konnte sich nicht genug auf seine schulischen Angelegenheiten konzentrieren, weil die familiären Probleme ihn sehr überforderten und auch die ökonomischen und sozialen Bedingungen ungenügend ausgestaltet waren. In seiner Kindheit dachte er sehr oft an seine Eltern; er war gedanklich überfüllt mit seiner Verzweiflung über das Leben der Eltern.

„Also es war ja die Angst da, dass sie sich was antun, vielleicht umbringen können. Dieser Gedanke hat mich immer verfolgt, wo diese Gewalt zu sehen war,...“ (IW/7/221-223)

Die Gewalt zu Hause machte *Welat* depressiv. Seine gemachten Erlebnisse mit Gewalt in seiner Kindheit führten dazu, dass er ängstlich wurde und diese Angst ihn ständig verfolgte. Diese Verfolgung durch die eigene Angst hat sich bei *Welat* so ausgeprägt, dass er sich ständig Sorgen um seine Eltern machte.

Die Gefühle und Gedanken über seine Familie begrenzten in gewisser Hinsicht den Freiraum in seinem Leben und verhinderten, dass er dem Leben mit der notwendigen Unbeschwertheit entgegentreten bzw. das Leben auch genießen kann. Die ständige Angst um die Eltern führte bei Welat auch zu Schuldgefühlen, wenn er sich nicht in der Nähe seiner Eltern befand.

> *„Man hat eine ständige Angst gehabt, dass die sich was antun würden. Hmm, das war immer mit mir. Das hat mich auch verfolgt bis zum Unterricht. Also wenn ich im Unterricht gesessen habe, muss ich ab und zu, also meine Gedanken waren zu Hause gewesen." (IW/3/87-89)*

Die Fixierung an das ständige Problem der Eltern war bei ihm so extrem, dass für ihn diese Problematik an die erste Stelle rückte und er bei jeder Angelegenheit diese schlechten Erfahrungen mitbedachte. Somit hatten seine Ängste Einfluss auf sein Schulleben und seinen Erfolg.

Hurrelmann geht nach Melzer u.a. davon aus, dass psychische Krisen der Eltern eine Anfangssituation für Persönlichkeitsentwicklungsstörungen der Jugendlichen sein können. Er schrieb weiterhin, dass besonders schlechte Partnerbeziehungen zu problematischen Erziehungsweisen führen, deren Folgen gegenüber ihren Kindern sich zu Interesselosigkeit und Aggressivität addieren (vgl. Hurrelmann 2010).

Eine Identitätsbildung beruht auf einer starken Identität und Bewusstsein. Hierzu schrieb Erikson, wenn die Individualisierung sich nicht gleichermaßen entwickelt:

> „...werden mancherlei Befürchtungen entstehen, die dann in einem verbreiteten Gefühl von Angst münden, einer Angst, die im Einzelnen nur schwach und kaum bewußt vorhanden sein mag, sich aber beunruhigend auf das Gleichgewicht von Menschen auswirken kann" (E. Erikson 1973, S.86).

Hierbei ging er noch darauf ein, dass Angst so stark sein kann, dass die Wünsche des Menschen zerstört werden können und paradoxerweise sich dieser einsam fühlt, weil ihm keiner sagt, was er zu tun hat (ebd.).

Welat leidet bis heute sehr unter der Angst bezüglich der Lebenssituation seiner Schwestern und seiner Mutter. Diese Angst um seine Familie war das Schwerpunktthema des mit ihm gemachten Interviewgesprächs.

> *„Also am Anfang war es eine Angst um meine Mutter gewesen, wo es Gewalt gab. Da habe ich mir immer Sorgen um meine Mutter gemacht, dass mein Vater meiner Mutter was antut*[…]*. Es gab immer so eine Angst, das mich begleitet hat.*“ *(IW/3/82-83, 90-91)*

Seine Gefühle sind geprägt durch seine Ängste, die er für seine Mutter hat. Er redete zum größten Teil über seine Angst wegen der Gefahr der Gewalt zu Hause. Deshalb konnte er nicht auf positive Gedanken in Bezug auf seine Familie kommen. Eine Möglichkeit der „glücklichen Familie“ gab es für ihn nicht. Nach der Interviewauswertung wurde deutlich, dass die Probleme und Gewalt zu Hause für ihn ein immer wiederkehrender Zustand war. Da die Probleme und Gewalt für ihn alltäglich geworden sind, nutzte er jede Gelegenheit aus, um ein wenig über seine Probleme zu reden.

> *„Man hat immer Angst gehabt das was passiert[…]. Es gab Streitigkeiten und da konnte man dann nicht mehr schlafen*[…]*. Was da jetzt geschehen ist, ob da was geschehen ist.*“ *(IW/3/85-86, 90)*

Er berichtete, dass er in seiner Kindheit regelmäßig durch die Streitigkeiten, Beschimpfungen, Beleidigungen und Gewalt der Eltern aufwachte. Wegen des ständigen Problems zu Hause war nach seinen Erzählungen manchmal das Verbringen einer normalen Nacht nicht möglich. Diesen Streit bekam nicht nur *Welat* mit, sondern alle Kinder, weil die Wohnung von der Familie *Özkürt* für eine sechsköpfige Familie zu eng war. Welat lebte zehn Jahre lang mit seiner Familie im Asylheim. Erst als *Welat* in die vierte Klasse kam, zog die Familie in eine eigene Wohnung in Forsberg. Ein Jahr später ging er auf die Realschule und schloss die Schule mit einer Qualifikation ab. In seiner ganzen Schullaufbahn bekam er nach eigener Auskunft keine Unterstützung von seinen Eltern und war mehr auf sich selbst gestellt. Im Gespräch beschwerte er sich mehrmals, da er von seinen Eltern weder emotional noch materiell unterstützt wurde. Anstatt dessen gab es immer Druck, in der Schule erfolgreich zu sein, meinte er. In diesem Zusammenhang beschuldigte er wieder seinen Vater, weil sein Vater nur für Druck sorgte. Sein Dialog zu seinem Vater besteht nur aus Missverständnissen, Streitigkeiten und gegenseitigen Beschuldigungen. Die Auswertung seines Interviews machte deutlich, dass zwischen Sohn und Vater eine große Distanzierung existierte und eine vernünftige Interaktion nicht zustande kam. In diesem Kontext wird angenommen, dass die traumatischen Erlebnisse des Vaters und deren Folgen bei den Beziehungen innerhalb der Familie eine Rolle spielten.

„Es gab keinerlei Unterstützung, keine Nachfrage, wie es einem in der Schule geht, wie die Situation ist, sondern nur die Noten mussten klar sein. Ich hatte z.B. in Deutsch eine Schwäche gehabt. Wenn man in einer Arbeit keine gute Note bekam, dann gab es auch Ärger zu Hause. Aber keine wirkliche Unterstützung, davon kann man nicht reden.“ (IW/1/27-30)

Welat leidet unter dem oben beschriebenen Desinteresse der Eltern sehr. Dass zu dem Trauma der Eltern auch deren geringe Schulbildung hinzukam, machte die Eltern-Kind-Beziehung noch komplexer. Welat schämte sich oft wegen der geringen Bildung und Gewaltanwendung seiner Eltern. Dies stand im Gegensatz zu der geforderten Ehrerbietung gegenüber den Eltern.

Die Schulsituation ist dabei nur ein Beispiel für alle Problembereiche der Jugendlichen. Entscheidend ist in ihrer Wahrnehmung des Elternverhaltens deren Blick auf das Äußere. Die Erwartungen und Hoffnungen der Jugendlichen, in den Eltern auch Vertraute, Helfer in schwierigen Situationen zu finden, wurden enttäuscht und letztlich ganz aufgegeben. Die Beziehung zu den Eltern wird von Welat als Zwangsbeziehung ohne Inhalt wie Wärme, Solidarität, Verständnis gesehen.

Die Verhaltensweisen seines Vaters waren nicht nur die Barrieren für eine erfolgreiche Kommunikation zwischen Vater und Sohn, sondern führten in der Beziehung auch zur Enttäuschung des Sohnes hinsichtlich der Zuneigung des Vaters. *Welat* beschrieb seine Situation mit einem leiser werdenden und sich enttäuscht anhörenden Ton:

„Also ich würde schon denken, dass man mit einem Vater befreundet sein kann, ja dass man zusammen auch was machen kann, mit ihm reden kann, aber so was hat komplett gefehlt, also so was gab es nicht für uns. Die Verbindung zum Vater war also gar nicht gegeben. Man weiß, er war nur physisch anwesend, aber psychisch war er für uns nicht anwesend so gesagt.“ (IW/6/203-206)[23]

Hier ist auch zu bemerken, dass er viele Erwartungen an seinen Vater hatte, aber sein Vater wahrscheinlich nicht in der Lage war, seine Vernachlässigung gegenüber seinen Kindern einzusehen. Er war mit der Aufgabe, seinen Pflichten als Vater nachzukommen, nicht sehr erfolgreich und wohlmöglich auch aufgrund seines psychischen Zustands überfordert. Hier kommen die negativen Auswirkungen der Traumatisierungsfolgen in den Vordergrund. Aus seiner Interviewauswertung könnte festgestellt werden, dass H*err Özkürt* nicht in der Lage war, für seine Kinder ein Seelenfreund zu sein, und dass er die nervliche Kraft nicht hatte, sich mit

23 Diese Seite und Zeile befinden sich im Interviewteil mit Zine.

deren Problemen auseinander zu setzen, zuzuhören und sich für deren Wünsche zu interessieren. Er hatte sich aufgrund seines Traumas und der Beschäftigung mit seiner eigenen Welt zurückgezogen, so dass er nicht mehr kontaktfreudig ist. Als Folge dieses Verhaltens vom Vater sieht Baer folgende Risiken, die dem Kind zukommen können:

- Das Kind konzentriert sich immer mehr auf den Vater, aber dies bringt nichts.
- Der andere Elternteil wird als Ersatz genutzt, was aber natürlich nur begrenzt hilft.
- Schulische Leistungen werden wichtiger. Einige Kinder werden schlechter in der Schule, andere ergänzen durch bessere schulische Leistungen die fehlende elterliche Unterstützung, um selbstbewusster zu werden.
- Zusammengefasst wird aber das Selbstbewusstsein geringer. Denn es kann sein, dass alle diese „Ersatzbemühungen" und die mangelnde Unterstützung seitens der Eltern das Kind als Verlierer darstellt. Dies kann wiederum dazu führen, dass Hoffnungslosigkeit entsteht und große Träume verloren gehen (vgl. Baer/ Frick Baer 2010).

Hier ist nicht auszuschließen, dass *Welat* gerade auch in der entscheidenden Entwicklungsphase der Pubertät große Probleme hatte, aber sich niemand um ihn gekümmert hatte bzw. kümmern konnte, da er keinen Ansprechpartner hatte. Entstehende Enttäuschungen bzw. Unzufriedenheit von Jugendlichen können zur Entwicklung von Vorwürfen und Wut gegen die Eltern führen. Durch die Beobachtungen der Interaktionen von Welat mit seinem Vater konnte herausgestellt werden, dass Welat gegen seinen Vater Aggressionen entwickelt hatte. *Welat* hatte auch seine Hoffnung, dass der Vater ihm näher kommt, verloren. Es kann aber auch gut sein, dass sein Vater den ersten Schritt zur Kommunikation bzw. besseren Interaktion von ihm erwartet. Hier spielten neben den Auswirkungen der Traumatisierung des Vaters und den sich daraus ergebenden oft nicht nachvollziehbaren Verhaltensweisen auch die Sozialisation, die soziale Kontakte und das Bildungsniveau der Eltern eine Rolle.

So verbrachte Welat seine Pubertät mit beschränktem sozialen Umfeld sowie mangelnder Unterstützung, so dass er seine Krisen in dieser Phase alleine bewältigen musste. Seine Einsamkeit teilte er nur mit seinen Geschwistern. Seine Lebenssituation zwang ihn, meistens nur mit seinen Schwestern eine Freundschaft aufzubauen, ansonsten hatte er vereinzelte kurzfristige Freundschaftsbeziehungen. Im Gegensatz zu der Beziehung zu den Eltern entwickelte sich eine harmonische Beziehung zu den Schwestern. Er fühlte sich nicht nur verpflichtet, mit seinen Schwestern gut umzugehen, sondern die ganze Situation mit der Gewalt ließ ihn sich schuldig fühlen, wenn er mit ihnen keine harmonische Beziehung führte.

„Also mit meinen Schwestern hatte ich ne gute Beziehung gehabt. Also da hat sich im Gegenteil man immer versucht, die Beziehung aufzubauen mit den Geschwistern, weil wir so ne schlechte Vergangenheit hatten mit unseren Eltern, dass es so ständig Streitigkeit gegeben hat. Hmm, da hat man halt eher versucht mit dem, hmm also die ganze Situation aufzuhalten, so gesagt." (IW/2-3/68-71)

Zwischen den Zeilen in der weiteren Ausführung des Verlaufs seiner Lebensgeschichte wird klar, dass er in seinem Leben außer seinen Geschwistern sehr seltene Freundschaften hatte. Die negativen Erlebnisse von Welat aufgrund der Traumata der Eltern beeinflussten ihn nicht nur auf schulischer, persönlicher, ökonomischer und gesellschaftlicher Ebene, sondern begrenzten auch seine Selbstbestimmung und seinen Freiraum. In diesem Zusammenhang wird seine Eingrenzung seiner Freundschaftsbeziehungen sehr wichtig für seine Persönlichkeitsentwicklung und Sozialisation.

„Hhm, ja jetzt kann ich so sagen, dass es immer noch teilweise noch da ist, diese keine Lust da dran zu haben, aber es geht ab und zu weg. Also ich merke, dass ich manchmal nach draußen gehen möchte und irgendwas machen möchte, aber es fehlt einfach, dass die passende Freunde dazu. Ich habe in Wirklichkeit auch keine Freunde, mit dem ich der Zeit das machen kann. Ja, ich glaub das fehlt mir eigentlich. Sonst könnte ich mit denen auch Zeit verbringen draußen." (IW/5/165-169)

Die Erzählungen von *Welat* machen ebenso deutlich, dass ihm eine enge Freundschaft schon immer fehlte und er auch Schwierigkeiten hatte bzw. noch hat, passende Freunde zu finden. Wie auch die vorherige Aussage von *Welat* und seine Interviewauswertung es deutlich machen, hatte seine Angst, von zu Hause weg zu gehen und die Eltern „unbeaufsichtigt" zu lassen, dazu geführt, dass er keine Möglichkeit hatte, mit Freunden Zeit zu verbringen. Die Situation zu Hause belastete ihn wohlmöglich so, dass er auch keine Lust und keine Kraft hatte Freundschaften aufzubauen und zu pflegen. Hier stellt sich die Frage, ob er auch noch Angst hatte, Freundschaften aufzubauen. Freundschaftsbeziehungen sorgen dafür, dass die Jugendlichen sich solidarisch unterstützen und über aktuelle Themen im Jugendalter diskutieren und sich unterhalten können. Falls in diesem Zusammenhang Freundschaften nicht existieren oder nicht unterstützend wirken, besteht die Gefahr, dass es zu „depressiven" Verhaltensweisen und zu einer pessimistischen Selbstanerkennung kommt (vgl. Hurrelmann 2010, Büchner 1998).

> *„Diese Freundschaft war nur in der Schule begrenzt. Familiär, dass ich bei denen war gab's selten. Also so direkt habe ich mich nicht von den distanziert, sondern aber ein Freund einzuladen nach Hause, das ist uns nicht gelungen." (IW/4/111-114)*

Scham kann manchmal auch zur Begrenzung und Beschränkung sozialer Kontakte führen. Die Scham von Welat führte erkennbar dazu, dass er bei Kontakten mit seinen Freunden einen bestimmten Abstand hielt. Er schämte sich bzw. hatte Hemmungen, seinen Freunden seine Eltern vorzustellen. Diese Erkenntnis führt zur Verstärkung der vorherigen Aussagen über die Wichtigkeit von Freundschaften. Allein der Gedanke, dass die Eltern, während die Freunde da sind, sich streiten könnten, könnte dazu geführt haben, dass er lieber gar keine Freundschaften schließen wollte, um peinliche Situationen von vorneherein auszuschließen. Welat war sich dabei teilweise bewusst, dass die Eltern mit ihrem durch die Traumatisierung bedingten Verhalten mögliche Außenbeziehungen behindern bzw. stören.

6.5.5 Einfluss der traumatisierten Eltern auf die Schulsituation

Wie es sich auch von der obigen Interviewauswertung von *Welat* herausstellen lässt, erwähnte er öfters, dass er einen Leistungsdruck durch seine Eltern verspürte. Auch erzählte er, dass sein Vater wollte, dass er Informatik studiert und dies auch schon den Bekannten in der Türkei mitteilte, bevor *Welat* seinen Abiturabschluss bekam.

> *„... daraufhin gab es dann Druck von meinen Eltern, also von meinem Vater besonders. Hmm, es gab's immer Anrufe ins Heimatland und da wurde schon gesagt, dass ich ja schon studieren werde, wobei meine Prüfung noch nicht fest gestanden haben, was für Note ich habe oder ob ich überhaupt bestanden habe. Somit entwickelte sich halt ein Druck bei mir, ja ich muss studieren. Ich wollte eigentlich nicht sofort studieren, sondern zu Hause auch legen am besten, [...] Also dieser Druck von meinem Vater hat mich schließlich dazu gebracht, teilweise so gesagt war ich erzwungen sofort zu studieren und da habe ich eine Entscheidung getroffen in welcher Richtung ich studieren möchte." (IW/4/127-132, 134-136)*

Er hatte selber nicht viel zu sagen, meistens entschied sein Vater, was er zu tun hatte. Wichtig ist hier zu betonen, dass die Kompetenzen der Individualisierung erst durch die Ich-Identität entstehen. Der Druck und die Unterstützungsverweigerung seiner traumatisierten Eltern waren nicht seine einzige schlechte Erfahrung. Sondern auch die ständige Gewalt und Drohung war präsent und begleitete ihn bis heute weiter. Die Verhaltensstörungen der Eltern durch das Trauma machten sich in seinem Leben fast immer bemerkbar.

Das Verhalten seiner traumatisch belasteten Eltern wirkte auf ihn egoistisch und brachte die Gefahr, dass es keine Möglichkeit gab, die Beziehung zu ihnen aufrecht zu halten. Welat hatte nicht nur das Problem, das Verhalten seiner Eltern zu verstehen, er hatte auch Schwierigkeiten, ihnen zu vertrauen. Es gab in seiner Adoleszenz Situationen, bei denen er und seine Geschwister sich wegen der Gewalt der Eltern bedroht fühlten und sich nicht mal trauten, etwas zu sagen.

> *„Wir also, wir haben uns immer bedroht gefühlt, wenn man was dazu gesagt hat oder sich eingemischt hat. [...] Man mischt sich ein, einerseits man hat Angst um seine Eltern, dass sie sich was antun, ja..." (IW/7/213, 221-222)*

Er und seine Geschwister waren wegen der bestehenden Krisen und Auffälligkeiten im Verhalten ihrer Eltern verängstigt. Die Eltern befanden sich aufgrund ihres Traumas in einem Chaos, in dem sie ihr Leben und Ziele schon längst aufgegeben hatten (siehe hierzu auch Abb. I Entwicklung von Traumafolgestörungen). Hier wird deutlich, dass Welat sich nicht traute einzugreifen und dies auch nicht wirklich wollte, weil er selber Angst um sich und seine Schwestern hatte. Bei der Bewältigung schwerer Belastungen sind die persönlichen Stärken und die Unterstützung des Umfeldes von Bedeutung. Die persönlichen Stärken hängen hierbei stark vom Selbstbewusstsein und Selbstvertrauen ab, wobei das Selbstbewusstsein Ergebnis eines positiven Selbstimages ist (vgl. von Balluseck/Meißner 2003). Auch wichtig zu erwähnen ist hier, dass das Selbstbewusstsein im frühen Kindesalter durch die Eltern gefördert und eingeprägt wird (vgl. Hurrelmann 2010, Baer/Frick-Baer 2010, Balluseck-Meißner 2003). Deshalb gewinnt die Bedeutung der Eltern-Kind-Beziehung besonders bei Jugendlichen in belastenden Situationen eine hoch bedeutsame Rolle. Die Verhaltensstörungen der Eltern können schließlich dazu führen, dass die Kinder in vielen familiären Situationen, wie andauerndem Streit und Gewalt hilflos sind, das Problem ihrer Eltern nicht nachvollziehen können und diese meistens auch nicht akzeptieren (vgl. Hurrelmann 2010).

Nachdem Welat merkte, dass er keine Möglichkeit hat, die unangenehme Situation innerhalb des Familienlebens zu verbessern, nahm er unbewusst Abstand zu seinen Eltern und entwickelte zu ihnen Aggressionen.

> *„Und dieser Abstand zu ihnen war ja halt nicht klar für mich, aber das hat uns immer bei allem begleitet also....." (IW/4/106-107).*

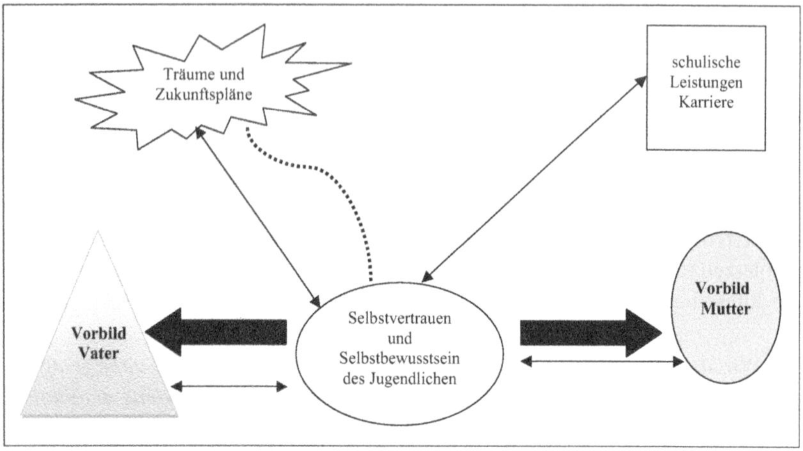

Abb. 13 Skizze zur Situation des interviewten Jugendlichen: Welat
Quelle: Eigendarstellung

Ein wichtiger Punkt ist hier auch, dass das Vertrauen in die Zukunft mit verschiedenen Phänomenen konfrontiert ist. Die elterliche Zuneigung hat dabei einen bedeutsamen Einfluss.

> „Jugendliche mit einer geringen oder keiner elterlichen Unterstützung sind eher gegenwartsorientiert, blicken düster in die Zukunft und haben Angst vor schweren Herausforderungen." (Ecarius u.a. 2011, S. 76)

Die Erlebnisse von *Welat* zeigten, wie er und seine Schwester von dem Zustand ihrer Eltern betroffen waren und es ihnen nicht gelang, sich über normale Alltagsfragen oder über sich selbst mit ihren Eltern zu unterhalten und ihren Schmerz gegenseitig zu teilen. Die Hilflosigkeit und geringe Anerkennung durch die Eltern können alleine für die Unstabilität ihres Selbstvertrauens und für geringes Selbstwertgefühl sorgen.

> *„Also wir hatten unsere Gesellschaft. Also unsere Nachbarn waren meistens Leute aus unserem Heimatland gewesen. Zu den kann man auch sein Problem nicht äußern. Und zu den sagen, ehh so dass es so nen Ärger zu Hause gibt. Also wir hatten niemanden gehabt, dem man das sagen konnte über diesen Problem oder Unterstützung von denen zu holen. Also wir waren eher auf uns selber gestellt." (IW/3/98-102)*

Welat hatte von seinen Eltern nicht gelernt, soziale Kontakte zu pflegen. Während des Interviewgesprächs sprach er meistens davon, dass er von seinen Eltern keine Unterstützung bekam, aber dafür viel Druck hatte, in der Schule erfolgreich zu sein. Dies zeigt, dass *Welat* in aller Hinsicht für seine schulische Entwicklung alleine zuständig war. Er suchte jemanden, mit dem er seine Probleme teilen konnte, aber er konnte niemanden wirklich vertrauen und war sich auch nicht sicher, ob er überhaupt verstanden wird. Die Erfahrung, es später vielleicht zu bereuen, sich einer anderen Person mit seinen Problemen anvertraut zu haben, verstärkte das Misstrauen und untergrub jegliche Vertrauensbemühungen. Ohne Unterstützung durch die wichtigsten Bezugspersonen fallen den Jugendlichen die Bewältigung ihrer schwierigen Lebens- und Sozialisationsbedingungen noch schwerer, als sie ohnehin schon sind. Aufgrund des zerstörten Selbstwertgefühls der Eltern kommt es dazu, dass die Nachfolger in dieser Hinsicht keine Vorbilder haben. Damit die Nachfolger ein Selbstwertgefühl entwickeln können, brauchen sie Rückmeldungen, die wertschätzend sind und wie durch einen Spiegel demjenigen den Wert seiner Person zeigen. „Ohne solche Spiegel – und viele traumatisierte Väter und Mutter konnten solche Spiegel nicht sein – geht das Maß für die eigene Werthaltigkeit verloren." (Baer/Frick-Baer 1999, S. 88)

Im weiteren Verlauf seines Lebens kamen die Hindernisse aufgrund der Traumatisierung seiner Eltern immer wieder zum Vorschein. *Welat* isolierte sich mit der Zeit von der Gesellschaft immer mehr, weil die Gewalt seiner Eltern mit fortschreitender Zeit zunahm. Die Scham und die damit verbundene Angst waren wie bei den Eltern auch gut bei den Kindern an Hand von Interviews festzustellen. Dieses Schamgefühl kann kulturbedingt sein, aber auch damit zu tun haben, dass die Betroffenen Angst haben, ihren „Ruf" und Ehre zu verlieren. Welat versuchte zweiseitig zu leben und die Probleme sollten daher ein Tabu bleiben. Er fühlte sich gezwungen, nach außen die friedliche, harmonische Familiendynamik vorzuspielen.

> *„Nee, also ich weiß nicht weshalb, aber es musste so gesagt wie geheim bleiben. Ich hatte immer diesen Eindruck gehabt, das muss verschlossen bei einem liegen, da das eine Schande ist, wenn das von draußen gehört wird. Es war auch ein psychischer Druck auf mich auch auf gesellschaftlicher Ebene. Wir hatten immer solchen." (IW/3/94-97)*

Erneut kann hier gefolgert werden, dass Scham ein Teil seines Lebens geworden ist. Die Wichtigkeit der Ehre und des Rufs stehen für ihn im Vordergrund. Was hierbei auch noch zu bemerken ist, ist, dass die Verletzung der Ehre und des Rufs besonders bei patriarchalischen Familien eine der größten Ängste ist und diese auch eine Barriere für die Integration sein kann. Der Ruf und die Ehre können bei kurdischen Familien auch im Zusammenhang mit der kurdischen Identität stehen. Es ist jedoch gleichzeitig auch ein Selbstschutz, da sich die betroffenen Jugendlichen sehr wohl als Teil ihrer Familie begreifen und es ihnen nicht möglich erscheint, sich gegenüber anderen ausreichend vom familiären Geschehen abzugrenzen. Sie vermuten schließlich nicht zu Unrecht, dass die sich ergebenden negativen Reaktionen Dritter sich auch auf sie selbst beziehen könnten. Wenn die Identität von außen betrachtet wird, ist sie die Selbigkeit des Individuums in Form einer eigenen Beziehung zu sich selbst. Von innen betrachtet handelt es sich bei der Ich-Identität um eine Autonomie, die subjektive Handlungen im Sinne erbrachter Interaktionen angeht. Nach Jürgen Habermas besteht eine Ich-Identität aus Individualisierung und Autonomie.

> „Die Ich-Identität des Erwachsenen bewährt sich in der Fähigkeit, neue Identitäten aufzubauen und zugleich mit den Überwundenen zu integrieren, um sich und seine Interaktion in einer unverwechselbaren Lebensgeschichte zu organisieren. Eine solche Ich-Identität ermöglicht jene Autonomisierung und zugleich Individualisierung, die in der Ichstruktur schon auf der Stufe der Rollenidentität angelegt ist." (Habermas 1976, S. 94)

Somit ist in seinem Interviewverlauf zu erkennen, dass sein familiäres Leben große Auswirkungen auf sein eigenes Leben hatte. Die kaum vorhandene emotionale Unterstützung durch Bezugspersonen hinderte ihn nicht, sich schulisch weiterzubilden. Im Jahr 2005 besuchte er eine Gesamtschule, um das Abitur zu machen. Während seiner Abiturzeit hatte er große Zweifel, das Abitur zu schaffen. Der gesellschaftliche Druck sorgte dafür, dass er nur auf den Erfolg konzentriert war. Auch der weitere Verlauf seines Interviews machte deutlich, dass ihm sein Image in der Gesellschaft ziemlich wichtig ist.

> *„Die Abiprüfüng war nicht so gut gewesen, wobei ich eigentlich ne mittlere Leistung hatte bis zum Abi. Hmm, Ich hatte halt so wie ein Trauma dort gehabt, weil es schlecht gelaufen ist in der Prüfung. Habe ich mir auch Sorgen darum gemacht, ob ich überhaupt mein Abi schaffe oder nicht schaffe." (IW/4/123-126)*

Seine Verzweiflung und Unsicherheit war jedoch überflüssig. 2008 bestand er das Abitur und studierte anschließend Elektrotechnik an der Universität Darmstadt. Diese entsprach jedoch nicht seinen Vorstellungen, so dass er 2010 auf eine Fachhochschule wechselte. Zurzeit studiert er Informatik an einer Fachhochschule in Berlau. Zu Hause herrscht immer noch Gewalt und er macht sich deshalb große Sorgen um seine Familie.

Es ist nicht erstaunlich, dass er in der Zwischenzeit nach einem Studienfachwechsel doch Informatik studiert. Wahrscheinlich spielte hier der Druck und Einfluss, der von seinen Eltern ausgeübt wurde, eine Rolle. Ein großes Interesse an Welats Studienerfolg war nach Welats Äußerungen seitens seiner Eltern nicht zu sehen. Es gab eher psychischen Druck, wodurch die Wünsche der Eltern erfüllt werden sollten. Sehr traurig war die Lage von *Welat*, als er mit einem, seinen Gefühlen widersprechendem Grinsen berichtete, dass die Eltern sich nicht für sein Studium interessieren und nicht mal wissen, was er genau studiert.

> *„Ne, das wissen die wirklich nicht. Das wissen die wirklich nicht (grinst nochmal). So war das mit dem Anfangsstudium – ich habe Elektrotechnik studiert – und sie haben den Leuten immer erzählt, dass ich Informatik studiere." (IW/6/195-197)*

Hier wird auch deutlich, dass ihm Motivation und Lob von der Familie fehlte. Die Folgen dieser Vernachlässigung der Anerkennung der Persönlichkeit können dafür sorgen, dass die Gefahr entsteht, dass Anforderungen der Individuation und Integration der Jugendlichen nicht miteinander gekoppelt werden können. Hierdurch werden die Entwicklungsaufgaben nicht bewältigt, so dass es zur Vermehrung der Probleme und zum Entwicklungsdruck kommt (hierzu Hurrelmann 2010 fünfte Maxime). Wie wirken das Dessinteresse und gleichzeitig der übertriebene Leistungsdruck auf Welat bezüglich seiner Lebenssituation und Sozialisation in der weiteren Studiumphase? Wird sein Vater sein Leben weiterhin mit Druck beeinflussen?

6.5.6 Aktuelle Zustand der Situation von Welat

Die aktuelle Situation von *Welat* ist immer noch mit der Familienvergangenheit und ebenso den familiären Problemen verbunden. Seine negativen Erlebnisse in der Vergangenheit und auch in der Gegenwart seines Familienlebens hatten bei ihm zu Unzufriedenheit, Depression und Hoffnungslosigkeit bezüglich der familiären Verhältnisse beigetragen. Wie schon von seinem biografischen Verlauf deutlich wurde, konnte er die ganze Situation und die Gewalt innerhalb der Familie nicht verarbeiten und bewältigen. Daher beschäftigte er sich bis zum heutigen Tag ständig damit und ist auf dieses Problem fixiert. Er konnte in diesem Zusammenhang den Bewältigungsprozess nicht abschließen. Die Probleme der Eltern wirkten sich, wie die Rekonstruktion herausstellte, auf große Lebensbereiche von ihm aus. Die Beobachtungen ließen feststellen, dass er einen depressiven und nachdenklichen Eindruck bezüglich seines Lebens machte. Es fällt ihm auch schwer, aus seiner eigenen Welt herauszukommen. *Welat* hatte große Schwierigkeiten, sich von dem andauernden Problem seiner Familie zu trennen. Die Wechselwirkungen zwischen Ruhe und Unruhe in der Familie sind für ihn am schwierigsten zu verarbeiten und mit einem ständigen Wechselbad der Gefühle verbunden.

Bei seinen Äußerungen über die Beschreibung der familiären Beziehungen und Gewalt zitterte er und kam fast zum Weinen. Die Hilflosigkeit, Alternativlosigkeit und das Fehlen gesellschaftlicher und sozialer Kontakte hatten ihn und seine Schwester gezwungen, den sehr schlimmen Zustand der Eltern, der auch Gewalt, Schlägerei, Beschimpfungen, Vorwürfe, andauernde Erniedrigung etc. beinhaltet, zu akzeptieren. Hier wird deutlich, dass *Welat* keine andere Chance sah, als sich an den Zustand der Eltern zum Teil zu gewöhnen.

Hierbei ist zu betonen, dass er trotz dieser Probleme und der unangenehmen Situation studieren und sein Studium beenden will. Es ist möglich hier den Schluss zu ziehen, dass er damit seine Persönlichkeit beweisen möchte und durch eine höhere Position Anerkennung erlangen will. Das Problem besteht hier aber darin, dass er nicht wirklich weiß, wie er aus dieser schwierigen Situation heraus kommen soll und eine bessere Position erhalten kann. Ebenso wusste er nicht, in welche Richtung er sich orientieren soll und was ihn erwarten könnte.

6.5.7 Familienverantwortung und Überforderung

Trotz all seiner eigenen Schwierigkeiten fühlte sich *Welat* gezwungen, Verantwortung für seine Geschwister zu übernehmen.

> *„Ich weiß nicht. Vielleicht, also dass man merkt, dass man eine Verantwortung hat, dass einem diese Verantwortung auch bewusst wird also* [...] *ich bin mir sicher, in ein paar Jahren werden meine Eltern in der Lage sein, gar nichts mehr für die zu machen. Und das sind zwei Mädels ganz alleine können die es glaube ich nicht mehr schaffen. So sehe ich das, vielleicht möchte ich das nur so sehen. Ich weiß nicht, bilde ich mir das ein so, ich weiß es nicht, was es ist bei mir. So ich muss, ich denke so, dass ich ne Verantwortung gegenüber die habe, weil in meinem Kopf denke ich die haben keine Eltern."* *(IW/8-7/246-247, 214-219/) (Seite 8 und 7 im Interviewteil von Zine)*

Seine Aussage macht deutlich, dass er sich verpflichtet fühlt, Verantwortung für seine Geschwister zu übernehmen. Sie zeigt auch, dass er eigentlich auf der Suche nach einer Lösung ist, weil er diese Verantwortung als Überforderung empfindet und sie nicht mehr ertragen kann. Er denkt, dass er weiterhin für alle die Verantwortung übernehmen und seine Rolle als Hauptperson annehmen muss, da er jetzt aus seiner Sicht nach dem Scheitern seines Vaters der Mann im Haus ist. Seine Gedanken werden außerdem durch die traditionellen Vorstellungen über die Rolle des Mannes in der Familie mitgeprägt. Die Gedankenwelt, die er auch in seinem kurdischen Umfeld feststellte und kritisierte, hat er teilweise selbst übernommen. Hier ist ebenfalls zu erkennen, dass *Welat* wegen des geringen Verständnisses, das die Eltern den Gefühlen bzw. dem Leben ihrer Kinder entgegenbringen, viele Pflichten, die eigentlich Aufgabe der Eltern sind, zu erfüllen hatte und keine andere Alternative sah. Die Abweichungen von seinen Lebensvorstellungen und das Entstehen von Situationsgebundenheit konnten bei ihm öfters zu Stress, Druck, Aggressivität, schlechter Laune und Lustlosigkeit führen. Die ganze Situation sorgte auch dafür, dass er sich wegen dieser Überforderung nicht wirklich auf sein eigenes Leben konzentrieren konnte.

In seinem Interviewgespräch wird klar, dass er sich nicht vorstellen kann, wie es in seinem Leben weitergehen soll. Deshalb hatte er wenig Hoffnung, eine Lösung für seine eigene Situation und die der Familie zu finden. Sein Widerstand dieser Situation gegenüber wurde instabil, er zersetzte sich zunehmend. Er empfand auch keine Lust mehr, sich etwas anderes, „etwas Schönes" zu wünschen. Seine Situation machte ihn in dieser Hinsicht pessimistisch. *Welat* hatte auch das Problem, dass er bei jeder Kleinigkeit, die ihn an sein Leiden in seiner Kindheit erinnerte, sehr schnell auf einen Nervenzusammenbruch zusteuerte, was auch im Interviewgespräch mit ihm vorkam. Nachdem dem Versuch, beruhigend und tröstend auf ihn einzuwirken, fragte er weinend:

> *„Woher kommt das? Ich denke, das kommt, also ich weiß nicht, ich weiß nicht ob das richtig ist und das richtig denke. Sonst würde ich schon dafür eine Lösung finden halt."* *(IW/6/196-197) (Seite 6 im Interviewteil von Zine)*

Er verlor schnell den Faden und konnte sich von seinem Nervenzusammenbruch nicht erholen. Er verstand seine Reaktion selber nicht und wusste auch nicht, warum er weint. Seine Probleme aufgrund von Scham, Angst, Misstrauen und Perspektivlosigkeit konnte er in seinem bisherigen Leben mit niemandem teilen. Wie betroffen er deshalb ist, wird hier deutlicher. Er hat seine Probleme lange verschwiegen und schweigt in einigen Fällen immer noch. Die Verhaltensstörungen der Eltern haben ihn so beeinflusst und geprägt, dass er sich aufgrund seiner Überforderung gezwungen sieht, sich an die Krisensituationen der Eltern zu gewöhnen. Er konnte den Einfluss der Probleme seiner Eltern nicht bewältigen und reagierte sehr sensibel, wenn er über diese Krisensituationen erzählte. Als eigene Überlebensstrategie versuchte er dieses Problem einigermaßen zu ignorieren bzw. zu verleugnen, um seine Last wenigstens ein wenig zu reduzieren. Hier wird erkennbar, dass die Symptome der PTSD (Post Traumatic Stress Disorder), die bei den Eltern *Welats* vorliegen, auch teilweise bei ihm vorhanden sind. Möglicherweise wurden diese Symptome von den Eltern an ihn weitergegeben. Auch Rosenthal macht hierzu die Bemerkung, dass bei den nachfolgenden Generationen transgenerative Symptome von Trauma zu erkennen sind. Sie geht weiterhin davon aus, dass akute Krisen wie etwa ein Nervenzusammenbruch, bei denen die Betroffenen nicht wissen, warum sie so emotional reagieren, Auswirkungen der Traumata der Eltern sein können und dass es sich um die Weitergabe von Traumasymptomen handelt. Die Betroffenen fühlen sich unbewusst in der Situation, in der die Eltern hilflos traumatische Erlebnisse bewältigen mussten (vgl. Rosenthal u.a. 1999).

6.5.8 Ziele und Zukunftspläne

Die Auswirkungen der Traumatisierung der Eltern beeinflussten nicht nur die Vergangenheit und gegenwärtige Situation von *Welat,* sondern haben auch Auswirkungen auf seine Zukunftspläne und -perspektiven. *Welat* war außerstande, selbst für kürzere Lebensabschnitte seine Zukunft zu planen und ein konkretes Ziel zu fixieren. Viele Problemfelder auf unterschiedlichen Ebenen waren mit diesen Zukunftsplänen und Zielen verbunden.

> *„Also eigentlich möchten wir keine festen Ziele setzen, sondern ich bin eher so jemand, der die Sachen auf sich zukommen lässt[...]. In welcher Hinsicht dann das weitergeht, kann ich noch nicht entscheiden und sagen, das ist jetzt mein Ziel.“ (IW/8/246-247, 249-251).*

Um ein Ziel oder einen Zukunftsplan festzusetzen bzw. zu haben, fühlte er sich nicht stark genug oder hielt dies nicht für nötig. Er machte den Eindruck, dass ihm die Entscheidungen schwer fallen. Es ist auch sehr bemerkenswert, dass *Welat,* wenn es um Ziele oder Zukunft geht, automatisch das Wort „Wir“ benutzte und seine Geschwister mit einbezog. Dadurch wird deutlich, dass es *Welat* schwer fällt, nur an sich zu denken. Sein Verantwortungsbewusstsein lässt nicht zu, dass er diese Situation nur von seiner Sicht aus sieht. Er bringt lieber seine Schwester, die ebenfalls wie er betroffen sind, in dasselbe Bord. Ansonsten wird davon ausgegangen, dass er sich dafür, dass er keine Ziele hat, schämt, aber diese Gefühle nicht zugeben möchte. Hier wird noch mal deutlich, dass ein Schuldgefühl existiert, aber er nicht weiß, warum er dieses Gefühl hat. Es war ihm bewusst, dass die Beziehung zu den Eltern damit zu tun hat. Doch war es ihm lieber zu verschweigen, was dahinter steckt. Es fehlt ihm die Motivation nach einer Lösung oder nach einem Hintergrund zu suchen, da er mehrmals enttäuscht wurde.

> *„Also ich denke, man hat uns die Ziele eigentlich genommen. Weil wir sind immer, irgendwas hindert mich ständig..." (IW/7/222-223) (Seite 7 Im Interviewteil von Zine)*

Er kann sich nicht vorstellen was passieren würde, wenn er ein festes Ziel setzt. Es zeigt sich wieder, dass er Angst hat. Diesmal ist aber seine Angst davor, feste Ziele und Entscheidungen zu treffen. Aufgrund der ganzen Situation hielt er sich bei wichtigen Entscheidungen lieber zurück. Sein jetziger Zustand gibt *Welat* keine Kraft, Risiko zu übernehmen. Eine Zielsetzung war von Anfang an nicht möglich und er wusste, dass ihm etwas fehlte, da mit den Zielen auch Motivation und Antrieb für sein Leben verbunden sind.

> *„Es hat mir auch etwas gefehlt so an den Zielen zu setzen auch am Anfang. Also ich wollte schon diese schulische weitermachen studieren, Studium weiterführen. Und das was danach auf mich zukommt, weiß ich noch nicht in welcher Hinsicht dann das weitergeht, kann ich noch nicht mich entscheiden und sagen das ist jetzt mein Ziel." (IW/7/247-251).*

In seinem gesamten bisherigen Leben traf er wahrscheinlich meistens Entscheidungen, die kurzfristig zustande kamen. Die Lebensumstände und vor allem die Situation der Eltern und deren Verhalten verhinderten möglicherweise auch das detaillierte Durchdenken und Planen der Zukunft. Es ging immer nur darum, den Tag zu überstehen. In diesem Zusammenhang kann bei Welat beobachtet werden, dass er seine Träume unterdrücken bzw. verleugnen musste. Es wird angenommen, dass *Welat* schon Träume und Ziele hat, aber sie nicht wahrnehmen möchte. Er hat wahrscheinlich Angst, dass seine Träume ins Wasser fallen – seiner Meinung nach wird er seine Träume sowieso nicht verwirklichen können. Die Auswertung des Interviews von Welat brachte das Ergebnis, dass seine Einstellung gegenüber der Zukunft auch seine Autonomie erschwert. Zu diesem Ergebnis kam auch Rosenthal während ihrer Forschung über Familien von Überlebenden der Shoah und Nazi-Tätern: „Ein weiteres gemeinsames Phänomen in Familien von Tätern und Opfern ist die Bindung der Kinder- wie auch der Enkelgeneration an die Herkunftsfamilie, die häufig ihre Autonomieentwicklung erheblich behindert." (Rosenthal 1999, S. 21) *Welat* war gegenüber seinen Lebenserwartungen eher negativ eingestellt und fand die Verwirklichung seiner Träume von verschiedenen Lebensumständen abhängig.

> *„Und ich glaube das alle größte Problem ist, dass wir es nicht lösen können und das hindert einem immer daran. Also man hat zwar viele Träume, man möchte vieles erreichen, aber man merkt, dass einen ständig irgendetwas daran hindert.“ (IW/7/226-228) (Seite 7 Im Interviewteil von Zine)*

Er sprach in seinem Interview mehrmals von einem ständig existierenden Hindernis, welches das Erreichen seiner Träume und Ziele nicht zulässt. Der Zustand der Familie rückt an dieser Stelle wieder in den Vordergrund. Wenn Ziele und Zukunftsperspektiven nicht vorhanden sind bzw. nicht möglich sind, so könnte dies sich wiederum auf sein Selbstvertrauen auswirken. Die Rekonstruktion der Lebensgeschichte von *Welat* zeigte an verschiedenen Lebensabschnitten, wie er sein Selbstvertrauen verloren hatte, da er auch sich selber als ein hilfloses und zielloses Opfer darstellte. Bei seiner Lebensdarstellung fiel auch auf, dass er nirgendwo ein Ereignis erzählt hatte, worauf er stolz war. Alle diese Beobachtungen zeigten deshalb ein negatives Selbstbild. Die fehlende Unterstützung und Motivation der traumatisierten Eltern sorgten schließlich dafür, dass er sein Selbstvertrauen verlor und auch keine Motivation hat, für sich selbst was zu tun.

6.6 Ein Leben mit der Sorge um die eigene Zukunft: Zine

> *„Oh, ich denke, ich denke gerade mehr an meine Geschwister als an mich als für meine Zukunft etwas. Hmm, werde ich später überhaupt ne Familie haben...?“ (IZ/7/234-236)*

Zine ist die Schwester von Welat und hat eine ähnliche Situation wie ihr Bruder. Das Einzige, was sie unterscheidet, ist fast nur das, dass sie etwas stabiler und stärker mit dem Problem in ihrer Familiensituation umgehen kann. Trotz dessen hat sie ebenfalls eine große Bindung an das familiale Problem und die Vergangenheit. Die ständige Gewalt und das Trauma der Eltern haben sie ebenfalls so geprägt, dass sie an ihre Zukunft und an ein eigenes Leben nicht denken kann, was ihre Sozialisationsbedingungen erheblich erschwert. Die aktuelle Situation von Zine beschäftigt sich u.a. mit dem Verantwortungsbewusstsein für ihre Eltern und Geschwister. Erstens sieht sie sich wegen der Unselbstständigkeit der Eltern verantwortlich für ihre Lebensführung, zweitens übernimmt sie die Elternrolle für ihre jüngeren Schwestern. Wegen der dauernden Konfliktsituation im Elternhaus geht sie davon aus, dass die Eltern nicht in der Lage sind, sich um sich selbst und um ihre Kinder zu kümmern. Diese Situation behindert Zine beim Aufbau ihres eigenen Lebens und ihrer Persönlichkeitsbildung. Durch die Rekonstruktion der Lebensgeschichte von Zine konnte davon ausgegangen werden, dass sie ihr Leben und ihre Vorstellungen vernachlässigte, um sich um das Leben ihrer Familie kümmern zu können. In Anbetracht dieser Situation ist die Hauptfrage, warum sie sich nicht von ihrer Familie ablöst und sie nicht verlässt, obwohl die häufige Gewalt und Misshandlung Alltag innerhalb des Familienlebens geworden sind. Eine andere Frage ist hier auch, ob diese Bindung durch ihren kleinen Freundschaftskreis oder durch kulturelle und religiöse Bedingungen bedingt ist? Schließlich kann noch hinterfragt werden, ob sie von der Selbstständigkeit Angst hat, da sie dann alleine wäre?

6.6.1 Zugang zum Interviewten und Beobachtungen vor dem Interview

Der Interviewzugang zu *Zine* führte zu ähnlichen Erfahrungen wie bei *Welat*. Zine zeigte aber mehr Interesse an der vorliegenden Studie. Sie wollte genauer wissen, welche Ziele das Vorhaben hatte. Nach dem das Zielvorhaben der Studie ihr erläutert wurde, hatte sie einen Interviewtermin überzeugend zugesagt. Zine war damals im kurdischen Studentenverband aktiv, hatte aber mit anderen Studenten im Verband ein paar Konflikte. Sie verstand sich mit den Studentinnen nicht. Bevor das Interview stattfand, hatten die Treffen mit ihr davor nie alleine stattgefunden. Sie sprach den Interviewer mehrmals an, eine Hilfe für die Lösung der Familiensituation zu finden. Während der Treffen fragte sie ein paarmal, ob sie und ihre Geschwister aufgrund ständiger Misshandlungen und anderer negativer Erlebnisse der Eltern traumatisiert bzw. psychisch krank sein könnten. Sie litt sehr unter diesem psychischen Druck, erzählte direkt ihre Sorgen über ihre Geschwister und deutete indirekt die Situation ihrer Eltern an. Sie nannte den Interviewer „Keke". Unter Kurden wird dieses Wort für Personen benutzt, die sehr wertgeschätzt werden.

Zine sprach besser Deutsch als ihr Bruder Welat, sprach auch ziemlich gut Kurdisch und kritisierte geschlossene kurdische Familien, die ihrer eigenen Familie ähneln, in dem Sinne, dass sie sich nicht weitergebildet hätten. Sie war sich ihrer kurdischen Identität bewusster als ihr Bruder. Zine war im Umgang mit anderen Menschen ebenfalls äußerst vorsichtig. Sie hatte in der Interaktion mit männlichen Personen die Befürchtung, dass sie falsch verstanden werden könnte und daher ihr Umfeld denken könnte, dass es zwischen ihr und dem anderen eine Liebesbeziehung gibt. Ihre Zurückhaltung in dieser Hinsicht war auch bei Besuchen der Familie feststellbar. Sie war ziemlich zurückhaltend und kommunizierte kaum mit dem Interviewer, während ihre Eltern präsent waren.

Worauf hier noch aufmerksam gemacht werden muss, ist, dass bei einem Besuch, bei dem ihre Eltern Gewalt gegeneinander ausübten, Zine den Mut fand zu sagen, dass sie aufhören sollen. Daraufhin drohte ihr der Vater, machte ihr verschiedene unangenehme Vorwürfe und behandelte sie sehr respektlos. Sie konnte dem standhalten und versuchte mit aller Kraft, sich zu verteidigen. Obwohl sie anfing zu weinen, hörte der Vater mit seinen Beschimpfungen und Misshandlungen nicht auf. Während sie weinte, unterstützte *Welat* sie auch mit einem weinenden Ton und stellte sich gegen seinen Vater, er solle seine Schwester in Ruhe lassen. In diese unangenehmen Situation war ersichtlich, dass der Zusammenhalt zwischen den Geschwistern gut ausgeprägt war. Bei einem anderen Treffen äußerte Zine, dass sie in Gegenwart ihrer Eltern nicht mit fremden Männern kommunizieren und lieber Abstand halten wolle, damit es nicht zu Fehldeutungen käme.

Zine machte insgesamt einen gepflegten und gläubigen Eindruck. Sie hält sich an die meisten religiösen Bräuchen und trägt Kopftuch. Beobachtungen wie diese machten deutlich, dass sie sich gegenüber den Riten, Prägungen und Vorstellungen der ansonsten von ihr kritisierten Gesellschaft konform verhält. Auch bei ihr spielten die strengen Haltungen zu religiösen Riten der Eltern in ihrer persönlichen Einstellung eine Rolle. Diese Situationen könnten sie dazu gebracht haben, dass sie es unterlässt, offen eine politische Haltung zu vertreten. Sie ist bei politischen Themen eher neutral eingestellt. Obwohl sie am Anfang ihres Studiums im kurdischen Studentenverband versuchte, eine politische Haltung einzunehmen, konnte sie ihr Engagement wegen geringer Motivation ihres sozialen und familialen Umfeldes sowie familiärer Sorgen nicht lange durchhalten, so dass sie inzwischen eine eher unpolitische Einstellung eingenommen hat. Die sozialen Verhältnisse ihrer Familie und ihres Bekanntenkreises waren auch ihr zugeflossen, so dass sie sich davon nicht befreien konnte und ihre Integration in der deutschen Gesellschaft erschwert wurde.

6.6.2 Beobachtungen und Interaktionen während des Interviews und Interviewverlauf

Im Interview war Zine im Gegensatz zu den Besuchen bei der Familie aufgeschlossener. Sie war konzentriert, und es ließ sich ein angenehmes Interviewgespräch führen.

Als sie von der Gewalt ihrer Eltern und der Hilflosigkeit ihrer Geschwistern erzählte, konnte ihre emotionale Betroffenheit gut nachvollzogen werden. Sie brachte ihre Selbstpräsentation in einer Selbstsicherheit rüber. Ihre Wut gegen ihre Eltern konnte jederzeit nachvollzogen und verstanden werden. Sie stellte ihre Situation so dar, dass sie auf der positiven Seite der Geschichte stand, ein wenig die Heldenposition übernommen hatte, die Eltern die Bösen sind und die Geschwister die Opfer. Ein anderer Beobachtungspunkt war auch, dass sie während des Interviews eine lockere Körperstellung hatte und einen ruhigen Eindruck machte. Durch ihre Präsentation konnte vermutet werden, dass sie für ihre jüngeren Schwestern die Aufgabe der Mutter übernommen hatte. Ihre Mutter beschuldigte sie, keine gute Mutter zu sein, und sah sich selber als eine bessere Mutter für ihre Schwestern. Sie erzählte weniger über ihren Freundeskreis und konnte von ihrem eigenen Leben nicht viel preisgeben.

6.6.3 Beobachtungen und Interaktionen nach dem Interview

Zine ist immer noch Studentin, hat aber kaum Kontakt zum kurdischen Studentenverband. Nach dem Interview mit Zine wurde, wie mit ihrem Bruder *Welat*, auch mit ihr der Kontakt aufrechterhalten. Den Kontaktabbruch mit den Eltern durch ihren Auszug aus dem Elternhaus konnten *Zine* und *Welat* nicht lange durchhalten. Auch sie besuchte wie ihr Bruder etwa zwei Monate später ihre Eltern. Sie brachte ihre Schwestern auch zu ihrer eigenen Wohnung und verbrachte mit ihnen zusammen das Wochenende. Weiterhin wurde mitbekommen, dass sie öfters ihre Eltern besuchte und sich trotz der ganzen Konflikte um ihre Eltern kümmerte. Als einmal nach dem Interview sie mit ihrem Onkel getroffen und gefragt wurde, wie die familiären Verhältnisse geworden sind, nickte sie mit dem Kopf und antwortete mit einem sehr traurigen Gesichtsausdruck, dass es keine Veränderung gibt. Ihr Onkel Soro deutete daraufhin, dass die Gewalt sogar mehr geworden ist und deswegen die Zines jüngere Geschwister öfters zu ihnen kommen. Im Studium kam Zine nicht viel weiter. Kann es sein, dass sie wegen ihrer Sorgen und nicht gelöster aktueller Probleme mit den Eltern sich weniger um ihr Studium und ihre Selbstständigkeit kümmern konnte? Haben die Sorgen um ihre Geschwister mit ihrer eigenen Kindheit zu tun, und ist sie vielleicht daher so extrem auf das Familienproblem fixiert?

6.6.4 Rekonstruktion der Lebensgeschichte

Zine wurde im Jahr 1989 in Serhat /kurdisches Gebiet der Türkei geboren. Sie wurde beim türkischen Einbürgerungsamt als Zwillingsschwester von *Welat* angemeldet. Weder von ihr noch von ihrem Bruder *Welat* wurden die richtigen Geburtsdaten in die Akten eingetragen. Hier muss erläutert werden, dass im kurdischen Gebiet ähnliche Fälle öfters vorkommen und viele ihren eigentlichen Geburtstag nicht kennen. Das richtige Geburtsdatum ihrer Kinder anzumelden wurde von vielen Familien nicht richtig eingehalten. Daher war bzw. ist es üblich, dass, wenn die Eltern ihre Kinder anmelden wollen, als Geburtsdatum entweder 01.06 oder 01.12.

von den Beamten gewählt wird, da die Familien meist nicht wissen, wann das Kind geboren wurde. Wie schon bei der Lebensgeschichte von *Welat* erzählt wurde, flüchtete *Zine* mit zwei Jahren mit ihrem Bruder und Mutter nach Deutschland. Daher hat sie keine Erinnerungen an ihre Fluchterlebnisse. Sie verbrachte wie ihr Bruder ihre Kindheit bis zum zehnten Lebensjahr im Asylheim. Als Kind konnte sie nicht richtig nachvollziehen, warum sie unter diesen Lebensbedingungen leben musste. *Zine* kam aus einer sozial benachteiligten Gesellschaftsgruppe. Durch ihren Aufenthalt im Asylheim lernte sie dort viele andere Kulturen kennen. Auch *Zine* klagte in erster Linie wie ihr Bruder über die engen Räumlichkeiten im Asylheim. Sie beschrieb traurig ihre ersten Enttäuschungen in Deutschland wegen ihres Platzmangels und des unzureichenden Wohnraums.

> *„Das Umfeld, wo wir waren, war ja nur das eine Zimmer." (IZ/1/5).*

Zine wuchs ebenfalls im Asylheim auf und verbrachte den größten Teil ihrer Kindheit in einem Zimmer des Asylheims. Es ist erkennbar, dass sie eher negative Erinnerungen an das Asylheim hat, da sie im ganzen Interview nur Negatives über ihre Lebensphase im Asylheim erzählte. Sie war nicht gewohnt mit fremden Menschen zusammen zu leben und fühlte sich eingeengt. Mit anderen Menschen etwas aufteilen zu müssen war ihr neu und das Leben im Asylheim fiel ihr sehr schwer. Sie lebte damals im Asylheim immer mit der Hoffnung, dass sie von dort raus kommt.

> *„Viele verschiedene Kulturen, verschiedene Menschen, alle haben nichts voneinander verstanden. Wie gesagt, viele verschiedene Kulturen. Niemand hat was voneinander verstanden. Es waren alle gezwungen, die deutsche Sprache lernen zu müssen um sich zu verstehen..." (IZ/1/5-8)*

Zine wurde schon am Anfang ihres Lebens gezwungen, mit Fremden und Fremdsein umzugehen. Auch war sie gezwungen, die deutsche Sprache zu lernen und hatte sich im Heim an bestimmte Rahmenbedingungen gebunden gefühlt. Sie und ihr Bruder hatten Deutsch zu lernen, weil sie mussten und nicht unbedingt, weil sie wollten. Ihre Freiheit und Bedürfnisse wurden begrenzt. Hinzu kamen noch schwierige familiäre Beziehungen. Schon mit vier Jahren bekam sie dort andauernd die Gewalt, Schlägerei, Beschimpfungen und Streitigkeiten ihrer Eltern mit. Als Kind verbrachte Zine ihre Zeit meistens mit ihrem Vater. Sie verstand sich damals gut mit ihrem Vater und hatte eine größere Bindung zu ihrem Vater als zu ihrer Mutter.

Wenn versucht wird, diese Situation aus Zines Perspektive zu sehen, könnte gefragt werden, wie sie diese Gewalt, die wegen Traumafolgestörungen der Eltern entstand, erlebte. Hatten ihre Erlebnisse Auswirkungen auf die Beziehung zwischen

Vater und Tochter? In ihrem Interview erzählte *Zine*, dass sie als eine Schutzfunktion für ihre Mutter da war. Sie und ihr Bruder hatten in den Gewalthandlungen zwischen Vater und Mutter ihre Mutter als die Schwächere gesehen und versucht, sie zu schützen. Es wird angenommen, dass in diesen Situationen auch an ihr Gewalt ausgeübt wurde. Im Gesprächsverlauf konnten keine klaren Hinweise festgehalten werden, ob *Zine* misshandelt wurde, es war ihr lieber, diesem Thema auszuweichen.

> *„Das Einzige war z.B. wenn mein Vater, mein Vater wird dann sehr aggressiv. Wir wollten eigentlich, ja meine Mutter ist ja ne Frau und die kann ja nicht, schlecht gegen ihm was machen. Wir so, als so ne Schutzfunktion wollten eher unsere Mutter dann von dieser Gewalt schützen. Also uns ging es nicht mehr um den Streit, um dieses Angst und diese Gewalt von meinem Vater." (IZ/2/109-113)*

Sie erlebte im Asylheim viele Schwierigkeiten, weil sie öfters Druck von ihren Eltern bekam.

Durch die Gewalt und Traumafolgestörungen des Vaters wurden die familiären Verhältnisse immer schlechter und ihr Verhältnis zu ihrem Vater auch. Mit der Zeit wurde die Distanz zwischen Vater und Tochter immer größer. Es wird davon ausgegangen, dass ihr Verhältnis zu ihrem Vater schlechter wurde mit der zunehmenden Gewalt. Dieser Beziehungsbruch zwischen ihr und ihrem Vater beschäftigte sie heute immer noch.

> *„Und ich weiß nicht warum, aber mein Vater hatte immer eine engere Beziehung zu den Töchtern als zu seinem Sohn. Hmm, sie hatten so gesagt die Kinder eingeteilt. Ich, ja ich war immer sehr mit meinem Vater zusammen und er hatte immer so seine Kollegen, ich war immer innerhalb Männern, ich bin so aufgewachsen." (IZ/1/15-19)*

Es kann hier angenommen werden, dass die frühere Bindung zwischen Zine und ihrem Vater dafür gesorgt haben könnte, dass sie jetzt diese Nähe vermisst und um den Hintergrund dieses Bruchs zu finden, in die Vergangenheit zurückkehrt. Nachdem sie mehrmals die Gewalt miterlebte und sah, fing sie an, vor ihrem Vater Angst zu haben. Sie verlor mit der Zeit ihr Vertrauen und hatte keinen Respekt mehr gegenüber ihrem Vater.

> *„Weil in dem Augenblick wo die sich komplett verlieren; da bin ich mir nicht mehr sicher. Ich kann nicht davon sicher sein, dass er mir nichts antun würde und sage ich, nein lieber wir halten ne körperliche Distanz, dann kann ich mit dir reden." (IZ/5/163-166)*

Wie tritt in ihrer Aussage ihre Einsicht über diese Beziehung und Situation zutage? Wie werden ihre Probleme darin sichtbar? Die wichtigsten Merkmale können als Wut, Angst um das eigene Wohlbefinden oder als Hilfslosigkeit betrachtet oder als ein großes Vertrauens- und Sicherheitsproblem innerhalb der Familie verstanden werden.

Darüber hinaus kann festgestellt werden, dass sie in diesen Situationen unter Ohnmacht litt und hilflos ihrer Angst ausgeliefert war, selbst misshandelt zu werden. Das Einzige, das ihr in dieser Situation übrig blieb, war, Abstand zu nehmen und zu versuchen, damit zurechtzukommen. Ihre Aussage macht nochmals deutlich, dass sie ihr Vertrauen zu ihrem Vater verlor und befürchten musste, jederzeit Betroffene der Gewalt der Eltern sein zu können. Sie fühlte sich unwohl, wenn ihrem Vater gegenüber kein Abstand gegeben war. Auch fand zwischen ihnen keine Interaktion statt, da nicht genügend Sicherheit gegeben war. Hier stellt sich heraus, dass *Zine* wie ihr Bruder *Welat* auch sehr von Angst befangen ist. Zine erzählte eine lebensbedrohliche Situation von ihr: Als ihr Vater einmal einen Wutausbruch hatte, befand sie sich in großer Gefahr, weil der Vater seine Kontrolle verlor und nach dem Messer gegriffen hatte:

> *„Ein Fall kann ich z.B. erzählen: Mein Vater hat nach nem Messer gegriffen, meine Mutter hat nur meinen Bruder mit sich raus genommen, hat die Tür von hinten abgeschlossen und ich war mit ihm alleine im Haus. Der hatte dieses Messer, ich hatte Angst, aber also vielleicht mit dieser Wucht, mit dieser Angst, dieser Gewalt, er hat durchgedreht und ich hatte Angst, dass er mir vielleicht auch was antun würde." (IZ/5/155-159)*

Durch die Erzählung von *Zine*, bei der sie zitterte, ihre Pupillen größer wurden und sie sehr verzweifelt wirkte, wurde klar, dass die Erinnerung an diese kritische Situation in ihr wach bleiben wird und sich immer mehr von ihrem Vater distanziert. Die Mutter hatte Zine der Gefahr überlassen und, anstatt sie in dieser unangenehmen Situation zu schützen, noch eine Wahl zwischen ihren Kindern getroffen. Wie wirkte dieses unangemessene und egoistische Verhalten der Mutter auf Zine? Hier machte Zine gleichzeitig zwei leidvolle Erfahrungen. Sie wurde von beiden Elternteilen in Gefahr gebracht. Wie wird sich ihre Beziehung zu ihren Eltern im weiteren Verlauf ihres Lebens entwickeln? Im weiteren Verlauf ihres Lebens ist gut vorstellbar, dass Zine sich immer mehr von der Mutter distanzieren und sie nicht als gute Mutter wahrnehmen wird.

Hier ist wiederum zu erkennen, dass die familiäre Gewalt auch die unmittelbare Gefahr für die Kinder darstellt, Opfer körperlicher Attacken zu werden. Anhand dieser Aussagen und Beobachtungen stellte sich erstens heraus, dass Zine von ihren negativen Erlebnissen flüssiger und genauer erzählen konnte als ihr Bruder *Welat*. Es ist davon auszugehen, dass sie ihre Erlebnisse etwas besser verarbeitet hatte und deshalb ihre Situation genauer darstellen und verdeutlich konnte. Zine wollte darauf aufmerksam machen, dass das Verhalten ihres Vaters sehr bedrohlich werden kann und er, wenn er sich in einer Krise befindet, nicht mehr bei sich ist. Es war ihr klar, dass dieses Verhalten ihrer Eltern psychisch bedingt war und sie hier nichts ausrichten konnte. Als Zweites konnte festgestellt werden, dass sie von drei wichtigen negativen Erlebnissen betroffen ist: Wucht, Angst und Gewalt sind Teil ihres Lebens geworden, die neben den seelischen und psychischen auch soziale, persönliche und berufliche Auswirkungen hatten und noch andere Lebensbereiche beeinflussten.

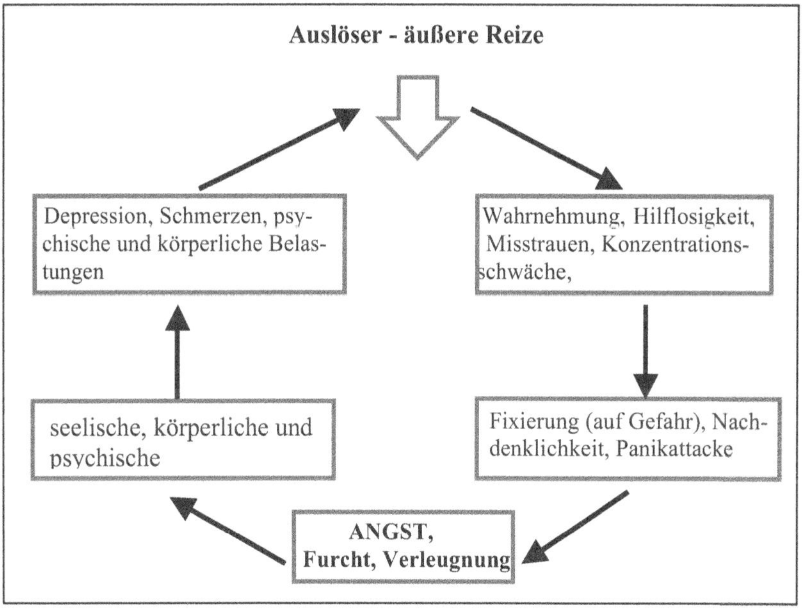

Abb. 14 Prozess der Angst: Mögliche Situationen und Erlebnisse bei der Entwicklung von Angst (bezogen auf empirische Ergebnisse)

Quelle: Eigendarstellung

Die Schilderung von *Zine* zeigt, dass sie nicht nur das Gefühl hatte in Lebensgefahr zu sein, sondern dies auch der Realität entspricht. Ein Problem ist auch, dass die

Eltern nur ein Jahr zum Psychotherapeuten gegangen sind. Nach den Aussagen vom Psychotherapeuten war die Therapie nicht erfolgreich und es wurde eine Behandlung in einer stationären Psychiatrie vorgeschlagen. Aus kulturell bedingten Schuld- und Schamgefühlen, wollten die Eltern nicht in die Psychiatrie. Sie schämten sich vor ihrer kurdischen Umgebung und hatten auch das Bedenken, dass sie von den Bekannten als „Verrückte“ gesehen und behandelt werden. Dies erschwert natürlich die Lebensweise und die Behandlung von traumatisierten Personen zusätzlich (vgl. Kizilhan 2007).

Weiterhin präsentierte sich *Zine* hilflos und machte mehrmals im Interview darauf aufmerksam, dass sie ihre Probleme mit der Gewalt innerhalb der Familie niemandem erzählen durfte. Zwischen den Zeilen ihrer Präsentation wurde aber klar, dass sie sich als Kind wie ihr Bruder für ihre Eltern schämte. Diese Scham kann auch mit dem gesellschaftlichen Konstrukt in Beziehung stehen, in dem sie leben bzw. sozialisiert sind. Dass *Zine* Schwierigkeiten hat, die Situation und das Verhalten ihrer Eltern zu verstehen, machten ihre Aussagen im Interview deutlich.

> *„Die denken an gar nichts! An ehrlich gar nichts[...].Also die schämen sich ehrlich nicht, auch gegenüber dieser Gesellschaft, was die auch behaupten, dass es nie was zum Schämen ist. Ich weiß es nicht (lacht). Ich glaube an gar nichts mehr von denen.“* (IZ/5/142, 145-147)

Die Äußerung von *Zine* macht klar, dass ihr das Verhalten der Eltern ihren Kindern gegenüber sehr grob und gefühllos vorkommt und die Eltern sich als nicht empathisch darstellen. Dies zeigt auch, dass die Eltern sich nicht bewusst sind, dass sie mit ihrem Verhalten die Beziehungen zu ihren Kindern zerstören. Was hierbei noch eine Rolle spielt, ist, dass die Eltern durch ihren Zustand Schwierigkeiten haben, ihre nicht nur emotionale Vernachlässigung gegenüber ihren Kindern zu erkennen.

Die Rolle der Ehre und kulturbedingter Scham- und Schuldgefühle bei Zine, insbesondere in Situationen, in denen es um das Verhalten der traumatisierten Eltern ging, könnte durch folgende Äußerung von *Zine* besser verstanden werden.

> *„Da konnte man auch nicht raus und bei uns ist es ja in der Gesellschaft so, man muss ja alles was zu Hause erlebt wird, bleibt auch da. Du darfst es nicht draußen erzählen, das ist ja was zum Schämen, es ist eine Scham da. Alles muss da bleiben wo es ist.“* (IZ/1/31-33)

Zine bezeichnet hier als „Gesellschaft“, die mit Islam konfrontierten Kurden in ihrem Umfeld. Es wurde ihr beigebracht, mit niemandem über Probleme von zu

Hause zu sprechen. Sie fühlte sich diesbezüglich dauerhaft unter Beobachtung von anderen Personen. Diese Kontrolle kann sie nur schwer ertragen und sieht gleichzeitig für sich keinen Ausweg, aus den Kontrollmechanismen, die ja teilweise auch verinnerlicht wurden, auszubrechen.

Hier ist die Frage zu stellen, wie dieses Problem auf den weiteren Verlauf des Lebens von Zine in der Gesellschaft wirkt? Durch die Betrachtung der weiteren Kindheit von Zine lässt sich feststellen, dass sie nicht viele Kontakte hatte. Ab und zu besuchte sie außer der Schule eine türkische Familie, die gegenüber dem Asylheim wohnte. Ihre Eltern waren mehr mit sich selbst beschäftigt. Zine war hilflos und fühlte sich gezwungen, die Probleme in der Familie niemanden zu erzählen. Sie war beim Umgang bzw. Kontakt mit anderen Menschen sehr vorsichtig, damit sie bloß keine Familiengeheimnisse aufdeckte. Daher führten ihre schlechten Erlebnisse innerhalb des familialen Dialogs zur Zurückhaltung bei der Entwicklung von Freundschaften etc. Die familiäre Situation sorgte dafür, dass sie nicht viele Kontakte mit anderen Menschen aufnahm. Es konnte wahrgenommen werden, dass sie Vertrauensprobleme entwickelt hatte. Auch die Ängstlichkeit machte ihr Probleme beim Umgang mit Menschen. Sie zeigte einen unsicheren Auftritt und ist gegenüber ihren familiären Problemen hilflos. Nun wird in diesem Zusammenhang das Schulleben von ihr betrachtet. Nachdem *Zine* mit der Schule anfing, machten sich Schwierigkeiten im Hinblick auf finanzielle und soziale Probleme noch stärker bemerkbar. Die Familie hatte weder Geld noch Raum, um ein ordentliches Leben zu führen. Zine und ihr Bruder hatten nicht einmal einen Schreibtisch, um ihre Schulaufgaben zu erledigen. Die Familie hatte nur das Ziel, eine Asylanerkennung zu bekommen, Geld zu sparen und aus dem Asylheim auszuziehen.

Zine hatte nicht so gute Grundschulerfahrungen, weil sie sich als einzige Ausländerin in der Klasse ausgegrenzt fühlte. Ihre Lehrerin mochte sie auch nicht, weil die Lehrerin Zines Meinung nach die Migrant/innen nicht gerne unterrichtete. An diesem Punkt zeigt sich, dass Zines Problem des Kontaktaufbaus zu anderen Menschen sich weiter entwickelt hatte und sie schnell Distanz zu anderen Menschen entwickelte.

> *„Hmm, ja so ne tolle Lehrerin hatte ich auch nicht (lacht). Die war auch nicht so gut zu den ausländischen Schülern. Da hatte ich zwar Kontakt zu den Deutschen auch, aber ich hatte glaube ich fast gar keinen ausländischen Schüler in meiner Klasse. Es waren nur deutsche. Hmm, da fühlt man sich schon auch ausgegrenzt, besonders, wenn auch noch die Lehrerin so eine Rolle spielt.“ (IZ/2/41-45)*

Nach ihren Erzählungen konnte davon ausgegangen werden, dass sie entweder Diskriminierung erlebte, über die sie nicht einmal sprechen möchte oder geschlossene Familienkonstruktion und gemachte negative Erfahrungen in der Familie und im gesellschaftlichen Umfeld sorgten dafür, dass sie sich in solchen Situationen einsam und ausgeschlossen fühlte. *Zine* hatte bis zu ihrer Schulzeit keine richtige Interaktionserfahrung mit deutschen Kindern. Sie war daran gewohnt, im Asylheim mit anderen Flüchtlingskindern befreundet zu sein. Für Zine fingen mit den ersten Schulerfahrungen auch die ersten Schritte an von der Aktion zur Interaktion mit deutschen Kindern. Deswegen sind ihre Gefühle der Ausgrenzung und ihre Kategorisierung der Menschen ganz normal, da sie in dieser Hinsicht damals ihre ersten Erfahrungen machte und auf diese Situation nicht vorbereitet war.

Durch die Angaben von *Welat* und *Zine* ergibt sich, dass sie nur wenige Bekannte und Freunde hatten. Diese „Bekanntschaft" und „Freundschaft" ging aber über den Alltag nicht hinaus. In ihrem Verwandtenkreis haben sie nur einen Onkel, der seit zehn Jahren in Deutschland lebt und versucht hatte, sich ein wenig um *Zine* und ihre Geschwister zu kümmern. Doch funktionierte dies nicht wirklich, da der Onkel wegen seiner eigenen Traumatisierung seit mehr als sieben Jahren in Behandlung ist. Er musste selbst wegen politischer Verfolgung die Türkei verlassen. Der Onkel *Herr Öz* lebte neun Jahre im Asylheim und bekam erst Anfang 2010 eine Aufenthaltserlaubnis. Seine eigenen Kinder konnte er erst Mitte 2010 nach Deutschland holen. Als die beiden Geschwister *Zine* und *Welat* nach einer Unterstützung innerhalb der Verwandtschaft suchten, wurden sie noch einmal enttäuscht:

> *„Mein Onkel, der hier ist, der hat zwar in München gewohnt, aber er konnte uns auch nicht richtig verstehen. Er meinte, das sind nur so alltägliche, vielleicht so familiäre kleine Streitereien und der wollte uns vielleicht auch nicht, der konnte uns nicht verstehen..." (IZ/4/120-122)*

Nach dem Zine die Grundschule beendete, zog die Familie in ein Viertel, in dem viele Familien ihrer Herkunftsstadt wohnten. Kurz nach dem Umzug wurde sie an einer Hauptschule eingeschrieben. Dort war sie erfolgreicher und konnte danach die Gesamtschule besuchen, um ihr Abitur zu machen. Dies empfahl ihr ihr Lehrer. Was hier beobachtet wird, ist, dass die Lehrer/innen für sie in ihrem Leben wichtige Bezugspersonen waren. Die Eltern hatten sie aufgrund ihres Unwissens einfach zu einer Hauptschule geschickt, obwohl sie auch eine Realschule besuchen könnte. Sie erfuhr von ihrem Vater viel Druck, erfolgreich zu sein. In dieser Hinsicht spielten die Lehrer auch eine wichtige Rolle, damit sie sich weiterentwickeln konnte. Es kristallisierte sich heraus, dass Zine immer von männlichen Personen motiviert, teilweise auch unter Druck gesetzt wurde, damit sie in der Schule erfolgreich wird.

Dieser Zufall kann aber auch damit zu tun haben, dass sie so erzogen wurde, auf Männer zu hören. Ihre Eltern konnten sie schulisch nicht unterstützen, deshalb war sie bezüglich schulischer Erfolge auf sich selbst gestellt. Die familiären Probleme trug sie immer mit sich. Sie machte sich wie ihr Bruder dauernd Sorgen um ihre Eltern, da zu Hause häufig Gewalt entstand.

Zine fiel die Beschreibung der Situation bezüglich ihrer Schulzeit schwer und ihr fehlten die Worte, um die fehlende Unterstützung der Eltern zu erzählen. Es könnte gesagt werden, sie spuckt die Wörter mit großem Selbstzwang vereinzelt aus. Auch diese Vernachlässigung oder ihre Hilflosigkeit in diesem Lebensbereich verband sie mit der Gewalt innerhalb der Familie.

> *„Jaaa von zu Hause aus kam dieser Druck natürlich immer[...]. Vielleicht war das auch nicht was Schlimmes, aber eine andere Unterstützung kam nicht. Stattdessen mehr zu Hause das Ganze, jaaa Gewalt sowohl psychisch wie auch physisch...Bis heute..." (IZ/2/63,66-68)*

Dieser Ausdruck von Zine macht deutlich, das eigentliche Hauptproblem war die Gewalt. Die Auseinandersetzung mit Gewalt wirkte sich bei ihr sowohl physisch auch psychisch aus und war nach ihrer Aussage die eigentliche Ursache für alle Probleme, die sie in ihrem schulischen Leben hatte. Aus ihrer Perspektive gesehen wird gefragt, wie die Gewalt, ihre psychischen und physischen Belastungen in ihren Lebensperspektiven eine Rolle spielen. Bei den Interviewauswertungen von Zine ließ sich feststellen, dass Zine vom Trauma ihrer Eltern sehr betroffen war und diese negativen Erfahrungen viele Lebensbereiche von ihr beeinflussen.

> *„Wir haben ja vorhin gesagt, dass es uns auf vielen Ebenen betrifft. Also sowohl schulisch, auch in der Gesellschaft oder egal wie. Es betrifft uns sehr." (IZ/7/229-230)*

Diese Erlebnisse und daraus resultierende Probleme wurden ein Teil ihres Lebens. Die ganzen, nicht einfach zu bewältigenden Erlebnisse machten sie hilflos und perspektivlos, so dass sie nicht weiß, wie sie aus dieser unangenehmen Situation herauskommt. Auch *Zine* machte wie ihr Bruder Abitur. Sie hatte jedoch in der letzten Klasse große Schwierigkeiten. Deshalb bekam sie von ihrem Vater sehr viel Druck, damit sie nicht aufgibt. Trotz der Schwierigkeiten konnte sie aber ihren Abschluss erreichen. Bei *Zine* stellte sich die Situation während des Abiturs wie bei ihrem Bruder ebenfalls problematisch dar. Die Betrachtung ihrer Lebensgeschichte und ihre Beschwerden machten deutlich, dass ihr und ihrem Bruder *Welat* von ihrer Familie vieles vorgeschrieben wurde und sie keine Möglichkeit hatten, sich anders zu entscheiden. Als *Zine* ihr Abitur aufgrund der Schwierigkeiten in der Schule frühzeitig abbrechen wollte, konnte sie ihre Entscheidung nicht durchsetzen.

> *„Dann wollte ich eigentlich abbrechen, habe es zu Hause auch gesagt. Das war schon für mich so ne große, sehr was Großes überhaupt zu sagen, weil genau meine Eltern, die immer alles vorgeschrieben hatten: „Nein! Du musst, du musst, du musst!" Es zu sagen: „Nee, jetzt möchte ich nicht, jetzt kann ich das nicht, das ist für mich eine große Last gewesen. Ja, meine Mutter, mit der kann man noch reden. Sie hat das nachvollzogen, aber mein Vater gar nicht!" (IZ/2-3/70-75)*

Hier wird erkennbar, dass keine Auseinandersetzung mit den Problemen der Tochter und kein Verständnis für deren eigene Entscheidung gegeben war. *Zine* war nicht unabhängig genug, den Eltern ihre Situation zu erläutern, auch konnte sie aufgrund ihres Selbstbewusstseinsmangels keinen Widerstand zeigen. Sie stand sehr unter dem Druck der Eltern und möchte mit ihrer Aussage klar machen, dass die Umsetzung der eigenen Entscheidungen bei patriarchalischen Familien sehr problematisch sein kann. Es wird hier deutlich, dass eine mangelhafte Autonomie vorhanden war. Für die Entwicklung des Autonomiebewusstseins kommt das elterliche Zutrauen wieder in den Vordergrund. Denn Jugendliche können ein Bewusstsein für Autonomie, Berufs- und Familienbildung herausbilden, wenn sie von ihrer Familie Vertrauen in die eigene Persönlichkeit bekommen (vgl. Ecarius u.a. 2011).

6.6.5 Verantwortung behindert Zukunft

Zurzeit studiert *Zine* an der Universität Aachen Bauingenieurwesen und ist zwischenzeitlich deutsche Staatsangehörige. Aus der Auswertung der Interviews von *Zine* könnte gefolgert werden, dass sie in Bezug auf das Verhalten der Eltern hilflos geblieben ist. Es bestand keine Motivation mehr, den Eltern etwas zu erklären oder Bemühungen zur Verbesserung des Verhältnisses zu machen. Die Situation mit ihren Eltern ist für sie ein unendlicher Prozess, der sie im Interview immer wieder zu diesem Thema zurückkehren ließ. *Zine* ist momentan fixiert auf die Beziehungsprobleme der Eltern und macht sich daher große Sorgen um ihre Geschwister.

> *„Also Versuche, mit denen zu reden, ging nicht. Wir haben versucht uns komplett von denen zu distanzieren, gar nicht mehr mit denen reden, ee nirgends wohin mehr mit denen zu gehen; hat auch nichts gebracht." (IZ/6/183-185)*

Die Erfahrungen von *Zine* mit ihren traumatisierten Eltern führten dazu, dass sie auch bezüglich des zukünftigen Verhaltens der Eltern keine positiven Erwartungen hatte. Daher bewertete sie die persönliche Entwicklung der Eltern negativ. Dies zeigt z.B. auch die Sorge von *Zine* um ihre Schwestern. Aufgrund ihrer Sorge und Befürchtungen um ihre Schwestern und um die Zukunft äußerte sie sich verzweifelt wirkend:

> *„Ich bin mir sicher, in ein paar Jahren werden meine Eltern gar nicht mehr in der Lage sein, etwas für sie zu machen." (IZ/7/214-215)*

Sie macht sich große Sorgen um ihre beiden kleinen Schwestern, da sie Angst hat, dass die Eltern ihre Erziehungsfähigkeit und ihr Verantwortungsbewusstsein für ihre Kinder mit zunehmender Zeit immer mehr verlieren. *Zine* tat es sehr weh, dass die Eltern ihr und ihren Geschwistern nicht nahe standen und sie nicht unterstützten. Die Sorgen von *Zine* um ihre Geschwister sind auch ein wichtiger Belastungsfaktor für sie. Mehrmals sprach *Zine* während des Interviews über ihre Sorgen um ihre Schwestern und versuchte Ratschläge zu bekommen.

Zine wohnte mit ihren Eltern zusammen und als sie sich entschied auszuziehen, hatte sie wegen ihrer Schwestern große Bedenken.

> *„Weil ich fühl mich ehrlich manchmal verzweifelt, ich sehe gar keine Lösung und dann möchte ich auch gehen. Dann denke ich an meine Geschwister, die beiden kleinen. Was würden die machen?" (IZ/4/127-129)*

Sie fühlt sich für ihre Geschwister verantwortlich und verpflichtete sich dadurch, ihre Geschwister in ihre Zukunftspläne einzubeziehen. Darüber hinaus fühlte sich Zine auch verpflichtet, die Mutterrolle in der Familie zu übernehmen und egal was sie tat, bei der Entscheidungsgrundlage dachte sie immer an das Hauptproblem der Familie. Die negativen Erlebnisse haben sich in alle Ebenen ihres Lebens eingeprägt. Sie hat ihr Vertrauen zu ihrem Vater und zu ihrer Mutter verloren. Sie ist überfordert und abhängig von den schlechten familiären Verhältnissen. Aufgrund ihrer Sorge um ihre Geschwister hat sie auch Bedenken, später eine eigene Familie zu gründen. Die negativen Erlebnisse haben sie ängstlich gemacht und unter „Familie werden" konnte sie sich kein Bild machen. Sie konnte allgemein keine richtigen Pläne für ihre Zukunft machen.

> *„Hmm, werde ich später überhaupt eine Familie haben? Wenn dann wo werden meine Geschwister stehen? Werden die auch mit mir kommen? Werde ich die mit mir nehmen? Wird überhaupt eine Person sagen: Dann ja, ok nimm deine*

Geschwister mit. Oder entscheide ich mich dann auch für meine Geschwister oder für meine eigene Familie? Das sind alles für mich so Fragen." (IZ/7/235-239)

Zine war mit solchen Fragestellungen konfrontiert und in dieser Hinsicht hilflos. Daher könnte der Hintergrund dieser Fragestellungen auch eine Barriere für ihren persönlichen Erfolg bzw. ihre Entwicklung sein und zur Unsicherheit bei wichtigen Entscheidungen der Zukunft führen.

Zine war wegen häufiger Schwierigkeiten im Alltag und Familie pessimistisch gegenüber Problemlösungen der Familie und der eigenen Zukunft. Es kann hier behauptet werden, dass sie es schwierig haben wird, sich von dieser Situation der Familie zu befreien. Diese unangenehme Atmosphäre kann sie erneut gegen ihre Eltern stellen. Dass das Selbstvertrauen in solchen Situationen eine wichtige Widerstand leistende Rolle spielt, macht die folgende Aussage von Zine klar.

„Später habe ich das gemerkt, dass ich etwas stärker rangehen kann vielleicht als Welat oder vielleicht bilde ich mir das so ein keine Ahnung (lacht). Aber das war ich, also ich weiß nicht. Es kam zu mehreren Situationen, wo Welat z.B. geheult hat. Dass er so eingeschlossen war, das sah ich schon, ok: Es geht nicht nur um mich sondern auch um meine Geschwister." (IZ/4/114-117)

Das Verantwortungsbewusstsein gegenüber Familienangehörigen ist nach den gemachten Interviewauswertungen auch ein wichtiges Thema bei den Jugendlichen. Oft ist es so, dass die Jugendlichen unbewusst die Mutter- bzw. die Vaterrolle übernehmen, weil nach der Meinung der Jugendlichen die Eltern ihre Aufgaben nicht erfüllen und nur an sich selbst denken. Sie fühlen sich gezwungen, die Verantwortung für ihre Familie zu übernehmen. Diese zu große Verantwortung kann dafür sorgen, dass die Kinder ihre Kindheit nicht genießen können und lebenslang mit solchen Verantwortungsaufgaben überfordert sind (vgl. Baer/Frick-Baer 2010). Dies führt letztendlich zum früheren Erwachsensein. Bei der Rosenthal Studie stellte sich heraus, dass die zweite Generation aufgrund traumatischer Erlebnisse der Vorgeneration für die erste Generation Verantwortung übernimmt und die dritte Generation für die zweite (Rosenthal 1999). Interessant ist hier in diesem Kontext die Aussage von *Zine*:

„Also wenn man an seine Kindern denkt, dann würde man so was nicht machen. Also ich fühle mich mütterlicher zu meinen Geschwistern als meine Mutter zu ihren Kindern. [...]So ich muss, ich denke so, dass ich eine Verantwortung gegenüber diesen habe, weil in meinem Kopf denke ich, die haben keine Eltern." (IZ/4-5,7/139-141,218-219)

Zine denkt, dass ihre Mutter ihre Aufgaben nicht erbringt und macht sich große Sorgen um ihre Geschwister, dass sie eine ähnliche Kindheit wie Zine haben. Dass Zine ihre Mutter als keine richtige Mutter sieht, kann auch in Verbindung damit stehen, dass sie Zine mit ihrem Vater allein gelassen hatte, als der Vater sich in einer Krise befand und ein Messer in der Hand hatte. Hier wird auch verständlich, dass *Zine* ihren Eltern nicht traut. Daher dachte sie, dass sie die Mutterrolle übernehmen muss. Was auch noch zu bemerken ist, ist, dass *Zine* ihre Geschwister wegen der Gewalt und andere negativer Erlebnisse in der Familie sehr betroffen und hilflos findet. Sie möchte für ihre Schwester da sein, da sie selber sehr unter der Vernachlässigung der Eltern gelitten hat. Bei den Zukunftsplänen von *Zine* war die Sorge für ihre Geschwister ein wichtiger Punkt. Sie wollte, ohne zu wissen, dass es ihren Schwestern gut geht, nicht den Kontakt zu ihren Eltern beenden. Sie hatte eigentlich immer den Gedanken, ihre Eltern zu verlassen und ihre Schwester in Sicherheit zu bringen.

> *„Also das letzte, was wir machen würden, ist dann einfach die Kinder zu nehmen uns dann komplett von denen zu distanzieren.“ (IZ/6/188-189)*

Zine spielte öfters mit dem Gedanken, was mit ihren Geschwistern passieren könnte, wenn sie ihre Geschwister alleine lassen würde. *Zine* konnte sich nicht mal vorstellen, ein alternatives Leben zu haben und zu wünschen. *Zine* macht sich, wie schon erwähnt, ganz große Sorgen um ihre beiden kleinen Schwestern. Sie waren der Grund dafür, warum *Zine* nicht von zu Hause auszog. Sie hatte Bedenken, dass ihre Schwester dieselben Probleme wie sie erleben könnten. Ihre Schwestern sollen es besser haben als sie.

> *„Weil ich möchte ehrlich nicht, dass die alles erleben, was wir erlebt haben.“ (IZ/7/211-212)*

6.6.6 Zukunftsvorstellungen in Bezug auf das eigene Leben

Zine identifiziert sich mit der Rolle der fürsorglichen großen Schwester ihrer Geschwister. Als sie in ihrem Leben etwas ändern bzw. einen Neuanfang machen wollte, begegnete sie verschiedenen Barrieren wie Hilflosigkeit der Geschwister, keine Anerkennung der eigenen Entscheidungen durch ihr soziales Umfeld, Gebundenheit, Traumata und damit verbundene Gewalt innerhalb der Familie. Aufgrund familiärer Erlebnisse und Probleme konnte sie keine festen Ziele für längere Zeit setzen. Die Verzweiflung und Unsicherheit machten sich bei Zine während der Planung ihrer

Zukunft bemerkbar. Auch Rosenthal machte die Entdeckung, dass die Nachkommen traumatisierter Eltern zweifelnd und unsicher im weiteren Berufsleben waren. Sie begegnete Nachkommen von Holocaust-Überlebenden, die große Angst hatten, beruflich zu versagen. Rosenthal führte dieses Ergebnis darauf zurück, dass das geringe Bildungsniveau der Eltern den Kindern die Angst verursachte, selber im Berufsleben nicht weit zu kommen (vgl. Rosenthal 1999). Das kaum vorhandene Bildungsniveau der Eltern von *Zine* ist in diesem Zusammenhang nur ein Teil der gesamten Situation. In ihrem Fall kommen noch mehrere negative Aspekte hinzu, die die Zukunftsplanung und positive Vorstellung über die eigene Zukunft verhindern. Die schwierige Lage, dass keine andere Person Verantwortung für die Eltern übernehmen kann, diese eigentlich klinische Betreuung benötigen und die Prägung der familiären Situation mit Gewalt und Chaos überdeckte aufgrund Zines Sorge um ihre Geschwister meist alle ihre Zukunftspläne. So stand bei *Zine* die Sorge um ihre Schwestern bei ihren Zukunftsplänen wieder an erster Stelle.

> *„Mein Ziel. Mein jetziges Ziel ist mein Studium erst mal zu beenden und das nicht nur für mich sondern für meine Geschwister. (IZ/6-7/210-211)*

Aus den Aussagen von *Zine* ist erkennbar, dass sie bei jeder Zukunftsplanung an ihre Geschwister denkt. Sie hat innerhalb der Familie die Rolle der Beschützerin eingenommen. Nach der Interpretation ihrer Aussage ist für sie die Zukunft ihrer Schwester wichtiger als ihre eigene Zukunft. Können hier Zines Schuldgefühle eine Rolle spielen? Es wird davon ausgegangen, dass sie emotional betroffen ist und Angst hat, in Schuldgefühle zu geraten, wenn sie in ihren Entscheidungen ihre Geschwister nicht mit einplant. Bevor sie an ihre eigene Zukunft denkt, möchte sie zuerst ihre Schwestern in Sicherheit wissen. Die Schwester *Zilan* von *Zine* ist von Depressionen und Asthma betroffen. Zurzeit befindet sich *Zilan* in Behandlung. Daher macht dies einen doppelten Druck auf *Zine* und macht die ganze Situation komplexer. *Zine* meinte sogar, dass sie aufgrund der ganzen Belastung durch die Familienprobleme gar nicht an ihre Zukunftsperspektiven denken kann:

> *„Vielleicht hat das sich auch auf uns so irgendwie einwirken lassen. Daher denken wir vielleicht für uns auch nicht so was für die Zukunft.“ (IZ/7/233-234)*

In ihrer Aussage wird deutlicher, dass sie nicht definieren kann, was sie hindert, an ihre Zukunftspläne zu denken. Sie hat auch keine Kraft zu analysieren, warum sie in diesem Zustand ist. Aufgrund ihrer Fixierung auf die Familiensituation konnte sie nicht an ihre Zukunft denken. Sie wusste, dass ihre Geschwister in derselben Situation wie sie sind. Der Grund für das nicht entscheiden Können kann sein, dass die Betroffenen Schwierigkeiten haben zu differenzieren, was für sie richtig oder falsch ist.

> „Wenn es keinen Maßstab gibt für die Prioritäten des Lebens, wenn nicht entschieden werden kann, was im Vordergrund des Interesses steht und was im Hintergrund, wenn „Was mache ich?" und „Was lasse ich?" nicht mehr differenziert werden kann, dann sind Chaos und Desorganisation die Folge. Wenn alles gleichgewichtig ist, wird nichts mehr wichtig, wenn alles gleichmäßig Druck macht, wird das Leben zuviel." (Baer/Frick-Baer 2010, S.120)

6.7 Zusammenfassung der Ergebnisse bei beiden Geschwistern

Die Unzufriedenheit der beiden Geschwister *Welat* und *Zine* mit ihren Eltern und deren mangelnder Empathie entwickelte ein Gefühl der Distanzierung gegenüber ihren Eltern. Dies ging bei ihnen so weit, dass sie gegenüber ihren Eltern ihren Respekt verloren. Deshalb kam es beim Interview mit *Zine* und *Welat* öfters vor, dass sie sich verpflichtet fühlten, sich für ihr Verhalten innerhalb der Familienverhältnisse zu rechtfertigen. Diese Rechtfertigung zeigt eigentlich auch, dass sie im Anerkennungskampf sind und für eine Verbesserung der familiären Verhältnisse sorgen wollen. Die traumabedingten Verhaltensweisen ihrer Eltern und ihre nicht funktionierende Beziehung konnten bei ihren Kindern zur Entstehung großer Ängste führen.

Die Angst beeinflusste hierbei außer persönlichen und sozialen Lebensweisen auch die schulischen Leistungen. Als Schlussfolgerung könnte davon ausgegangen werden, dass dieser Einfluss teilweise den Erfolg und die persönliche Entwicklung der beiden Geschwister beschränkte. Durch die Rekonstruktion der Lebensgeschichten wurde auch deutlich, dass *Zine* und *Welat* einerseits von der gesamten Situation sehr betroffen sind, lieber alles hinter sich lassen und ein eigenes Leben aufbauen bzw. autonom sein möchten, andererseits für diese Entscheidung keinen Mut haben und sich wegen der Verantwortung für ihre Eltern und Geschwister in ihren Entscheidungen zurückhalten. Diese These wurde an vielen Stellen und Schritten der Interviewauswertung gefolgert und als zutreffend für die Situation der beiden Jugendlichen betrachtet.

Am Anfang ihrer Migration war auch der Integrationsprozess der beiden Geschwister problematisch. Ihre sozialen Kontakte waren sehr begrenzt und sie sahen nicht viele Möglichkeiten die sozialen Kontakte aufzubauen bzw. auszubauen. Durch die Auswertung des Interviews mit *Zine* und *Welat* wurde deutlich, dass sie gegenüber anderen Personen sehr misstrauisch waren und auch Probleme hatten, mit anderen Menschen Kontakte aufzubauen. Die beiden Jugendlichen waren mit ihrem Problem innerhalb des familialen Dialogs überfordert und hilflos, da sie wegen ihrer Eltern unter Druck und Gewalt leiden mussten und von ihnen so gut wie gar keine Unterstützung im Sinne schulischer, sozialer, persönlicher Entwicklung etc. bekamen. Es war gut feststellbar, dass ihre Eltern so sehr mit ihrer eigenen Welt beschäftigt waren, dass sie die Probleme ihrer Kinder nicht nachvollziehen und nicht verstehen konnten.

Hier stellt sich auch die Frage, ob die Eltern wussten, was ihre Kinder über sie denken und ob ihnen überhaupt bewusst ist, dass ihre Kinder mit ihnen Beziehungsprobleme haben und ihre Kinder vernachlässigen. In diesem Zusammenhang wurde festgestellt, dass zwischen den Kindern und Eltern keine gegenseitige Empathie existierte.

Die beiden Geschwister *Welat* und *Zine* wissen schon, dass der Vater und ebenso die Mutter psychische Probleme haben und in einigen Lebenspunkten nicht klar denken können, doch versuchten sie aus Selbstschutz das Problem zu reduzieren oder besser gesagt zu verharmlosen. Hier ist es auch wichtig zu bemerken, dass der Konflikt der Eltern nicht wie eine typische Ehestreitigkeit behandelt werden sollte, da dieses Problem sehr große Gefahren auslösen kann und nicht nur die traumatisierten Eltern sondern auch die Personen in der Umgebung betrifft.

Durch die Interviewauswertungen wurde auch klar, dass die Angst bei den interviewten Jugendlichen fast in jeder Angelegenheit vorkommt und mit vielen anderen Problemen zusammenhängt. Die ganze Situation hatte auf sie so sehr eingewirkt, dass die beiden mit ihrem Verhalten gegenüber anderen unsicher und zweifelnd sind, wenn es auf Vertrauen ankommt.

Ebenso wie ihr Vertrauen auf ihre Umgebung wurde ihnen, wie in den Rekonstruktionen festgestellt wurde, ihre Zukunftsplanung erschwert. Die Verzweiflung von *Zine* über ihre Zukunft lässt sich durch die vielen verschiedenen offenen und von ihr nicht beantwortbaren Fragestellungen während des Interviews zu ihrer Zukunft feststellen. Hier machte auch die traurig wirkende Haltung, Stimme und der unmotivierte Gesichtsausdruck beider Geschwister ihre Verzweiflung über die eigene Zukunft deutlich. Ihr gemeinsamer Punkt besteht darin, dass beide Geschwister sich Sorgen um ein gutes Leben und eine sichere Zukunft ihrer Schwestern machen. Diese Fürsorge erschwerte ihre Autonomieentwicklung. In dieser Hinsicht wurde *Zine* und *Welat* gefragt, „*Was wäre, wenn Sie ihre Geschwister nicht gehabt hätten?*" Der Hintergrund dieser Frage war es, herauszufinden, ob sie sich ein alternatives Leben ohne ihre Schwestern vorstellen können und nochmals zu hinterfragen, welche Zukunfts- und Lebensvorstellungen sie haben. Auch sollte die Antwort dieser Frage herausstellen, ob nur die Existenz der Geschwister die

Planung ihrer Zukunft bzw. ihres Leben behinderte. Waren da vielleicht nicht auch andere Barrieren? Die Antwort von *Zine* war:

> „*Wenn ich meine Geschwister nicht gehabt hätte? (Überlegt für ein paar Sekunden, schaut rum in ihre Umgebung.) Das weiß ich ehrlich nicht (schüttelt ihren Kopf).*“ (IZ/7/242)

Die negativen Lebensereignisse haben sich bei beiden so geprägt, dass sie sich kein anderes Leben vorstellen konnten. Sie hatten sich an diese Lebensweise gewöhnt. Die Überforderung und Verzweiflung machte sich hier noch einmal deutlich. *Zine* und *Welat* hatten keine Kraft mehr, für die Verbesserung ihrer Lebensbedingungen zu kämpfen und hatten *daher* auch keine anderen Lebensvorstellungen. Als Schlussfolgerung kann davon ausgegangen werden, dass die Kinder traumatisierter Eltern wie ihre Eltern pessimistisch gegenüber ihren Lebensvorstellungen sind und keine große Ziele oder Träume haben bzw. sich nicht trauen, große Ziele zu setzen. Offen bleibt hier nun die Frage, ob neben den Symptomen von Traumafolgen auch die Lebenseinstellungen der traumatisierten Eltern den Kindern weitergegeben wurden.

Gesamtauswertung und Zusammenfassung der Ergebnisse 7

Biografische Flugbahn, Fall 1: Familie Dersim

Ein Überblick über die Lebensgeschichten und Situation der beiden Familien soll an dieser Stelle geschaffen werden. Kurz wird hier auf den biografischen Fall der Familie *Dersim* eingegangen und die wichtigsten Daten aufgerufen, wobei diese Daten oben in der biografischen Fallrekonstruktion ausführlicher beschrieben und ausgewertet wurden. Familie *Dersim* kommt aus dem kurdischen Gebiet der Türkei und hat einen alewitischen Hintergrund. *Frau Dersim* ist über 80 Jahre alt und hat sieben Kinder. Sie kam in den Jahren 1994 für zwei Jahre in Haft, da sie angeblich der PKK geholfen haben soll und einige ihrer Kinder PKK-Guerillas sind. Während sie verhaftet war, hatte sie traumatische Erlebnisse durch Gewalt, Folter und Diskriminierung. Frau *Dersim* wurde von türkischen Soldaten und Polizisten gefoltert. Sie wurde in einem kalten, dunklen Isolationsraum gesperrt. Nach mehrmaligen Verhaftungen und mehrmaligen Entlassungsprozessen musste sie flüchten. Erst emigrierte sie in die türkischen Städte Bursa, Diyarbakir und Istanbul. 1996 flüchtete sie dann nach Griechenland und von dort aus nach Syrien in ein PKK-Camp. Dort blieb sie ca. acht Monate und flüchtete weiter nach Holland, schließlich nach Deutschland. Nachdem ihr Asylantrag im Jahre 2003 angenommen wurde, holte sie ihren Enkelsohn *Pir* von Syrien hierher. Frau *Dersim* konnte ihren Enkelsohn mit Hilfe vieler Bekannter nach Deutschland holen. Bis 2009 war sie in verschiedenen PKK-Organisationen aktiv. Zurzeit hat sie mehrere Gesundheitsprobleme wie physische, psychische Belastungen und braucht für viele Alltagsprobleme Unterstützung.

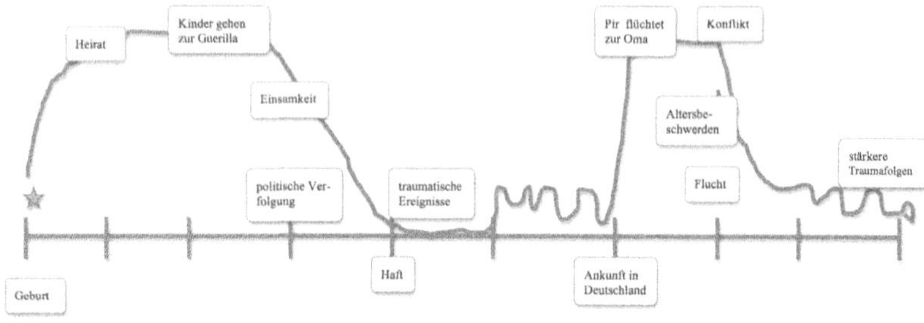

Abb. 15 Biografische Flugbahn; Frau Dersim
Quelle: Eigendarstellung

Pir wurde am 4. September 1991 in Bursa/Türkei geboren. Drei Jahre später verließ ihn seine Mutter Beritan und nahm mit ihrem Mann an einer Guerillaausbildung teil. Nachdem Frau *Dersim* 1994 verhaftet wurde, wurde *Pir* an seinen Onkel in Diyarbakir übergeben. Zwei Jahre später holte ihn seine Mutter nach Syrien zum PKK-Camp Beka, weil sie dort als Guerilla tätig war. Als *Pirs* Eltern dann aktiv am Krieg teilnehmen wollten, wurde *Pir* einer syrischen Familie mit sechs Kindern anvertraut. Er blieb dort bis 2003, danach holte ihn seine Großmutter zu sich. *Pir* hatte zuerst in Deutschland große Integrationsschwierigkeiten, ihm war alles fremd. In zwei Jahren gelang es ihm aber, die Sprache zu lernen und Freunde zu finden. Er ist Mitglied verschiedener Kampfsportvereine und ist aktiv in der Jugendpolitik. Zurzeit macht er ein Fachabitur im Bereich Bauingenieurwesen und lebt mit seiner Großmutter zusammen. *Pir* ist mit seiner Lebenssituation aufgrund der Traumatisierung der Großmutter belastet. Die familiäre Kommunikation leidet unter verschiedenen Missverständnissen und generationenabhängigen Konflikten.

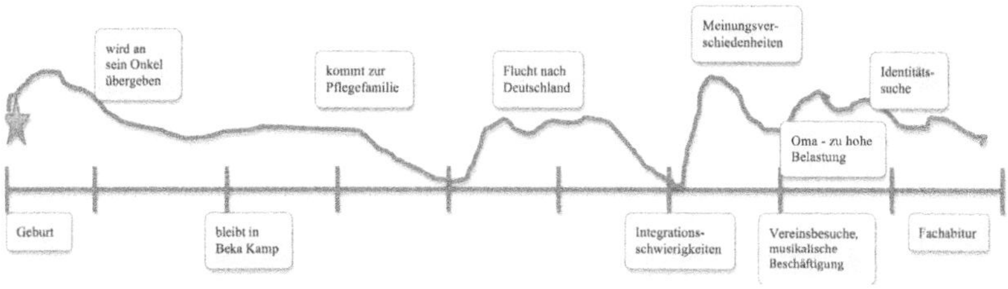

Abb. 16 Biografische Flugbahn; Pir
Quelle: Eigendarstellung

Biografische Flugbahn, Fall 2: Familie Özkürt

Familie Özkürt kommt ebenso aus dem kurdischen Gebiet der Türkei. In 1990er Jahren erlebte Herr Özkürt in seiner Heimat negative Erlebnisse, er und seine Familie wurden politisch verfolgt. Hinzu kam, dass er die Folter und mehrmalige Angriffe von türkischen Soldaten und Polizisten im Dorf seinem Vater und seinen Brüdern gegenüber mitbekam. Er selber war bezüglich der Situation hilflos und fühlte sich ebenfalls bedroht. Seine finanzielle und familiäre Situation war auch so schlecht, dass er sich entschied, nach Deutschland zu flüchten und einen neuen Anfang zu beginnen. Nachdem er 1989 nach Deutschland kam, stellte er einen Asylantrag und lebte in einem Asylbewerberheim. Ungefähr zwei Jahre später sorgte er dafür, dass seine Familie nach Deutschland flüchten konnte. Er arbeitete ab und zu und wohnte ca. zehn Jahre mit seiner Familie in einem Zimmer des Asylbewerberheims. Die Konflikte und große Streitigkeiten in der Familie begannen im Asylbewerberheim, die bis zum heutigen Tag häufig vorkommen. Nach den zehn Jahren bekam die Familie Aufenthaltserlaubnis und zog in eine Wohnung um. Zurzeit arbeitet Herr Özkürt in einer Stahlfabrik und hat mit seiner Familie, besonders mit seiner Frau, große Konflikte. Er kann nicht mehr für Harmonie in der Familie sorgen und die familiären Beziehungen sind gestört. Seine Frau ist ebenso psychisch hoch belastet und kann weder Empathie noch Verständnis für ihren Mann und ihre Kinder zeigen.

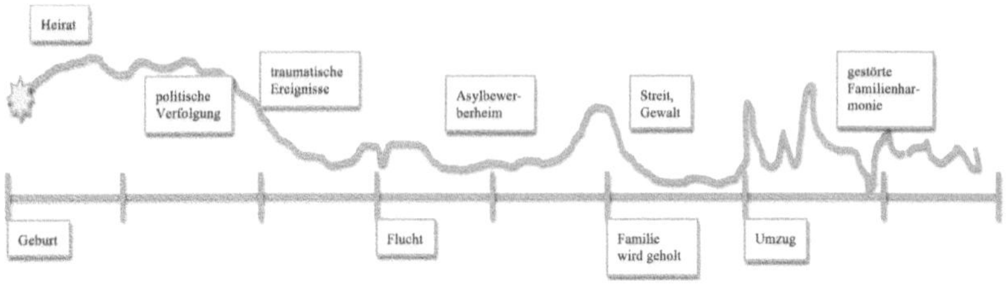

Abb. 17 Biografische Flugbahn; Herr Özkürt
Quelle: Eigendarstellung

Der Sohn Welat wurde 1988 im kurdischen Gebiet der Türkei geboren. Sein Vater verließ die Türkei, als er noch ein Jahr alt war, und die Mutter schwanger war. Nach ungefähr sechs Monaten bekam er eine Schwester Zine. Er lebte mit seiner Mutter und Schwester bei seinen Großeltern. Ihre finanzielle und soziale Lage waren damals nicht gut und es gab in ihrem Dorf öfters Militäroperationen wegen der Unterstützung der kurdischen Arbeiterpartei PKK. Mit drei Jahren flüchtete er mit seiner Schwester und Mutter nach Deutschland. Sie wurden von ihrem Vater, der seit drei Jahren in Deutschland war, noch keinen Pass hatte und im Asylheim wohnte, auf illegale Weise nach Deutschland geholt. Welat hatte am Anfang große Schwierigkeiten mit der deutschen Sprache und in der Schule, konnte sich aber durch die Kinderstube im Asylheim ein wenig die deutsche Sprache aneignen. Er hatte eine schwierige Kindheit und die Familie hatte finanzielle Probleme. Die Streitigkeiten und Gewalt innerhalb der Familie machten Welat depressiv und zurückhaltend. Nach dem Umzug in eine Wohnung wurde Welat in der Schule besser. Zurzeit studiert er Informatik an einer Fachhochschule. Die Eltern haben immer noch Streit und er macht sich deshalb große Sorgen um seine Zukunft und seine Schwestern.

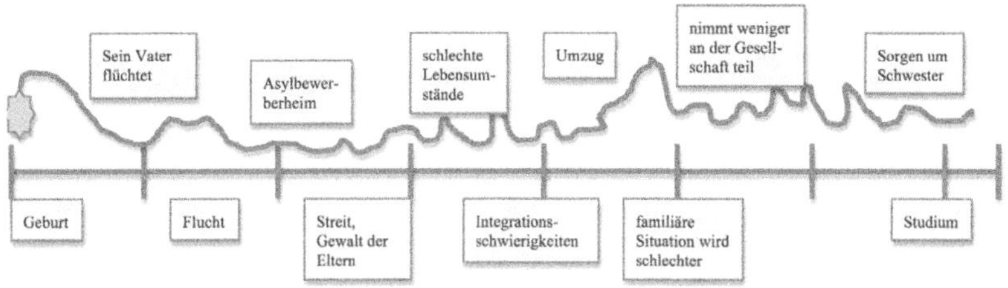

Abb. 18 Biografische Flugbahn; Welat
Quelle: Eigendarstellung

Seine Schwester *Zine* verbrachte ihre Kindheit bis zu ihrem zehnten Lebensalter im Asylheim. Als sie klein war, verbrachte *Zine* ihre Zeit meistens mit ihrem Vater. Nachdem die familiären Verhältnisse schlechter wurden, wurde auch ihr Verhältnis zu ihrem Vater schlechter. Eines ihrer schlechten Erlebnisse mit ihrem Vater war, dass sie mit ihrem Vater im selben Zimmer blieb, als ihr Vater ein Messer in der Hand hatte. Ihre Eltern hatten wieder einmal Streit und der Vater griff zum Messer. Ihre Mutter nahm ihren Sohn und ließ die beiden alleine. Daher ist auch ihre Beziehung zu der Mutter gestört und sie fühlt sich verpflichtet, die Mutterrolle für ihre jüngeren Geschwister zu übernehmen. *Zine* hatte nicht so gute Grundschulerfahrungen, weil sie sich von ihrer Lehrerin diskriminiert fühlte. Während des Abiturs hatte Zine große Schwierigkeiten, die Hochschulreife zu erwerben. Damit Sie das Abitur nicht aufgab, erfuhr sie von ihrer Familie großen Druck. Trotz der Schwierigkeiten konnte sie aber ihren Abschluss erhalten. Zurzeit studiert sie das Fach Bauingenieurwesen.

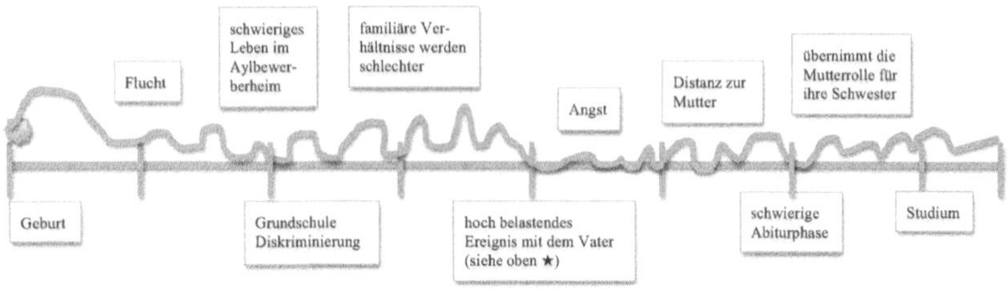

Abb. 19 Biografische Flugbahn; Zine
Quelle: Eigendarstellung

7.1 Übersicht der Einflüsse von traumabedingten Verhaltensmustern der Eltern auf die Sozialisationsbedingungen der Jugendlichen

Die Einflüsse der Verhaltensstörungen und der Lebensweise der traumatisierten Eltern auf die Sozialisationsbedingungen der Jugendlichen sind sehr umfangreich. Bei den bisherigen Untersuchungen wurde gezeigt, dass die Jugendlichen in mehreren Lebensbereichen von den Verhaltensweisen und Traumata der Eltern betroffen sind. Die Lebensweise von Frau *Dersim* und Ehepaar *Özkürt* konnte zeigen, wie ihre Kinder bzw. ihr Enkel darunter litten und Probleme mitbringen, die auch die Kinder negativ beeinflussen. Die traumatischen Lebenserfahrungen und die sich daraus entwickelnden großen psychischen Belastungen Frau *Dersims* sorgten zuerst dafür, dass sie misstrauisch und ängstlich wurde. Diese Extremsituation verschlechterte schließlich die Beziehung zum Enkelsohn, da sie mit ihrer großen Sorge und Misstrauen dem Enkelsohn in seinen Kontakten wenig Freiraum ließ. Diese Situation führte in der familiären Beziehung zu Missverständnissen, so dass große Meinungsverschiedenheiten entstanden sind und dadurch sich Distanz und Entfremdung zueinander entwickelte. Andererseits ist der Enkelsohn *Pir* hinsichtlich seiner Lebenseinstellungen nahezu entgegngesetzt wie Frau Dersim eingestellt. Er hat einen großen Freundeskreis mit unterschiedlichen Persönlichkeiten und ist offen für gesellschaftliche Aktivitäten, Diskussionen, Meinungen etc. Die Auswertung seines Interviews und die Beobachtungen zeigten, dass er von der Sorge der Großmutter beeinflusst wird aber versucht, dies zu ignorieren. Daher geht er, so gut er kann, trotzdem seinen eigenen Weg. Durch die Beobachtungen fiel auf, dass er meistens mit seinen syrischen Freunden etwas unternimmt und an der syrischen Gesellschaft aktiv teilnimmt. Durch die Betrachtung seines Lebenslaufs stellte sich auch heraus, dass er sich an das Leben in Deutschland gewöhnt bzw. angepasst hat, aber noch an seiner Vergangenheit hängt, besonders bezüglich der Flucht von Syrien nach Deutschland. Bei jeder Gelegenheit im Interviewgespräch und auch in anderen Gesprächen kehrte er zu seiner Emigrationsphase zurück und machte Schuldzuweisungen an seine Großmutter. Daher wird hier auch davon ausgegangen, dass das schlechte Verhältnis zwischen Großmutter und Enkelkind damit in Beziehung steht. Wobei die Großmutter Frau *Dersim* ihren Enkelsohn *Pir* beschuldigt, dass er nicht auf sie hört. Sie merkt nicht bzw. geht nicht darauf ein, dass ihr Enkelsohn mit seiner Emigration ein Problem hat. Die Behauptung ist hier, dass die Großmutter mit ihrer hohen Traumatisierung nicht in der Lage ist, die Probleme ihres Enkelsohnes einzuschätzen und auf ihre eigenen Probleme bzw. eigene Vergangenheit fixiert ist. Insgesamt kann die Behauptung gemacht werden, dass die Lebensweise mit einer traumatisierten Person zu verschiedenen Konsequenzen, Belastungen und Sozialisationsbedingungen führen kann. Es geht also nicht unbedingt darum, dass das traumatische Erlebnis der Großmutter einen Einfluss auf *Pirs* Sozialisationsbedingungen hat, sondern vielmehr darum, dass das Zusammenleben mit einer hoch traumatisierten Großmutter sich negativ auf seine Sozialisationsbedingungen auswirken kann.

Andererseits ist es auch merkwürdig, dass er an vielen Stellen wie seine Großmutter auf die Vergangenheit fixiert ist. *Pir* zeigte während des Interviews wenig Interesse an der Vergangenheit seiner Großmutter. Es kann sogar davon ausgegangen werden, dass er ihre Situation nicht ernst nehmen will und seine eigene Vergangenheit mehr in den Vordergrund stellen will. Was auch ein Hinweis dafür ist, dass er nach Anerkennung sucht. In dieser Perspektive ist gut nachzuvollziehen, dass er in seinem Freundeskreis Anerkennung bekommen hat, da es sich beobachten ließ, dass er sich unter Freunden ganz anders verhält, sich mit ihnen gut versteht und sich bei Ihnen wohl fühlt. Sonst ist das Verhalten von *Pir* an vielen Stellen seriös und es ist gut zu merken, dass er seine Emotionen verheimlicht. Z.B. erzählt er eine Handlung bzw. ein Ereignis mit seiner Mutter in der Vergangenheit, geht aber trotz der Nachfrage nicht auf seine Emotionen ein. Anzumerken ist auch, dass er sich auf einer Identitätssuche befindet. Er kann nicht genau definieren, wohin er gehört. Einerseits ist er in der Türkei geboren, in Syrien aufgewachsen und andererseits verbringt seit seinem zwölften Lebensalter sein Leben in Deutschland. Diese Komplexität und Konstellation bringt ihn auf der Suche nach seiner Herkunft durcheinander.

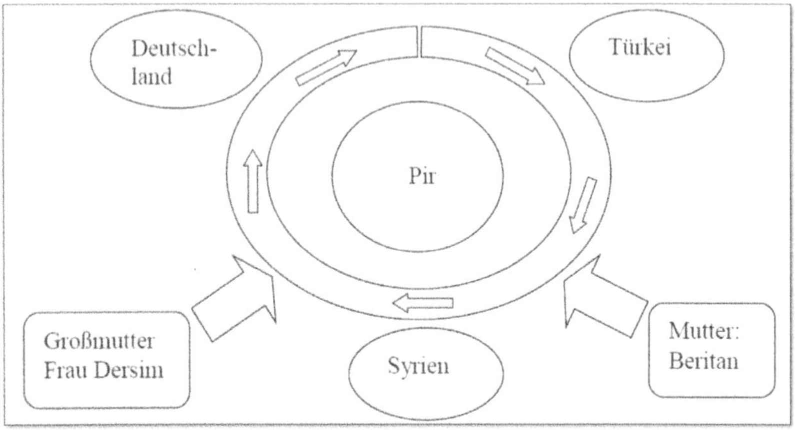

Abb. 20 Prozess des Identitätszyklus von Pir
Quelle: Eigendarstellung

Die familiären Verhältnisse der Familie *Özkürt* sind durch die fast ständige Gewalt und die Konflikte so gestört, dass ein familiäres Zusammenleben bzw. eine Unterhaltung kaum existiert. Auch im Familienleben der *Özkürts* kommt die Schuldzuweisung stark vor. Die Empathie im familiären Leben ist ebenfalls kaum vorhanden. Die traumatischen Zustände in der Vergangenheit des Ehepaars haben sich so weiterentwickelt, dass das Ehepaar sich aus ihrem Umfeld ausgeschlossen hat und nicht einmal merkt, was im Leben ihrer Kinder passiert. Diese Vernachlässigung der Vater- und Mutterrolle belastet die beiden Geschwister *Welat* und *Zine* sehr, so dass sie oft an die familiäre Situation denken müssen und sich kaum auf ihr eigenes Leben konzentrieren können. *Welat* hat die Vaterrolle übernommen und fühlt sich verantwortlich für die Verbesserung der familiären Verhältnisse. Dauernd suchte er nach Lösungen für die familiäre Situation und hat sich aus einigen Lebensbereichen wie Gesellschafts- und Freizeitaktivitäten teilweise ganz ausgeschlossen. Auf sein Studium kann er sich ebenfalls wenig konzentrieren und kaum Autonomie entwickeln. Aufgrund der Situation seiner traumatisierten Eltern schafft er es nicht, an seine eigene Zukunft zu denken und beschäftigt sich oft damit, wie er seinen jüngeren Schwestern helfen könnte. Dabei betont er öfters, dass er dafür sorgen will, dass seine Geschwister ein besseres Leben haben als er selbst. Dies wiederum zeigt, wie er durch die ganze Situation und Hilflosigkeit belastet ist. Die negativen Erfahrungen in seiner Kindheit mit den Eltern und auch die jetzige familiäre Situation haben ihn sehr verletzt. Er verinnerlicht vieles, so dass er in familiären Beziehungen empfindlich geworden ist. Daher ist er eher zurückhaltend und traut sich kaum, jemanden anzusprechen oder mit ihm zu diskutieren. Seine Schwester *Zine* ist ebenfalls wegen der Problematik in der Familie betroffen. Sie sieht ihre Mutter aufgrund ihres Verhaltens und ihrer Erziehung nicht als eine ‚richtige' kompetente Mutter. Deshalb sieht sie sich verpflichtet, die Mutterrolle für ihre jüngeren Schwestern zu übernehmen. *Zines* Zukunft ist wie die ihres Bruders *Welat* ebenfalls von dem Wohlbefinden ihrer Schwester abhängig. Zine war aktiv in einigen Studentenverbänden, aber wegen ihrer Hilfslosigkeit bezüglich der familiären Situation hat sie sich immer mehr zurückgezogen. Für weitere Teilnahme an gesellschaftlichen Aktivitäten gibt es in ihrem jetzigen Leben zu wenig Motivation. Sie denkt nur noch daran, die familiäre Situation zu verbessern und die Zukunft ihrer Schwester zu retten.

Im Folgenden wird eine Taxonomie zur Übersicht der wichtigsten Einflüsse von Traumata auf die Sozialisationsbedingungen von Jugendlichen aufgestellt. Bei der Taxonomie wurden erst die Lebensbereiche, die mit dem Trauma der Eltern in Beziehung stehen, aufgelistet und Untersuchungsergebnisse davon aufgezeichnet, wie diese auf die Verhaltens- und Lebensweisen der Eltern wirken. Schließlich wurde dann der Einfluss dieser Verhaltens- und Lebensweisen der Eltern auf die Sozialisationsbedingungen von Jugendlichen analysiert.

Tabelle 6 Traumaeinflüsse auf die Sozialisationsbedingungen – Zusammenhang der Befunde. Quelle: Eigendarstellung

Lebensphasen und Bedingungen	Form der Verhaltensstörungen und Lebensweise der Eltern	Einflüsse auf die Sozialisationsbedingungen der Jugendlichen
Erlebnisse und Erfahrungen der Familie	▪ Angst, Geschlossensein bzw. Isolation von der Gesellschaft, sozialer Rückzug, Misstrauen	▸ Unsicherheit bei Umgang mit anderen Personen ▸ leicht entstehendes Misstrauen und Zurückhaltung gegenüber anderen
	▪ Halluzination und Desorientierung - wiederkehrende Alpträume und Erinnerungen, Vermeidung, Überreaktion	▸ zwanghaftes Desinteresse an gesellschaftlichen Aktivitäten, Eingrenzung von Freundschaftsbeziehungen ▸ Entwicklung von Angst und Panik, geringe Konzentrationsfähigkeit in Bezug auf eigene Weiterentwicklung
	▪ wieder zum Opfer werden - negative Lebenseinstellungen - negatives Selbstbild - Verleugnung der Realität	▸ Eltern werden zur Last und Jugendliche werden überfordert ▸ Unsicherheit bei Zielsetzung - Probleme in Lebensabschnitten, die Zielsetzungen verlangen (Berufs- und Zukunftsorientierung)
Soziale Benachteiligung in der Vergangenheit	▪ Unterschichtzugehörigkeit und Begrenzung der sozialen Beziehungen	▸ Schwierigkeiten, mit anderen Gruppen umzugehen ▸ wenig gesellschaftliche Aktivitäten
	▪ Gezwungensein, an die Finanzierung zu denken - sich der Unterschicht zugehörig fühlen	▸ ökonomische Unfreiheit, Einschränkung von Freizeitaktivitäten und Interessen, Anpassung an die Gesellschaft wird erschwert, z. B. selten Kinobesuche, Essen gehen, an Feiern teilnehmen

Lebensphasen und Bedingungen	Form der Verhaltensstörungen und Lebensweise der Eltern	Einflüsse auf die Sozialisationsbedingungen der Jugendlichen
Beziehungen zwischen Eltern und Jugendlichen	▪ Gewalt und Druck von den Eltern ▪ Desinteresse an Lebensweise und Interessen der Jugendlichen	► Selbstbewusstseinsstörung ► begrenzte Freiheit ► verminderte Motivation ► Entstehung von Fremdbildern - Distanzierung und Zurückhaltung gegenüber bestimmten Volkszugehörigkeiten z.B. Türken - geringe Interaktionsfähigkeiten und mangelndes Interesse an andere Kulturen - Probleme, Freunde zu finden
	▪ kein Respekt vor der Meinung der Jugendlichen (Trauma erschwert es, sich mit ihren Kindern zu beschäftigen) ▪ keine Unterstützung und Vernachlässigung elterlicher Aufgaben / gestörtes Verantwortungsbewusstsein - keine Reflexion über ihre Verantwortung und Aufgaben ▪ keine richtige Interaktion ▪ patriarchalisches Verhalten, versteckte Liebe	► Identitätsprobleme ► geringe Toleranz innerhalb der Familie ► Verlegenheit gegenüber ihrem Umfeld; fehlende Vorbilder bzw. Wegweiser; Gefühl, allein gelassen zu sein, und Einsamkeit ► Zwang, die Verantwortung für Familie und administrative Tätigkeiten zu übernehmen ► teilweise wenig gesellschaftliche Interessen ► Probleme, Beziehungen aufzubauen ► sensibel und empfindlich gegenüber anderen Menschen; Verschlossenheit in Bezug auf Gefühle; Unterdrückung von Gefühlen und Gedanken; nicht warmherzig

Lebensphasen und Bedingungen	Form der Verhaltensstörungen und Lebensweise der Eltern	Einflüsse auf die Sozialisationsbedingungen der Jugendlichen
Selbstvertrauen und Akzeptanz	▪ Probleme mit Selbstvertrauen	► geringes Selbstvertrauen ► Unsicherheit im Umgang mit Menschen
	▪ kein Respekt vor der Meinung der Kinder, Besserwisser - keine Diskussionsfähigkeit - Durchsetzung der eigenen Meinungen durch Gewalt und Macht	► Beschränkung der Freiheit; keine Freiheit bei der Wahl der Freunde und bei der Entfaltung eines eigenen Lebensstils (nicht alle interviewten betreffend) ► erschwerte Integration ► Freundschaften eingeschränkt ► nicht gelernt, „nein" zu sagen ► Schwierigkeiten, die eigene Meinungen durchzusetzen und zu argumentieren (nicht alle Interviewten betreffend) ► keine Diskussionskultur und Schwierigkeiten, mit unangenehmen Situationen umzugehen (nicht alle Interviewten betreffend)
fehlende Empathie und Verständnislosigkeit	▪ überwiegend Selbstbeschäftigung - Isolation - Orientierungsprobleme - kein Interesse an der Gesellschaft und der Welt, z. B. Medien, Wissenschaft etc. - keine Motivation bzw. Interesse, aus der eigenen Welt herauszutreten - Angst vor neuen Erkenntnissen - Zugangsprobleme zu anderen Kulturen (seltenes inter- und transkulturelles Verständnis) - wenig Interesse an gesellschaftlichen Problemen - Gefühl des Nicht-Verstandenseins	► Isolation - Nährboden für falsche Entscheidungen (z. B. wurde Zine in die Hauptschule geschickt, obwohl Realschule besser geweswen wäre) - Verpassen von wichtigen Lebens- und Berufschancen - fehlende Motivation zur Teilnahme an der Gesellschaft - kein Interesse an und Unterstützung von gesellschaftlichen Aktivitäten, → Verwirrung und Orientierungsprobleme: „Was macht unser Sohn für ne Dingens" (Pir); nicht wissen, was richtig oder falsch ist - Probleme bei der Aufrechterhaltung von sozialen und privaten Beziehungen, Zwang bezüglich persönliche Interessen

Lebens-phasen und Bedin-gungen	Form der Verhaltensstörungen und Lebensweise der Eltern	Einflüsse auf die Sozialisationsbedingungen der Jugendlichen
Entstehen von Angst und Verzweiflung	▪ Überreaktion - Gewalt (Vorwürfe, Schlägereien, Drohungen usw.) - Krisensituationen - Wutausbrüche - Hilflosigkeit	► Fixierung der Jugendlichen an das Problem zu Hause - wenig soziale Beziehungen - wenig Zeit, über das eigene Leben nachzudenken - erschwerter Wahrnehmungsprozess in Bezug auf gesellschaftliche Bindungen - Konzentrationsschwäche - Unabhängigkeit
	▪ Verlieren der eigenen Kontrolle - Desorientierung - gestörte Wahrnehmung von anderen Personen - Wutausbrüche	► unsicheres Auftreten - geschlossene Körperhaltung und Kommunikationsprobleme - erschwertes Sozial- und Berufsleben - Berührungsangst - Zugangsprobleme zur Personen
entwickelte Scham und Tabu	▪ strenger Umgang mit eigenem Leben und Angst vor der eigenen Realität - kulturell-, religions- und lebensbedingte Schuld und Scham - negative Erfahrungen im Leben (Gefangenschaft, Folter etc.) - Ausgeschlossensein - Druck auf ihre Kinder ausüben - sehr hohe Wertschätzung für Werte wie ‚Ehre' und ‚guten Ruf' - Identitätsprobleme - strenge Regelbefolgung - großen Wert auf Religion legen	► Eingrenzung von Freundschaftsbeziehungen - Zurückhaltung von Umfeld - keine freie Wahl des Lebenspartners - Eingrenzung der Lebensweisen ► Entwicklung von Vertrauensproblemen - Entstehung von Fremdbildern - Distanziertheit und Entfremdung - sich beobachtet und nicht wohl fühlen

Anzumerken ist hierbei, dass die Einflüsse nicht alle direkt vom Trauma der Eltern abgeleitet werden können. Das Trauma ist aber ein bedeutsamer Einflussfaktor, der die Lebens- und Verhaltensweisen der Eltern bestimmt. Durch die Untersuchungen ließ sich feststellen, dass das Trauma die Beziehung der Eltern zu ihren Kindern komplexer macht. Oft haben die Eltern Probleme, ihren Kindern mit Empathie zu begegnen. Aufgrund ihrer eigenen Sorge haben sie Schwierigkeiten, die Situation ihrer Kinder nachvollzuziehen. Somit verpassen die Eltern die wichtigsten Lebensentscheidungen ihrer Kinder. Dadurch sind dann die Kinder gezwungen, größere Verantwortungen zu übernehmen. Hinzu kommt noch, dass die Jugendlichen sich auch um die Familie kümmern müssen. Diese Verantwortung macht aber die Sozialisation und Zukunftsplanung der Jugendlichen noch schwieriger. Schließlich sollte darauf aufmerksam gemacht werden, dass die Verhaltensstörungen der traumatisierten Eltern sich nicht mindern können, solange keine intensive regelmäßige Therapie und Bewältigung stattfindet, die für eine Verbesserung der Familiensituation sorgen könnte. Die Missverständnisse und andere Probleme zwischen den Eltern und deren Kindern bedingen auch weitere Probleme in Bezug auf deren Autonomie und Sozialisation. Die Lebensweisen von Jugendlichen prägen sich in unterschiedlichen Ebenen des Sozialisationsprozesses.

7.2 Kontrastiver Vergleich der Fallrekonstruktionen

7.2.1 Probleme in der Kindheit der interviewten Jugendlichen

Alle interviewten Jugendlichen flüchteten wie ihre Eltern aus den kurdischen Gebieten der Türkei. *Pir* wurde mit drei Jahren aus der Türkei nach Syrien gebracht und von dort musste er mit elf Jahren nach Deutschland flüchten. Auch *Welat* und *Zine* flüchteten während ihrer Kindheit, als sie zwischen zwei und drei Jahre alt, waren nach Deutschland. Somit kamen alle interviewten Jugendlichen unter schweren und illegalen Bedingungen als Flüchtlinge nach Deutschland und fingen hier ein neues Leben an. Als *Pir* in Deutschland ankam, hatte er es ein wenig besser als *Zine* und *Welat*. Er konnte im Gegensatz zu Welat und Zine statt im Asylheim in einer Wohnung mit seiner Großmutter wohnen. Als *Welat* und *Zine* asylbedingt mit ihren Eltern im Asylheim leben mussten, waren sie erst noch drei bzw. zwei Jahre alt und wussten daher nicht, was sie erwartete und welche Lebensbedingungen sie wirklich haben. Anderseits war *Pir* nach seiner Emigration nach Deutschland sofort bewusst, welche Schwierigkeiten ihn erwarteten, so dass erste Anpassungskrisen und Konflikte mit der Aufnahmegesellschaft und dem Land entstanden. Dieser

Anpassungsprozess hatte auch einen negativen Einfluss auf den Dialog zwischen ihm und seiner Großmutter. *Welat* und *Zine* bekamen, nach dem sie in Deutschland ankamen, als erstes die Trauma bedingten Verhaltensstörungen ihres Vaters mit und so machten sie unter schweren Wohn- und Lebensbedingungen ihre ersten Eindrücke Deutschlands. Die Lebensbedingungen der beiden Familien waren vom Vergleich her ökonomisch gleich. Alle interviewten Jugendlichen litten unter derselben Sehnsucht nach Kindheitswünschen, was Spielzeug oder Räumlichkeiten anging. Ein anderes wichtiges Probleme entstand, als *Pir* wegen der Traumafolgestörungen seiner Großmutter die Isolation und Ausgrenzung von der Gesellschaft miterlebte und sich ständig unter Druck fühlte. *Welats* und *Zines* größte Belastung war die regelmäßige Gewalt und Misshandlung zwischen ihren traumatisierten Eltern. Beide Geschwister waren Zeugen und selbst Betroffene dieser Gewalt und des schlechten familialen Dialogs. Eine vergleichbare Situation zwischen *Pir, Welat* und *Zine* ist auch, dass sie von ihren Familienangehörigen weder materiell noch emotional unterstützt wurden. So hatten alle Jugendlichen selbstständig ihren schulischen Werdegang zu bewältigen. Sie bekamen von ihren Eltern bzw. seiner Großmutter nur Druck, damit sie erfolgreich waren und anstatt unterstützt zu werden, machten alle Jugendlichen darauf aufmerksam, dass sie eher bei ihrem schulischen Erfolg behindert und gestört wurden. Alle Jugendlichen klagten in ihren erzählten Lebensgeschichten auch darüber, dass sie keine Vorbilder oder Bezugspersonen hatten, die sie für ihre Erfolge und Persönlichkeitsentwicklung motivierten. Es kam hier auch dazu, dass die ständige Gewalt der Eltern die beiden Geschwister *Welat* und *Zine* verhinderte sich wohlzufühlen, somit trauten sie sich nicht mal nach draußen und hatten sogar in der Schule die Verzweiflung und Angst, dass die Eltern sich etwas Schlimmes antun könnten. Anderseits war *Pir* aufgrund der strengen Erziehung und Traumatisierung seiner Großmutter lieber außerhalb des Umfelds der Großmutter. Er wollte sich frei fühlen und langweilte sich in der Gegenwart der Großmutter, so dass er wagte, neue Kontakte zu knüpfen, auch wenn es für ihn wegen seiner Emigration am Anfang nicht einfach war, Kontakte aufzubauen. Bei *Welats* und Zines Situation kam es dazu, dass die beiden Geschwister sich auf diese gewaltvolle Situation der Familie fixierten und sich damit gleichzeitig beim Aufbau und Ausbau von Freundschaften eingeschränkt hielten.

7.2.2 Angst und Verzweiflung durch Traumatisierung der Eltern und deren Eingrenzung von Freundschaftsbeziehungen

Bei der Lebenssituation von *Pir* konnte nur dann von einer Angst gesprochen werden, wenn es um seine Unabhängigkeit von anderen Personen oder Erlebnissen ging. So bestand er sehr darauf, dass er frei ist, sein Leben so führen kann, wie er will, und sich kein anderer in sein Leben einmischt. Er legte sehr großen Wert darauf, dass seine Meinung akzeptiert wird und seine Person wahrgenommen wird. Umgekehrt im Lebensverlauf von *Welat* und *Zine* ist die Angst fast ständig zu erkennen. Es könnte von unterschiedlichen Ängsten gesprochen werden. Ein Beispiel ist die Todesangst. *Welat* hatte seit seiner Kindheit Angst um seine Mutter und Geschwister, dass der traumatisierte Vater ihnen etwas antun könnte. Diese Angst hatte dafür gesorgt, dass er sein Leben nicht richtig genießen konnte und sich ständig Sorgen um seine Familie machte. Allein wenn er in der Schule war, konnte er sich nicht davon abhalten, immer wieder an sein Zuhause zu denken. Dies wiederum zeigt, wie seine Angst seine Sozialisation einschränkte. *Zine* hatte ähnliche Ängste, aber nicht so ausgeprägt wie bei *Welat*. Sie hatte mehr die Angst um ihre Schwestern. Ihre Angst hatte damit zu tun, dass ihr Vater und ihre Mutter aufgrund deren aktuellen Störungen bzw. Problemen sich gar nicht mehr um ihre Geschwister kümmern könnten und diese somit vernachlässigen. *Zine* hatte ebenfalls eine große Angst vor ihrem Vater, den sie einmal bei einer seiner mehreren Krisen erlebte, als er ein Messer in der Hand hatte und seine Frau angriff. Aufgrund dieses schlechten Erlebnisses und auch anderer Gewalterlebnisse führte dies bei *Zine* mit der Zeit dazu, dass sie einen großen Abstand zu ihrem Vater hielt. Allgemein konnte hier die Erkenntnis gemacht werden, dass Angst dazu führte, dass die beiden Geschwister *Zine* und *Welat* gegenüber Menschen leicht Misstrauen entwickeln konnten. Die unangenehmen Situationen waren bei *Welat* so ausgeprägt, dass er seine Kontakte und Beziehungen mit seinen Freunden nicht weiterentwickeln wollte und auch begrenzt Freunde hatte. Dauerhafte Konflikte und Misshandlungen zu Hause gaben ihm keine Möglichkeiten, seine Kontakte zu verknüpfen. Wegen seiner Angst und Scham, dass es zu Hause wieder zu Konflikten kommen könnte, traute er sich nicht, seine Freunde nach Hause einzuladen. Hinzu kam noch, dass er aus bestimmten Gründen bzw. wegen seiner Angst lieber zu Hause blieb, so dass er wiederum keine intensiven Beziehungen mit seinen Freunden erreichen konnte. Dies führte dazu, dass er Integrationsschwierigkeiten begegnete und seine Sozialisationsbedingungen in der Gesellschaft sich verschlechterten. Was bei ihm auch zu erkennen war, war, dass er eine gute Freundschaftsbeziehung und Aktivitäten mit Freunden vermisste, aber dies nicht möglich war, da ihm diese Freundschaften fehlten. Im Gegensatz zu *Welat* hatte *Pir* sehr viele und gute Freundschaftsbeziehungen, obwohl er dasselbe Problem hatte, Freunde nach Hause einladen zu können. Dies ist darauf zu schließen, dass *Pir* selbstständiger und aktiver beim Freundschaftsaufbau war und nicht so stark wie *Welat* die Bedenken hatte, dass jederzeit zu Hause was Schlimmes passieren könnte. Ein anderer Punkt ist hier auch der familiale Dialog, da dies ebenfalls die Interaktionen in der Gesellschaft beeinflussen und verhindern kann.

7.2.3 Beziehungen und Dialog innerhalb Familien mit traumatisierten Angehörigen

Der familiale Dialog von Familie *Dersim* funktionierte aufgrund verschiedener Missverständnisse und Meinungsverschiedenheiten zwischen *Pir* und seiner Großmutter nur eingeschränkt. Die Lebensvorstellungen, politischen und persönlichen Orientierungen und auch das soziale Umfeld unterschieden sich bei *Pir* und seiner Großmutter so sehr, dass es nicht selten zu Konflikten kam. Ein großes Missverständnis zwischen den beiden fing schon damit an, dass *Pir* seiner Großmutter ständig unterstellte, dass sie ihn für ihre pflegerische, soziale Unterstützung und Bedürftigkeit nach Deutschland geholt hätte. Ein anderes Problem für die Entstehung von Konflikten war das Missfallen von *Pirs* Großmutter an dessen Freunden. Diesbezüglich unterstellte sie, dass *Pir* von seinen Freunden negativ beeinflusst wird. Diese negative Beeinflussung übertrieb Frau *Dersim* so sehr, dass erkennbar war, dass ihr Trauma zu Folgestörung wie Misstrauen zu Menschen führte. Der innerfamiliale Dialog war bei *Welat* und seiner Schwester nicht viel anders als der bei der Familie *Dersim*. In ihrem Fall könnte fast davon gesprochen werden, dass es in der Familie keinen richtigen Dialog gibt und nur noch Konflikte da sind. Bei der Familie *Özkürt* hatte fast jeder mit jedem Dialogprobleme, nur unter den Kindern gab es keine Kommunikationsprobleme. Unter den Geschwistern kam es öfters vor, dass sie sich von ihren Eltern distanzierten. Allein durch die Beobachtungen im Familiengespräch konnte festgestellt werden, dass ein ganz kleines Missverständnis ausreicht, einen Konflikt auszulösen und daraus einen gewalttätigen Streit zu beginnen. Da zwischen den Kindern und ihren Eltern keine richtige Interaktion stattfand, existierte auch keine Empathie und emotionale Unterstützung innerhalb der Familienmitglieder. Die interviewten Jugendlichen sprachen in den Interviews oft über ihre Beziehungen mit ihren Eltern bzw. Großeltern. Das machte wiederum deutlich, dass sie dieses Thema sehr beschäftigte. Trotzdem versuchten sie zu präsentieren, dass sie sich so gut wie möglich distanziert von ihren Eltern halten. Dieser Widerspruch zeigt, dass sie sich von diesem schlechten Dialog überschattet fühlten, gerne diesen ignorieren möchten, aber für sie es nicht möglich war bzw. ist, sich komplett abzugrenzen. Um diesen Dialog zu verbessern und sich von dieser Situation zu befreien, fixierten sie sich einerseits auf die Probleme innerhalb der Familie und anderseits suchten sie nach einer Lösung, endlich einen funktionierenden Dialog zu erreichen und von den Problemen sich langsam ablösen zu können.

7.2.4 Anpassung von Jugendlichen an die Krisensituationen

Bei der Familie *Dersim* könnte nicht direkt von einer Krisensituation gesprochen werden, sondern mehr von Folgestörungen des Traumas der Frau *Dersim* wie Halluzination, Desorientierung und Überreaktion. Frau *Dersim* konnte deshalb in unerwarteten Momenten anfangen, Fantasien zu entwickeln und über ihre traumatischen Erlebnisse zu reden. Sie ist bezüglich der Zukunftsgeschehnisse ziemlich negativ eingestellt. Solche Verhaltensstörungen und Einstellungen belasteten Pir manchmal so sehr, dass die Großmutter ihm zur Last wurde. In Bezug auf die Anpassung an die Krisensituation kann daher bei *Pir* gesagt werden, dass er durch seine Erfahrungen und Erlebnisse mit der Großmutter Vorurteile gegenüber alten Menschen entwickelt hatte. So machte er in seinem Interview die Aussage, dass er die alten Menschen als nicht normale Menschen sieht und diese immer pessimistisch eingestellt sind. Krisensituationen konnten bei Familie *Özkürt* mehrmals durch eigene Beobachtungen festgestellt werden. Als Herr *Özkürt* die Vorwürfe und Beleidigungen seiner Frau nicht ertragen konnte, verlor er sofort die Kontrolle und wurde sehr gewalttätig. Hier muss noch geklärt werden, dass Vorwürfe und Beleidigungen nicht nur von Frau *Özkürt* kamen, sondern er selber schlimme Beleidigungen machte. Seine Aggressivität und Wut brachte ihn in eine solche Situation, dass die Personen im Umfeld ohnmächtig und hilflos werden konnten. So war der Beobachter während der Krisen des Ehepaars auch ohne einen Rat. Frau *Özkürt* verlor sich ebenfalls und war mit ihren Nervenzusammenbrüchen teilweise schlimmer als ihr Mann. Es konnte genau beobachtet werden, wie sie anfing, die Gegenstände in ihrer Gegend herumzuwerfen. Dabei war sie kaum aufzuhalten. Auch konnte weiterhin beobachtet werden, dass in diesem Moment das Ehepaar die Personen im Umfeld nicht interessieren, so nahmen sie nicht Rücksicht darauf, dass ihre Kinder alles mitbekamen. Als die Kinder ihre Eltern aufhalten wollten, bekamen sie ebenfalls Beleidigungen und Beschimpfungen zu hören. *Welat* betraf diese unangenehme Situation sehr, so dass er ebenfalls einen Nervenzusammenbruch hatte und anfing, laut zu weinen. Nach dem er anfing zu weinen, begann er seine Schmerzen, die er verinnerlicht hatte, zu äußern. Mit einem weinenden Ton wollte er von seinem Vater wissen, warum er ihn nicht wahrgenommen, sondern geschlagen und seine Kindheit und Freundschaftsbeziehungen zerstört hatte. Es ging in seinem Fall darum, dass er durch die Krisensituationen der Eltern ein Opfer wurde und durch seine Fixierung auf dieses Problem sich von der Gesellschaft isolierte. Hier zeigt sich auch, dass *Welat* sich gezwungen fühlte, mit dieser Situation zu leben, hilflos war und möglicherweise keine andere Alternative in seinem Leben sah. Klar wird hier auch, wie die Rekonstruktion seiner Lebensgeschichte zeigte, dass er Angst und zu große Verantwortungsgefühle hatte, um sich von seiner Familie abzulösen. Während die Eltern anfingen miteinander zu zanken, weinte Zine ebenfalls. Es war aber bemerkbar, dass sie vor Wut und Überdruss angesichts dieser sich öfters wiederholenden Situationen weinte. Gegenüber solchen Krisensituationen war sie nicht so sehr emotional betroffen wie *Welat*, trotzdem zeigte sich aber ebenfalls eine Fixierung auf dieses Problem. Auch sie versuchte für die Verbesserung dieser unangenehmen, gewaltvollen Situation eine Lösung zu finden. Sie konnte nicht auf die Idee kommen, sich auch ein wenig um ihr eigenes Leben oder eigene Wünsche zu kümmern. Ihr ging es mehr um das Wohlbefinden ihrer Geschwister. Die Rekonstruktion ihrer Biografie zeigte, dass sie nicht möchte, dass die jüngeren Geschwister dieselbe Kindheit und Jugendzeit wie sie haben. Die Schlussfolgerung ist hier: Die beiden Geschwister *Welat* und *Zine* wurden gezwungen, diese unangenehme Situation innerhalb der Familie zu akzeptieren und opferten für ihre Familie ihre Lebenspläne. Trotz aller negativen Geschehnisse und Rücksichtslosigkeiten, schafften sie es nicht, sich von ihrer Familie zu lösen. Es lässt sich hier auch die Frage stellen, wie zufrieden diese Jugendliche mit sich selbst sind und ob sie überhaupt selbstvertraut und selbstbewusst sind?

7.2.5 Rolle des Selbstbewusstseins, Selbstvertrauens und Akzeptanz der eigenen Meinung

Durch die Beobachtungen und Interviewauswertungen könnte davon ausgegangen werden, dass *Pir* eigentlich schon selbstbewusst ist, ihm fehlte aber die Bestätigung seines Erfolgs durch andere. Es erscheint in seinem Fall so, dass er seinen Erfolg nicht genießen konnte und in dieser Hinsicht verletzt ist, weil er nicht genug Unterstützung und Anerkennung bekam. Vielleicht war er deshalb nicht so überzeugt von seinen Erfolgen in seinem Leben und meinte, dass er nicht wirklich viel geschafft hätte.

> *„Also du hast erzählt was du geschafft hasst?" (Interviewer/12/415)*
> *„Geschafft habe ich ja nicht viel." (IP/12/416)*

Auch die Akzeptanz seiner Meinung ist an dieser Stelle sehr prekär. Er berichtete fast eine ganze Interviewpassage über die Akzeptanz der Meinung von Jugendlichen in kurdischen Familien. Durch seine Aussagen im Interview konnte gefolgert werden, dass er der Meinung ist, dass die kurdischen Jugendlichen und er selber von ihren Eltern bzw. Großeltern keine Akzeptanz ihrer eigenen Meinung erfuhren. Er schilderte auch gleich, dass er selber keine Rücksicht darauf nimmt und sein Vorhaben verwirklicht, wenn er es für richtig hält. Sein Selbstbewusstsein wird durch seine Handlungen und Interaktionen mit seiner Großmutter deutlich, da er nicht unbedingt auf die Bestätigung seiner Großmutter wartet, wenn er etwas, das für ihn wichtig ist, vorhat. Weiterhin war es sehr klar, dass es zwischen *Pir* und seine Großmutter große Meinungsverschiedenheiten gibt und dass die Großmutter für die Handlungen ihres Enkelsohnes keine Toleranz zeigt. Da *Pir* gegenüber dieser Haltung der Großmutter keinen Respekt zeigte, traten zwischen den beiden immer mehr Konflikte und Missverständnisse auf. Schließlich war es, da weder seine Großmutter noch ihr Umfeld die gleiche Einstellung wie *Pir* hatten, sehr schwierig, eine friedliche Kommunikation zu erreichen. Sozialisationsmäßig kritisch zu sehen ist hier, dass er Probleme hatte, mit älteren Menschen und wenig toleranten Personen eine Interaktion aufzunehmen. Umgekehrt funktionierte bei *Welat* weder sein Selbstbewusstsein noch sein Selbstvertrauen gut. Seine Darstellungen und die Beobachtungserfahrungen wiesen darauf hin, dass er ein geringes Selbstbewusstsein hatte. Gegen die Beleidigungen und Angriffen direkt gegen seine Persönlichkeit zeigte er keinen Widerstand und wurde auch sofort schwach, so dass es zu einem Nervenzusammenbruch kam. Was auch noch zu diesem Ergebnis führte, war, dass er ein sehr zurückhaltender und in sich verschlossener Mensch geworden ist. Anstatt auf sich selbst zu vertrauen und an sich zu glauben war für ihn durch die Rekonstruktion feststellbar, dass ihm die Meinung seines Umfeldes wichtiger war bzw. ist. Diese Erfahrung zeigte wiederum, dass er ohne Lob von anderen sich nicht wahrgenommen fühlte und er Zweifel an seiner eigenen Person hatte. Wie in den Rekonstruktionen auch festgestellt wurde, konnten er und seine Schwester *Zine* keinerlei Durchsetzungsvermögen ihrer Meinung innerhalb der Familie aufbringen. Auch stellte sich heraus, dass die beiden Geschwister auf ihre Eltern hörten bzw. deren Wünsche erfüllten, auch wenn sie diesen Wunsch für sich selbst nicht sinnvoll fanden. Diese durch Zwang erlebten Ereignisse zeigen wiederum, dass sie erstens keine Mitbestimmung bekamen, zweitens keine Autonomie vorhanden war und drittens sich somit kein Selbstvertrauen entwickeln konnte.

7.2.6 Übernahme der Verantwortung und Überforderung von Jugendlichen

Durch die Rekonstruktion der Lebensgeschichte stellte sich heraus, wie *Pir* sich für seine Großmutter verantwortlich fühlte, aber dies ihn sehr überforderte. Wobei er versuchte, sich von dieser Verantwortung zu befreien, indem er seine eigene Unterstützungsbedürftigkeit darstellte. Zu bemerken ist hier auch, wie er in einer Interviewpassage äußerte, dass er selber Schwierigkeiten hat, sich um sich selbst zu kümmern und die doppelte Verpflichtung durch Hinzukommen der Unterstützung für seine Großmutter für ihn zu belastend wird. Seine Äußerungen machten auch deutlich, dass er für diese Situation eine andere Lösung bzw. Person sucht, die die Unterstützung für die Großmutter übernehmen kann. Die Rekonstruktion zeigte darüber hinaus, dass er sich verpflichtet fühlte, auf die Großmutter aufzupassen. Da die Situation in Bezug auf die Verantwortung für seine Großmutter schon am Anfang seiner Emigration existierte und er sich ständig dieser Verantwortung bewusst war, fühlte er sich auch durch das Umfeld moralisch verpflichtet. Die Unterstützung und die Bedürftigkeit der Großmutter binden *Pir* an die familiäre Situation und können seine Autonomieentwicklung so lange behindern, bis er dieses Problem löst und dafür eine Lösung findet. An dieser Stelle hatte *Welat* und *Zine* dasselbe Problem. Sie wurden ebenfalls, wie schon in den Fallrekonstruktion festgestellt wurde, in ihrer Autonomieentwicklung behindert. Der einzige Unterschied liegt daran, dass *Welat* und *Zine* sich mehr für ihre Geschwister verantwortlich fühlen und für sie die Elternrolle übernommen haben. Was auch noch zu bemerken ist, dass *Welat* und *Zine* aufgrund ihrer Überforderungen und ihrer aktuellen Probleme ebenfalls nicht in der Lage waren, sich um ihre Geschwister zu kümmern. Woraus sich auch noch ein Unterschied gegenüber *Pir* erkennen lässt, ist: *Pir* konnte an vielen Stellen in Bezug auf seine Verantwortung für seine Großmutter reflektieren, dass er Schwachstellen hat und alleine nicht in der Lage ist, sich um seine Großmutter zu kümmern. Aber *Zine* und *Welat* sahen diese Überforderung in Bezug auf die Unterstützung ihrer Geschwister nicht und ignorierten lieber ihre Situation. Es kann angenommen werden, dass die beiden Geschwister nicht gestehen möchten bzw. nicht wahr haben möchten, dass ihre jüngeren Geschwister eine ähnliche Kindheit und Jugendzeit wie sie erleben. Schließlich konnte heraus gestellt werden, dass die Jugendlichen in solchen Familienkonstruktionen für ihre Sozialisationsbedingungen hilflos sind.

7.2.7 Einflüsse der Traumatisierung der Eltern auf die Zukunftsperspektive und Ziele der Jugendlichen

Von direkten Auswirkungen von Verhaltensstörungen seiner Großmutter für die Verhinderung der Zukunftsperspektive von Pir konnte durch die Beobachtungen und Rekonstruktion der lebensgeschichtlichen Merkmale nicht unbedingt gesprochen werden. Es handelt sich in seinem Fall eher um das Zusammenwirken mehrerer Ereignisse und Bedingungen. Erstens sorgte die Hilflosigkeit der Großmutter für Entstehung von Sorge und Schuldgefühle, so dass er sich unter Druck fühlte, wenn er wichtige Entscheidungen zu treffen hatte. Ein zweites Problem war sein alleiniges Aufwachsen und damit verbundene fehlende Vorbilder, weshalb er auf sich allein gestellt war und sehr vorsichtig sein musste, wenn er eine Entscheidung traf oder einen Wunsch realisieren wollte. Auch die traumabedingte Isolation der Großmutter, fehlende Liebe und Lob durch wichtige Bezugspersonen in seinem Umfeld können ebenfalls eine Auswirkung auf seine Zielentwicklung und Zukunftsperspektive haben. Insgesamt könnte davon ausgegangen werden, dass *Pir* durch die oben genannten Lebensbedingungen nicht daran gewöhnt war und auch sich nicht traute, längerfristige Ziele umzusetzen. Schließlich kann gefolgert werden, dass er für die Umsetzung seiner Ziele mehrere Barrieren zu überwinden und bei deren Verwirklichung mehrere komplexe Nebenbedingungen zu beachten hat. Zu beachten und fragen ist hier, wie weit diese Belastungen ihm im weiteren Lebensprozesse von seinem Ziel abhalten werden und ob er überhaupt noch die Kraft haben wird, seine Ziele durchzusetzen bzw. große Ziele zu entwickeln. Andererseits haben Traumafolgestörungen der Eltern von *Welat* und *Zine* eine starke Auswirkung auf ihre Zukunftsvorstellungen. Die Fallrekonstruktion von beiden Geschwistern konnte zeigen, wie stark das schon seit langem vorhandene Problem wegen des Traumas der Eltern das Leben der Jugendlichen beeinflusste. Wie stark die Einflüsse der traumatischen Familienvergangenheit der Eltern sind, zeigten auch die Äußerungen der beiden Geschwister im Interview über ihre Zukunft und Ziele. Wie schon in den Rekonstruktionen dargestellt wurde, konnten die beiden Geschwister nicht einmal über ihre Zukunft reden und ließen alles auf sich zu kommen. Die Fixierung auf das Familienleben und die Betroffenheit vom Trauma der Eltern hatten dazu geführt, dass *Welat* und *Zine* nur kurzfristige Pläne machen konnten bzw. können. Z.B. Zine stellte sich so ein, dass sie zunächst ihr Studium beendet, aber über das Weitere wollte sie sich erst einmal keine Gedanken machen, so dass sie nicht wusste, ob sie überhaupt eine Familie gründen würde. Zu erkennen ist hier, dass die ganzen negativen Erlebnisse ihr Familienbild zerstört hatten. Beide Geschwister verknüpften die fehlende Existenz ihrer Ziele mit ihren Sorgen um ihre Geschwister und Familie. So meinte *Welat*, dass ihnen die Ziele weggenommen wurden. Schließlich kann bei ihnen auch gesagt werden, dass die ganzen Erlebnisse aufgrund der Traumastörungen der Eltern sie in dem Sinne negativ beeinflusst hatten, dass sie auch gegenüber ihrer Zukunft pessimistisch eingestellt waren und ihre Zukunftsvorstellungen ebenfalls wie die *Pirs* behindert wurden. Hier muss wieder darauf aufmerksam gemacht werden, dass einerseits eine Barriere für Autonomiebildung, Persönlichkeitsentwicklung, persönliche Bildung usw. entstehen kann und andererseits eine Reduzierung der Sozialisationschancen in gewünschten Bereichen vorstellbar ist.

7.3 Diskussion der Ergebnisse aus sozialtheoretischer Perspektive

In Kapitel I wurden die Theorien zum Zusammenhang vom Sozialisationsprozess und Persönlichkeitsentwicklung betrachtet. Diese theoretischen Aspekte können eine allgemeine Bedeutung für die Sozialisation und Entwicklung der Persönlichkeit darstellen. Wobei allerdings in Bezug auf das Modell und die Theorien von Hurrelmann offen bleibt, welche Konsequenzen entstehen, wenn die Bewältigungsstrategien und Entwicklungsaufgaben während der Autonomie- und Persönlichkeitsentwicklung scheitern. Zu kritisieren ist bei Hurrelmann, dass er seine Theorien für allgemeingültig erklärt, obwohl Sozialisationstheorien eigentlich individuell zumindest nach Gruppentypisierungen zu betrachten sind. Es lässt sich herausstellen, dass es nicht möglich ist, Sozialisationsbedingungen in allgemeine Gruppen und Gruppenmerkmalen einzuordnen. So waren die Ursachen ähnlicher Sozialisationsbedingungen unterschiedlich. Die untersuchten Jugendlichen im vorliegenden Forschungsvorhaben zeigen unterschiedlichen Umgang mit Umweltfaktoren und ihren Sozialisationsbedingungen auf und haben dementsprechend sehr diverse Persönlichkeitsentwicklungen. Kritisch zu sehen ist hierbei besonders, dass Hurrelmann großen Wert auf die Umweltfaktoren, die Einfluss auf die Bestimmung der Persönlichkeitsentwicklung haben könnten, legt. Im Schatten bleibt aber dadurch die Selbstbestimmung des Individuums. Dies wird von ihm selten berücksichtigt bzw. analysiert, obwohl die Selbstbestimmung an einigen Stellen direkte Auswirkungen auf die Sozialisationsentwicklung haben kann. Als Beispiel kann hier die Studiumssituation der Jugendlichen betrachtet werden. Die interviewten Jugendlichen wurden z.B. von Ihren Eltern und Umgebung unter Druck gesetzt, zu studieren. Jedoch lag es immer noch in ihrer Selbstbestimmung, dies auch zu tun und erfolgreiche/r Student/in zu sein. Dieses Beispiel widerspricht der Theorie von Hurrelmann, da der Druck der Eltern negative Folgen in der Entwicklung ihrer

Kinder verursachen kann wie z.B. ungewolltes, erfolgloses Studium. Ein anderes Problem ist, dass Hurrelmann seine Aussagen bzw. Theorien nicht hinreichend genug bestätigt. So ist es der Fall, dass er Aussagen über die zukünftige Sozialisation von Jugendlichen macht, aber dieses Ergebnis in der Zukunft nicht nachforscht und damit bleibt seine Aussage nur eine Theorie, keine stark zutreffende These. In diesem Sinne geht er leichtfertig vom Zutreffen seiner Theorien und seinen eigenen Erfahrungen aus. Zu erkennen ist hier auch, dass Hurrelmann die Generationsentwicklung und die aktuellen Sozialisationsbedingungen nicht wirklich beachtet hat. So fehlt die Beachtung und Betrachtung der unterschiedlichen Bevölkerungsgruppen, Kulturen, Zugehörigkeiten, Generationen und gesellschaftlichen Strukturen. Somit fehlt die Auseinandersetzung damit, dass Deutschland ein Einwanderungsland ist und eine Entwicklung der Persönlichkeit multifunktional verläuft und daher von zahlreichen Faktoren und Bevölkerungsmerkmalen bestimmt bzw. beeinflusst wird. Die Aussagen von Hurrelmann über mögliche Probleme in der Sozialisation von Jugendlichen werden nicht von empirischen Forschungsergebnissen gestützt. Seine Theorien über die gegenwärtige Situation von Jugendlichen beziehen sich auf die Erlebnisse in ihrer Vergangenheit. Jedoch befasst er sich zu allgemein und grob mit dieser Situation. Obwohl Hurrelmann von Erlebnissen in bestimmten Lebensabschnitten redet, fehlt die Analyse der Biografie von Jugendlichen. Die Fallrekonstruktion in der vorliegenden Arbeit zeigt, dass verschiedene Einflüsse der Erlebnisse und Entwicklungen in der Vergangenheit einer Person mögliche Hintergründe bzw. Ursachen der entstandenen Sozialisationsbedingungen sind. Damit wird eine große Lücke zwischen seinem Konzept und der eigentlichen Forschungsrealität deutlich. Ein anderer Aspekt bei Hurrelmann ist auch, dass er den Unterschied zwischen Selbstbestimmung und Autonomie nicht klar definiert. Bei seiner Beschreibung ergibt sich keine Eindeutigkeit zwischen Autonomie und Selbstbestimmung. Kritisch zu sehen ist hier, dass selbst bestimmen Können nicht unbedingt Autonomie bedeutet. Autonom bedeutet außer dem Selbstbestimmen, auch frei entscheiden zu können und keine Ablöseschwierigkeiten oder auch Abhängigkeit von anderen Personen oder Bedingungen zu haben.

Bauer sieht es ähnlich kritisch, dass Klassifizierungen, wie Bewältigungsstrategien und Identität als selbstständige Bestimmungen des Erwachsenwerdens gesehen werden.

> „Dies kann Gefahr laufen, Autonomiepotentiale in der Persönlichkeitsentwicklung zu überschätzen. Denn tatsächlich wissen wir wenig darüber, wodurch Entwicklungsprozesse, wenn sie als nicht gelungen aufgefasst werden, gesteuert werden." (Bauer 2011, S. 67)

Ein anderer Punkt ist auch, dass die Autonomieentwicklung der Jugendlichen nicht überschätzt werden darf. Nach eigenen empirischen Ergebnissen ist die Autonomieentwicklung der Jugendlichen nicht nur von individuellen Kompetenzen abhängig. Herausstellbar ist hier, dass die Komplexität von Aufgaben des Individuums für eine erfolgreiche Sozialisation und Autonomie in der heutigen Theorie vernachlässigt und wenig diskutiert wurde. Es zeigt sich, dass die Aufgaben im Jugendalter viel genauer zu betrachten sind und diese aus mehr als dem Erwerb von bestimmten Kompetenzen bestehen.

Daher entsteht für weitere Sozialisationsforschungen auch das Interesse daran, wie Jugendliche in weiteren Lebensabschnitten mit ähnlichen Problemen ihre Zukunft gestalten werden und wie ihr weiterer Sozialisationsprozess verlaufen wird. Zu berücksichtigen waren an dieser Stelle auch die Sozialisationsbedingungen wie familiäre Situation, Meinungsverschiedenheiten, mangelnde Selbstbestimmung für das gesellschaftliche Leben, Zwang zur Übernahme der Verantwortung für die restlichen Familienmitglieder und weitere Ungleichheiten im Leben der Jugendlichen wie ökonomische Bedingungen, geringere Aufstiegschancen im Beruf etc. Wichtig ist hierbei, die individuellen Kompetenzen in Bezug auf die Sozialisationsbedingungen in Betracht zu ziehen um den Sozialisationsprozess besser analysieren zu können. Bauer macht hierzu die wichtige Anmerkung, dass vorsichtig mit den individuellen Kompetenzen des Handelnden umzugehen ist, da die individuellen Kompetenzen nicht in allen Lebensbereichen und Lebensbedingungen ausreichend sein können, um selbstbestimmend sein Leben zu führen und soziale Bedingungen ebenfalls als wichtig zu betrachten sind. So kann es unterschiedlich ausfallen, wie z.B. ein Jugendlicher das Trauma der Eltern oder den Umgang bzw. das Leben mit traumatisierten Eltern verarbeitet. In dieser Hinsicht ist besonders zu berücksichtigen, in welchem Umfang diese Jugendliche Selbstbestimmung haben und ob sie überhaupt selbstbestimmend handeln können oder ob da nicht einige andere Einflussfaktoren wie diverse Sozialisationsbedingungen und -ungleichheiten bestehen. Bauer macht hierzu die Aussage:

> „Bedeutsam ist, wenn man sie mit dem heutigen Wissenstand bewertet, dass beide Ansätze der Gefahr unterlegen, dem Handelndem ein hohes Maß an individuellen Kompetenzen zur autonomen Steuerung der Lebensführung zu unterstellen und damit die Bedeutung ungleicher Sozialisationsbedingungen in den Hintergrund zu stellen." (Bauer 2011, S. 90)

Auch das Mehrebenenmodell von Geulen und Hurrelmann war für die Darstellung der Ergebnisse in der Empirie nicht anwendbar in dem Sinne, dass die herausgestellten Sozialisationsbedingungen und Ungleichheiten nicht präzise in die Darstellung eingeordnet werden konnten. Die Interaktion der interviewten

Jugendlichen mit ihren Sozialisationsbedingungen hatte für die Forschung und sich daraus ergebende Kenntnisse eine hohe Bedeutung. Die Sozialisationsforschungen in den 80er Jahren klammern aus, wie vielfältig die Interaktionen der Personen mit ihrer Umgebung wie gesellschaftliche Bedingungen, Institutionen, familiäre Verhältnisse usw. sind. Auch in der vorliegenden Empirie ließ sich zeigen, dass durchaus das Handeln einer Person in bestimmten Situationen ihre Sozialisationsbedingungen mitbestimmt. Es geht hierbei auch darum, wie der Handelnde mit diesen Sozialisationsbedingungen und Ungleichheiten umgeht. Wichtig war dabei vor allem darstellen zu können, welche Auswirkungen und Erfahrungen der traumatisierten Eltern die Jugendlichen in ihrer Sozialisation beeinflussen und wie die Jugendlichen damit umgehen. Bedeutsam war hierbei auch herauszufinden, warum sich die Beteiligten in ähnlichen Situationen (Interaktion mit traumatisierten Eltern oder Verhaltensstörungen der Eltern) unterschiedlich verhalten. Kurz gefasst kann in diesen komplexen Problemstellungen nicht von allgemeinen Auffassungen über Persönlichkeit und Sozialisation ausgegangen werden und dementsprechend müssen individuelle Betrachtungen in den Mittelpunkt gestellt werden.

Schließlich wird davon ausgegangen, dass die meisten Interaktionen des Individuums schon durch vorherige Einschätzungen und Urteile durch Medien, Erzählungen, Erlebnisse und Erfahrungen geprägt sind. Wenn Interaktion und Grenzüberschreitungen zwischen Menschen unterschiedlicher Persönlichkeit nicht zugleich kommuniziert werden, können leicht Missverständnisse entstehen. Dabei spielen die Eigenschaften, die der Person gegenüber zugeschrieben werden, eine wichtige Rolle (vgl. Uzarewicz 2002).

Die vorliegende Arbeit hat gezeigt, dass mit den Behauptungen vorsichtig umgegangen werden muss. Der Einfluss der Beteiligten in der Entstehung der Sozialisationsbedingungen kann nicht präzise dargestellt werden. Es ist nicht möglich zu sagen, dass z.B. Trauma so viel Prozent Einfluss auf die Sozialisation hat oder das Leben mit traumatisierten Eltern sich nur negativ auf die Sozialisationsbedingungen der Jugendlichen auswirkt oder so viel Prozent bestimmen ihr eigenes Leben. Auch Bauer stellt hier die Frage:

> „Zu den Leerstellen in der Forschung der 1980er Jahre gehört zweifellos, dass die Perspektive der Person-Umwelt-Interaktion ebenso wie der Modus der produktiven Realitätsverarbeitung noch nicht beschreiben können, warum sich Subjekte in Interaktionen mit ihrer Umwelt so unterschiedlich verhalten und wie durch ungleiche Sozialisationsbedingungen soziale Ungleichheiten reproduziert werden." (Bauer 2011, S. 82)

Weiterhin weist er darauf hin, dass die Betrachtung der Interaktion als Kern des Sozialisationsprozesses es ermöglicht, nicht vorher zu entscheiden, ob Sozialisation

Anpassung oder die Wiedergabe definiert (ebd.). Die Anpassung des Individuums an die Gesellschaft kam in verschiedenem Hinblick unter verschiedenen Ansatzpunkten wie Kultur, Sozialisation, Identität, Assimilation in der Arbeit zur Diskussion. Fraglich ist hier, ob die Anpassung an die vorhandene Gesellschaft freiwillig oder unfreiwillig stattfindet. Allein bei den interviewten Jugendlichen gab es Fälle, in denen die Anpassung widersprüchlich war, da innerhalb der familiären Sozialisation Meinungsverschiedenheiten existierten. Es bedarf hier noch Untersuchungen und Analysen, ob tatsächlich ein autonomes Handeln, das die Sozialisation bestimmt, vorhanden ist oder ob es sich rein theoretisch doch nicht um Sozialisationsbedingungen handelt. Hinzuweisen ist an dieser Stelle, dass die Autonomie im Sinne der Bestimmung der eigenen Sozialisation eine sehr bedeutsame Rolle spielt. Allein diese Annahme ist nach Bauer nicht gerechtfertigt, da sie gegen die Entwicklung zu einem autonom handlungsfähigen Individuum spricht, er findet:

> „dies jedoch stellt einen beschnittenen Identitätsbegriff da, der lediglich die Anpassung an vorgelagerte gesellschaftliche Bedingungen (anstatt die Entwicklung zu einem autonom-handlungsfähigen, eben nicht durchgängig angepassten Individuum) zur Grundlage macht." (Bauer 2011, S. 97)

Eine Systemintegration nach Hurrelmann könnte in diesem Zusammenhang, wiederum um einzuschätzen, ob die Sozialisation, wie es Hurrelmann benennt, als „gelungen" oder „nicht gelungen" gilt, als zweifelhafte bzw. offene Theorie beachtet werden.

Einen anderen Blickwinkel gewährt das Strukturmodell für den Sozialisationsprozess von König und Abels. Dieses Strukturmodell kann schon für richtig gehalten werden, jedoch fehlen die Ursachen und die genaue Beschreibung, wie die Anpassung funktioniert und stattfindet. Die vorliegenden empirischen Ergebnisse zeigten eine intensivere Anpassung an gegebene Gesellschaftsstrukturen, wenn das Individuum selbst nicht selbstvertrauend genug ist, um seine eigene Meinung und Haltung zu vertreten. Dazu kommt auch die jeweilige Umgebung und Interaktion hinzu. Hier spielen das Umfeld und die entwickelte Persönlichkeit eine Rolle. Entscheidend sind die Interaktionen in verschiedenen Sozialisationsprozessen. Zu diskutieren sind hier, welche Interaktionen wie zu welchen Dispositionen in der Gesellschaft führen. Die Interaktion einer Person und seiner Umgebung sind ebenfalls an dieser Stelle bedeutsam, weil alleine, ohne diese Herangehensweise, eine Sozialisationsentwicklung kaum möglich ist. Diese Aussage kann wiederum mit der Einsicht von Bauer festgestellt bzw. gefolgert werden. Ein anderer Blickwinkel trifft hier auf die Frage, ob es eine bestimmte Umgangsweise gibt, mit der die Jugendlichen die Belastungen durch das Zusammenleben mit traumatisierten Eltern besser verarbeiten können.

In Bezug auf Strukturen und Dispositionen unterscheidet Bauer zwischen veränderungsträge, veränderbar oder ablehnend. Seine Theorie besteht darin, dass, wenn Dispositionen veränderungsträge sind und dementsprechend Interaktionen homogen verlaufen, dann Merkmale und Herkunftsmilieus öfter angenommen und vorbestimmte Strukturen in der Sozialisation eher akzeptiert werden, so dass Individualität weniger in den Vordergrund kommt. Die These der Veränderungsträgheit konnte in der vorliegenden Empirie nachverfolgt werden. Die hoch belasteten Jugendlichen waren nicht in der Lage, sich gegen vorgegebene Strukturen bzw. Erziehungsstile zu wehren, so dass sie sich größtenteils angepasst haben. Die Dispositionsmodelle konnten aber für die vorliegenden interviewten Jugendlichen keine befriedigende Zuteilung anbieten. An dieser Stelle konnte für die Sozialisation der interviewten Jugendlichen kein vollständig zutreffender Entwicklungsverlauf von Dispositionen erkannt werden. Herausstellen ließ sich, dass in den biografischen Verläufen sowohl Fortschritte in der Sozialisation und Autonomie erfolgte als auch Rückschritte, so dass einiges von der Herkunftsmilieu entnommen wurde. Es mangelte bei allen interviewten Jugendlichen an Autonomie und Selbstbestimmung für die eigene Sozialisation. In Bezug darauf, wie stark der Zusammenhang von Individualität mit dem Herkunftsmilieu ist, kann gesagt werden, dass da eine bedeutsame Kausalität vorhanden ist. Obwohl eine bestimmte Ablehnung von Traditionen, Werten und Riten der Herkunft vorlag, existierte trotzdem eine starke Bindung an das Herkunftsmilieu und die Familie.

Darüber hinaus kann das Agis-Milieumodell als meistens zutreffend für die vorliegenden empirischen Ergebnisse bezeichnet werden. Unter Beachtung des Agis-Milieumodell und der Lebens- und Sozialisationsbedingungen der interviewten Familien war es komplex, sie in diesem Modell einzuordnen. Schließlich stellte sich heraus, dass die Jugendlichen es schaffen können – je nach dem wie sie sich bilden und ihre Sozialisationsprozesse sind –, sich in ein anderes höheres Milieu zu integrieren, wenn sie Ablösung von ihrer Herkunft erlangen. Bauer ergänzt hierzu, dass der Status Unterprivilegierter aufgrund ihrer niedrigen Qualifikation und der Arbeitsverhältnisse mit Niedriglöhnen schon bestimmt ist.

> „Damit wächst gerade in diesem Milieu die Gefahr, dass sich unter prekären Lebensverhältnissen eine Mentalität der Resignation ausbildet, in der als Entwicklungsanreize eher resignativ-anomische als fördernde Impulse dominieren." (Bauer/Vester 2008, S. 198)

Die vorliegenden Ergebnisse zeigten deutlich, dass das Herkunftsmilieu und die Herkunftsfamilie einen starken Einfluss auf die Sozialisation der Jugendlichen hatten. In diesem Zusammenhang entsteht für die Zukunft die Frage: Wann können diese betroffenen Jugendlichen schaffen resilient zu bleiben bzw. zu sein? In der zentralen Bedeutung für diese Fragestellung geht es darum, wann und mit welchen Strategien bzw. Methoden oder Hilfestellungen dafür gesorgt werden kann, dass Jugendliche in hochbelasteten Familien resilient sind. D.h., wie muss vorgegangen werden, was muss existieren, damit diese Jugendliche ohne eine große seelische Verletzung psychich und sozial mit ihrem Leben zufrieden sind. Zu berücksichtigen ist die gesellschaftliche, sozial-kulturelle, persönliche und wirtschaftliche Resilienz. In dieser Hinsicht liegt ein Forschungsbedarf darin, wie den Jugendlichen ermöglicht wird, dass sie so wenig wie möglich von Traumabelastungen der Eltern beeinflusst werden und ihre Sozialisationsbedigungen ohne diese Traumafaktoren selbstbestimmen können. Hier ist Bedarf an einem breiteren Forschungskonzept, um zumindest ansatzweise Prävention in diesem Bereich anzubieten.

Offen blieb die eindeutige Zuordnung von Risikofaktoren zu den Benachteiligungen in der Sozialisation der Jugendlichen. Nach Hurrelmanns Beschreibung kann z.B. gesagt werden, dass bei den Entwicklungsaufgaben der Jugendlichen bezüglich Umweltfaktoren fast immer ein Input und ein daraus resultierender Output existiert. Eine ähnliche Ausage war bei vorliegenden Empirieaufschlüssen nicht möglich, da diese Aspekte auch individuell zu betrachten sind.

Anzumerken ist hier, dass gesundheitliche Belastungsfaktoren, besonders psychische Belastungsfaktoren, die durch hohe Belastungen in traumatisierten Familien entstehen können, in dieser Studie nicht präzise genug erfasst, sondern mehr auf Sozialisationsbedingungen der Jugendlichen eingegangen wurden. Es bedarf hier noch weiterer umfangreichere langzeitige Untersuchungen, bei der die Einflüsse von hohen Belastungen in traumatisierten Familien auf die Gesundheit bzw. auf Psyche der nachfolgenden Generation detaillierter analysiert werden. Es existieren in diesem Bereich bereits Untersuchungen, z.B. von Baer/Frick Baer und Rosenthal, jedoch bezieht sich das Vorhaben von Baer/Frick Baer nur auf ihre Erfahrungen mit Trauma und symptomatische Weiterleitung des Traumas auf die Folgegeneration und wurde daher eher allgemein gehalten. Auch bei der Untersuchung von Rosenthal geht es mehr um die Biografieforschung, wie die folgenden Generationen mit den traumatischen Vergangenheiten der Vorgenerationen umgehen und was die Folgen sind.

Deshalb fehlt auch hier die detaillierte Auseinandersetzung mit medizinischen Aspekten in Bezug auf psychische, seelische und körperliche Belastungen der nachfolgenden Generationen. Der Bedarf ist hier eine Langzeitstudie, die unter neuropsychologischen Aspekten die Gesundheitsbelastungen aufgrund von Traumata von Angehörigen bei nachfolgenden Generationen erforscht.

Zu beachten ist noch, dass der Einfluss auf die Sozialisationsbedingungen der Jugendlichen nicht direkt vom Trauma der Eltern abgeleitet werden kann und in diesem Zusammenhang noch andere Einflussfaktoren eine wichtige Rolle spielen können. So ist es nicht auszuschließen, dass eigene Lebenserfahrungen und Ereignisse die Sozialisationsbedingungen der Jugendlichen mitbestimmen, z.B. das Aufwachsen im Asylbewerberheim. Hiermit bestimmt die Vergangenheit der Eltern auch die Vergangenheit, dementsprechend die Kindheit der Jugendlichen. Damit kann im Nachhinein gefolgert werden, dass das soziale Umfeld durch die sozial-gesellschaftliche Lage und Lebensbedingungen vorstruktiert war. Die Situation der Eltern und ihre Erfahrungen sind bei den Sozialisationsbedingungen der Jugendlichen nicht wegzudenken. Es hat sich gezeigt, dass es bei der Entstehung der Sozialisationsbedingungen von Jugendlichen nicht möglich ist, den Einfluss des Zusammenlebens mit traumatisierten Eltern auszuschließen.

Ein weiterer Punkt in dem Theorieteil, zu dem es der Diskussion bedarf, ist der Lebenszyklus nach Erik Erikson, der die Persönlichkeitsentwicklung in verschiedenen Lebensphasen beschreibt. Die Lebensphasen konnten für einen Überblick über die psychischen Hintergründe der Persönlichkeitsentwicklung benutzt werden, jedoch konnten für empirische Ergebnisse keine ergebnisorientierten bzw. biografie- und sozialisationsorientierten Folgerungen geschlossen werden. Erstens stellte der Lebenszyklus nach Erikson im Endeffekt für die Folgen der Traumatisierung keine Bedeutung dar, auch konnte endgültig nicht auf die Traumatisierung und ihre Folgen für die Sozialisation abgehoben werden. Die Darstellung des Lebenszyklus zeigte nur die Identitätseigenschaften während des Lebensverlaufs, sonst konnten keine Folgerungen für die Traumata-Forschung gezogen werden.

Ein besonderer Abschnitt für die Diskussion ist auch die Bewertung der Replikation der Rosenthal-Methode. Die biografische Fallrekonstruktion nach Rosenthal war auf die Untersuchungsgruppe, bei der es sich um kurdische Familien, besonders Jugendlichen handelte, gut anwendbar und einfach übertragbar. Der Unterschied zwischen der Untersuchungsgruppe von Rosenthal und der vorliegenden Arbeit beruht darauf, dass Rosenthal sich mehr auf Kriegsopfer während des Nationalsozialismus in Bezug auf Holocaust konzentrierte und sich überwiegend mit der Lebensgeschichte dieser Personen beschäftigte. Ihre Untersuchungsgruppe besteht aus Familien, die über drei Generationen hinausgehen. Sie machte Interviews mit Personen aus allen drei Generationen. Die Untersuchungsfrage ging dabei mehr auf die biografische Bedeutung der Vergangenheit ein und versuchte, den Umgang mit der Vergangenheit zu beschreiben. Insofern war ihre Forschungsfrage: „Wie wird in der eigenen Biographiekonstruktion und im familialen Dialog mit der Vergangenheit umgegangen?" (Rosenthal 1999, S.16) In diesem Zusammenhang werden die Ergebnisse der vorliegenden Arbeit den Ergebnissen von Rosenthal gegenübergestellt, um Unterschiede oder Gemeinsamkeiten der Untersuchungsgruppen und Ergebnisse darzustellen und Aussagen besser begründen und aussagekräftiger bestätigen zu können. Da in der vorliegenden Arbeit Jugendliche der Altersgruppe

21-24 Jahre interviewt wurden, wurde bei den Ergebnissen von Rosenthal mehr auf die Ergebnisse der dritten Generation Wert gelegt. Das Interesse an der Replikation der Rosenthal-Methode besteht erstens darin, dass die Untersuchungsgruppen viele Gemeinsamkeiten wie Krieg-, Flucht-, Gewalt-, Foltererfahrungen etc. haben. Eine andere Argumentation dafür ist, dass die Lebensgeschichten analysiert werden und die Gegenwartsperspektive betrachtet werden soll. Daher war es in diesem Kontext sinnvoll, die Biografie der Interviewten zu rekonstruieren. Der Unterschied hierbei ist aber, dass bei der vorliegenden Arbeit das Interesse sich mehr auf die Sozialisationsbedingungen der kurdischen Jugendlichen bezieht. Der Vergleich der Ergebnisse wird zunächst mit einer Tabelle präsentiert, um die Gemeinsamkeiten und Unterschiede besser nachvollzuziehen. Die Aussagen werden darüber hinaus mit den Aussichten von Baer/Frick-Baer verglichen, um die Thesen der vorliegenden Arbeit weiterhin zu begründen. Bei den Annahmen von Baer/Frick-Baer geht es um eine Forschung über die Auswirkung der Traumata auf die nächste Generation. Die Auswahl der Ergebnisse dieser Studie bezieht sich darauf, dass die Symptome der traumatisierten Generation auch bei der nachfolgenden Generation zu sehen waren. Weiterhin wurden bei dieser Studie das Selbstbewusstsein, Selbstbild, Selbstwertgefühl und die Bewältigungskompetenzen der zweiten Generation betrachtet.

Tabelle 7 Vergleich der Ergebnisse

Annahmen von G. Rosenthal in „Der Holocaust im Leben von drei Generationen“	Gewonnene Ergebnisse über kurdische Jugendliche	Annahmen und Ergebnisse von Baer/FrickBaer
Abstreiten der jüdischen Abstammung bei der nachfolgende Generation von Opferfamilien	Anerkennung der eigene Identität, wird als Einstellung ‚starker Kämpfer‘ gesehen, sind stolz, Kurden zu sein.	▸ *Nachfolgende Generation hat schwache Identität, erschwerte Loslösung aus der Identifikation innerhalb der Familie*
Verschwiegene Vergangenheit wirkt auf die zweite Generation mehr als die Vergangenheit, über die gesprochen wird	Auch bei der vorliegenden Untersuchung erkennbar. Familie Özkürt leidet mehr. Sie schweigen mehr über ihr Traumata.	▸ *Schweigen über Traumata sorgt gerade dafür, dass die Traumata die nächste Generation folgenschwer belastet.*
Eltern: Zwang der Kinder zu essen. Hintergrund: Die Eltern haben selber in Ghettos nicht zum Essen bekommen.	Übertragung der Krise der Mutter, z.B. Welats Nervenzusammenbruch in Begleitung vom Weinen	▸ *Leistungsdruck kann zu psychosomatischen Beeinträchtigungen wie Konzentrationsschwierigkeiten führen.*

Annahmen von G. Rosenthal in „Der Holocaust im Leben von drei Generationen"	**Gewonnene Ergebnisse über kurdische Jugendlichen**	**Annahmen und Ergebnisse von Baer/FrickBaer**
Nervenzusammenbruch der Mutter, der als Symptom an das Kind weitergegeben wurde	Übertragung der Krise der Mutter, z.B. Welats Nervenzusammenbruch, begleitet von Weinen	► *Spiegelneuronen sorgen dafür, dass sich Menschen in andere hineinversetzen; Übertragung der Symptome*
Wenig Empathie und eingeschränkte Interaktion zwischen den Generationen	Beide Generationen haben Probleme, Gefühle und Meinungen anderer zu akzeptieren.	► *Fehler der Kinder werden als extrem schlecht bewertet. Fehler führen zu Abwertung.*
Wenig emotional, Gefühle für Bezugspersonen werden versteckt	Gefühle werden unterdrückt, Realität über manche Gefühle wird verleugnet; Abwehr	► *Hintergrund ist Angst. Emotionale Abflachung wird Teil der Persönlichkeit.*
Durch Trauma entstandene Angst kann sich auch bei der nächsten Generation zeigen; Abwehrhaltungen gegen Angst entstehen	Entwicklung von Angst ist zu sehen, aber Abwehrmechanismen sind kaum erkennbar; Angst wurde verinnerlicht	► *Bei PTSD wird Angst weitergegeben. Angst kann große Bereiche des Lebens beeinträchtigen; Abhängigkeit durch Angst.*
Verheimlichen und unterdrücken von Schuldgefühlen wegen Verpflichtungen innerhalb der Familie	Rechtfertigung innerhalb der Familie für nicht erbrachte Verpflichtungen: keine Annahme der Schuld; entstehende Opferrolle	► *Hohe Anforderungen erschweren die Bewältigung der Probleme nicht Veränderbarkeit der Situation führt zur Schuldgefühlen*
Familialer Dialog hängt meistens von negativen Erfahrungen in der Familienvergangenheit ab; spätere Sozialisationseinflüsse sind für den familialen Dialog weniger bestimmend.	Negative Erfahrungen der Eltern in der Vergangenheit beeinflussen den familialen Dialog und erschweren die Harmonie in der Familie. Probleme der Eltern und 0Konflikte innerhalb der Familie bestimmen den familialen Dialog.	► *Traumatische Erfahrungen der Eltern beeinflussen ihre Beziehung und ihr Verhalten zu ihren Kindern. Die Kinder können sich auf ihre Eltern nicht verlassen; es entsteht Misstrauen; das führt weiterhin zu Distanz den Eltern gegenüber.*
Kommunikation zwischen Vater und Sohn: Anschuldigungen, Missverständnisse, Schmerz usw.	Distanz zum Vater, Enttäuschung wegen der Fürsorge und Nähe der Eltern. Anschuldigungen ebenfalls vorhanden	► *Notwendigkeit der sozialen Unterstützung durch wichtige Be zugspersonen für Erreichung der Individuation.*

Annahmen von G. Rosenthal in „Der Holocaust im Leben von drei Generationen“	**Gewonnene Ergebnisse über kurdische Jugendlichen**	**Annahmen und Ergebnisse von Baer/FrickBaer**
Interesse an die Verfolgungsvergangenheit und traumatische Erlebnisse der Angehörigen	Geringes Wissen über die Verfolgungsvergangenheit der Eltern: Fixierung auf die jetzige Situation und Gewalt zu Hause	► *Unerwünschte Erlebnisse wie Prügelei der Eltern sehr relevant, dies deutet auf geringes Selbstwertgefühl*
Bindung an die Herkunftsfamilie kann die Autonomieentwicklung behindern	Schwierigkeiten mit der Ablö sung von der Familie → fehlende Autonomie	► *Verlustangst bestimmte Menschen verlassen zu müssen bremst die Selbstständigkeit.*
Suche einer Zugehörigkeit und einer Identität. Entwicklung von Misstrauen	Wille autonom zu sein, „ohne Familie ist man frei“ → vermutlich Abwehr oder Ablösung durch Freundschaftskreis bewältigt	► *Kontrolle durch die Familie wird als großer Druck empfunden. Forderungen der Familie werden bei den Kindern zur Last*
Teilnahme an vielen Aktivitäten. Grund: Suche nach einer Zugehörigkeit →Enttäuschung, Unzufriedenheit, →Metapher „Leere“	Teilnahme an vielen Aktivitäten, Erwartung von Anerkennung. Suche nach Zugehörigkeit, Unzufriedenheit, → Metapher „Leere“	► *Leere führt zur Auswirkungen auf Selbstverständlichkeit und Selbstbewusstsein. Entwicklung der eigenen Identität durch Aktivitäten*
Staatliche Hilfestellung für Familie, Kibbuzbewegung sorgte für Anteilnahme in der Gesellschaft	Asylstatus, Zwang Deutsch zu lernen, keine fördernde Aufnahme in die Gesellschaft	► *Versuch der eigenständigen Bewältigung der Probleme, wieder Suche nach Anerkennung*
Vergangenheit löst Angst, Interviewte befürchtet beruflich zu versagen, macht sich sorgen um ihre Zukunft	Keine Zukunftsperspektive, da Angst zu versagen und nicht weiter zu kommen → Verzweiflung wie die Eltern zu werden	► *Zwischenstadium von Bindung an die Herkunftsfamilie und Selbstständigkeit, Angst zur Familiengründung*
Zweite Generation fühlt sich verantwortlich für die Eltern → aber Vernachlässigung der eigenen Kinder	Jugendliche übernehmen wegen der Vernachlässigung die Elternrolle → Eltern brauchen Unterstützung	► *Kinder werden zu Eltern der Eltern → Parentisierung → lebenslange chronische Überforderung.*

Annahmen von G. Rosenthal in „Der Holocaust im Leben von drei Generationen"	**Gewonnene Ergebnisse über kurdische Jugendlichen**	**Annahmen und Ergebnisse von Baer/FrickBaer**
Kampf um Identität und Anerkennung → sollen nicht als Opfer sondern als Israelis anerkannt werden → Hintergrund: brauchen starkes Image	Sie möchten als wertgeschätzte Kurden identifiziert werden. Doch sind sie für die Einbürgerung als Deutsche offen.	▸ Die Identifikation ist so stark, dass sie auch auf Partner bzw. Familie übertragen wird. Suche nach einer stabilen Identität

Quelle: Eigendarstellung

Vergleichbare Themen in der Rosenthal-Studie zeigten an vielen Stellen ähnliche Ergebnisse. Wie auch im Theorieteil dieser Arbeit erläutert wurde, deuteten die Ergebnisse der Rosenthal-Studie durch den Vergleich der Täter- und Opferfamilien in der NS-Zeit darauf, dass die nachfolgende Generationen von traumatisierten Familien eine starke Bindung an die traumatische Familienvergangenheit und auch an ihre Herkunft hatten. Diese Ergebnisse machten wiederum klar, dass die Mentalität, Religion, Tradition, Kultur, andere Identitätsmerkmale usw. in diesem Zusammenhang eine geringe Rolle spielen. Es stellt sich insgesamt heraus, dass nicht sehr große Unterschiede zwischen den Auswirkungen von Traumata und Erlebnissen der Holocaustopfer und der Auswirkungen von Traumata und Erlebnissen von kurdischen Flüchtlingen auf die nachfolgende Generation vorliegen. Ein sehr ähnliches Ergebnis war, dass die nachfolgende Generation sich mitverantwortlich für die familiären Verhältnisse fühlten. So hatten die Jugendlichen *Welat* und *Zine* die Verantwortung für die Familie übernommen und fühlten sich verpflichtet, die Elternrolle für ihre jüngere Schwester übernehmen. Hierzu machte Rosenthal bei einigen ihrer untersuchten Fälle die Aussage, dass die zweite Generation der Holocaust-Opfer sich für die erste Generation verantwortlich fühlte und die dritte Generation für die zweite. Als ein gemeinsames Ergebnis mit der Holocaust-Studie kann auch die Suche nach Identität und Anerkennung der Interviewten betrachtet werden. Bei allen interviewten Jugendlichen war deutlich feststellbar, dass sie oft fehlende Anerkennung andeuteten, dass ihnen die Unterstützung, Motivation, das Vertrauen der Eltern fehlt.

Wichtig ist hier, wie Auswirkungen der Traumata von den nächsten Generationen aufgenommen und verarbeitet werden. Es konnte noch festgestellt werden, dass die Auswirkungen des Traumas von Betroffenen auch das Leben der Personen in ihrem sozialen Umfeld stark beeinflussen. Auch die Ergebnisse der vorliegenden Arbeit könnten veranschaulichen, dass die Nachkommen eine große Bindung an die Familienvergangenheit haben und eine Fixierung auf die familiären Probleme vorhanden ist. Ein wichtiges Gesamtergebnis bei allen interviewten Jugendlichen ist auch, dass sie Wünsche haben, ihre Sozialisationsbedingungen zu verbessern, aber wiederum große Schwierigkeiten haben, sich von ihrer jetzigen Situation und Gesellschaft, insbesondere von ihrer Familie abzulösen. Schließlich konnte in Bezug auf die Sozialisationsbedingungen der Jugendlichen als Ergebnis, wie es auch Rosenthal feststellte, festgehalten werden: Das Aufwachsen und Leben mit traumatisierten Eltern wirkt sich auf die Sozialisation der Jugendlichen einschränkend aus, so dass die Autonomieentwicklung behindert wird, die Nachkommen wie die Elterngeneration pessimistisch gegenüber ihrer Zukunft sind und somit auch viele Aufstiegschancen in ihrer Sozialisation und in ihrem Leben verpassen.

7.4 Reflexion über die eigene Forschung

Mit der Rekonstruktionsmethode von Rosenthal konnten die Situation und die Lebensgeschichte der interviewten Familien gut beschrieben werden. Die Rekonstruktionsmethode half, eine chronologische und detaillierte Darstellung der Familienvergangenheit zu erarbeiten. Die Umsetzung der biografischen Fallrekonstruktion für die vorliegende Untersuchung war nicht einfach durchzuführen und bedeutete viel Durchhaltevermögen und wiederholte Auseinandersetzung mit der vorliegenden Untersuchung. Mit der Hilfe der Methodenberatung über Fallrekonstruktion von Gabriele Rosenthal und ihrer Gruppe an der Universität Göttingen wurde es möglich, sich methodisch zu vertiefen und weitere Ergebnisse für die Empirie zu gewinnen. Die Fallrekonstruktion ermöglichte eine erfolgreiche Darstellung der Sozialisationsbedingungen von kurdischen Jugendlichen und ließ einige bedeutsame Ergebnisse bezüglich dieser gewinnen. Der Vergleich der Ergebnisse der Rosenthal-Studie mit der eigenen Studie konnte wiederum für weitere aussagekräftigere Ergebnisse sorgen. Obwohl die Rekonstruktionsmethode zum ersten Mal bei einer Untersuchung mit kurdischen Migrant/innen umgesetzt wurde, funktionierte die Umsetzung sehr gut. Schließlich konnten Rekonstruktionen der Lebensgeschichten von kurdischen Jugendlichen erfolgen und dies für weitere wichtige Hypothesen und zukünftige Untersuchungen genutzt werden. An dieser Stelle wird deutlich, dass die Rekonstruktion der Lebensgeschichte nicht nur die Biografie eines Menschen darstellt, sondern weitere Blicke in andere Richtungen und Untersuchungsfelder zulässt. Die Rekonstruktion stellte wiederum heraus, wo der Kern und die Ursache eines traumabedingten Problems sind. Anderseits lässt sich durch die erzählte Lebensgeschichte gut erkennen, welche Probleme die Probanden am meisten belasten. Einerseits machte die offene narrative Interviewdurchführung Schwierigkeiten, die Interviewrichtung bzw. den Inhalt in ein bestimmtes Themengebiet zu beziehen. Auch war es an manchen Stellen des Interviews nicht einfach, dem Interviewten zu folgen, weil sich nicht selten Brüche und großer Erzählbedarf zeigten. Anzumerken ist hier auch, dass nach der Auswertung der Interviews sehr gut feststellbar ist, dass die Jugendlichen aufgrund des Traumas ihrer Eltern hohe Belastungen auf sich genommen haben wie die Übernahme der Verantwortung für die Familie oder Harmoniebildung in der Familie. Andererseits konnte durch Beobachtungen und allgemeine Erfahrungen festgestellt werden, dass das Vertrauen beim Beziehungsaufbau zu diesen traumatisierten Familien eine entscheidende Rolle spielt, damit sie sich auch helfen lassen. Ein wichtiges Ergebnis war vor allem darin zu erkennen, dass die traumatisierten Eltern vieles unbewusst und unreflektiert tun in dem Sinne, dass sie gar nicht merken, dass sie Verhaltungsstörungen haben und eine negative Beeinflussung ihrer Kinder bewirken. Bei den Verständnisproblemen, die alle interviewten Jugendlichen mit ihren Eltern haben, konnte nicht genau gesagt werden, dass sie durch Traumastörungen bedingt sind. Hier spielen meiner Meinung nach mehrere Aspekte wie Integrations- und Isolationsprobleme und die eigene Psyche der Jugendlichen ebenfalls eine Rolle. Eine traumabedingte Tabuisierung bestimmter Themen und Probleme führte ebenfalls zu Problemen der Sozialisation der Jugendlichen. Ob das Trauma der Eltern von den interviewten Jugendlichen übernommen wurde, ließ sich auch nicht eindeutig feststellen, aber einige Störungen waren auch bei den Jugendlichen zu sehen. Um weitere Forschungen und Ergebnisse in diesem Bereich zu gewinnen, sind meiner Ansicht nach längere Forschungen und Beobachtungen über mehrere Jahre bezüglich Biografie solcher Fälle nötig. Sozialisation und Sozialisationsbedingungen sind sehr umfangreiche Themen, die in verschiedene Richtungen und Phasen übergehen. Daher konnten mit der vorliegenden Arbeit nur ein paar dieser Bereiche abgedeckt werden und eine Auseinandersetzung damit stattfinden. In dieser Hinsicht kann die vorliegende Studie als ein Anfang für die Untersuchungen im Bereich Sozialisation betrachtet werden.

Die Jugendlichen in eine Sozialisationsbahn zu bringen steht auf der einen Seite; auf der anderen Seite sollte die Verarbeitung der negativen Erlebnisse mit verschiedenen Alternativen und Ideen ermöglicht werden. Dafür bedarf es vielfältiger Präventionsmaßnahmen, Forschungen, Investitionen, Strategien, Veränderungen und Verbesserungen im gesamten Sozialsystem. Eine erfolgreiche Kommunikation zwischen den verschiedenen Fachbereichen kann ebenso zur Entwicklung der Sozialisationsbedingungen im positiven Sinne dienen.

Bekannt gemacht wurde bis jetzt ein breites Spektrum des Traumas und seine Auswirkungen auf die Sozialisation der Betroffenen, und deren Nachkommen. Ein weiteres Vorhaben der vorliegenden Arbeit besteht auch darin, für die dargestellten Probleme präventive Maßnahmen vorzuschlagen. Zu diesem Zweck geht es auf einer Seite darum, traumatisierte Personen und ihre Familien in ihren Bedürfnissen zu unterstützen und für die Verbesserung ihrer Sozialisationsbedingungen zu sorgen. Andererseits besteht in Hinsicht auf den beruflichen Kontext eine Verpflichtung diesen Betroffenen zu helfen. Daher ist ein breites Aufgabenspektrum, das die Aufgaben aller beteiligten Institutionen wie Behörden und sozialer Einrichtungen, auch gesundheitlicher Institutionen etc. beinhaltet, notwendig, um präventive Maßnahmen für Familien mit Trauma- und Sozialisationsproblemen anzusetzen.

Teil III
Praxisvorschläge für Prävention bei traumatisierten Familien

Für die vorliegenden Ergebnisse ergibt sich ein breites Spektrum von präventiven Ideen und Konzepten. In diesem Zusammenhang stellt sich heraus, dass eine Reihe von Interventionen und Präventionen notwendig ist, um die Betroffenen bzw. Flüchtlinge in ihrem weiteren Leben gesundheitlich und sozial zu fördern und zu unterstützen.

Von verschiedenen Institutionen, Menschenrechtsaktivitäten und Politikern wird kritisiert, dass die Strategie der Bundesrepublik Deutschland in der Integration von Migrant/innen prekär ist. Trotz des hohen Anstiegs der Flüchtlingszahl in den letzten Jahren passierte in der Migrationspolitik nicht viel, so dass in Bezug auf Bildung, Gesundheit, Integration, Erziehung usw. dieser Migrant/innen wenig vorbereitet wurde. Obwohl viele dieser Migrant/innen Flüchtlinge sind, wird diesen Personen für ihre Asylanerkennung, die weiteren Prozesse für den Aufenthalt und ihr Wohlbefinden in Deutschland ein langdauernder schwieriger Sozialisationsprozess angeboten.

In verschiedenen Großstädten gibt es Beratungszentren wie z.B. ProAsyl in Essen, die sich um mehrere Probleme der Flüchtlinge kümmern, aber kaum professionelle Hilfe für Jugendliche in hoch belasteten und traumatisierten Familien. Wichtig ist hierbei auch, sich um die Sozialisationsbedingungen oder Integration dieser Jugendlichen und ihrer Familien in die Gesellschaft zu kümmern. Soziale Einrichtungen müssen dafür sorgen bzw. sich verantwortlich fühlen, Aktivitäten anzubieten, um Personen verschiedener Kulturen untereinander näher zu bringen. Insgesamt sollte dafür gesorgt werden, dass Menschen verschiedener Kompetenzen, verschiedener Kulturen und Eigenschaften zusammen kommen und voneinander lernen.

Individuelle Betrachtungen der einzelnen Probleme dieser Personen wie spezielle Beratungen für die Erstellung von Gutachten bezüglich der Asylanerkennung bzw. Therapien können in dieser Hinsicht nicht ausreichen. Auch kurzzeitige Therapien und nicht-professionelle Behandlung und Betreuung reichen nicht aus, die Betroffenen in das Leben im Aufnahmeland einzugliedern und gegebenenfalls bessere Aufstiegschancen im sozialen Leben zu ermöglichen.

Zu unterscheiden ist in diesem Kontext vor allem die Verhaltens- und Verhältnisprävention. Die beiden Präventionsarten sind für eine erfolgreiche Umsetzung von Präventionen in verschiedenen Lebenbereichen unerlässlich. Es bedarf eine Bilanz zu ziehen, bei der bestimmte Anforderungen von Health Action Cycle zu berücksichtigen sind. Diese Anforderungen können für die Kontrolle und Evaluation von präventiven Maßnahmen nützlich sein. Zu berücksichtigen ist hier, dass die Umsetzung einer Prävention bei traumatisierten Familien nicht immer einfach ist. Es muss daran gedacht werden, dass die Motivation zur Prävention schwierig sein kann. Hierfür kann z.B. die Motivation zur Bewältigung eines Traumas betrachtet werden. Es ist nicht davon auszugehen, dass jede traumatisierte Person zu einer Therapie motiviert werden kann, da nicht selten traumatisierte Personen Angst haben, sich durch den Therapieprozess wieder an das traumatische Ereignis zu erinnern. Hierdurch werden die Prozesse in der Prävention für traumatisierte Betroffene und ihre Umwelt komplexer.

Intervention/Prävention: Hier wird Intervention in Bezug auf Gesundheitsförderung und Krankheitsprävention betrachtet. Dabei hat Intervention bei der Gesundheitsförderung das Ziel des Einwirkens auf die „Verbesserung von individuellen Fähigkeiten der Lebensbewältigung und ökonomischen, kulturellen, sozialen, bildungsmäßigen und hygienischen Bedingungen der Lebensgestaltung von Bevölkerungsgruppen." (Hurrelman u.a. 2010 in Hurrelmann u.a. 2012). Diese Art der Intervention entspricht verschiedenen Vorschlägen in folgenden Abschnitten für die soziale Förderung von Jugendlichen mit traumatisierten Familienangehörigen in verschiedenen Musterprozessen. Auf der anderen Seite tritt Intervention als Krankheitspräventions auf. Also als Maßnahmen, die darauf zielen, Risikofaktoren von Krankheiten zu verhindern, Krankheiten zu verhüten, zu verlangsamen oder umzukehren (WHO 1986).

Weiterhin lässt sich Prävention in verschiedener Literatur in vier Unterpunkte teilen:

- Primordiale Prävention: Diese Interventionsart bezieht sich auf Menschen mit gesundem Zustand und zielt darauf Lebensbedingungen, die für die Gesundheit wichtig sind positiv, zu bewirken. Ein Beispiel hier für wäre, bessere soziale Bedingungen für die Jugendlichen mit traumatisierten Eltern anzubieten.
- Primäre Prävention: Hierbei geht es um die Förderung einer gesundheitsbewussten Lebensgestaltung durch gesundheitliche Aufklärung. Ziel ist es die Neuerkrankungsrate zu senken. Als Beispiel können hier im Zusammenhang mit traumatisierten Familien die Aufklärung über Trauma und Traumafolgestörungen genannt werden.
- Sekundäre Prävention: Hier geht es darum, neu eingetretene Gesundheitsprobleme zu lindern bzw. deren Fortschreiten zurückzudrängen (vgl. Hurrelman u.a. 2012). Ziel ist dabei die Senkung der Krankenbestandsrate. Als Beispiel in Kontext des Traumas kann hier die Bewältigungstherapie gesehen werden.
- Tertiäre Prävention: Es handelt sich bei dieser Präventionsart darum, bei bestehender Schädigung weitere Erkrankungen, die sich daraus entwickeln können, zu vermeiden. Ziel ist es hier, die Funtionsfähigkeit und Lebensqualität der kranken Person so gut wie möglich wieder herzustellen (ebd.). Als Beispiel

hierfür kann eine Beschäftigungstherapie für traumatisierte Familien benannt werden, damit es nicht zu weiteren Traumafolgestörungen wie Isolation oder psychische Krisen, Misstrauen etc. kommt.

Die gerade genannten Präventions-/Interventionsarten können wiederum in Verhaltens- oder Verhältnisprävention unterschieden werden.

Verhaltensprävention: Diese beschäftigt sich mit allen Maßnahmen, die der Einzelne zur eigenen Verhaltensänderung und seiner Umwelt trifft. Z.B. wäre die Teilnahme an einer Bewältigungstherapie eine Verhaltensprävention für eine Person mit traumatischen Erlebnissen. Zu bemerken ist hier, dass das Wichtigste hierbei die Motivation der Betroffenen zur Verhaltensänderung ist. Daher bedarf es einer großen Unterstützung durch äußere Umweltfaktoren und andere Personen. In diesem Sinne kann gesagt werden, dass es schwierig ist, dass die Betroffenen es schaffen, ihre Traumata zu bewältigen, ohne dass sie von ihrer Umgebung unterstützt werden und günstige Umweltfaktoren existieren. Vorliegende Ergebnisse zeigten, dass die Gesellschaft und soziale Netzwerke eine wichtige Rolle beim Umgang mit Trauma spielen. Es zeigte sich, dass die Betroffenen alleine ohne Hilfe und Unterstützung von Bezugspersonen kaum eine Möglichkeit haben, ihre Traumata zu bearbeiten. Daher verdient die Verhältnisprävention ihre Bedeutung und es wird deutlich, dass Verhaltensprävention ohne Verhältnisprävention nicht viel Gewinn für die Gesundheit der Betroffenen erzielt. Damit Verhaltensprävention ihre Bedeutung bekommt, muss Verhältnisprävention schon stattgefunden haben.

Verhältnisprävention: In dieser Art der Prävention geht es um die Unterstützung der Betroffenen durch ihre Umwelt in ihrem gesundheitsförderlichen Verhalten. D.h. der Gesundheitszustand der Betroffenen soll sich durch die Änderung der Lebensbedingungen und der Umwelt verbessern. Beispielsweise muss für ein traumatisiertes Ehepaar eine Aufklärung über die Therapiemöglichkeiten erfolgen bzw. für nicht-deutschsprachige Personen ein Dolmetscher zur Verfügung stehen, damit sie überhaupt an einer Therapie teilnehmen können. Ob diese Therapie später erfolgreich wird, ist dann noch ein anderes Thema. Eine andere Möglichkeit wäre es, damit die traumatisitierten Personen von ihren traumatischen Ereignissen abgelenkt werden, Aktivitäten oder eine Rehabilitationsmöglichkeit für diese Personen anzubieten. Wichtig ist hier darzustellen, dass ohne gezielte präventive Maßnahme, die die Verhältnis- und Verhaltensprävention miteinander kombiniert, keine erfolgreiche Prävention für traumatisierte Familien und ihre Umwelt möglich ist. Die Ergebnisse der vorliegenden Untersuchung zeigen, dass allgemeine Gesundheitsvorsorge wie z.B. Routineuntersuchungen durch Hausärzte und andere Berufsgruppen nicht ausreichend sind, um Störungen bezüglich traumatischer Ereignisse zu vermeiden bzw. lindern. Außerdem kommt es nicht selten vor, dass z.B. entsprechende Therapien wie Verhaltenstherapie durch gesetzliche Kassen nicht gezahlt werden und dadurch diese hoch belasteten Familien aufgrund ihrer ökonomischen Situation und Lebensbedingungen sich diese gezielte Prävention nicht leisten können. An dieser Stelle können noch weitere Lücken und fehlende Verhältnispräventionen der vorhandenen Gesundheits- und Sozialsystem aufgezählt werden, worauf später noch eingegangen wird.

In diesem Kontext sind die Aufgaben verschiedener Intitutionen, Berufsgruppen zu benennen und die gezielte Umsetzung von Präventionen zu bewerten. Diese Bewertung kann in Anlehnung an Puplic Health Action Cycle (Rosenbrock 1995) durchgeführt werden. Hierbei treten vier Grundfragen auf. Diese Fragen ermöglichen eine Auseinandersetzung mit und Evaluation des Erfolgs einer Prävention.

Assessment: Diese Frage beschäftigt sich mit den Gefahren, Krankheiten, Gefährdungen, die mit veschiedenen Gesundheitsförderungstechniken und Krankheitspräventionen behandelt werden können. Die Antwort auf diese Frage im Kontext der vorliegenden Untersuchung wird mehrmals in dieser Arbeit mit den zentralen Themen „Trauma" und „Einfluss der Traumata-Auswirkungen einer Person auf ihre Umwelt und ihre Sozialisationsbedingungen" diskutiert und dargestellt.

Policy formulation: Diese Frage behandelt welche Interventionsformen, welche Institutionen und welche Zuständigkeiten für die Problembehandlung benötigt werden. Hier werden als Instrumente für die Prävention im Bereich Trauma und hochbelastete Jugendlichen z.B. Fachpersonal wie Psychiotherapeuten, Sozialarbeiter, Pädagogen, Ärzte und Wissenschaftler, als Instutionen Therapie- und Bildungszentren benötigt. Außerdem müssen auch die Räume, Orte für Schulungen und andere Beschäftigungen der Familien berücksichtigt werden. Eine ausführliche Diskussion dieser Frage und Planung eines Konzeptes wird später erfolgen.

Assurance: Bei dieser Fragestellung geht es darum, in welcher Hinsicht, mit welchen Überlegungen und Strategien die definierten Instrumente angewendet und umgesetzt werden können. Hierfür spricht wiederum z.B. die feste Vereinbarung mit entsprechenden Fachpersonen und Institutionen, sowie Planung der Umsetzung von Therapien und Schulungen für traumatisierte Familien. Geplant ist hier auf der anderen Seite eine Qualifikationsmaßnahme für Fachpersonal (Lehrer, Sozialarbeiter, Pflegefachpersonal usw.). Die Umsetzung und Planung von Schulungsinhalten, Zeitaufwand und Lernprozessen muss hier ebenfalls überdacht werden. Wichtig ist hierbei, die genaue Aufgabenstellung für bestimmte Berufsgruppen und Institutionen darzustellen.

Evaluation: An dieser Stelle wird geplant, wie eine Bilanz der Interventionen gezogen werden kann. Dabei geht es darum, wie die Interventionen, die Umsetzungen und Präventionen in Bezug auf die Problemstellung bewertet werden können. Eine Bewertungsstrategie kann z.B. durch Interviews der Jugendlichen bezüglich der Zufriedenheit mit den präventiven Maßnahmen erfolgen. Darüber hinaus können teilnehmende Beobachtungen und Interviews mit Teilnehmer/innen durch Fachgruppen und entsprechenden Institutionen durchgeführt werden. Ein anderer und wichtiger Evaluationsschritt wäre ein Evaluationsinterview über den Gesundheitszustand der behandelten Familien nach der Therapie. Zu beachten ist an dieser Stelle, welche Evaluationsform am geeignetesten für die Bewertung der präventiven Maßnahmen ist.

8 Präventive Ideen in Bezug auf Umgang mit Trauma und traumatisierten Personen

Wie schon in der Empirie beschrieben wurde, beginnen die Probleme der geflüchteten Famillien bereits mit der Ankunft im Aufnahmeland und schreiten fort. Mit der Ankunft beginnt die Phase der Anhörung, Begegnung mit anderen Kulturen, der sogenannte Kulturschock, der die Situation und Sozialisationsbedingungen der Flüchtlinge zusätzlich erschwert. Die schwierige Situation im Asylheim verbirgt die Zustände wie Isolation, persönliche und soziale Desorientierung, Sorge für restliche Familienangehörige und Heimweh. Hinzu kommen auch die Schwierigkeiten der Orientierungsfindung in der Fremde.

Schließlich kann davon ausgegangen werden, dass geflüchtete Familien ihre bestehende Sozialisation aufgeben und hier im Aufnahmeland eine neues Leben und Sozialisation beginnen müssen. Es stellte sich heraus, dass in diesem Zusammenhang großer Bedarf an Informationen und Hilfen für diese Migrationsgruppen besteht. Es reicht nicht aus, lediglich die Betroffenen zu begleiten, auch deren Familie oder Bekanntenkreis sollte in die Beratung miteinbezogen werden, z.B. sollten die Betroffenen bei den schulischen Angelegenheiten ihrer Kinder und erzieherischen Veranstaltungen unterstützt werden. Die vorliegende Arbeit zeigt deutlich, dass die ganze Familie mit in die kontinuierliche Begleitung und Beratung einbezogen werden muss. Ein anderes oft vorkommendes Problem von Familien war, dass sie das Bildungs-, Gesundheits-, Rechts-, sowie das Sozialsystem des Aufnahmelandes nicht ausreichend bzw. sehr lückenhaft kennen und dementsprechend orientierungslos sind, wenn es um Beteiligung in diesen Systemen geht. Solche unvorbereitete Orientierungen im Leben rauben den Betroffenen unnötig Zeit, bewirken eine Überforderung und machen den Weg zum Sozialisationsaufstieg schwieriger. Diese ganzen Prozeduren sind allgemeine migrationsspezifische Probleme, die schon ziemlich komplex sein können. Es zeigte sich in der Empirie, dass es schwieriger wird, wenn noch das Traumata hinzu kommt und daher diese Personen hoffnungslos sind oder zum größten Teil ihr Leben schon aufgegeben haben. Solche Fälle mit sehr komplexen Situationen benötigen nicht nur eine klare

Aufgabenstellung für die Unterstützung dieser Personen, sondern erfordern eine verantwortungsbewusste Annahme der Aufgaben für die Ermöglichung einer erfolgreichen Sozialisation oder Integration in der neuen Gesellschaft. Aus den Ergebnissen dieser Arbeit wurde klar, dass professioneller Umgang und Therapie nicht ausreichend sind, sondern regelmäßig fortentwickelte, verschiedene fach- und sozialisationsbezogene Aktivitäten angeboten werden müssen. Hierbei handelt es sich um Praxisvorschläge, die umgesetzt werden können, um den Betroffenen, besonders Jugendlichen, die durch traumatisierte Eltern bzw. Familienangehörigen hochbelastet sind, bessere Sozialisationsbedingungen zu ermöglichen.

Im Anschluss zu der vorangegangenen Arbeit sollen nun erste Präventionen und Problemlösungen in Bezug auf den Umgang mit traumatisierten Migrantenfamilien in sozialen Feldern vorgegeben und ins Zentrum gerückt werden. Schließlich sind die Aufgaben und Verpflichtungen der Gesellschaft gegenüber Jugendlichen mit traumatisierten Familienangehörigen zu verdeutlichen und soziale wie auch politische Interessen aller Beteiligten zu wecken. Weiterhin soll dies dafür sorgen, dass die innere und äußere Kommunikation und die Sozialisation der Jugendlichen mit traumatisierten Eltern besser erläutert werden, damit diese besser funktionieren. Die vorliegende Studie zeigt, wie wichtig und notwendig es ist, dass die von Traumaauswirkungen betroffenen Jugendlichen und ihre traumatisierten Eltern einen speziellen und verantwortungsvollen Umgang erfahren. Hier ist es notwendig, die vorher ausführlich dargestellte Problematik der Jugendlichen und ihre Lebenssituationen mit traumatisierten Eltern zu mildern. Daher sollen die Aufgaben in den Bereichen Wissenschaft, Pädagogik, Erziehung, Sozialwissenschaften, gesundheits- und sozialisationsfördernde Organisationen und Maßnahmen neu thematisiert und stärker berücksichtigt werden. Als erstes erfolgt ein Vorschlag für ein Konzept mit dem Ziel der Sozialberatung für traumatisierte Familien und hochbelastete Jugendlichen. Dieses Konzept kann allein als eine spezielle Organisation oder als weitere Entwicklung der Präventionsmaßnahmen im Bereich Bildung, Sozialisation und Gesundheit angesehen werden.

Als nächstes wird ein Hauptkonzept für Qualifikation und Prävention mit der Teilnahme entsprechender Organisationen vorgestellt. Dies kann helfen, den Umgang mit betroffenen Jugendlichen und deren Eltern durch Praxisvorschläge auf drei Ebenen darzustellen. Laut vorliegender Untersuchung ergeben sich viele notwendige Präventionen. Um einen Teil dieser Maßnahmen zur Diskussion zu stellen und erste Hilfe in Bezug auf die Unterstützung der Sozialisation von Jugendlichen mit traumatisierten Eltern anzubieten, werden an dieser Stelle die Präventionen auf drei Ebenen eingeschränkt. Diese drei Aufgabenbereiche beziehen sich darauf, Informationen über Trauma und Traumafolgestörungen bereitzustellen, dadurch betroffene Jugendliche zu erkennen und mögliche Problemlösungen anzubieten bzw. die Förderung dieser Jugendlichen zu unterstützen. Die Themenschwerpunkte für einen Teil des Hauptkonzeptes, spezifiziert sich auf Präventionen in den Bereichen Bildung und Sozialisation, dementsprechend auch Erziehung, Sozial-, Bildungs- und Leitungskräfte und wird demnächst als Beispiel vorgetragen. Als nächstes Teil des Konzeptes werden ebenso Praxisvorschläge für die Prävention im Gesundheitswesen vorgetragen.

8.1 Praxisvorschläge zur Sozialberatungsstelle für traumatisierte Familien

Das Konzept einer Sozialberatung für traumatisierte Familien, Schwerpunkt hochbelastete Jugendliche, könnte als eine neue Erfindung im Bereich der sozialen Organisationen präsentiert werden. Die Besonderheit diese Idee liegt darin, von Traumaauswirkungen betroffene Jugendlichen in ihrer Sozialisation und ihren Sozialisationsbedingungen professionell zu unterstützen. Einerseits können die in den nächsten Abschnitten gemachten Vorschläge zum Konzept der Qualifikation und Prävention ein Baustein dieser Beratungsstelle sein, andererseits kann diese Beratungsstelle existenziell als eine selbstständige Organisation mit dem Ziel der Beratung und Unterstützung in sozialen Problemen von Jugendlichen in hochbelasteten und traumatisierten Familien funktionieren. In diesem Kontext kann die Beratungsstelle auch dazu dienen, weitere Forschungen, Untersuchungen und Statistiken über die Traumatisierung oder Belastungen der nachfolgenden Generation in sozialen und beruflichen Bereichen ihres Lebens durchzuführen.

Diese Beratungsstelle kann dafür genutzt werden, die später erläuterten Erfahrungen und Kenntnisse von den Fachpersonen, die schon die Qualifikationsmaßnahmen in Tabelle 9 erworben und eingearbeitet haben, weiter aufzubauen und zum nächsten Schritt ihrer Entwicklung im Bereich der Unterstützung der betroffenen Jugendlichen und ihren Eltern überzugehen. Die entsprechenden Fachpersonen würden in diesem Kontext ihre Arbeit leichter aufnehmen können. Die Sozialberatungsstelle kann aber auch unabhängig von den später genannten Konzepten funktionieren und deshalb als ein selbstständiges Konzept betrachtet werden.

Die Rahmenbedingungen und personelle Ausstattungen, Themen und Zugehörigkeit der Sozialberatungsstelle für traumatisierte Familien mit dem Schwerpunkt hochbelasteter Jugendlicher sollen zunächst vorgestellt werden:

Name: Sozialberatung für traumatisierte Familien, Schwerpunkt hochbelastete Jugendliche

Rahmenbedingungen: In der Sozialberatungsstelle sollte an erster Stelle gleichberechtigter Umgang mit jeder Person, welche Unterstützung sucht, erfolgen. Menschen aller Nationen sind willkommen und Probleme wie Diskriminierung, Vorurteile, Gewalt etc. sind auszuschließen. Eine Teilnahme an den Aktivitäten dieser Beratungsstelle erfolgt freiwillig. Darüber hinaus erfolgt in dieser Beratungsstelle keine Behandlung von traumatisierten Personen und ihrer Umgebung, sie kann aber helfen, dafür geeignete Therapiezentren zu finden. Es geht nicht darum, das Trauma zu therapieren, sondern die Sozialisationsbedingungen der Betroffenen zu verbessern und sie in ihrem weiteren Lebens- und Sozialisationsprozess zu unterstützen. Diese Beratungsstelle dient auch der Vernetzung mit verschiedenen Organisationen, Ärzten, Institutionen, Ämtern, Stiftungen, Akademikern usw. Dementsprechend dient sie auch als Anlaufstelle und Informationsgeber für Unterstützung bedürfender Menschen. Daher wird hier auf eine starke Zusammenarbeit mit anderen Organisationen und Institutionen mit ähnlichem Schwerpunkt Wert gelegt. Die Angebote der Beratungsstelle sind kostenlos, den Betroffenen wird keine Rechnung gestellt und die Beratung kann nach Wunsch anonym erfolgen. Die Mitarbeit wird auch zum größten Teil ehrenamtlich erfolgen. Es werden nur Spenden und Förderungen durch Staat, Universitäten, Stiftungen und ähnliche Institutionen angenommen. Darüber hinaus muss genügend Werbung gemacht werden, um die Öffentlichkeit zu erreichen und so viele wie möglich Betroffene anzusprechen. Zusätzlich müssen auch regelmäßig Erfahrungsberichte und Angebote der Beratungsstelle in der Öffentlichkeit vorgestellt werden. Die Beratungsstelle muss durch eine(n) Leiter/in und Mitarbeiter/innen dieses Projekts geführt werden; zusätzlich werden auch ehrenamtliche Mitarbeiter/innen, qualifizierte Fachpersonen benötigt, die sich für die Beratung der jugendlichen Teilnehmer/innen und ihren Eltern, Leitung und Organisation der Aktivitäten und Veranstaltungen engagieren. Ziel hierbei ist es, im Laufe der Zeit ein professionelles Team aufzubauen, um den Bedarf an entsprechenden Leistungen durch Mitarbeiter/innen abzudecken und die Beratungsstelle dauerhaft zur Verfügung stellen zu können.

Voraussetzungen an das Personal: Alle Leistungserbringer, die keine Vorkenntnisse im Bereich Trauma, Sozialisation und Biografieforschung haben, müssen damit einverstanden sein, an den Qualifizierungen und Schulungen teilzunehmen. Engagierte Leistungserbringer, die schon qualifiziert oder vom Fach sind, können einfacher in die Mitarbeit der Beratungsstelle integriert werden. Es ist deutlich zu machen, dass es sich um ehrenamtliche Mitarbeit handelt und kein Lohn bezahlt wird. Mehrsprachige Mitarbeiter und Erfahrene im Umgang mit Traumata und Jugendarbeit sind für diese Sozialberatung von Vorteil. Ebenso bedarf es professioneller Fachpersonen, die aus Bereichen wie Sozialwissenschaften, Bildungs- und Gesundheitswissenschaften, Rechts- und Politikwissenschaften kommen.

Angebote der Beratung sind:
Inhalte der Seminare und Veranstaltungen für Interessierte, die sich in der Mitarbeit mit traumatisierten Familien engagieren möchten:

- Trauma und Traumafolgestörungen
- Migrationsgruppen und ihre Besonderheiten
- Bedeutung der Biografiearbeit für die Gegenwart und aktueller Zustand der Lebensweisen und Sozialisationsbedingungen
- Rechte von Migrant/innen; Schweigepflicht und Datenschutz
- Gesundheitliche Vorsorge bei Migrant/innen
- Mögliche Risiken- und Belastungsfaktoren von Migrant/innen
- Dokumentationsfilme und Erfahrungsberichte über die soziale Lage von hochbelasteten Familien
- Bekanntmachung von aktuellen Forschungsergebnissen über Traumata und deren Auswirkungen auf die Sozialisation: z.B. Lebensgeschichtenforschung über Opfer- und Täterfamilien im Holocaust, Gabriele Rosenthal und ihr Team
- Inter- und transkulturelle Kompetenz
- Erfahrungsaustausch zwischen Fachleuten und Betroffenen (Therapeuten, Lehrende, Ärzte, Sozialarbeiter, Betroffene etc.)
- Sozialisation und Sozialisationsbedingungen von Migrantenfamilien
- Konferenzen über die Entwicklung innerhalb der Beratung

Aktivitäten und Seminare für die Betroffenen bzw. Beratungsteilnehmer/innen

- Allgemeine Informationen über Gesundheit und Krankheit
- Informationen über ihre Rechte und Pflichten; Schweigepflicht und Datenschutz
- Erfahrungsaustausch zwischen Eltern und Informationen über das Sozialsystem
- Mögliche Übungen und Rollenspiele für Persönlichkeitsentwicklung und Stärkung der sozialen Kompetenz
- Gestaltung von kulturellen Festen und Feiern; z.B. Weihnachtsfest, Zuckerfest, Newroz etc. Diese Strategie kann dafür sorgen mehrere Gesellschaften zusammen zu bringen.
- Informationstage für die Förderung von Schüler/innen, Studenten oder allgemein Jugendlichen, an denen z.B. Stipendiumsmöglichkeiten, Weiterbildungsmöglichkeiten, Auslandaufenthalte wie Praktika oder Studium im Ausland etc. erläutert werden.

Supervisionen: Gruppengespräche unter Personen ähnlicher Problematik oder Einzelgespräche zwischen Fachperson und Betroffenen. Supervisionen können interessanter ausgestaltet werden, wenn z.B. jede(r) Gesprächsteilnehmer/in über eigene Lebensabschnitte wie Beruf, Studium, Kinder etc. erzählt. Dies soll auf der einen Seite die Betroffenen frei reden lassen und auf der anderen Seite hilft es, den Kontaktaufbau zu anderen zu erleichtern und über eigene Befindlichkeiten zu berichten. Für Fachpersonen ermöglicht dies die Erkennung der Probleme der Betroffenen. Anzumerken ist hierbei auch, dass traumatisierte Menschen und auch von diesem Problem indirekt belastete Generationen viel Bedarf an Gesprächen über dieses Thema haben. Folgende Überlegungen, Vorschläge und Konzepte sollen die Probleme in der Umsetzung der Prävention verringern und bessere Anwendung ermöglichen.

8.2 Vorschläge für Prävention und Qualifikation für bestimmte Berufsgruppen

Bei der folgenden Prävention sind Sozialarbeiter/innen, Lehrfachkräfte, Gesundheit- und Pflegefachpersonal und als Institutionen Schulen, Therapiezentren und Sozialzentren beteiligt. In Frage kommende Interventionsformen sind: Qualifizierung des Fachpersonals, Therapiemöglichkeiten für Personen mit Traumaproblemen, Aufklärung bzw. Schulungen für den Traumatisierten und seine Umwelt. Schießlich sollen Aktivitäten, Beschäftigungen in sozialen und bildungsorientierten Organisationen angeboten werden. Darüber hinaus sollen die Jugendlichen Zugang zu verschiedenen sozialfördernden Informationen, Bildungsaufstiegmöglichkeiten wie z.B. Stipendien erhalten und damit die Möglichkeit bekommen, Karierre zu machen und andere Förderungsmöglichkeiten zu erlangen. Außerdem sind als Kooperationspartner sozial- und gesellschaftspolitische Einrichtungen wie Vereine, Gewerkschaften, Berufsverbände, Stiftungen zu wählen. Schulungs- und Veranstaltungsräume werden benötigt. Die finanzielle Deckung der Ermöglichung und Umsetzung der Interventionen muss ebenfalls vor Augen gehalten werden.

Es sollte als erstes näher über die Auswirkungen des Traumas aufgeklärt werden. Erste wichtigste Aufgabe in der Leitungsebene der Institutionen wie Kindertagesstätte, Schulen, Ausbildungsstellen, Universitäten etc. liegt darin, Erzieher/innen, Lehrer/innen, Sozialarbeiter/innen, Dozenten über Trauma und dessen Auswirkungen zu qualifizieren. Bezüglich dessen müssen kontinuierliche Veranstaltungen für diese Fachleute angeboten werden. Dadurch können für Traumata Empathie, Verständnis und Fachwissen der Personen in verschiedenen Organisationen gewonnen werden. Wichtig ist hierbei auch, dass die Forschungsergebnisse der Universitäten durch Seminare diskutiert und bekannt gemacht werden. Die Universitäten sollten mit ihren Fachbereichen Sozialwissenschaften oder Bildungs- und Gesundheitswissenschaften ihre Rolle als höchste Instanz der Bildungshierarchie als Informations- und Organisationsstelle übernehmen.

Da das Defizit einer Qualifikationsmaßnahme für Fachpersonal in sozialen und gesundheitlichen Einrichtungen evident erscheint, soll nach der Beschreibung und ausreichenden Begründung des Konzeptes zuerst eine Weiterbildung in den zuständigen Behörden (Amt für Fort- und Weiterbildung) offiziell anerkannt werden. Die Teilnahme an diesen Qualifikationsmaßnahmen soll parallel zur Beschäftigung erfolgen. Gedacht ist an dieser Stelle, dass die Maßnahme über vier Monate geht und in der Regel wöchentlich an einem Tag, z.B. Freitag von 14:00 Uhr bis 19:00 Uhr stattfindet. Zum Schluss der Qualifikation wird für die erfolgreiche Teilnahme eine Projektarbeit mit entsprechenden Themenschwerpunkten abgegeben und von entsprechenden Seminarveranstaltern bewertet. Obwohl die Qualifikationsmaßnahme mehrere Berufsgruppen und Institutionen befasst, wird im Folgenden auf nur eine Berufsgruppe und Institution eingegangen, um die Inhalte und Ziele der Qualifikation besser darzustellen. Der Sozialarbeiter wird als Berufsgruppe und das Jugendamt wird als Institution zunächst beispielhaft für die Darstellung der Qualifikation betrachtet. Die Sozialarbeiter werden erstens betrachtet, weil sie aufgrund ihrer Arbeitsschwerpunkte mit Eltern und Jugendlichen permanent zu tun haben und zweitens sich mit der sozialen und psychichen Gesundheit dieser Zielgruppen auseinandersetzten. Es kann davon ausgegangen werden, dass die Sozialarbeiter ausgeprägte Wahrnehmung und Beobachtung benötigen, um vorliegende Situationen und Fälle gerecht zu bewerten und betroffene Personen unterstützen zu können. Andererseits wird für den Umgang mit Menschen, die unter Trauma leiden bzw. von Trauma betroffen sind, hohe Professionalität benötigt. Daher müssen die Sozialarbeiter in der Lage, sein mit diesen schwierigen Situationen umzugehen. Ein Sozialarbeiter muss wissen, wie er den Betroffenen in der Problemlösung unterstützen kann. Daher sind Verknüpfung und Vernetzung mit verschiedenen Bereichen in Bezug auf Fälle mit Traumaproblematik notwendig. Der Sozialarbeiter wird demzufolge der erste Adressat für die Problemlösung sein. Die Personen dieser Berufsgruppe haben in diesem Sinne die Funktion einer Vertrauensperson. Es kommen weiterhin Aufgaben wie richtiges Verhalten, Beraten und Begleiten sowie ein gezielter Umgang mit traumatisierten Familien hinzu.

Nun wird die Aufgabenstellung für die Institution Jugendamt erörtert. Das Jugendamt muss den Sozialarbeitern die Möglichkeit geben, an dieser Qualifikation teilnehmen zu können und für die Schulungen finanzielle Unterstützung leisten. Als Institution muss sie dafür sorgen, dass ihre Mitarbeiter/innen kompetent genug sind für den Umgang mit traumatisierten Personen. Darüber hinaus sollte die Institution die Schwerpunkte der Qualifikation in ihrem Leitbild einschließen. Diese Art der Umsetzung kann dafür sorgen, dass die Mitarbeiter/innen in ihrer Arbeit situationsorientierter sind und Aktualität über den Wissensstand erzielen. Das Ziel, die Aufgabenstellung und das Zielvorhaben der Institutionen auf dem neuesten Stand zu halten, kann damit ermöglicht werden. Daher kann das Jugendamt durch seine qualifizierten Mitarbeiter, z.B. Sozialarbeiter, und Implementierung von entsprechenden Rahmenbedingungen eine mitentscheidende Rolle für die Verbesserung der Sozialisationsbedingungen der Jugendlichen mit traumatisierten Eltern erhalten. Sicherlich kann davon ausgegangen werden, dass dem Jugendamt in verschiedenen Fällen schwierige Situationen mit traumatisierten Familienangehörigen bekannt sind und dass sie sich jeweils an bestimmte Gesetze, Regeln und Vorgehensweisen zu halten haben. In dieser Hinsicht sollen diese Qualifizierung und folgende Rahmenbedingungen einen weitergehenden Überblick, Empathie, Problembewusstsein und Kommunikation im den Umgang mit sozialen Problemen im Kontext von Familien mit Traumata und Sozialisationsschwierigkeiten entwickeln.

Folgender Stoffplan und Inhalte beziehen sich auf die Qualifizierung, die sich mit Verbesserungsmöglichkeiten im Umgang mit Jugendlichen und deren Eltern beschäftigt. Hier und im weiteren Verlauf dieses Abschnittes sollte unbedingt darauf geachtet werden, die vorgeschlagenen Punkte nicht als Kochbuchrezepte für Verbesserung der Sozialisationsbedingungen der Jugendlichen anzusehen. Selbstverständlich ist die individuelle Betrachtung jedes einzelnen Problems notwendig.

Tabelle 8 Stoffplan und Inhalte „Qualifikationsmaßnahme für Fachpersonal" (92 Std.)

1. **Trauma**	• Begriffe zum Trauma • Ursachen und Auswirkungen des Traumas • Forschungsstand und Diskussion zum Trauma • mögliche Verhaltensweisen von Jugendlichen und deren traumatisierter Eltern • verschiedene Fallbeispiele zur Bekanntmachung des • wissenschaftlichen Hintergrund zum Thema Trauma • intergenerationales Trauma	25 Std.

2.	**Umgang mit Trauma, Selbst- und Rollen-verständnis**	• Durchführung von Übungen zu verschiedenen Fällen um den Umgang mit verschiedenen Situationen und Problemlösungen vorstellbar zu machen. Hier sollte die Kommunikation mit Betroffenen detailliert besprochen werden, da solche Übungen bzw. Interaktionen helfen können, in der Realität mit diesen Situationen besser umzugehen und den Hintergrund zu verstehen. • Rolle des Traumas in Bezug auf Personen mit verschiedenen Herkunftsländern und unterschiedlichen Lebensentwürfen vermitteln, um die Vielfältigkeit dieses Problems und Themas zu verstehen. • Selbstpflege, Burn-out, Psychohygiene, persönliche Situationen	15 Std.
3.	**Flucht- und Asyl-migration**	• Allgemeine Ursachen der Flucht, Asylmigration und deren Phasen vermitteln, damit ein Bild von den Schwierigkeiten im Leben dieser Personen gemacht werden kann. Dadurch soll auch die Entstehung und Entwicklung von Vorurteilen, Fremdbilder und der dazu geführte gesellschaftliche Diskurs verhindert werden. • Vermittlung von Kenntnissen über soziale und persönliche Belastungsfaktoren bei Jugendlichen mit traumatisierten Eltern, Auswirkungen der Flucht und Vertreibung auf die Gesundheit.	10 Std.
4.	**Identität und Diversity**	• Verständnis für die Identität und Individualität der Betroffenen. Dazu gehört insbesondere die Vermeidung von „Schubladendenken" und entsprechendem, an der Herkunft der Jugendlichen und deren Familien, ausgerichtetem Handeln (Als Beispiel kann hier die Benennung und das Ansehen von Kurden als Türken genannt werden). • Individualität, Besonderheiten und Belastungen der Jugendlichen mit traumatisierten Familienangehörigen sind zu verstehen bzw. zu beachten und mögliche Kochbuchrezepte bei der individuellen Betreuung zu vermeiden.	8 Std.
5.	**Kommuni-kation**	• Interaktion in unterschiedlichen Situationen bei Verhaltensstörungen durch Trauma einüben und Handlungskompetenz beim Umgang mit diesen Situationen/ Problemen und deren Zusammenhang mit Werten und Normen verschiedener Herkunftsländer entwickeln.	4 Std.

6.	**Wahrnehmung und Beobachtung**	• Wahrnehmung und Beobachtung individueller Handlungen betrachten, damit verstanden werden kann, warum und weshalb der Betroffene unter Persönlichkeitsstörungen, Isolation, Marginalisierung etc. leidet. Beobachtungen der Gesamtsituation der Betroffenen im Hinblick auf Sprache, Formen des Ausdrucks, non-verbale Kommunikation usw. • Berücksichtigung des sozialen Umfeldes der Jugendlichen.	6 Std.
7.	**Sozialisationsbedingungen von Jugendlichen mit traumatisierten Eltern**	• Mögliche Risikofaktoren in der Sozialisation der Jugendlichen in hoch belasteten Familien ausarbeiten: Art und Umfang von Zugangsbarrieren in der Mehrheitsgesellschaft und psychische, physische und soziale Belastungen in der Bildung.	6 Std.
8.	**Biografiearbeit**	• Funktion und Ziele der Biografiearbeit bei traumatisierten Personen und deren Angehörigen • Methoden der Biografiearbeit • Dokumentationsfilme, wissenschaftliche Analysen, Publikationen, Forschungen, Erfahrungsberichte über soziale Situation, Bildung, Gesundheit, Rechte und Lebensbedingungen von Betroffenen in ihrem Herkunftsland werden diskutiert und ausreichend bearbeitet, damit Biografie und Lebenssituationen der Betroffenen besser verstanden werden. Diese Annäherung und Empathie könnte dafür sorgen, dass Betroffene in solchen Situationen besser in die Aufnahmegesellschaft aufgenommen werden und ihre Sozialisationsbedingungen sich verbessern.	18 Std.
9.	**Ergänzende Veranstaltungen**	• Verschiedene Konferenzen durch Akademiker, Publizisten und andere Beteiligte zum Thema Trauma und Sozialisationsbedingungen der Jugendlichen werden für die Förderung der Entwicklung und Forschung in diesem Bereich geplant.	Nach Bedarf

Quelle: Eigendarstellung

Die oben gemachten Vorschläge zur Aufnahme in die Richtlinien für die ergänzende Qualifikation der Personen in verschiedenen Organisationen und Einrichtungen stellen in der vorgelegten Form zunächst lediglich eine Spezifizierung dar für bestimmte Aufgabenstellungen im Umgang mit Jugendlichen in hoch belasteten und traumatisierten Familien. Diese Spezifizierung ist von ihrem Ausgangsverständnis her kein Ergänzungspunkt, der lediglich bisherige Theorien erweitert. Im Weiteren sollen zusätzliche Vorschläge für eine ergänzende Qualifikation von Fachgruppen in Bildungs- und Sozialeinrichtungen gemacht werden. Folgende Vorschläge, die hier unter Prävention und Qualifikationsmaßnahmen dargestellt werden, können auch als spezialisierte Module zum Stoff und Inhaltsplan (Tabelle 9) betrachtet werden.

8.3 Prävention im Bereich Bildung und Sozialisation

Im jetzigen Stadium der allgemeinen Diskussion haben die Vorschläge mit dem Ziel, den Ansatz und die Notwendigkeit der Prävention in Bildungs- und Sozialeinrichtungen zu verankern, zwangsläufig den Mangel, dass sie lediglich als Ergänzung und Erweiterung einen Zusatz darstellen, wobei die gesamte Thematik eigentlich einen grundsätzlich neuen Ansatz darstellt, der deshalb vom Geist her in mehrere Bereiche der Bildungseinrichtungen integriert werden müsste, damit bessere Sozialisationsbedingungen für Jugendliche in traumatisierten Familien geschaffen werden. Diese Maßnahmen könnten Jugendlichen mit der genannten Problematik auch helfen, mehr Aufstiegschancen in ihrer Sozialisation zu bekommen. Es kann davon ausgegangen werden, dass Bildung die bedeutsamsten Anhaltspunkte für die Sozialisation enthält. Selbstverständlich ist hier auch zu bemerken, dass der Umgang mit hochbelasteten Jugendlichen in traumatisierten Familien ein doppelter Belastungsfaktor für die Lehrenden und andere Bezugspersonen in Institutionen innerhalb der Bildungs- und Sozialbereiche darstellt. Nach den Ergebnissen stellte sich mehrmals heraus, dass die Jugendlichen von ihren Eltern nicht motiviert und nicht ausreichend in ihrem Sozialisationsprozess unterstützt werden. Deshalb ergeben sich für die Lehrenden mehrere Aufgabenstellungen, die sie erfüllen müssen. Ein Ziel ist es hier, für die notwendige Resilienz der Jugendlichen zu sorgen, damit sie trotz dieser negativen Erlebnisse und Belastungen in der Familie mit ihrem Bildungsaufstieg und ihrer Sozialisation zufrieden und erfolgreich sind. Eine strategische Vorgehensweise in diesem Zusammenhang ist hier, dass die Lehrenden ganz explizit mit bestimmten Methoden mit solchen Fällen umgehen. Die Lehrenden können helfen, zwischen den betroffenen Jugendlichen und anderen Schüler/innen, Student/innen eine erfolgreiche Interaktion zu ermöglichen. Diese Interaktion könnte z.B. unter der Aufgabenstellung: interkultureller Austausch, kulturell orientierte Exkursionen, Austauschprogramme, gemeinsame Aktivitäten oder Veranstaltungen und Seminare erfolgen. Ein anderes Beispiel wäre die Organisation von Veranstaltungen wie gemeinsame Aktionen, Kundgebungen gegen

Ungerechtigkeit und Diskriminierung. Solche Aktionen könnten dafür sorgen, dass das Zugehörigkeitsgefühl gesteigert wird und eine bessere Transaktionalität stattfindet. Die Lehrenden können außerdem die Mentortätigkeiten für die Betroffenen übernehmen. Dieser Mentor soll an erster Stelle Vertrauen zu den und Sicherheit der betroffenen Schüler/innen und Student/innen aufbauen und dafür sorgen, dass sie ganzheitlich betreut und dementsprechend in der weiteren Wegfindung ihres beruflichen und sozialen Lebens erfolgreich werden. Es ist möglich, dass die betroffenen Jugendlichen aufgrund ihres Misstrauens und möglicher Depressionen zunächst solche Angebote wie kultureller Austausch und Mentorangebote nicht leicht annehmen bzw. zusagen. D.h. es muss mit Geduld und taktischer Umgehensweise gehandelt werden, z.B. durch das Zeigen von Interesse an ihren kulturellen und persönlichen Stärken bzw. Fähigkeiten.

Jedoch ist zu beachten, dass diese Jugendliche und ihre Familien speziell von Fachpersonen und Qualifizierten zu behandeln sind. Zu diesem Zweck wäre es hilfreich, wenn die Fachpersonen an den oben genannten Qualifizierungsmaßnahmen teilgenommen haben. Hierdurch erworbene Kenntnisse könnten Vorteile für weitere Qualifizierungen und Arbeiten in diesem Bereich ermöglichen. Nun erfolgen gezielte Vorschläge bezüglich der Aufgabenbereiche in Bildungsinstitutionen und weiterer Qualifizierung entsprechender Fachpersonen. Die Idee dieser Vorschläge besteht auch darin, diese Vorschläge als Grundanlage anzubieten, damit diese je nach Situation der Institutionen und deren Teilnehmer weiter entwickelt und mit eigenen Ergänzungen der Institutionen bereichert werden können.

- Durchführung einer biografischen Fallanalyse der Schüler/innen, Student/innen und Mitarbeiter/innen usw. durch Fachpersonen ausarbeiten und diskutieren, so dass Empathie für den Fall des vorliegenden Problems entwickelt werden kann. Diese Strategie kann auch helfen, Kenntnisse über verschiedene Lebensformen bzw. Lebensstile, Wertehaltungen und Weltanschauungen zu vermitteln. Wichtig ist hier auch, durch Biografieanalyse Sozialisationsbedingungen der Betroffenen zu erkennen. Zu berücksichtigen ist hier, dass bei jeder Problembehandlung die Biografie insbesondere in hochbelastenden Situationen zu beachten ist.
- Achten auf die Überreizbarkeit der Jugendlichen wegen Traumata: Das Allerwichtigste hierbei ist der Aufbau des Vertrauens zwischen dem Betroffenen und dem Zuhörer. Beachtet werden muss dabei aber auch, die Vertraulichkeit nicht zu sehr zu überschreiten, um eine professionelle Distanz zu erhalten und Überforderung des Fachpersonals durch zu intensive Beziehungen zum Betroffenen zu vermeiden.
- Berücksichtigung und Aufnahme der gewonnenen Erkenntnisse in die Dokumentation zur Evaluation und Entwicklung der Situation der Betroffenen.

Diese Schritte dienen darüber hinaus der Erkennung der Verbesserung seiner aktuellen Lebensweise und Sozialisationsbedingungen.

- Bildungsfördernde Ressourcen in Bezug auf persönliche Orientierungen der Jugendlichen evaluieren. Erkennen von Barrieren durch Trauma und Informationsprobleme und Abhilfe durch Einsatz von Fachpersonen organisieren.
- Nachdem festgestellt wurde, (von Qualifizierten und anderen erfahrene Fachpersonen) dass die Schüler, Studenten, Auszubildende, von traumabedingten Einflussfaktoren betroffen sind, sollten regelmäßig Einzelgespräche durchgeführt werden, um sich mit dem aktuellen Zustand der Problematik auseinandersetzen zu können und um gegebenenfalls größere Risiken und Verhaltensstörungen zu verhindern.
- Anbietung von Sozialisationsmöglichkeiten im Sinne von Ermöglichung des Engagements in sozialen Kreisen wie Gewerkschaften, Arbeitsgruppen, Vereinen und Fachschaften. Dies kann auch weiterhelfen, die Kenntnisse und Erfahrungen der Betroffenen zu erweitern, sich selbst zu finden und persönliche Stärken zu entwickeln.
- Bezüglich Schüler/innen oder allgemein Jugendlichen mit traumatisierten Eltern bedarf es einer stärkeren Motivierung zur Weiterbildung. Daher muss in diesen Punkten eine intensivere Unterstützung der Jugendlichen beachtet und geplant werden, um solchen Schüler/innen mehrere und verbesserte Einstiegschancen und Förderungsmöglichkeiten im Bereich Bildung anbieten zu können.
- Wenn festgestellt wurde, dass die Kommunikation der traumatisierten Eltern mit ihren Kindern problematisch ist, sollte mit diesen Eltern oder dem Bekanntenkreis versucht werden, durch qualifizierte Fachpersonen in Kontakt zu den Kindern zu kommen und für die Verbesserung der Kommunikation Schulungen und Gespräche angeboten werden. Diese Kontaktaufnahme könnte helfen, innerfamiliäre Beziehungen zu verbessern und gegenseitige Empathie und Verständnis innerhalb der Familie zu schaffen.

Dabei spielen die Rahmenbedingungen und die Implementierung des Konzepts in Institutionen eine entscheidende Rolle. Einerseits geht es um den Erfolg der Lernenden, Auszubildenden, allgemein der Jugendlichen, andererseits könnte sich die Kommunikation zwischen den Eltern und ihren Kindern und auch Lehrenden und Lernenden deutlich verbessern. Insgesamt könnten so die negativen Sozialisationsbedingungen der Jugendlichen reduziert werden. Als nächster Schritt könnte z.B. diese letzte Aussage durch ein Forschungsprojekt begleitet werden, um zu sehen, wie erfolgreich diese Präventionen tatsächlich sind.

Ein anderer Teil des Konzeptes bezieht sich, wie oben schon erläutert, auf die Präventionen im Bereich Gesundheit.

8.4 Prävention im Gesundheitswesen

Dieser Teil des Konzepts bezieht sich mehr auf gesundheitsfördernde Maßnahmen für traumatisierte Eltern und hochbelastete Jugendlichen, für deren Nutzen spezielle Angebote beschrieben werden. Durch vorliegende Untersuchung und auch andere Studien mit dem Themengebiet Trauma zeigte sich, dass die Theorie der Verbesserung des psychischen Zustands von Traumatisierten durch Oral History und Erzählungen ihrer Biografie zutrifft und die Erzählung der Lebensgeschichte der Traumatisierten und auch ihres Verwandtenkreises hilft, ihre belastenden Erlebnisse zu bearbeiten. Vorliegende Arbeit zeigte dadurch auch, wie wichtig es ist, dass die Betroffenen ihre Erlebnisse nicht verheimlichen und darüber mit Vertrauens- und Bezugspersonen sprechen. Eine typische Verhaltens- oder Psychotherapie würde alleine nicht reichen, um den Betroffenen umfangreich und genügend zu helfen. Die Beteiligung an solchen Qualifikationsmaßnahmen durch Fachpersonen kann ein erster Schritt für die Annäherung an das reale Leben bzw. die Biografie des Betroffenen sein. Das therapeutische Team sollte eine enge Verbindung mit dem Bekanntenkreis der Betroffenen haben, damit sich der Therapeut eventuell Informationen über das Leben des Betroffenen durch die Bekannten holen kann. Auch erforderlich ist für nutzvolle Informationen und erfolgreichen Vertrauensaufbau zum Betroffenen die Anteilnahme an gesellschaftlichen Aktivitäten der Betroffenen. Hierbei geht es auch um die Notwendigkeit der biografischen Analyse traumatisierter Eltern und deren Kinder, damit erstens ein Gesamtbild bzw. eine Diagnose über das Krankheitsbild der traumatisierten Familie gemacht werden kann und darüber hinaus eine erfolgreiche zum Abschluss zu bringende Therapie ermöglicht wird. Ein professioneller Therapeut muss auch Eigenschaften wie Mehrsprachigkeit, Empathie, Toleranz, inter- und transkulturelle Kompetenz besitzen. Therapeutischer Umgang mit den Betroffenen heißt auch, nicht zu intensive Beziehung zu den Betroffenen zu haben, weil dadurch die Gefahr bestehen kann, dass die Betroffenen eine starke Bindung zum Therapeuten auch bei anderen Problemen entwickeln können. Bei jeder Hilfe und Handlung für Betroffene, insbesondere Jugendliche geht es darum, die Eingliederung und die Sozialisation dieser Jugendlichen zu fördern.

In diesem Bereich sollte berücksichtigt werden, dass die gesundheitsfördernden Maßnahmen sowohl für die Eltern als auch für die Jugendlichen gedacht sind.

Folgende Anhaltspunkte könnten für die Einarbeitung eines Therapeuten oder anderer Fachpersonen und Einrichtungen in diesem Fachbereich des Gesundheitssystems nützlich sein. Hiermit sind angesprochen Ärzte, Therapeuten, ambulante und stationäre Einrichtungen bis hin zu kleineren Organisationen wie Selbsthilfegruppen.

- Bedeutung des Einflusses der Lebensbedingungen und Lebenssituationen auf die Gesundheit. Gesundheitsverständnis in der Biografie des Betroffenen und soziale Prägungen im gesundheitlichen Kontext. Gesundheitsrisiken aufgrund des Traumas und seine möglichen Auswirkungen auf die nachfolgende Generation, auch aufgrund traumabedingter Verhaltensstörungen der Vorgenerationen.
- Gesundheitsversorgung in der Biografie des Betroffenen. Die besondere Situation z.B. von Flüchtlingen, Arbeitsmigrant/innen etc. bei der Trauma-Therapie hinsichtlich traumatischer Erlebnisse in der Vergangenheit. Dazu zählt auch unterschiedliches Krankheitsverständnis und subjektive Krankheitsdeutung, d.h. Selbsteinschätzung bezüglich Art und Umfang das Krankheitsbildes durch die Betroffenen.
- Erkennen von gesundheitlichen und sozialen Belastungsfaktoren durch Berichte und Erzählungen der Betroffenen. Entwicklung der Therapie und des sozialen Zustands im Zusammenhang der individuellen Biografie und der beruflichen/ wirtschaftlichen/ schulischen Situation der Betroffenen.
- Emotionale Beziehungen durch individuelle Transaktionen mit dem Betroffenen herstellen. Überprüfen des eigenen Handelns unter Berücksichtigung der eigenen Fähigkeit, sich in die Lage der Betroffenen hineinzuversetzen. Dazu gehören auch Interesse und Wertschätzungen.
- Vermittlung von Kenntnissen über gesundheitliche Belastungsfaktoren bei Menschen anderer Herkunftsländer und Berücksichtigung von verschiedenen Lebensbedingungen wie Wirkungen von Armutsrisiko und geringem Einkommen. Auch berücksichtigt werden sollten die Auswirkungen von Flucht und Vertreibung auf die Gesundheit.
- Erwerb von Kenntnissen über Belastungen in sozialen, schulischen und beruflichen Bereichen und deren Ursachen durch gesundheitsbelastende Verhaltensmuster.

Diese Anhaltspunkte sind auch erforderlich für die weitere Entwicklung im Gesundheitssystem und Motivierung der Betroffenen für eine Therapie oder Behandlung und Verbesserung des persönlichen Zustands. Ganz deutlich wurde durch die vorliegende Untersuchung, dass diese drei Ebenen miteinander verknüpft werden müssen, um günstige Sozialisationsbedingungen für hochbelastete Jugendlichen in Familien mit der Traumaproblematik zu schaffen.

Die Notwendigkeit von Präventionen für Jugendliche, die von den Folgestörungen des Traumas direkt oder indirekt betroffen sind, und für die Eltern dieser Jugendlichen, zeigt sich ganz deutlich. Als ein letzter Vorschlag für Prävention zur Verbesserung der Sozialisationsbedingungen von Jugendlichen und ihren Eltern wird hier noch ein Konzept für eine Sozialberatungsstelle für traumatisierte

Familien vorgestellt. Diese Beratungsstelle kann an den Universitäten im Bereich der Förderung von Jugendlichen bzw. Studenten mit traumatisierten Familien eingebracht werden.

8.5 Resilienz von Jugendlichen mit traumatischen Familienvergangenheiten

Bisherige Ergebnisse zeigen zum größten Teil Defizite im Leben der Jugendlichen (siehe Tabelle 7: Einflüsse des Traumas auf die Sozialisationsbedingungen – Zusammenfassung der Befunde). Nach der Darstellung der Defizite von Jugendlichen und deren Eltern wurde über Möglichkeiten für Veränderung bzw. Verbesserung der Sozialisationsbedingungen dieser Jugendlichen und deren Eltern evaluiert. Als ein wichtiger Grundbaustein für die Entwicklung der Jugendlichen stellt sich nach den Ergebnissen heraus, dass sie neben den Defiziten auch Stärken und besondere Fähigkeiten haben. Diese Stärken bzw. Fähigkeiten bestanden darin, dass die Jugendlichen trotz aller Schwierigkeiten, depressiver Eltern und sozialer Ungleichheiten in ihren Lebenphasen z.B. studieren und auch Talent für musikalisches Engagement zeigen. Die Selbstständigkeit im schulischen Bereich kann ebenso als Potential für ihre weitere Bildungsentwicklung gesehen werden. Diese Selbstständigkeit spielte allerdings aufgrund negativer Erlebnisse der Eltern eine besonders entscheidende Rolle für ihre individuellen Erfahrungen. Diese entsprechenden Fähigkeiten können als Basis für Resilienz im Bereich Bildungs- und Berufserfolg, persönliche, intelektuelle Kompetenzen und psychische Gesundheit dienen. Die betroffenen Jugendlichen sollten daher in ihren Fähigkeiten verstärkt werden, damit sie soweit wie möglich ihre negative Vergangenheit neutralisieren können und Positivität für ihre Zukunftsperspektive erlangen. Das Hauptziel ist hier, dass die Betroffenen ihre Fähigkeiten verstärken und unterstützt werden, um nicht wieder negative Lebens- und Gesellschaftserfahrungen zu machen und ihre Unzufriedenheit, ihr Misstrauen, ihre Angst vor dem Leben und der Zukunft und ihr Selbstmisstrauen zu vermindern, so dass Resilienz geschaffen wird. Eine komplette Genesung von allen negativen Beeinträchtigungen kann schwierig sein, weil es nach bisherigen Forschungsentwicklungen und Diskussionen leider nicht möglich ist, alles Erlebte, psychische seelische und körperliche Schäden zu 100 Prozent rückgängig zu machen. Besonders wichtig ist hier, dass die Jugendlichen lernen mit ihren Problemen und negativen Erfahrungen umzugehen. Darüber hinaus müssen die Jugendlichen motiviert und unterstützt werden, ihre Fähigkeiten einzusetzen und sich in diesem Feld weiterzuentwickeln. Es sollte aber dabei beachtet werden, dass sie ihr zukünftiges Leben soweit wie möglich selbstständig gestalten. Ein anderer entscheidender Punkt ist hier auch, dass der Betroffene durch den Bildungsaufstieg und durch Optimismus in dieser Persönlichkeits- und Lebensentwicklung lernt, die negativen Erfahrungen als einen Teil seines Lebens zu sehen. Die Typenbildungen in der vorliegenden Arbeit zeigten, dass nicht jeder auf die Idee kommt, sich sozial zu engagieren. Ihr Misstrauen führte in diesem Bereich zur Zurückhaltung. Deshalb ist es nötig, von einer vertrauenswürdigen Person angeleitet und betreut zu werden, damit die Teilnahme am sozialen und beruflichen Leben erfolgreicher wird und der Betroffene Vertrauen und Selbstvertrauen aufbauen kann.

Die Frage ist hier, wer überhaupt für diese Aufgabenstellungen, für die Motivation und Unterstützung dieser Jugendlichen zuständig sein soll. Als Schwerpunkt wird hier auf die Bildungsebene eingegangen. Die Aufgabenstellung für betroffene Jugendliche sowie für unterstützende Personen bzw. Institutionen spielen an dieser Stelle eine Rolle. Erstens ist zu klären wie die Hochschule diese betroffene Gruppe unterstützen kann. Eine Reihe von Veranstaltungen zu dem Thema kultureller Austausch muss angeboten und Interesse hierfür geweckt werden. In einen anderen unterstützenden Bereich sollte ermöglicht werden, dass Jugendliche z.B. an hochschulischen, gewerkschaftlichen oder gesellschaftspoltischen Vertretungen und sozial engagierte Stipendiatengruppen teilnehmen und sich für Perspektiven in diesem Bereich bewerben. Solches Engagement kann dabei helfen, dass sie vielleicht ähnliche Student/innen, andere Kulturen und Identitäten kennen lernen und somit durch Solidarität und Zusammenhalt Widerstandskraft entwickeln. Ein bestimmter Betreuer bzw. eineVertrauensperson kann zu diesem Zweck eine Hilfestellung anbieten. So können sich Ehrenamtliche dafür engagieren, diese Jugendlichen zu unterstützen und entsprechende Projekte und Veranstaltungen zu organisieren. Es bedarf an dieser Stelle so viel wie möglich der Öffentlichkeitsarbeit, Mund zu Mund Propaganda, Verteilung von Broschüren und Einsetzung anderer Marketinginstrumente. Nicht zu verachten sind für die Unterstützung und die Resilienz der Jugendlichen Instrumente wie Ermutigung, Lob, Interesse, Vertrauensaufbau, Ehrlichkeit, Verständnis und Empathie. Diese können als Basis für eine erfolgreiche Teilhabe an sozialen und gesellschaftlichen Aktivitäten der Jugendlichen betrachtet werden. Danach dreht sich der Blickwinkel auf den Betroffenen selbst. Nach diesen Aktionen liegt es in der Entscheidung der Jugendlichen, ob sie auf diesem Wege weiter machen und sich eine andere Position und Lebenseinstellung in ihrer Zukunft aufbauen.

Ein anderes wichtiges Merkmal ist das Glauben und die damit verbundene Hoffnung. Das Glauben ist hier nicht nur im religiösen Sinne gemeint sondern als allgemein gültiges Glauben an etwas Besonderes. Das Glauben war bei den interviewten Jugendlichen eine gemeinsame Grundhaltung, wobei es hier um

Glauben an Gott und an Gerechtigkeit, Frieden und Selbstwerwirklichung ging. Es könnte davon ausgegangen werden, dass diese Merkmale ebenfalls eine dynamische Entwicklung und Dispositionen in ihrem Leben bewirken. Das Glauben hat hier dabei geholfen, ihre Hoffnung in ihrem Leben nicht vollständig zu verlieren. Zu bemerken ist hier auch, dass die Jugendlichen nicht hoffnungsvoll waren, sondern eher hoffnungslos. Doch hatten sie einige Anhaltspunkte, woran sich fest zu halten sie versucht haben. Das Glauben könnte ebenfalls für Resilienzerlangung für die zukünftige Lebensperspektive sorgen. Bei solchen Belastungen ist es besonders wichtig daran zu glauben, dass im Leben etwas veränderbar ist und zu lernen, bei verschiedenen Schwierigkeiten mit Geduld umzugehen. Z.B. Beten (aber in der eigenen Sprache), Meditationen etc. können helfen, den Horizont für Vertrauen, gesunden Dialog, gemeinschaftliches Leben, Toleranz, Empathie, Akzeptanz, nicht Verachtung anderer Kulturen, Religionen und Bevölkerungen zu erweitern. Auf der anderen Seite steht die Wichtigkeit der Kraft der Liebe für die Widerstandskraft einer Person, die für ein gutes zufriedenes Leben auch nicht zu vergessen ist. Diese kann bei erfolgreicher Interaktion dabei helfen, dass der Betroffene soweit wie möglich optimistisch eine neue Lebensweise aufbaut. Somit kann die Vergangenheit so gut wie möglich im Schatten bleiben und im erfolgreichen Fall Mut und Motivation für die Zukunft geben. Wichtig ist hier schließlich, dass Resilienz in obigen Fällen nur dann möglich ist, wenn diese Merkmale auch erfolgreich Umsetzung finden.

Schluss

Schwieriges und hoffnungsloses Leben kann die Sozialisationsbedingungen von Menschen in der Familie und in der Gesellschaft auf unterschiedliche Art beeinflussen. Geringe Bildungschancen, Privatisierung in der Gesundheit und daran gebundene Gesundheitsleistungen, berufliche Stellungnahmen sowie Status des Einkommen in der Gesellschaft, migrationsspezifische Bedeutungen, die direkten Einfluss auf das Individuum haben, sind Hauptaspekte im sozialen Lebensraum. Die gesellschaftliche, schichtspezifische Zugehörigkeit kann für das Individuum aufgrund guter sozialer Netze, persönlicher Entwicklung, Karriere, Wissenssteigerung etc. besondere Bedeutung haben. Meistens sind die Lebensbedingungen der Personen der oberen Hierarchieebenen besser und ihre Chancen für ein gutes und gesundes Leben höher als für Menschen in den mittleren und unteren Hierarchieebenen.

Die Schwerpunkte für die vorliegende Arbeit konzentrierten sich auf drei wichtige Bausteine und ergänzend zu diesen Schwerpunkten auf geeignete Vorschläge zur Prävention. Als erster Baustein ging es um die allgemeine Bedeutung der Sozialisation und Sozialisationsbedingungen der Migrant/innen. Die Sozialisationstendenz der Migrant/innen, insbesondere der Jugendlichen mit Migrationshintergrund brachte an vielen Stellen Diskussionen mit sich.

Empirische Ergebnisse zeigten, dass die Sozialisationsbedingungen einer Person sich nicht nur aus Umweltfaktoren bestimmen, sondern auch dadurch, wie eine Person sich von diesen Umweltfaktoren wie Lebensbedingungen, sozialen Verhältnissen, Herkunft usw. beeinflussen lässt und welche Entscheidungen und Selbstbestimmungen in der Hinsicht unternimmt.

Sozialisationshindernisse der Jugendlichen sind insgesamt ein Hauptfaktor, der in verschiedene Ebenen eingeht und für den wissenschaftlichen Diskussionsraum immer mehr Notwendigkeit für weitere Analysen hervorruft. Vorliegende Ergebnisse über Jugendliche, die hier untersucht wurden, könnten als Bestandteil und als Beispiel für Erweiterung der Forschungen über die Betroffenheit der Jugendlichen mit traumatisierten Eltern in Betracht gezogen werden. Die Untersuchungen stellten heraus, dass es einige Einflüsse gibt, die sich auf das Leben der nachfolgenden Generation traumatisierter Flüchtlinge auswirken.

Diese Ergebnisse bestätigen die Ergebnisse von Rosenthal über intergenerationale Weitergabe von Traumatafolgen. Andererseits macht Hurrelmann in Bezug auf Sozialisations- und Persönlichkeitsentwicklungen verschiedene Theorien für das Jugendalter. Hierbei geht er auf verschiedene Umwelteinflüsse und ein wenig auf die Persönlichkeit selbst ein. Jedoch fehlt bei ihm die Spezialisierung auf das Trauma und die Verschiedenheit der Lebensereignisse und auch der biografischen Auswirkungen auf den Sozialisationsprozess von Jugendlichen. In seinen Theorien gab es weder eine bestimmte Situation noch Fallunterschiede. Wobei im bisherigen Forschungsstand begrenzte eindeutige Sozialisationstheorien über die Sozialisationsbedingungen von traumatisierten Migrant/innen existieren. Hurrelmann vernachlässigt bei der Selbstbestimmung einer Person die Auswirkung der Lebensbedingungen und Lebenserfahrungen des Individuums. Bauer kommt mit seiner Meinung über die Bedeutung von Defiziten der Kompetenzen und Interaktionen von Individuen der Sache etwas näher. Vorliegende Empirische Ergebnisse zeigten, dass er Recht damit hatte, dass Sozialisationsprobleme nicht nur auf unzureichende soziale und persönliche Kompetenzen zurück zuführen sind andere Benachteiligungen wie soziale Ungleichheiten hierbei eine Rolle spielen können. Im Theorieteil wurde über den Einfluss des Herkunftsmilieus auf die Sozialisation der Generationen diskutiert und für hinlänglich gehalten, dass das Herkunftsmilieu bestimmte Strategien und Strukturen für die Sozialisation der Generationen vorgibt. Dies konnte auch in der Empirie nachgezeichnet werden.

Insbesondere das Zusammenleben mit traumatisierten Personen hatte eine wichtige Bedeutung für die Sozialisation der Jugendlichen. Viele Ergebnisse zeigten, wie Jugendliche mit unterschiedlichen Folgestörungen der traumatisierten Eltern konfrontiert sind, davon betroffen waren und die familiären Verhältnisse darunter litten.

Weiterhin konnte festgestellt werden, dass bei der Sozialisation dieser Jugendlichen ihr Verhalten in der schwierigen Situation mit ihren Eltern eine entscheidende Rolle spielt. So ließ sich festhalten, dass je nach Erfahrungen, individuelle Kompetenzen, Stärken und Schwächen jeder mit der Situation und Beziehungen zwischen seinen Eltern anders umgeht und dadurch sich unterschiedliche Sozialisationsbedingungen ableiten lassen.

Durch Analysen und Beobachtungen ist mir persönlich besonders aufgefallen, dass der Erwartungshorizont der Eltern und Jugendlichen sehr variiert.

Ein wichtiger Aspekt hierbei ist, dass die traumatisierten Eltern sich nicht motivieren lassen und damit keine Entwicklungen und Änderungen in ihrem Leben, Gemeinschaftsleben und ihrer Person zulassen.

Aus diesem Grund konnten sie kaum Vorbilder und Unterstützung für das Leben und die weitere Entwicklung ihrer Kinder sein. In diesem Kontext haben ihre Kinder große Aufgabenstellungen in ihrer Sozialisation zu bewältigen. Anzumerken ist hier noch, dass die Kinder aus diesem Grund auf ihrem Lebensweg und Sozialisationsprozess auf sich selbst gestellt sind und Schwierigkeiten haben, sich in der vorhandenen Gesellschaft zu entwickeln und sich in diese einzuordnen. Dieses Resultat betrifft die Denkweisen von Hurrelmann und Bauer, dass die Existenz der Vorbilder und Interaktionen für die Entwicklung von Autonomie, erfolgreiche Dispositionen in der Gesellschaft und Erwerb von sozialen Kompetenzen notwendig ist. Erstens sind die Jugendlichen überfordert und zweitens stellt sich heraus, dass sie sich dadurch in einem anderen (unteren) Milieu befinden. Hier geht es daher darum, wie diese Jugendlichen in der Zukunft oder aktuell sich gegenüber anderen „besseren" Milieus fühlen und welche Schwierigkeiten oder Entwicklungen entstehen können, wenn sie in Interaktionen in unterschiedlichen Lebenssituationen mit diesen Milieus geraten. Es kann schließlich gesagt werden, dass diese Entwicklungen und Kombinationen verschieder Milieus trotz bevorstehender Schwierigkeiten gleichzeitig auch eine Chance für einen Sozialisationsaufstieg bedeuten.

Erstens müssen die Jugendlichen ihre negativen Lebenserfahrungen bearbeiten, Persönlichkeit entwickeln, Sozialisationsbedingungen bewältigen und sich für Verbesserungen motivieren. Zweitens müssen sie Autonomie schaffen und ihr eigenes Leben und Sozialisation aufbauen. Als Drittes kommen die eigenen familiären und gesellschaftlichen Verantwortungen zur Frage. Das heißt, sie sollen selber vorbildlich für die Zukunft ihrer eigenen Kinder und der Gesellschaft sein.

Während der vorliegenden Untersuchung befanden sich die Jugendlichen in einem ähnlichen Prozess und beschäftigten sich damit, was in der Zukunft passieren könnte, konnten aber kein explizites Bild über ihre Zukunft machen. Darüber hinaus trugen sie große Sorge um ihr weiteres Leben und Zukunft.

Die Ergebnisse der Empirie machten gut deutlich, dass die Benennung eines genauen Einflussfaktors nicht möglich ist, sondern mehrere Einflussfaktoren bei der Entstehung einer Sozialisationsbedingung eine Rolle spielen. Eine Forschungslücke besteht auch darin herauszufinden, wie viele Personen von Sozialisation benachteiligenden Traumaerfahrungen betroffen sein könnten. Das Trauma und die Sozialisationsbedingungen werden selten miteinander verbunden, so dass Trauma als Ursache für negative Sozialisationsbedingungen nicht oft in Untersuchung genommen wird. Weiterhin ist auch nicht bekannt, wie weit der Staat und entsprechende Institutionen diese Personen mit benachteiligten Sozialisationsbedingungen unterstützen bzw. eine professionelle Hilfestellung für Traumatabetroffene anbieten. Zumindest fehlt in diesem Bereich eine Hilfestellung für nicht deutschsprachige und orientierungsbedürftige Personen.

Beim zweiten Baustein ging es um Trauma und Auswirkungen von traumatischen Ereignissen. Im Theorieteil wurde beschrieben und diskutiert, wie das Trauma sich intergenerationell entwickeln kann und wie es sich später unter verschiedenen Traumafolgestörungen wieder zeigen kann. Die Traumafolgestörungen führten dazu, dass der Betroffene sich aus dem Gemeinschaftsleben zurückzieht und außer auf seine eigene Vergangenheitsfixierung auf negative andere Ereignisse und Probleme in seinem Umfeld keine Empathie zeigen konnte. Dadurch entstanden oft Konflikte und Missverständnisse zwischen den Eltern und ihrer Kinder. Es wurde auch gezeigt, wie die Jugendlichen unter den traumatischen Einflussfaktoren ihrer Eltern litten und an vielen Stellen hilflos geworden sind. Festgestellt wurde, dass den Eltern ihre eigenen Verhaltensstörungen gegenüber ihren Kindern nicht bewusst sind. Die Jugendlichen hatten wegen der Verhaltensstörungen ihrer Eltern öfters Schamgefühle und versuchten diese Situation und ihre Emotionen zu verheimlichen. Dies hatte sie z.B. dazu gebracht, keine Freunde nach Hause bringen zu können etc. Die Auswirkungen traumatischer Ereignisse üben schon seit längerer Zeitspanne Einfluss auf die Jugendlichen aus, die Jugendlichen selber konnten nicht einschätzen, warum sie in ihrem Leben hohe Belastungen haben und sich von ihren Problemen und Situationen nicht lösen können. An vielen Stellen habe ich auch mit bildlichen Darstellungen und tabellarischen Erklärungen versucht, die Auswirkungen traumatischer Störungen zu beschreiben und weiter in Erfahrung zu bringen, welche Auswirkungen davon die Sozialisationsbedingungen der Jugendlichen am meisten betreffen.

Als vorletzter Baustein ging es um das Rosenthal-Paradigma und den Vergleich der eigenen Ergebnisse mit den Ergebnissen der Studie Gabrielle Rosenthals über Holocaustbeteiligte. Die ausführliche Recherche über die Ergebnisse der Rosenthal-Studie zeigte, wie das Trauma sich intergenerationell verbreiten kann. Der Vergleich der Ergebnisse der Rosenthal-Studie mit den eigenen Ergebnissen wies drauf hin, dass es mehrere ähnliche Ergebnisse gibt. So konnte festgestellt werden, dass z.B. die Autonomie- und familiären Bedingungen von der familiären Vergangenheit und vom familiären Zusammenleben abhängen und die Situation der nachfolgenden Generation von Flüchtlingen in dem Sinne mit der nachfolgenden Generation der Holocaust-Opfer ähnlich ist. Die ähnlichen Ergebnisse zeigen dadurch, dass die Bewältigung von traumatischen Ereignissen nicht unbedingt von der Herkunft abhängig ist, sondern wie das Trauma und die traumatische Vergangenheit wahrgenommen und bearbeitet wird. Wobei in Bezug auf Forschungen über kurdische Migrant/innen zum ersten Mal in der Wissenschaft die biografische Rekonstruktion angewendet wurde und sich folgern ließ, dass die biografische Rekonstruktion für den Erwerb von Ergebnissen über Einflüsse auf Sozialisationsbedingungen der Migrant/innen aufschlussreich war.

Ein besonderer Punkt wäre hier auch die erziehungswissenschaftliche Perspektive dieser Forschung. Eine Frage, die offen geblieben ist hier, in welchem Verhältnis die Erziehung der traumatisierten Eltern zu den Sozialisationsbedingungen der Jugendlichen steht.

Abschließend in Betracht aller relevanten Ergebnisse, des Resilienzkonzeptes und Untersuchungen im Bereich Traumata und Sozialisation schließt sich die Notwendigkeit für Präventionsmaßnahmen an. Hierbei wurde überlegt, dass eine Beschäftigung für Eltern mit unterschiedlichen Lebensbereichen und gesellschaftlichen Aktivitäten hilfreich sein könnte, ihrem eigenen Chaos und ihrer Vergangenheit zu entkommen bzw. davon abgelenkt zu werden und ihr Leben in einem guten Zustand weiterzuführen. Dieser Schritt bzw. diese Strategie braucht eine disziplinierte Umgangsweise, damit die Bewältigung der Schwierigkeiten im Leben der Betroffenen erreicht werden kann. Diese Planung soll im familiären und gesellschaftlichen Zusammenleben für eine Verbesserung der Lebensqualität sorgen und eine Chance für die Reduzierung sozialer Ungleichheiten sein. Die Maßnahmen und weitere Projekte für Jugendliche könnten ebenso dazu beitragen, die Jugendlichen auf ihrer Sozialisationsbahn zu unterstützen. Die Konzepte und Projekte für präventive Maßnahmen sollen dabei helfen, eine zielorientierte und positive Veränderung ihrer bisherigen Lebensweise zu ermöglichen. Solche Projekte sollten als ressourcenorientierte Förderung der gesellschaftlichen Entwicklung angesehen werden. Bisherige Erfahrungen und der Forschungsstand zeigen, dass die Bundesrepublik Deutschland leider nur begrenzte Möglichkeiten für staatlich geförderte Projekte und Konzepte im Bereich Prävention und Rehabilitation für Flüchtlinge, insbesondere traumatisierte Flüchtlinge bereit stellt. Diese Lücke ist dringend abzudecken und das Potenzial bisheriger Forschungsergebnisse und derzeitigen Wissens anzuwenden. Deshalb ergeben sich für Staat, Institutionen, soziale und gesundheitliche Einrichtungen und diesem Bereich arbeitende Personen besondere Aufgabenstellungen (vgl. Teil III Kapitel 6). Anzumerken ist hier auch, dass im Bereich Sozialisationsschwierigkeiten von Jugendlichen in hoch belasteten Familien Resilienz thematisiert werden muss. Die Wichtigkeit des Resilienzkonzepts spielt an dieser Stelle eine besondere Rolle um zu sehen, welche Eigenschaften und welche Lebenserfahrungen einer Person dieser Widerstandskraft geben, um diese Schwierigkeiten ohne große Beeinträchtigungen der gesunden Sozialisation des Jugendlichen zu bewältigen. Daher ist es notwendig, eine Resilienzforschung im Bereich Sozialisation von Jugendlichen in hoch belasteten und traumatisierten Familien durchzuführen. Ein guter Anfang braucht immer eine starke Entscheidung. Diese Entscheidung kann für das Leben dieser Betroffenen Hoffnung bedeuten und Licht in ihre Zukunft bringen.

Literaturverzeichnis

Abels, H./König, A. 2010: Sozialisation. Soziologische Antworten auf die Frage, wie wir werden, was wir sind, wie gesellschaftliche Ordnung möglich ist und wie Theorien der Gesellschaft und der Identität ineinanderspielen, Wiesbaden: VS.

Allemann-Ghionda, C. 2011: Interkulturelle und vergleichende Erziehungswissenschaft, in: Erziehungswissenschaft und Gesellschaft. Handbuch der Erziehungswissenschaft 6. Norbert Meder/Cristina Allemann-Ghionda/Uwe Uhlendorf/Gerhard Mertens (Hg.) Ferdinand Schöningh. Paderborn.

Alheit, P. 1993: Transitorische Bildungsprozesse: Das ‚biographische Paradigma' in der Weiterbildung. In: Mader, W. (Hg.): Weiterbildung und Gesellschaft. Grundlagen wissenschaftlicher und beruflicher Praxis in der Bundesrepublik Deutschland. 2. erw. Aufl. Bremen: Universität Bremen, 343-418.

Allheit, P. 1984: Das narrative Interview. Einige Instruktionen für „Anfänger" Unveröffentlichtes Arbeitspapier, Bremen.

Altgeld, T. 2005: Landesvereinigung für Gesundheit Niedersachsen. http://www.gesundheit-nds.de/downloads/03.06.2005.vortrag.altgeld.pdf (28.12.2011).

Ammann, B. 1997: Ethnische Identität am Beispiel kurdischer Migration in Europa, in: Kurdologie; Ethnizität, Nationalismus, Religion und Politik in Kurdistan. (Hrsg.): Borck Carsten u.a. Münster: Lit. Verlag, S. 217 – 238.

Ammann, B. 2004: Die kurdische Diaspora in Europa, in: Stephan Conermann/Geoffrey Haig (Hrsg.), Die Kurden – Studien zu ihrer Sprache, Geschichte und Kultur. Hamburg.

Ammann, B. 2009: Redebeitrag: Kurdische Migration in Deutschland, in: Konferenz: Kurden in Deutschland, Yek-Kom e.V. Förderation kurdischer Vereine (Hrsg.) Berlin.

Auernheimer, G. 2008: Interkulturelle Bildung als eine Dimension politischer Bildung, in: Bettina Gruber, Kathrin Hämmerle (Hrsg.): Demokratie lernen heute. Politische Bildung am Wendepunkt. Wien u.a. Böhlau, S.145-160.

Baer, U./Frick-Baer, G. 2011: Wie Traumata in die nächste Generation wirken. Affenkönig. Neuekirchen-Vluyn.

BAfF 2006: Begutachtung traumatisierter Flüchtlinge. Karlsruhe: Loeper Literaturverlag.

Baltes-Löhr 1998: Dekonstruktivistische Analyse der Begriffe „Identität" – „Migration" – „Raum". In: Renate von Bardeleben/Patricia Plummer (Hrsg.): Perspektiven der Frauenforschung: ausgewählte Beiträge der 1. Fachtagung Frauen-, Gender-Forschung in Rheinland-Pfalz. Tübingen: Stauffenburg, S. 81-97.

Bar-On, D. 1995a: Fear and Hope. Three Generation of the Holocaust. Cambridge: Harvard University Press.
Barocas, H.A./ Barocas, C.B. (1979): Wounds of the fathers: The next generation of Holocaust victims. In: International Review of Psychoanalysis, 6 (3), 331-340.
Bauer, U. 2005: Das Präventionsdilemma. Potenziale schulischer Kompetenzförderung im Spiegel sozialer Polarisierung, Wiesbaden: VS Verlag.
Bauer, U. 2011: Sozialisation und Ungleichheit. Eine Hinführung, Wiesbaden: VS Verlag (S. 97).
Bauer, U. 2012: Das Sozialtheoretische Paradigma. In: Ders./Uwe H. Bittlingmayar/Albert Sherr (Hg.) Handbuch Bildungs- und Erziehungssoziologie. Wiesbaden: VS, S. 473-490.
Bauer, U./Vester, M. 2008: Soziale Ungleichheit und soziale Milieus als Sozialisationskontexte. Erschienen in: Hurrelmann, Klaus/Grundmann, M./Walper, S. (Hrsg.): Handbuch Sozialisationsforschung. 7. vollst. überarb. Aufl. Weinheim und Basel: Beltz, S.184-202.
Baumgart, F. (Hrsg.) 1997: Theorien der Sozialisation. Erläuterungen – Texte – Arbeitsaufgaben, Bad Heilbrunn, S. 81-99.
Baumgart, F. 2008. Theorien der Sozialisation. UTP. Regensburg.
Becerius, G. u.a. 2006: Kulturelle Umbruch Wertvandel in der Westlichen Welt. Die Zeit das Lexikon in 20 Bändern. Zeit. Frankfurt am Main.
Becker, D. 1992: Ohne Hass keine Versönung. Das Trauma der Verfolgten. Freiburg.
Becker, D. 2003: Flüchtlinge und Trauma (Interview), Berlin Mai 2002. http://userpage.fu-berlin.de/~wolfseif/verwaltet-entrechtet-abgestempelt/texte/becker_trauma.pdf (10.12.2012).
Behandlungszentrum für Folteropfer (BFU) Ulm: Jahresbericht, Statistik 2011, Folteropfer und Akuttraumatisierte / Erfassungszeitraum: 01.01.2009 bis 31.12.2010. Verfügbar unter: www.bfu-ulm.de/hintergrund/statistik (16. 02.2012).
Berry, J.W. 2002: Conceptuel approaches to acculturation. In: Chun, K.M./Organisita, P.B./ Marin, G. (Eds.): Advances in theory, measurement and applied research: Acculturation. Washington, D.C.: APA, (S. 17-37).
Besikci, I. 2012: "Ateşin ve Güneşin Çocukları". Verfügbar unter: http://eu.kurdistanpost.eu/yazarlar/klasikler/ismail_besikci/6511-ateein-ve-ggneein-gocuklardv-dsmail-beeikgi.html 22.06.12.
Bohnenkampf, B./Manning, T./Silies, E.-M. (Hrsg.) 2009: Argument, Mythos, Auftrag und Konstrukt. Generationelle Erzählungen in interdisziplinärer Perspektive. In: Dies. (Hg.): Generation als Erzählung. Neue Perspektiven auf ein kulturelles Deutungsmuster. (Göttinger Studien zur Generationsforschung, Band I) Göttingen, Wallstein. (S. 9-32).
Bohnsack, R. 2003: Rekonstruktive Sozialforschung. Einführung in Qualitative Methoden. 5 Aufl. Opladen: Leske u. Budrich.
Bourdieu, P. (1990): Was heißt sprechen? Die Ökonomie des sprachlichen Tausches,Wien: Braunmüller.
Branscheidt, H. 2001: Genozid an den Kurden der Türkei. Medico Report. Frankfurt am Main.
Brauns, N./Kiechle, B. 2010: Perrspektiven des kurdischen Freiheitskampfes: Zwischen Selbstbestimmung, EU und Islam. Stuttgart: Schmetterling.
Brücker, H. u.a. 2003: Migration: Potential und Effekte für den deutschen Arbeitsmarkt Reihe: Schriften der Hans-Böckler-Stiftung, Bd. 53. Baden-Baden: Nomos VG.
Bründel, P. 2002: Seelische Nebenwirkungen von Fluchttraumata in den nachfolgenden Generationen, in: Enders/Birmann: 98-115.
Böhm, J. 2010: „Resilienz- und ihre Bedeutung für eine positive Entwicklung von Kindern" Resilienz_Julia_Boehm_8195.PDF (26.09.2013).

Bukow, W. D. 2000: Die Familie im Spnanungsfeld Globale Immobilität, in Buchkremer, H./Bukow, W.-D/ Emmerich, M. Hrsg: Die Familie im Spanungsfeld globaler Mobilität. Zur Konstruktion ethnischen minderheiten im Kontex der Familie. Opladen S.9-20.

Busche, G.A. 2013: Überleben – Leben nach Folter und Flucht. Resilienz kurdischer Frauen in Deutschland. Bielefeld: Transcript.

Büchner, P. 1998: Teenie-Welten. Opladen: Leske + Budrich.

Danieli, Y. (Ed.) 1998. International handbook of multigenerational legacies of trauma. New York: Plenum.

Konzag, A./ Ungerer, O. 2008: Posttraumatische Belastungsstörungen. Diagnostik, Symptomatik und Genese Traumafolgestörungen, in: Das Magazin der Michels Kliniken (Hrsg.), Ausgabe 03, Verfügbar unter: www.michelskliniken.de/Trauma-Belasttungsstoerung.pdf (25.05.2011).

Davidson, S. 1980: The clinical effects of massive psychic trauma in families of Holocaust survivors. In: Journal of Marital & Family Therapy, 6 (1), 11-21.

Domenig, D. (Hrsg.) 2007: Transkulturelle Kompetenz Bern: Huber.

Dornheim, J. 2003: Konzepte zu „Kultur“ und „kultureller Identität“ für die Pflegebildung, in: Jens Fiebe u.a. (Hrsg.) (2003) Interkulturelle Bildung in der Pflege, Bertelsmann, Bielefeld, S: 61-80.

Dragano N. 2007: Gesundheitliche Ungleichheit im Lebenslauf in Gesundheit und Soziale Ungleichheit aus der Beilage Aus Politik und Zeitgeschichte (APuZ) 42. Wiesbaden.

Drechsel, P. u.a. 2000: Kultur im Zeitalter der Globalisierung: von Identität zu Differenzen. Frankfurt/Main: IKO – Verlag für Interkulturelle Kommunikation.

DIW (Deutsches Institut für Wirtschaftsforschung) 1999: zur Langfristigen Bevölkerungsentwicklung in Deutschland, in: DIW/Wochenbericht 42 S. 745-757.

Ecarius, J./Eulenbach, M./Fuchs, T./Walgenbach, K. 2011: Jugend und Sozialisation. Wiesbaden, VS Verlag.

Engel, J./Hecht-El Minshawi, B. 2006: Leben in kultureller Vielfalt Andere Wege gehen – Neues entdecken. Bremen, Boston: SachBuch.

Ermann, M. 2007: Psychosomatische Medizin und Psychotherapie. 5. Auflage. Kohlhamer. Stuttgart.

Erikson, E.H. 1973: Identität und Lebenszyklus. Suhrkamp. Frankfurt am Main S.

Erikson, E.H. 1976: Identität und Lebenszyklus, Frankfurt am Main; Suhrkamp, S. 124-5.

Erikson, E.H. 1988: Der vollständige Lebenszyklus. Suhrkamp. Frankfurt am Main.

Erichsen, J.E. 1866: On railway and other injuries of the nervous system, London 1866, p. 9–10.

Esser, H. 2008: Kognitiv-kulturelle und strukturelle Integration, in: Kalter, Franck (Hrsg.) Migration und Integration. Wiesbaden. GWV Fachverlag.

Ferchhoff, W. 2007: Jugend und Jugendkulturen im 21. Jahrhundert. Lebensformen und Lebensstille. Wiesbaden, VS Verlag.

Fingerle, M. 2007: Der „riskante“ Begriff der Resilienz – Überlegungen zur Rezilienzförderung im Sinne der Organisation von Passungsverhältnissen, in: Opp, Günther/Fingerle, Michael (Hg.) 2007: Was Kinder stärkt Erziehungs zwischen Risiko und Resilienz, 2. Aufl., München, Basel: Ernst Reinhardt Verlag, S. 229-310.

Fischer, G./Riedesser, P. 1999/2004: Lehrbuch der Psychotraumatologie. München: Reinhardt.

Fischer, W./Kohli, M. 1987: Biographieforschung, in: Voges, Wolfgang (Hrsg.): Methoden der Biographie- und Lebenslaufforschung, Opladen.

Fischer, W. 1982: Time and Chronic Illnes. A. Study on the Social constitution of Temporality. Berkeley.

Flatten, G. u.a. 2004: Posttraumatische Belastungsstörung – Leitlinie und Quellentext. Stuttgart: Schattauer. 2. Auflage.
Flick, U. 1998: Qualitative Forschung. Theorie, Methoden, Anwendung in Psychologie und Sozialwissenschaften. Reinbek bei Hamburg: Lamnek.
Flick, U. (2008): Triangulation: Eine Einführung. Wiesbaden: Vs.
Freyberg, J.T. 1980: Diffuculties in Separation – Individuation as Experienced by Offspring of Nazi Holocaust Survivors. In: American Journal of Orthopsychiatry, 50 (1), 87-95.
Friedrich, M. 2012: Das Zauberwort heißt Resilienz: http://www.oif.ac/-fileadmin/OEIF/beziehungsweise/2012/bzw_maerz_2012.pfd (11.05.2013).
Fröhlich-Gildhof, K./Rönnau-Böse, M. 2009: Resilienz. München: Ernst Reinhardt Verlag.
Gäbel, U./Ruf, M./Schauer, M./Odenwald, M./Neuner, F. 2006: Psychologische Forschungs- und Modellambulanz für Flüchtlinge; Universität Konstanz Prävelenz der Posttraumatischen Belastungsstörung (PTSD) und Möglichkeiten der Ermittlung in der Asylverfahrenspraxis. In: Zeitschrift für Klinische Psychologie und Psychotherapie, Göttingen: Hogrefe. S.12-20.
Geertz, C. 1987: Dichte Beschreibung. Beiträge zum Verstehen kultureller Systeme. Frankfurt am Main: Suhrkamp.
Geißler, R. 1979: Die Sozialisationstheorie von Talcott Parsons. Anmerkungen zur Parsons – Rezeption in der deutschen Soziologie, in: Kölner Zeitschrift für Soziologie und Sozialpsychologie, Heft 31, S.267-281.
Geißler, R. 2011: Die Sozialstruktur Deutschlands. Zur gesellschaftlichen Entwicklung mit einer Bilanz zur Vereinigung. 6 Aufl. VS. Wiesbaden.
Geulen, D./Hurrelmann, K. 1980: Zur Programmatik einer umfassenden Sozialisationstheorie, in: Hurrelmann, Klaus und Ulich, Dieter (Hg.): Handbuch der Sozialisationsforschung. Weinheim, Basel: Beltz. S. 51-67.
Gilad, N./Rosenthal, G. 1999: Überleben als Funktionshäftlinge: Die Familie Shapiro/Sneidler, In: Rosenthal, Gabriele (Hgsb.): Der Holocaust im Leben von drei Generation. Psychiosozial-Verlag. Gießen. (S. 104-140)Girtler, R. 2001: Methoden der Feldforschung. Böhlau: UTB.
Grundmann, M. 1999: Dimensionen eine Konstruktivistischen Sozialisationsforschung in: Grundmann M. (Hrsg): Konstruktivistischen Sozialisationsforschung. Frankurt am Main: Suhrkamp, S. 20-43.
Habermas, J. 1976, „Können komplexe Gesellschaften eine vernünftige Identität ausbilden?" in Zur Rekonstruktion des Historischen Materialismus, Frankfurt am Main; Suhrkamp, S. 94-116.
Hamburger, F. 1999: Zur Tragfähigkeit der Kategorien „Ethnizität" und „Kultur" im Erziehungswissenschaftlichen Diskurs, in: Zeitschrift für Erziehungswissenschaft.
Homberger, E.F.1975B: Geschichte der Medizin (=Heidelberger Taschenbücher Bd 165, Basistext Medizin). Berlin-Heidelberg-New York (Springer). (2. Aufl. [1977A]).
Hradil, S. 2006: was prägt das Krankheitsrisiko: Schicht, Lage, Lebensstil?, in: Richter Mathias /Hurrelmann Klaus, (Hrsg.), Gesundheitliche Ungleichheit. Grundlagen, Probleme, Perspektiven, Wiesbaden.
Huber, M. 2003: Trauma und die Folgen. Trauma und Traumabehandlung, Band 1und 2. Paderborn.
Huber, M. 2003: Trauma und die Folgen, Paderborn: Junfermann-Verlag.
Hurrelmann, K. 2007: Lebensphase Jugend. Eine Einführung in die sozialwissenschaftliche Jugendforschung, Weinheim und München: Juventa. (S.41).

Hurrelmann, K. 2010: Lebensphase Jugend. Eine Einführung in die sozialwissenschaftliche Jugendforschung, Weinheim und München: Juventa. (S. 117).
Hurrelmann, K./Laaser, U./Richter, M. 2012: Gesundheitsförderung und Krankheitsprävention. In: Hurrelmann K., Razum O. (Hrsg) 2012: Handbuch Gesundheitswissenschaften. Weinheim/Basel: Beltz Juventa.
Insider - Outsider 2005: Bilder, Ethnisierter Räume und Partizipation im Migrationsprozess. Kultur und soziale Praxis. Bielefeld: Transcript.
Internationale Vrije Vrouwen Stichting 2009 (Hrsg.) 2007: Psychische Folgen traumatischer Erfahrungen auf die Entwicklung kurdischer Migrantinnen in der Europäischen Union. Rotterdam.
Isik, H. 2007: Kurden Problem ist kein Terrorproblem In: http://www.hay-dar-isik.com/index.php?option=content&task=view&id=-144&Itemid. (26.04.12)
Isik, H. 2008: Assimilation ist Verbrechen gegen die Menschlichkeit In: http://www.haydarisik.com/index.php?option=content&task=view&id=-148&Itemid. (25.04.12)
Kasper, S./Haring, C./Marksteiner, J./Sachs, G.-M./Tölk, A./Wrobel, M. 2008: Das Resilienzkonzept bei psychiatrischen Erkrankungen. In: CliniCum, neuropsy. Sonderausgabe Nov. 2008. Linz.
Karius, J. 2008: Diplomarbeit: „Das kommt von mein Welt" Kultur in den Erziehungserfahrungen lateinamerikanischer Mütter in Deutschland. Albert-Ludwigs-Universität Freiburg Institut für Psychologie.
Keilson, H. 1979: Sequentielle Traumatisierung bei Kindern: deskriptiv-klinische und quantifizierend-statistische follow-up Untersuchung zum Schicksal der jüdischen Kriegswaisen in den Niederlanden, Stuttgart. (English: Sequential Traumatisation in Children - A clinical and statistical follow-up study on the fate of the Jewish war orphans in the Netherlands. with Herman R. Sarphatie. Jerusalem 1992.).
Kizilhan J.I. 2002, in: NAVEND e.V.: Rechtliche Situation und Integrationsperspektiven kurdischer MigrantInnen. Bonn.
Kizilhan, J.I. 2007. Potenziale und Belastungen psychosozialer Netzwerke in der Migration, in: T. Borde & M. David (Hrsg.), Migration und seelische Gesundheit, psychische Belastungen und Potenziale, Frankfurt: Mabuse Verlag.
Kizilhan, J.I. 2009: Kultursensitiv-narrative Traumatherapie - Die Gegenwärtigkeit der Vergangenheit und ihre therapeutische Bearbeitung. Beitrag, in: Jeder ist weltweit ein Fremder. Solmaz Golsahabi u.a. (Hrsg.). Berlin: VWB (S. 200).
Kordon, D./Edelman, L. 2002: „Impacto Psíquico y transmisión inter y transgenerational en situaciones trauáticas de origen social". In: EATIP u.a. 2002:109-128).
Krappmann, L. 1979: Soziologische Dimensionen der Identität. Klett. Stuttgart.
Köttig, M. 2004: Lebensgeschichten rechtsextrem orientierter Mädchen und junger Frauen Biografische Verläufe im Kontext der Familien- und Gruppendynamik. Psychosozial-Verlag.
Lampert, T. u.a. 2007: Soziale Ungleichheit der Lebenserwartung in Deutschland aus der Beilage Aus Politik und Zeitgeschichte (APuZ) 42. Wiesbaden.
Lerner, P. 1997: „Nieder mit traumatische Neorose, hoch die Hysterie" Zum Niedergang und Fall des Hermann. Oppenheim (1889-1919) Psychotherapie 2, (1) 16-22.
Levin, K. 1926/1967: Gesetz und Experiment in der Psychologie. Darmstadt: Wissenschaftliche Buchgesellschaft.

Lindert, J. 2004: Gesundheit auf der Flucht. Gesundheit und Krankheitsprofil von Flüchtlingen in Deutschland, Beitrag in: Krämer, Alexander u.a. (Hrsg.) Gesundheit von Migranten. Weinheim und München: Juventa.

Luhmann, N. 1997: Die Gesellschaft der Gesellschaft. Frankfurt a. M.

Marasli, R. 2012: Orte des Genozids in den letzten hundert Jahren (Übersetzung aus dem Türkischen) www.aga-online.org/.../RecepMarasli_20 (RecepMarasli_20.01.2012_De.pdf (24.07.12)

Masten, A.S./Reed, M.G. 2002: Resilience in development. In: Snyder, C.R., Lopez, S.J. (Hrsg.): Handbook of positive psychology. University Press, Oxford, 74-78. In: Fröhlich-Gildhof, Klaus/Rönnau-Böse, Maike 2009: Resilienz. München: Ernst Reinhardt Verlag.

Mayers, großes Taschenlexikon. Band 24, 1992: (Hrsg), 4.Auflage. Meyers Lexikonverlag. Mannheim.

Mayntz, R./Rosewitz, B. 1988: Ausdifferenzierung und Strukturwandel des deutschen Gesundheitssystems. S.117-179. In: R. Mayntz/B. Rosewitz (Hrsg.) Differenzierung und Verselbständigung. Zur Entwicklung gesellschaftlicher Teilsysteme. Frankfurt a. M.

Mayring, P. 1983: Qualitative Inhaltsanalyse. Weinheim: Beltz.

Mergenthaler, A. 2012: Gesundheitliche Resilienz. Konzept und Empirie zur Reduzierung gesundheitlicher Ungleichheit im Alter. (Hg.): Bauer, Ullrich/Bitlingmayer, Uwe/Richter, M. Wiesbaden, Springer VS.

Merton, R. K./Kendall, P. L. 1979: Das fokussierte Interview. In: Hopf/Weingarten (Hrsg.) Qualitative Sozialforschung. Stuttgart: Klett.

Meyer-Ingwersen, J. 1995: ‚Die kurdische Minderheit'; in Schmalz-Jacobsen, Cornelia und Georg Hansen (Hrsg.) 1995: Ethnische Minderheiten in der Bundesrepublik Deutschland. Ein Lexikon, München, S. 310-328.

Moore, Y. 1999: Der Familiendialog: Eine Familie, die nicht fragt , In Beitrag von Gilad, Noga und Rosenthal, G.,: Überleben als Funktionshäftlinge, In: Rosenthal, Gabriele (Hgsb.): Der Holocaust im Leben von drei Generation. Psychiosozial-Verlag. Gießen. (S. 129-139).

Moosmüller, A. 2000 b: Perspektiven des Fachs Interkulturelle Kommunikation aus kulturwissenschaftlicher Sicht. In: Zeitschrift für Volkskunde. Münster: Waxmann.

Nestvogel, R. 2004: Sozialisationstheorien: Traditionlinien, Debatten und Perspektiven. In: Becker/ Kortendiek (Hrsg.) Handbuch Frauen und Gesllschaftforschung. Theorie, Methoden und Empirie.

Nickel, J./Ravens-Sieberer, U. u.a. (2008): Gesundheitsrelevantes Verhalten und soziale Ungleichheit bei Kindern und Jugendlichen in Gesundheit, Ungleichheit und Jugendliche Lebenswelten. Richter, Hurrelmann u.a. (Hrsg.) München: Juventa: 63.

Niederland, W. 1980: Folgen der Verfolgung: Das Überlebenden-Syndrom Seelenmord, Frankfurt am Main ....Verlag.

Nooke, M./Müller, C. 1999: Die ausgeblendete Migration von Israel in die DDR im Dialog der Familie Kubiak/Grünwald, In: Rosenthal, Gabriele (Hgsb.): Der Holocaust im Leben von drei Generation. Psychiosozial-Verlag. Gießen. (S. 174-206).

Obrist, B./van Eeuwijk, P. 2006: Einleitung, in: van Eeuwijk, Peter/Obrist, Birgit (Hg.): Vulnerabilität, Migration und Altern. Medizinethnologische Ansätze im Spanungsfeld von Theorie und Praxis, Zürich: Seismo, S. 10-24.

Oswald, I. 2007: Migrationssoziologie. Konstanz: UVK Verlagsgesellschaft.

Oevermann, U. 1983: zur Sache: Die Bedeutung von Adornos Methodologischen Selbstverständnis für die Begründung eine Materialen Soziologischen Strukturanalyse. In: Friedeburg, L.v./Habermas, j. (Hrsg.): Adorno konferänz 1983. Frankfurt a.Main: Suhrkamp.

Oevermann, U./Alert, T./Konau E./Krambeck, J. 1979: die Methodologie einer Objektiven Hermeneutik und ihre allgemeine Forschungslogische Bedeutung in den Sozialwissenschaften. In: H.-G. Soeffner (Hrsg): Interpretative verfahren in den Sozial-und Textwissenschaften. Stuttgart: Metzler, 352 – 434.

Paech, N. 2009: Beitrag: Auswirkungen der Beziehungen zwischen Deutschland und der Türkei auf die Integration der Kurden in Deutschland. In Konferenz: Kurden in Deutschland, Yek-Kom e.V. (Hrsg.) Berlin.

Penteker, G. 2009: Redebeitrag über Traumatisierte Flüchtlinge in Deutschland. In Konferenz: Kurden in Deutschland. Yek-Kom e.V. (Hrsg.) Berlin.

Psychologische Forschungs- und Modellambulanz für Flüchtlinge; Universität Konstanz/-vivo International, Jahresbericht Dez. 2003-Nov. 2004, S.10.

Rakoff, V./Sigal, J.J./Epstein, N.B. 1966: Children and Families of Concentration Camp Survivors. Canada's Mental Health, 14, 24-26.

Rauchfuss, K. 2003: Flucht und Trauma, in: Trauma und Therapie. Erfahrungen in der psychiosozialen Arbeit mit Überlebenden von Krieg und Gewalt. Internationales Zentrum für Menschenrechte der Kurden – IMK e.V (Hrsg.) und Medizinische Flüchtlingshilfe Bochum e.V. Bonn.

Rauchfuss, K. 2003a: „Flucht und Trauma". In: IMK & Medizinische Flüchtlingshilfe Bochum 2003: 21-45.

Rauchfuss, K. 2003b: „Ein Bündnis gegen die Zerstörung. Anforderungen an die Therapie mit Überlebenden sozialpolitischer Traumatisierungsprozesse".In: IMK & Medizinische Flüchtlingshilfe Bochum 2003: 177-201.

Razum, O./Twardella D. 2004: Niedrige Sterblichkeit unter Migranten – Wirklich ein Paradox, Beitrag in: Krämer, Alexander/Krämer, Luise (Hrsg.) Gesundheit von Migranten. Weinheim und München: Juventa.

REFUGIO 2005-2010:Beratungs- und Behandlungszentrum für Flüchtlinge und Folteropfer. München. http://www.refugio-muenchen.de/pdf/refugio-report-august-2010.pdf. (09.07.12)

Reichertz, J. 2003: Die Abduktion in der qualitativen Sozialforschung. Opladen: Leske & Budrich.

Richter, M./Hurrelmann K. 2007: Warum die gesellschaftliche Verhältnisse krank machen. aus der Beilage Aus Politik und Zeitgeschichte (APuZ) 42. Wiesbaden.

Rosenbrock, R. 1995: Public Health als soziale Innovation, in: Das Gesundheitswessen, 57. Jg., S. 140-144.

Rosenthal, G. 1994: Zur Konstitution von Generationen in familienbiografischen Prozessen. Krieg Nationalsozialismus und Genozid in Familiengeschichte und Biographie. In: ÖZG, Österreichisches Zeitschrift für Geschichtswissenschaften, 5 (4), S. 489-516).

Rosenthal, G. 1995: Erlebte und erzählte Lebensgeschichte. Gestalt und Struktur biografischer Selbstbeschreibungen. Frankfurt am Main: Campus.

Rosenthal, G. 1999: Die Shoah im intergenerationellen Dialog. Zu den Spätfolgen der Verfolgung in Drei Generationen-Familien, in: Friedmann, A./Glück, E./ Vyssoki, D. (Hrsg.): Überleben der Shoah und danach. Spätfolgen der Verfolgung aus wissenschaftlicher Sicht. Wien: Picus, S.11.

Rosenthal, G. 1999: Der Holocaust im Leben von drei Generationen: Familien von Überlebenden der Shoah von Nazi-Tätern: Psychosozial-Verlag. Giessen.

Rosenthal, G. 1999: : Gemeinsamkeiten und Unterschiede im Familialen Dialog über den Holocaust, In: Rosenthal, Gabriele (Hrsg.): Der Holocaust im Leben von drei Generation. Psychosozial-Verlag. Gießen. (S. 18-25).

Rosenthal, G. 1999: Nationalsozialismus und Antisemitismus im intergenerationellen Dialog. In: Rosenthal, Gabriele (Hrsg.): Der Holocaust im Leben von drei Generation. Psychosozial-Verlag. Gießen. (S. 345-356).

Rosenthal, G./Dasberg, M./Moore, Y. 1999: Das kollektive Trauma des Ghettos Lodz: Die Familie Foldstern, In: Rosenthal, Gabriele (Hrsg.): Der Holocaust im Leben von drei Generation. Psychosozial-Verlag. Gießen. (S. 79-103).

Rosenthal, G./Völter, B./Gilad, N. 1999: Familien mit Großeltern der Jugendallijah Generation. In: Rosenthal, Gabriele (Hrsg.): Der Holocaust im Leben von drei Generation. Psychosozial-Verlag. Gießen. (S. 209-222).

Rosenthal, G./Völter, B./Gilad, N. 1999: Haßliebe zu Deutschland: Die Familie Arad. In: Rosenthal, Gabriele (Hrsg.): Der Holocaust im Leben von drei Generation. Psychosozial-Verlag. Gießen. (S. 223-245).

Rosenthal, G./Völter, B./Gilad, N. 1999: Intergenerationelle Trauerprozesse: Die Familien von Fred, Lea und Nadja Weber. In: Rosenthal, Gabriele (Hrsg.): Der Holocaust im Leben von drei Generation. Psychosozial-Verlag. Gießen. (S. 246-283).

Rosenthal, G./Jordans, P./Völter, B. 1999: Gemeinsames Überleben und getrenntes Leben in Israel und Westdeutschland, In: Rosenthal, Gabriele (Hrsg.): Der Holocaust im Leben von drei Generation. Psychosozial-Verlag. Gießen. (S. 51-78).

Rosenthal, G. /Fischer-Rosenthal, W. 2000: Analyse narrativ-biographischer Interviews. In: Flick, U. /Kardorf, E. v. Steinke, I. (Hrsg.): Qualitative Sozialforschung. Hamburg: Reinbek, S. 456-468.

Rosenthal, G. 2000: Historische und Familiale Generationenabfolge, in: Martin Hohli, Marc Szydlik (Hrsg.), Generationen in Familie und Gesellschaft (Lebenslauf - Alter - Generationen, Bd. 3), Opladen, (S. 162-178).

Rosenthal, G. 2008: Interpretative Sozialforschung. Eine Einführung. Weinheim /München: Juventa.

Rosenthal, G./Stephan, V. 2009: Beitrag: Generationsspesifische Bedeutung der kollektiven und familialen Vergangenheiten. Deutsche aus der (Ehemaligen) Sowjetunion. In: Europäische Entwicklungsdynamik. Bálint Balla /Anton Sterbling (Hrsg.) Hamburg: Krämer.

Rosenthal, G./ Stephan, V. 2009: Beitrag: Generationsspesifische Bedeutung der kollektiven und familialen Vergangenheiten. Deutsche aus der (Ehemaligen) Sowjetunion, in: Europäische Entwicklungsdynamik. Bálint Balla /Anton Sterbling (Hrsg.) Hamburg: Krämer.

Rosenthal, G./Völter, B. 1999: Antifaschismus als „stellvertretende Trauer“: Die Familie Basler. In: Rosenthal, Gabriele (Hrsg.): Der Holocaust im Leben von drei Generation. Psychosozial-Verlag. Gießen. (S. 279-310).

Rosenthal, G. 2011: Interpretative Sozialforschung. Eine Einführung. 3.,aktualisierte und ergänzte Auflage. Weinheim/München: Juventa (S. 181184, 186, 187-218).

Rubinstein, A. 1977: The brith an fall down the mythodological Sabra. In: „Lihiot am Hofshi“. Jarusalem: Shoken. In: Rosenthal, Gabriele (Hgsb.): Der Holocaust im Leben von drei Generation. Psychiosozial-Verlag. Gießen.

Ruciyar, B. 2008: „Kriminalitätsmaschinen“ Dorfschützer. In Özgür Politika 07. September.

Schade, W./Böhmer, S./Rosenthal, G. 1999: Geteilte und getrennte Welten: Die Familie Stern, In: Rosenthal, Gabriele (Hgsb.): Der Holocaust im Leben von drei Generation. Psychiosozial-Verlag. Gießen. (S. 140-173).

Sahin, M. 2009: Redebeitrag: Kurdische Migration in Deutschland: Geschichte und Gegenwert. In: Konferenz: Kurden in Deutschland , Yek-Kom e.V. (Hrsg.) Berlin.
Schmolze, B./Rauchfuss, K. 2007: Gerechtigkeit heilt: Der internationale Kampf gegen die Straflosigkeit schwerer Menschenrechtsverletzungen. Abschlussbericht des Forschungsprojektes E 4246. Bochum. (Veröffentlichung in Vorbereitung).
Schönpflug, U. 2008: Beitrag: Sozialisation in der Migrationssituation, in: Hurrelmann K., Grundmann M., Walper, S., (Hg.) (2008) Handbuch Sozialisationsforschung, 7. vollst. überarb. Aufl., Weinheim und Basel: Beltz.
Schütze, F. 1983: Biographieforschung und narratives Interview. In: Neue Praxis. Kritische Zeitschrift für Sozialarbeit und Sozialpädagogik, Jg. 13, 283–293.
Skubsch, S. 2000: Dissertation: Kurdische Migration und Deutsche (Bildungs-Politik) Beitrag zur Kurdologie Band 5 (Hrsg.) Berliner Gesellschaft zur Förderung der Kurdologie e.V. Münster: Unrast.
Spradley, J.P. 1980: Participant observation New York: Holt, Rinehart and Winston.
Stierlin, H. 1982: Delegation und Familie. Beiträge zum Heidelberger familiendynamischen Konzept. Frankfurt: Suhrkamp.
Strübing, J./Schnettler, B. (Hrsg.) 2004: Methodologie interpretativer Sozialforschung. Konstanz: UVK.
Tillmann, K. 2010 Sozialisationstheorien. Eine Einführung in den Zusammenhang von Gesellschaft, Instituation und Subjektwerdung. Rowold. Reinbek bei Hamburg.
Titchener, J.L. 1967: Family System As A Model for Ego System. In: Zuk. G.H. Boszormeny-Nagy, I (Hrsg.): Family Therapy and Disturbed Families. Palo Alto: Science and Behavior Books, S. 96-105.
Tromsdorf, G. 2008: Kultur und Sozialisation, in: Hurrelmann K., Grundmann M., Walper, S., (Hg.) (2008) Handbuch Sozialisationsforschung, 7. vollst. überarb. Aufl., Weinheim und Basel: Beltz.
Trossmann, B. 1968: Adolescent Children of Concentration Camp Survivors. Canadian Psychiatric Association, 12, 121-123.
Tschawisch, M.H. 1996: Die Kurdische Exilliteratur in Deutschland von den 70er Jahren bis heute. Marburg: Techtum.
Tylor, E.B. 1871: Primitive Kultur. London.
Tuna, S. 2001: Beitrag: die Bedeutung von Familienzentriertheit und Individuumzentriertheit im Migrationskontext, in: Professionelle transkulturelle Pflege. Bern: Hans Huber.
Unal, H. 2003: Traumatisierte Flüchtlinge in Gesellschaft und Therapie, in: Trauma und Therapie. Erfahrungen in der psychiosozialen Arbeit mit Überlebenden von Krieg und Gewalt. Internationales Zentrum für Menschenrechte der Kurden-IMK e.V (Hrsg.) und Medizinische Flüchtlingshilfe Bochum e.V. Bonn.
Uzarewicz, C. 2002: Sensibilisierung für die Bedeutung von Kultur und Migration in derAltenpflege. http://www.die-bonn.de/esprid/dokumente/doc 2002/uzarewicz02_01.pdf. (05.07.12)
Uzarewicz, C. 2003: Ein Beitrag zu den Überlegungen zur Entwicklung transkultureller Kompetenz in der Altenpflege, in: J.Friebe, M. Zalucki (Hrsg) (2003): Interkultureller Bildung in der Pflege. Bielefeld: W.Bertelsmann.
Veith, H. 2008: Die historische Entwicklung der Sozialisationstheorie, in: Handbuch der Sozialisationsforschung. Weinheim, Basel. Beltz.

von Balluseck, H. (Hrsg.)/Meißner, Andreas 2003: Formen und Auswirkungen von Traumatisierung bei minderjährigen Flüchtlingen, in: von Balluseck (Hrsg.): Minderjährige Flüchtlinge. Leske, Budrich. Opladen (S. 76-78).
von Balluseck, H./ Ringel, J. 2003: Asylbewerber Familien als primäre Sozialisationsinstanz, in: von Balluseck (Hrsg.): Minderjährige Flüchtlinge. Leske, Budrich. Opladen (83-91).
von Balluseck, H./Ringel, J. 2003: Beitrag: Innerfamiliale Gewalt. In. Minderjährige Flüchtlinge. Sozialisationsbedingungen, Akkulturationsstrategien und Unterstützungssysteme. Hilde von Balluseck (Hrsg.): Opladen: Leske+Budrich.
von Lewinski, M. 2006: Wie einsam bleibt der Mensch? - Grundlagen, Eigenarten und Grenzen menschlicher Kommunikation. Berlin: Business.
Völter, B. 1999: Erinnern im Zeichen des Antifaschismus in der DDR. „Die Rückkehr nach Deutschland", In: Rosenthal, Gabriele (Hrsg.): Der Holocaust im Leben von drei Generation. Psychosozial-Verlag. Gießen. (S. 287-296).
Völter, B. 1999: Eine antifaschistische „Legende"?: Die Familie Kaufmann/-Liebig. In: Rosenthal, Gabriele (Hrsg.): Der Holocaust im Leben von drei Generation. Psychosozial-Verlag. Gießen. (S. 311-342).
Wachsmuth, I. 2008: Familiengeschichtliche Verstrickungenin den Nationalsozialismus: Eine Drei-Generationen-Studie, in: Zeitschrift für Psychosoziale Praxis und Forschung. 4. Jg. Online-Sonderausgabe.
Weiß, H. 2007: Frühförderung als protektive Maßnahme. In: Opp/Fingerle (Hg), S. 158-174).
Walter, J. 1995: Krieg, Verfolgung und Trauma bei Kindern, in: Karl Peltzer, Abduljawad Aycha und Elise Bittenbinder (Hrsg.): Gewalt und Trauma. Psychopathologie und Behandlung im Kontext von Flüchtlinge und Opfern organisierte Gewalt, Frankfurt am Main, S. 46-67.
Welter-Enderlein, R. 2006: Einleitung. Resilienz aus der Sicht von Beratung und Therapie. In: Welter- Enderlein, Rosmarie/ Hildenbrand, Bruno (Hrsg.): Resilienz - Gedeihen trotz widriger Umstände. Heidelberg, S. 7-19.
Weltgesundheitsorganisation (WHO) Diling, H.; Mombour, W.; Schmidt, M.H. & Schulte-Markwort, E.(Hrsg.) 2006: Internationale Klassifikation psychischer Störungen. ICD-10 Kapitel V(F) - Diagnostische Kriterien für Forschung und Praxis, 4. Auflage, Bern: Hans Huber.
Wardi, D. 1992: Memorial Candles, Childern of the Holocaust. London/New York: Travistock.
Welsch, W. 1992: Transkulturalität. Lebensformen nach der Auflösung der Kulturen. In: Information Philosophie, Heft 2, S. 5–20.
WHO (World Health Organization (Hrsg.) 2001: The World Health Report 2001 - Mental Health: New Understanding, New Hope, Genf 2001, S. 43.
WHO 1986: Ottawa Charta for Health Promotion. Deutsche Übersetzung in Franzkowiak, P.&Sabo, P. (Hrsg) (2003): Dokumente der Gesunheitsförderung. Mainz: Verlag Peter Sabo.
Wustmann, C. 2004: Resilienz. Widerstandsfähigkeit von Kindern in Tageseinrichtungen fördern. Weinheim und Basel.
Zentralstelle für Klinische Sozialarbeit. Deutsche Gesellschaft für Soziale Arbeit e.V. Deutsche Vereinigung für Sozialarbeit im Gesundheitswesen e.V. (Hrsg.), 2008: Klinische Sozialarbeit. Zeitschrift für Psychosoziale Praxis und Forschung. 4. Jg. Online-Sonderausgabe.
Zilke-Nadkarni, A. 2003: Individualpflege als Herausforderung im Multikulturellen Pflegesituationen. Bern: Hans Huber.